La otra historia de los Templarios

Divulgación
Enigmas y Misterios

Michel Lamy

La otra historia de los Templarios

mr · ediciones

Título original: *Les Templiers*

© Éditions Aubéron, 1994, 2002
© de la traducción, José Ramón Monreal, 1999, 2002
© Ediciones Martínez Roca, S. A., 2005
Paseo de Recoletos, 4. 28001 Madrid (España)

Diseño e ilustración de la cubierta: Hans Geel
Primera edición en Colección Booket: febrero de 2005
Segunda impresión: abril de 2005
Tercera impresión: junio de 2005

Depósito legal: B. 29.102-2005
ISBN: 84-270-3083-5
Composición: Pacmer, S. A.
Impresión y encuadernación: Litografía Rosés, S. A.
Printed in Spain - Impreso en España

Índice

SEGUNDA PARTE
EL TEMPLE, POTENCIA ECONÓMICA Y POLÍTICA:
LOS MISTERIOS DE SU RIQUEZA

3. El misterio del baphomet

CUARTA PARTE
De los Asesinos a las razas malditas

1. Los templarios y el Islam

2. La espiritualidad grabada en la piedra

3. Los templarios y los secretos de la raza maldita

QUINTA PARTE
MUERTE Y RESURRECCIÓN DE LA ORDEN DEL TEMPLE

Advertencias

La historia de la Orden del Temple es un terreno sembrado de trampas del que desconfían los universitarios de hoy día. Demasiado enigmática, demasiado ligada al esoterismo para no desagradar a los partidarios de la escuela materialista, no despierta más que muy pocas vocaciones en comparación con las que suscitó en el pasado. Sin embargo, ha dado lugar con el paso del tiempo a innumerables obras de calidad. Investigadores de todas las latitudes han intentado penetrar en ella, aportando el esclarecimiento propio de su formación o de su compromiso filosófico.

¿Por qué añadir un libro más a los miles ya aparecidos en todo el mundo y que estudian pormenorizadamente la vida de los caballeros del Temple en sus encomiendas, las operaciones militares que llevaron a cabo, la sucesión de sus Grandes Maestres, su alimentación, sus armas, etc.?

Si se tratara tan sólo de eso, bastaría efectivamente con remitirse a las excelentes obras de John Charpentier, Albert Ollivier, Georges Bordonove, Marion Melville, Raymond Oursel, Alain Demurger y otros muchos. Pero dichas obras, por más serias que sean, no resuelven todos los enigmas planteados por la Orden del Temple.

Muchos investigadores han abordado las zonas de sombra de esta historia con más o menos fortuna, con más o menos locura también a veces, todo hay que decirlo. Aunque todas sus hipótesis no resulten fidedignas, muchos de ellos han aportado su parte de luz a un asunto que no dejaba de tener sus espacios de sombra. Han sido necesarios autores como Louis Charpentier, Daniel Réju, Gérard de Sède, Gilette Ziegler, Guinguand, Weysen, para desbrozar los senderos de la Historia Secreta, por más que fuesen peligrosos y propicios a hacer extraviarse a quien se aventura por ellos.

Pues, al fin y a la postre, a pesar de lo que afirmen algunos de los más serios historiadores, la creación de la Orden del Temple sigue estando rodeada de misterios; e igualmente la realidad profunda de su misión. Numerosos lugares ocupados por los templarios presentan extrañas particularidades. Se han prestado a los monjes soldados creencias heréticas, cultos curiosos. Se han atribuido a sus construcciones significados, incluso poderes fantásticos. Se habla respecto de ellos de ingentes tesoros ocultos, de secretos celosamente preservados y de otras muchas más cosas. Las diversas hipótesis propuestas contienen sin duda mucho más de sueño que de hechos comprobados, pero incluso detrás de las más descabelladas de ellas, existe a menudo una parte de verdad que desentrañar, por más que ello desagrade a los más empedernidos racionalistas.

Conviene sin duda a este respecto examinar por un momento un caso curioso: el de Umberto Eco. Tras su éxito mundial, *El nombre de la rosa*, este profesor universitario italiano ha vendidos varios millones de ejemplares de otra obra: *El péndulo de Foucault*. En esta última amalgama a placer todo lo que se refiere al esoterismo y a los templarios, acumulando citas sacadas de su contexto, extractándolas de forma que queda suprimido lo que sostiene las tesis presentadas; en una palabra, empleando los procedimientos de sobras conocidos de desinformación. La finalidad de Umberto Eco parece haber sido ironizar, burlarse de todos aquellos que buscan la verdad fuera de los senderos trillados, lo que es sin embargo, de algún modo, también su caso. Y ha arremetido muy en especial contra quienes se interesan por los misterios templarios, tachándolos de locos. En tres ocasiones, ha hecho que uno de sus personajes lo diga:

> Desde los tiempos en que ellos [los templarios] fueron mandados a la hoguera, una multitud de cazadores de misterios trató de dar con ellos en todas partes, y sin aportar jamás la menor prueba (...) Cuando alguien vuelve a poner sobre el tapete el tema de los templarios, se trata casi siempre de un chiflado (...) El chiflado tarde o temprano pone sobre el tapete el tema de los templarios (...) Hay también chiflados sin templarios, pero los locos con templarios son los más insidiosos de todos (...) Los templarios siguen siendo indescifrables debido a su confusión mental. Por eso es por lo que tanta gente les venera.

Pues bien, que así sea. Invito a todos los interesados en los templarios a compartir un poco de locura conmigo poniéndose a la búsqueda de los misterios de la Orden del Temple. Dejemos a Umberto Eco en manos de su psicoanalista a fin de que le explique lo que le ha llevado a leer cientos de obras a las que no concede ningún crédito y que trata de ridiculizar.

Corramos más bien el riesgo, conjuntamente, de aventurarnos por unos caminos no señalizados, aun cuando podamos extraviarnos por ellos. Tratemos de esclarecer durante nuestra andadura los misterios de los orígenes de la Orden y la influencia de san Bernardo. Interesémonos por el colosal poderío económico y político que supuso el Temple y por los medios que empleó, por sus fuentes de riqueza. Investiguemos si fue herética y qué extraños cultos fueron eventualmente practicados en su seno. Y para ello, dediquémonos a examinar los vestigios que los templarios nos dejaron, en particular los grabados en piedra. Interroguémonos sobre el origen del desarrollo que imprimieron a la arquitectura de su tiempo y acerca de las fuentes de sus conocimientos a este respecto. Busquemos en su arresto y en su proceso las claves de sus misterios. Estudiemos lo que pudo sobrevivir de esta Orden y, para concluir, dirijámonos a algunos lugares en los que es posible respirar el olor extraño de su presencia y buscar los signos tangibles de lo que se ha dado en llamar la historia secreta de los templarios.

Pero previamente, refresquemos por un instante nuestros conocimientos echando un vistazo a los dos siglos de la historia de la Orden, procurándonos así los puntos de referencia necesarios para analizar su evolución en el tiempo.

PRIMERA PARTE

El nacimiento
de la Orden del Temple

1

Breve historia de la Orden del Temple

Esta obra no tiene la ambición de repasar toda la historia de la Orden del Temple bajo la óptica fenomenológica, sino más bien de esclarecer sus zonas más oscuras. No obstante, para comprender lo que sucedió, preciso es tener presente que esta Orden vivió por espacio de dos siglos y que necesariamente evolucionó. No puede haber sido idéntica en el momento de su extinción y en el de su nacimiento. Cambió porque su ideal tuvo que hacer frente a duras realidades. Tuvo que adaptarse, y readaptarse, hacerse cargo de los asuntos temporales, perdiendo sin duda a lo largo de los años y por necesidad una parte de su pureza original, como un adulto al que le cuesta a veces recuperar en él al niño maravillado, al pequeño ser de ojos puros que sin embargo ha sido.

La Orden del Temple estuvo influida por su tiempo, pero ésta también lo modificó, orientó, aportando sus propias correcciones a la Historia.

Para no perderse en esta evolución, nos ha parecido conveniente presentar muy brevemente, en este primer capítulo, una cronología, una historia abreviada de los templarios y sobre todo de su época.

Por los caminos de peregrinación

Remontémonos en el tiempo hasta finales del siglo X. Cuesta imaginar, en nuestra época, lo que fueron los terrores del Año Mil. La interpretación de las Escrituras había convencido a toda la cristiandad de que el Apocalipsis se produciría en ese año fatídico. Revelación, en el sentido etimológico del término, pero también destrucción, dolor: retorno de Cristo a la tierra y juicio de los hombres, selección entre ellos para enviar a unos al Paraíso con los santos y a otros a los Infiernos a fin de ser sometidos al tormento eterno.

Los cristianos vivieron ese Año Mil y su aproximación en medio de la angustia. Y nada pasó, al menos nada peor que los años precedentes. ¿Se había equivocado la Iglesia en su interpretación de las Escrituras? ¿Había olvidado Dios a sus hijos en la tierra? No, por supuesto. Se trataba de otra cosa. La catástrofe había sido evitada. Dios se había dejado conmover por las oraciones de los hombres. Había concedido su gracia. Sí, pero ¿por cuánto tiempo? ¿Y si únicamente se trataba de una prórroga? Preciso era rezar, seguir rezando, rezar siempre.

En el siglo anterior, los cristianos se habían puesto en camino para dirigirse en peregrinación hacia los lugares donde estaban enterrados los santos. Estos últimos habían intercedido sin duda en favor de los hombres y Dios había acabado dejándose conmover. Uno de los más eficaces de ellos debía de haber sido Santiago, quien, en Compostela, atraía a miles de hombres y de mujeres que abandonaban su familia, su trabajo, dejándolo todo para ir a rezarle en ese lugar de Galicia donde la tierra termina.

Se había estado muy cerca de la catástrofe definitiva, y las hambrunas de 990 y 997 eran la prueba de ello. Se había evitado lo peor, y se conocía la forma: preciso era que los hombres emprendieran una y otra vez el camino, que los monjes orasen, que todos hicieran penitencia. ¿No convenía ir más lejos, llevar a cabo la peregrinación última, la única verdaderamente merecedora del viaje de una vida, o sea, ir a los lugares en donde el hijo de Dios había sufrido para redimir los pecados de los hombres: Jerusalén?

Michelet escribió: «Los pies llevaban hasta allí por sí solos», y John Charpentier observa:

> ¡Dichoso aquel que regresaba! Más dichoso aún el que moría cerca de la tumba de Cristo, y que podía decirle, según la audaz expresión de un contemporáneo (Pierre d'Auvergne): Señor, moristeis por mí y yo he muerto por vos.

Unas multitudes cada vez más numerosas se pusieron en camino hacia Jerusalén. La ciudad pertenecía a los califas de Bagdad y de El Cairo, que dejaban libre acceso a estos peregrinos. Pero todo cambió cuando los turcos se apoderaron de Jerusalén en 1090. Al comienzo, se limitaron a vejar a los cristianos, desvalijándoles a veces, infligiéndoles una humillación tras otra, obligándoles a adoptar actitudes contrarias a su religión. Paulatinamente, la situación se agravó: hubo ejecuciones, torturas. Se habló de peregrinos mutilados, abandonados desnudos en medio del desierto. Desde Constantinopla, el emperador Alejo Comneno había dado la señal de alarma.

Liberar Jerusalén

Occidente se conmocionó. Era intolerable que se diera muerte a los peregrinos. No se podían dejar los lugares santos en manos de los infieles. El Año Mil había pasado, pero...

Pedro el Ermitaño, que había presenciado, en Jerusalén, verdaderos actos de barbarie, regresó totalmente decidido a sublevar a Europa y a poner a los cristianos en el camino de la cruzada. Se le vio recorrer considerables distancias montado sobre su mula, a la que la multitud arrancaba puñados de pelos para hacerse reliquias con ellos. Después de haber pasado Pedro el Ermitaño por alguna parte, los espíritus se inflamaban; hombres, mujeres y niños estaban impacientes por abandonarlo todo para dirigirse hacia su única meta: Jerusalén. Y una vez allí, ya se vería.

Por lo que respecta a los señores, se notaba un poco más de prudencia en su actitud. Más sensatez, sin duda, pero era también porque tenían más que perder: las tierras dejarían de estar protegidas, los bienes podrían atraer la codicia ajena, etc.

El 27 de noviembre de 1095, el papa Urbano II predicó ante un Concilio provincial reunido en Clermont. Proclamó: «Todo el mundo debe hacer renuncia de sí y cargar con la cruz». El soberano pontífice veía también en ello una oportunidad para meter en cintura a esos laicos que se revolcaban en la lujuria o se dedicaban al bandidaje. Ir a liberar Jerusalén sería la vía de salvación.

A miles, los peregrinos se habían cosido sobre sus vestiduras cruces de tela roja que les iban a valer el nombre de cruzados. Primero fueron los pobres, los mendigos, los hambrientos quienes quisieron liberar Jerusalén, arrojándose a los caminos en bandas de harapientos al grito de «¡Dios lo quiere!». Y aquellos que no partían practicaban la caridad con los demás para que tuvieran con qué sobrevivir durante el viaje. Algunos se decidían por una simple corazonada, por una señal: una mujer había seguido a una oca que tenía que llevarla a la ciudad santa.[1] Aves, mariposas y ranas también fueron consideradas señales que indicaban el camino a seguir.

Pedro el Ermitaño y su lugarteniente, Gauthier-Sans-Avoir, arrastraban tras ellos a una multitud heterogénea que comenzó su cruzada dando muerte a los judíos del valle del Rin y sometiendo a pillaje los bienes de los campesinos húngaros. Llegaron a Constantinopla el sábado de Pascua de 1096.

Era el principio del fin. En Asia Menor, cerca de Civitot, una partida de estos cruzados mal armados sin ninguna experiencia en la lucha fue masacrada. Los supervivientes perecieron casi todos de hambre o a causa de la peste delante de Antioquía.

Los últimos vieron llegar entonces —más exacto sería decir finalmente— al ejército de los cruzados, el de los hombres de armas que habían terminado por seguir el ejemplo de los pordioseros. Armados hasta los dientes, decididos, esos guerreros se apoderaron de Antioquía. La meta estaba próxima: Jerusalén, tierra prometida. Se alzaron los cantos tan pronto como divisaron las murallas de la ciudad. Ya no hubo ni mendigos ni nobles, sino sólo cristianos extasiados, maravillados de su hazaña.

El 14 de julio de 1099, la tropa se puso en marcha y atacó la ciudad. Jerusalén fue tomada en un fogoso impulso a partir de la mañana del día 15.

Sin embargo, los cruzados no eran unos santos que digamos. A su paso, habían saqueado, violado, hasta el punto de que algunos cristianos orientales se vieron obligados a buscar refugio entre los turcos: era el colmo. Tampoco en Jerusalén se comportaron con particular caridad. Habiéndose refugiado numerosos musulmanes en la mezquita de Al-Aqsa, los cruzados los desalojaron y causaron una verdadera hecatombe. Un cronista anotaba: «La gente andaba en medio de la sangre hasta los tobillos» y Guillermo de Tiro precisaba:

La ciudad presentaba como espectáculo una tal carnicería de enemigos, un tal derramamiento de sangre que los propios vencedores quedaron impresionados de horror y de asco.

Durante una semana, masacres y luchas callejeras se sucedieron hasta que el olor de la sangre produjo náuseas.

El reino latino de Jerusalén

No obstante, los cruzados habían puesto pie en Tierra Santa y su intención no era otra que quedarse allí. Así se fundó el reino latino de Jerusalén. Aunque Godofredo de Bouillon fue nombrado rey del mismo, se negó a ceñir la corona allí donde Cristo no había llevado más que una corona de espinas. Godofredo, el Rey Caballero del Cisne, iba a morir poco tiempo después, en 1100.

Además del reino de Jerusalén, que abarcaba del Líbano al Sinaí, se fueron creando paulatinamente otros tres Estados: el condado de Edesa al norte, medio franco, medio armenio, fundado por Balduino de Bolonia, hermano de Godofredo de Bouillon; el principado de Antioquía, que ocupaba *grosso modo* la Siria del Norte; y, por último, el condado de Trípoli.

Godofredo fue reemplazado por Balduino I. La conquista se había materializado, pero ahora se trataba de conservar y de administrar los territorios ganados. Era preciso conservar las ciudades y las plazas fuertes, velar por la seguridad de los caminos. El enemigo estaba vencido, pero no eliminado. Se fundaron unas órdenes, encargadas de misiones diversas. Hubo, entre otras, la Orden Hospitalaria de Jerusalén en 1110, la Orden de los Hermanos Hospitalarios Teutónicos en 1112 y la Orden de los Pobres Caballeros de Cristo (futuros templarios) en 1118, siendo Balduino II rey de Jerusalén.

El nombre de la Orden del Temple no le fue dado hasta el año de 1128 con ocasión del Concilio de Troyes, que codificó su organización. En 1130, san Bernardo escribió su *De laude novae militiae ad Milites Templi* a fin de garantizar la propaganda. Muy pronto las donaciones se revelaron cuantiosas, el reclutamiento fue en aumento y cuando el primer Gran Maestre, Hugues de Payns, murió en 1136, reemplazado por Robert de Craon, la Orden del Temple era ya coherente. Tres años más tarde, Inocencio III revisó algunas modalidades de la Regla y le concedió al Temple unos privilegios exorbitantes.

En 1144 Edesa fue recuperada por los musulmanes, lo que llevó a la organización de la segunda cruzada, predicada por san Bernardo en 1147 mientras la Orden del Temple seguía su proceso de adaptación y desarrollo. La operación se revelaría un fracaso, pero sobre el terreno los cruzados resistían a pesar de todo muy bien los ataques musulmanes. Saladino, sin embargo, conseguía poco a poco unificar el mundo del Islam. En 1174 se apoderó de Damasco y en 1183 de Alepo. Luego, tras el desastre de Hattin, donde numerosos cristianos perdieron la vida, Saladino consiguió recuperar Jerusalén en 1187, reduciendo así el reino latino a la región de Tiro.

En 1190 se organizó una tercera cruzada siendo Robert de Sablé Gran Maestre de la Orden del Temple. Ésta iba a permitir recuperar Chipre y Acre en 1191. Reunía a Felipe II el Augusto, Federico Barbarroja y Ricardo Corazón de León. Este último derrotó a Saladino en Jaffa y luego, vencido él mismo, quiso regresar a Inglaterra disfrazado de templario. Reconocido, fue hecho prisionero, historia de sobra conocida por todos aquellos que han vibrado en su infancia con las hazañas de Robín de los Bosques. Por desgracia para la leyenda, Ricardo Corazón de León no fue el noble rey que se pintó con complacencia y estuvo lejos de comportarse siempre caballerosamente. Murió en 1196, tres años después que Saladino y Robert de Sablé.

En 1199 se decidió la cuarta cruzada, pero tuvo que superar muchos problemas para ponerse en camino. Cuando los cruzados llegaron a la vista de Constantinopla, en 1204, fue para olvidar la finalidad que les traía, conquistar la ciudad, saquear este reino cristiano y organizar los Estados Latinos de Grecia.

En los albores de ese decimotercer siglo, Wolfram von Eschenbach escribía su *Parzival,* en el que los templarios aparecían como guardianes del Grial.

Después de haberse desviado de su objetivo, es decir, Palestina, para ir a saquear el reino bizantino, la caballería occidental —principalmente francesa— debió de pensar que no era necesario ir tan lejos para enriquecerse. En 1208 se predicó otra cruzada, pero ésta consistía en ir a esquilmar el Mediodía donde los cátaros oponían su herejía a un clero local poco convincente por exceso de corrupción. Los barones del Norte prefirieron ir a acabar con los albigenses que enfrentarse a las cimitarras de los musulmanes.

No obstante, entre 1217 y 1221 se organizó una quinta cruzada. Ésta desembocó en la toma de Damieta en Egipto, sin más provecho. Fue esta misma época la elegida por los mongoles para lanzar una operación de invasión, creando un nuevo frente muy difícil de sostener. Se apoderaron sin demasiado esfuerzo de Irán. Sin embargo, Federico II Hohenstaufen, el emperador germánico excomulgado por el papa, había devuelto Jerusalén a los cristianos. Lo que las armas no habían conseguido, Federico II lo había logrado por medio de negociaciones diplomáticas. Por desgracia, en 1244, la ciudad santa iba a volver a caer en manos de los turcos.

El final de un reino y de una Orden

Durante todo este tiempo, los templarios estuvieron prácticamente presentes en todas las batallas, alimentando, gracias a la administración genial de un patrimonio occidental colosal, el esfuerzo de guerra en Oriente. Pero el pueblo, los nobles, comenzaban sin duda a hastiarse. Las victorias y las derrotas se sucedían, se banalizaban. El entusiasmo del comienzo no existía ya. En cambio, Oriente había influido en Occidente. El contacto con otra civilización había dejado sus huellas. Productos nuevos habían aparecido en los mercados de Europa; técnicas y ciencias se habían desarrollado gracias a fructíferas relaciones establecidas entre sabios y hombres de letras de ambas civilizaciones. Occidente se abría a la fascinación del Levante.

Un hombre se creía aún en la obligación de llevar la guerra en nombre de Cristo al seno de los infieles: san Luis. En 1248 emprendió la catastrófica séptima cruzada. En nombre de un ideal, hacía caso omiso de la realidad, negándose a escuchar a quienes, como los templarios, conocían bien los problemas locales. Acumuló error tras error y sufrió una grave derrota en Mansura mientras que los mamelucos turcos asentaban su poder en Egipto. En 1245, san Luis regresó a Francia. Cuatro años más tarde, los mongoles se apoderaron de Bagdad, poniendo fin al califato abasí. En 1260 fueron expulsados de Siria por los turcos y, al año siguiente, los griegos recuperaban Constantinopla.

En 1270, san Luis, que no había entendido nada y que no había sacado ninguna lección de provecho de su primera campaña, tomaba parte en la octava cruzada. Encontró la muerte frente a Túnez ese mismo año.

En 1282 se concertó con Egipto una tregua de diez años, mientras que los Caballeros Teutónicos habían decidido llevar la guerra más al norte y hacerse con un reino en Prusia. En 1285 Felipe III, llamado el Atrevido, que había sucedido a san Luis en el trono de Francia, se extinguía, dejando su puesto a Felipe IV el Hermoso.

Seis años más tarde, con la derrota de San Juan de Acre en el curso de la cual el Gran Maestre de la Orden del Temple, Guillermo de Beaujeu, fue muerto, Tierra Santa se perdió y fue evacuada. Los templarios se replegaron a Chipre.

En 1289, Jacques de Molay se convirtió en Gran Maestre de la Orden: el último Gran Maestre. Organizó un año más tarde una expedición a Egipto, pero el reino latino de Jerusalén había acabado de una vez para siempre.

Felipe el Hermoso se enfrentó violentamente al papa Bonifacio VIII, que le excomulgó en 1303. El soberano pontífice murió ese mismo año. En 1305, su sucesor, también en pésimas relaciones con Felipe el Hermoso, murió envenenado y el rey de Francia nombró papa a un hombre con el que había llegado a unos acuerdos: Bertrand de Got, que reinó bajo el nombre de Clemente V.

Ese mismo año se lanzaron unas acusaciones de extrema gravedad contra la Orden del Temple. Éstas tomaron la forma de denuncias hechas ante el rey de Francia. Acusaciones dudosas, pero realizadas en el momento oportuno: la Orden inquietaba, ahora que su poderío no iba a ejercerse ya en Oriente.

En 1306 Felipe el Hermoso, siempre falto de dinero, expulsó a los judíos del reino de Francia no sin haberles expoliado de sus bienes y haber hecho torturar a algunos de ellos. En 1307 hizo apresar a todos los templarios del reino y para ello eligió la fecha del 13 de octubre. El 17 de noviembre el papa consintió en reclamar su arresto en toda Europa.

Se formalizaron unas acusaciones tipo y la instrucción del proceso se hizo con el concurso de la tortura. El papa intentó a pesar de todo organizar la regularidad de los procedimientos, mas no se atrevió a atacar frontalmente al rey de Francia. Poco a poco los templarios trataron de organizar su defensa, pero desde 1310 algunos de ellos fueron condenados y llevados a la hoguera. En 1312, con ocasión del segundo Concilio de Viena, la Orden del Temple fue abolida sin ser condenada. Los bienes de los templarios fueron, teóricamente, atribuidos a los Hospitalarios de San Juan de Jerusalén.

El 19 de marzo de 1314, el Gran Maestre, Jacques de Molay, y varios altos dignatarios fueron quemados vivos. Un mes más tarde, el 20 de abril, el papa Clemente V falleció. El 29 de noviembre vio la muerte de Felipe el Hermoso.

La Orden del Temple se había extinguido, pero su historia no había terminado. Dejó vestigios que, como las catedrales que había contribuido a construir, sobrevivieron al tiempo. Había vivido dos siglos, período durante el cual la evolución de la civilización occidental había sido muy importante, mucho más de lo que lo da a entender la concepción estereotipada que generalmente se tiene de la Edad Media. Dos siglos de evolución económica, de desarrollo del comercio y del artesanado, de impulso de las artes. Dos siglos que marcaron el mundo para siempre.

La Orden del Temple había estado íntimamente involucrada en esta evolución, y no es éste el menor de los misterios que conviene ahora abordar.

2

El misterio de los orígenes

Jerusalén, marco del nacimiento de la Orden

Antes de las cruzadas, el Mediterráneo era un lago musulmán en el que los berberiscos imponían poco menos que su ley. Habían tolerado primeramente a los peregrinos antes de asaltarles tanto en tierra como en el mar. La cruzada debía poner orden en esto, pero tener el control de Jerusalén y de algunas otras ciudades o plazas fuertes no quería decir que se abarcase todo el territorio, y seguía habiendo inseguridad. La capital parecía pacificada.

Godofredo de Bouillon había hecho limpiar rápidamente la ciudad —y principalmente los lugares santos— de los cadáveres que el furor de los cruzados había acumulado en ella. En el Santo Sepulcro había instalado un Capítulo de veinte canónigos regulares reunidos bajo el apelativo de Orden del Santo Sepulcro. Llevaban un manto blanco adornado con una cruz roja.

Asimismo había hecho restaurar las murallas guarnecidas de torres que protegían la ciudad santa y había dispensado un cuidado muy especial a las iglesias: Santa María Latina, Santa Magdalena, San Juan Bautista y, por supuesto, el

Santo Sepulcro con su rotonda o *anastasis* que albergaba la tumba de Cristo. Habían agrandado también un hospital que debía ser destinado a los Hospitalarios de San Juan de Jerusalén, y se había acondicionado la mezquita de Omar, en realidad la cúpula de la roca en la que emergía la piedra sobre la cual Jacob había visto en sueños la escalera que conducía al cielo. En cuanto a la mezquita de Al-Aqsa, iba a convertirse en 1104 en residencia del rey de Jerusalén, Balduino I, antes de ser destinada a los templarios a partir de 1110.

¿Quién era Hugues de Payns?

Todo es un misterio en los inicios de la Orden. El primer enigma, que no el más importante, es la personalidad de su fundador. Por lo general, se le conoce como Hugues de Payns. Según las actas y crónicas de la época, se le menciona también con los nombres de *Paganensis, Paenz, Paenciis, Paon*, etc. Guillermo de Tiro le designa como «*Hues de Paiens delez Troies*», dándonos así su origen geográfico. En efecto, generalmente se cree que había nacido en Payns, a un kilómetro de Troyes, en torno a 1080, en el seno de una noble familia emparentada con los condes de Champaña. Era señor de Montigny y habría sido incluso oficial de la Casa de Champaña, puesto que su firma figura en dos importantes actas del condado de Troyes. Por la familia de su madre, era primo de san Bernardo, que le llamaba amigablemente «*carissimus meus Hugo*». El hermano de Hugues de Payns habría sido abad de Sainte-Colombe de Sens. Casado, Hugues habría tenido un hijo al que algunos autores hacen abad de Sainte-Colombe en lugar de su hermano. Este hijo, que encontramos en los textos con el nombre de Thibaut de Pahans, tuvo un día algunos problemas por haber empeñado una cruz y una corona de oro engastada de pedrería que pertenecían a su abadía. Cierto que era por una buena causa, ya que se trataba de poder cubrir los gastos de su participación en la segunda cruzada. Pero aun así...

En resumidas cuentas, sabemos muy pocas cosas de este caballero champañés llamado Hugues de Payns. Champañés..., lo que no es siquiera seguro. Se han propuesto otras hipótesis en cuanto a los orígenes de la familia. Se le han encontrado, entre otros, antepasados italianos en Mondovi y en Nápoles. Para algunos, su nombre real habría sido Hugo de Pinos y habría que buscar su origen en España, en Bagá, en la provincia de Barcelona, lo cual estaría documentado por un manuscrito del siglo XVIII conservado en la Biblioteca Nacional de Madrid.

Pero, sobre todo, se pretende que fue oriundo de Ardèche, nacido en el seno de una familia que habría vivido primero en la Alta Provenza y se habría establecido a continuación en Forez. Según Gérard de Sède, sus antepasados habrían sido compañeros de Tancredo el Normando. Hugues habría nacido el 9 de febrero de 1070 en el castillo de Mahun, en el municipio de Saint-Symphorien-de-Mahun en Ardèche. Fue encontrada, por otra parte, su partida de nacimiento en 1897,[2] pero bien podría tratarse de una homonimia. Sus escudos de armas habrían sido *de oro con tres cabezas de moro*, recordando el sobrenombre de su padre. Este último, originario de Langogne en Lozère, se hacía llamar en efecto «el Moro de la Gardille». Laurent Dailliez precisa que:

La biblioteca municipal de Carpentras conserva un manuscrito que da cuenta de una donación del 29 de enero de 1130, de Laugier, obispo de Aviñón. En dicha ocasión, Hugues de Payens es señalado como natural de Viviers, en Ardèche.

Todo esto parecería dar cierta credibilidad a los orígenes ardechenses de Hugues de Payns. Quedaría, entonces, por saber qué circunstancias le habrían llevado a convertirse en oficial del conde de Champaña. Por dicho motivo, y porque existe un Payns próximo a Troyes, y en razón asimismo de su parentesco con san Bernardo, optamos más bien por un origen champañés del primer Gran Maestre de la Orden del Temple.

La creación de la Orden del Temple
y la policía de caminos

También la fundación de la Orden comporta muchas zonas oscuras. Remitámonos en primer lugar a la versión oficial tal como la transmiten los cronistas de la época. Guillermo de Tiro, nacido en Palestina en 1130, arzobispo de Tiro en 1175, no había podido asistir a los comienzos de la Orden y hablaba de ella, así pues, en función de lo que le habían contado.

Jacques de Vitry era más preciso, aunque hubiera escrito un siglo más tarde. Debía de contar con algunos detalles «oficiales» sobre los comienzos de la Orden, puesto que estaba estrechamente vinculado a los templarios. Puede pensarse, pues, que lo que sigue le fue directamente referido por dignatarios del Temple:

Algunos caballeros, amados de Dios y dedicados a su servicio, renunciaron al mundo y se consagraron a Cristo. Mediante solemnes votos pronunciados ante el patriarca de Jerusalén, se comprometieron a defender a los peregrinos contra los malhechores y ladrones, a proteger los caminos y a servir de caballería al Señor de los Ejércitos. Observaron la pobreza, la castidad y la obediencia, según la Regla de los canónigos regulares. Sus jefes eran dos hombres venerables, Hugues de Payns y Geoffroi de Saint-Omer. Al comienzo no fueron más que nueve quienes tomaron tan santa decisión, y durante nueve años sirvieron con hábitos seglares y se vistieron con lo que los fieles les daban de limosna. El rey, sus caballeros y el señor patriarca se sintieron llenos de compasión por aquellos nobles hombres que lo habían abandonado todo por Cristo, y les concedieron algunas propiedades y beneficios para subvenir a sus necesidades, y para las almas de los donantes. Y porque no tenían iglesia ni morada que les perteneciera, el rey les dio albergue en su palacio, cerca del Templo del Señor. El abad y los canónigos regulares del Templo les dieron, para las necesidades de su servicio, un terreno no lejos de palacio, y por dicha razón se les llamó más tarde templarios.

En el año de gracia de 1128, tras haber morado nueve años en el palacio, viviendo todos juntos en santa pobreza según su profesión, recibieron una Regla gracias a los desvelos del papa Honorio y de Esteban, patriarca de Jerusalén, y les fue asignado un hábito blanco. Lo cual se hizo en el Concilio celebrado en Troyes, bajo la presidencia del señor obispo de Albano, legado apostólico, y en presencia de los arzobispos de Reims y de Sens, de los abates de Citeaux y de muchos otros prelados. Más tarde, en tiempos del papa Eugenio (1145-1153), pusieron la cruz roja sobre sus hábitos, llevando el blanco como emblema de inocencia y el rojo por el martirio (...). Su número creció tan rápidamente que pronto hubo más de trescientos caballeros en sus asambleas, todos ataviados con mantos blancos, sin mencionar sus innumerables servidores. Adquirieron asimismo bienes inmensos de uno y de otro lado del mar. Poseen (...) ciudades y palacios, de cuyas rentas destinan cada año una determinada suma para la defensa de Tierra Santa en manos de su soberano señor, cuya principal residencia está en Jerusalén.

Jacques de Vitry proporcionaba igualmente algunas indicaciones acerca de la disciplina interna que regía en la Orden. Podríamos remitirnos también a Guillaume de Nangis o buscar alguna aclaración en la versión latina de su Regla, que declara en su preámbulo:

> por los ruegos de Maestre Hugues de Payns, bajo cuya dirección la llamada caballería dio comienzo por la gracia del Espíritu Santo.

¿Qué hay que concluir de todo esto? Que algunos caballeros renunciaron al mundo bajo la guía de Hugues de Payns para ponerse al servicio de los peregrinos y que así nació la Orden del Temple.

Podemos decir igualmente que los templarios no fueron más que nueve durante nueve años y que ha corrido mucha tinta acerca de esta cifra. Pero ¿quiénes eran estos nueve valientes?

Aparte de Hugues de Payns, encontramos a Geoffroi de Saint-Omer, flamenco; a André de Montbard, nacido en 1095 y tío de san Bernardo por su hermanastra Aleth. Figuraban también Archambaud de Saint-Aignan y Payen de Montdidier (a veces designado con el nombre de Nivard de Montdidier), ambos flamencos. Y luego Geoffroi Bissol, sin duda natural del Languedoc, y Gondemar, que es posible que fuera portugués. Por último, un tal Roral o Rossal o Roland o también Rossel, del que nada más se sabe, y un muy hipotético Hugues Rigaud, que habría sido originario del Languedoc.

Una vez más las informaciones fidedignas son mínimas.

¿Por qué se reunieron estos hombres? Jacques de Vitry nos lo ha dicho: para defender a los peregrinos contra los malhechores y ladrones, proteger los caminos y servir de caballería al Señor de los Ejércitos.

De hecho, los ejércitos de los cruzados que habían permanecido *in situ* no contaban con medios para dominar todo el territorio, y más teniendo en cuenta que muchos hombres habían regresado a Occidente. Las ciudades estaban perfectamente controladas, pero la mayor parte del país permanecía aún bajo dominio musulmán. Algunas pequeñas ciudades no contaban siquiera con una guarnición cristiana. Los francos se contentaban con vagos pactos de no agresión y les hacían pagar un tributo. Algunos señores árabes aprovechaban esta situación para llevar a cabo golpes de mano y atacar las caravanas de peregrinos. Los campesinos musulmanes, a fin de resistir contra el invasor, no dudaban en organizar el bloqueo económico de las ciudades a fin de provocar hambrunas o bien capturaban a los cristianos aislados y los vendían como esclavos. En las propias ciudades tenían lugar atentados. En pocas palabras, la seguridad era una palabra vacía de significado.

Una ruta, muy especialmente, era considerada arriesgada y poco segura. Ésta unía Jaffa con Jerusalén y los egipcios de Ascalón realizaban en ella a menudo razias. Los peregrinos sólo podían circular por la misma agrupados en pequeñas tropas lo mejor armadas posible. Hugues de Payns habría decidido poner remedio a aquella situación y organizar un equipo «para que guardasen los caminos, por allí por donde pasaban los peregrinos, de malhechores y ladrones que solían causar grandes males», como decía Guillermo de Tiro.

Hugues de Champaña y el nacimiento de la Orden

La Orden del Temple fue fundada el 25 de diciembre de 1119, al haber prestado juramento de obediencia Hugues de Payns y Geoffroi de Saint-Omer al patriarca de Jerusalén el mismo día en que Balduino era coronado rey.

Pero ¿acaso no eran muy pocos nueve caballeros para guardar los caminos de Tierra Santa? Cabe imaginar, sin duda, que cada uno de ellos debía de contar con algunos hombres, pajes de armas o escuderos. Esto era algo muy habitual aun cuando no se hiciera mención de ello.

Lo que no quita que los comienzos fueron muy modestos y que los primeros templarios no debieron de poder desempeñar la misión a la que se suponía se habían consagrado. Se dice que guardaban el desfiladero de Athlit, entre Cesarea y Caifa, en el mismo lugar donde edificarían más tarde el famoso Castillo Peregrino. No debió de resultar tarea muy fácil al residir en Jerusalén.

Prácticamente desprovistos de medios, no podían hacer gran cosa. La lógica hubiera querido que tratasen de reclutar más hombres a fin de cumplir mejor su misión. Era indispensable. Y sin embargo, no hicieron nada de ello. Evitaron incluso cuidadosamente, durante los primeros años, que su pequeña tropa aumentara. Guillermo de Tiro y Mathieu Paris son categóricos al respecto: rechazan cualquier compañía salvo, en 1125 o en 1126, la del conde Hugues de Champaña, hijo de Thibaut de Blois, señor cuyo condado era más vasto que el dominio real.

¿A qué era debido este rechazo? ¿Cómo es que estos nueve caballeros no tomaron parte en ninguna operación militar, por más que el rey no hubiera dejado de combatir desde Antioquía hasta Tiberíades, pasando por Alepo?

Todo ello es algo que no se sostiene y el papel de policía de caminos se revela, en tales condiciones, como una mera tapadera para enmascarar otra misión que debía permanecer secreta.

Tal vez gracias a la llegada de Hugues de Champaña comprendamos un poco mejor lo que sucedió.

En 1204, tras haber reunido a algunos grandes señores, uno de los cuales estaba en estrecha relación con el futuro templario André de Montbard, Hugues de Campaña partió para Tierra Santa. Tras volver rápidamente (en 1108), había de regresar en 1114 para tomar el camino de vuelta a Europa en 1115, y hacer donación a san Bernardo de una tierra en la que éste mandó construir la abadía de Claraval.

En cualquier caso, a partir de 1108, Hugues de Champaña había mantenido importantes contactos con el abad de Citeaux: Étienne Harding. Ahora bien, a partir de dicha época, aunque los cistercienses no fueron habitualmente considerados como hombres consagrados al estudio —al contrario que los benedictinos—, he aquí que se pusieron a estudiar minuciosamente algunos textos sagrados hebraicos. Étienne Harding pidió incluso la ayuda de sabios rabinos de la Alta Borgoña. ¿Qué razón había para generar un entusiasmo tan repentino por los textos hebraicos? ¿Qué revelación se suponía que aportaban tales documentos para que Étienne Harding pusiera de esta manera a sus monjes manos a la obra con la ayuda de sabios judíos?

En este contexto, la segunda estancia de Hugues de Champaña en Palestina pudiera interpretarse como un viaje de verificación. Cabe imaginar que unos documentos encontrados en Jerusalén o en los alrededores fueron traídos a Francia. Tras ser traducidos e interpretados, Hugues de Champaña habría ido entonces ya en busca de una información complementaria, ya a comprobar *in situ* el fundamento de las interpretaciones y la validación de los textos.

Por otra parte, sabemos el importante papel que había de desempeñar san Bernardo, protegido de Hugues de Champaña, en la política de Occidente y en el desarrollo de la Orden del Temple. Le escribió a Hugues de Champaña, respecto a su voluntad de permanecer en Palestina:

> Si, por la causa de Dios, has pasado de ser conde a ser caballero, y de ser rico a ser pobre, te felicitamos por tu progreso como es justo, y glorificamos a Dios en ti, sabiendo que éste es un cambio en beneficio del Señor. Por lo demás, confieso que no nos es fácil vernos privados de tu alegre presencia por no sé qué justicia de Dios a menos que de vez en cuando gocemos del privilegio de verte, si ello es posible, lo que deseamos sobre todas las cosas.

Esta carta del santo cisterciense nos demuestra hasta qué punto los protagonistas de esta historia están vinculados entre sí y por lo tanto son capaces de conservar el secreto en el cual trabajan. Además, el propio san Bernardo está él mismo muy interesado en algunos antiguos textos sagrados hebraicos. En cualquier caso, parece que Hugues de Champaña hubiera considerado las revelaciones lo suficientemente importantes como para justificar su instalación en Palestina. Estaba casado y, para entrar en la Orden del Temple que acababa de crearse, hubiera sido preciso que su mujer aceptara retirarse a un convento. Pero su querida esposa no estaba por la labor. Hugues de Champaña dudó durante un tiempo, pero como su mujer le era notoriamente infiel, él la repudió. Aprovechó la ocasión para desheredar a su hijo, del que tenía serias sospechas de que no fuera suyo, e hizo renuncia de sus derechos en provecho de su sobrino Thibaut. Entró en la Orden del Temple y no abandonó ya Tierra Santa, donde murió en 1130.

¿Quién querrá hacernos creer que repudió a su mujer y lo abandonó todo simplemente para guardar caminos con gentes que no querían que nadie les prestara ayuda, y ello bajo las órdenes de uno sus propios oficiales?[3] Habría que ser verdaderamente ingenuo, por más que se considere que la fe puede ser motivo de muchas renuncias. ¿No se trataba más bien de ayudar a los templarios en la verdadera tarea que les había sido confiada y que Hugues de Champaña tenía buenas razones para conocer?

Todo iba a acelerarse. La Orden del Temple no fue creada oficialmente hasta 1118, es decir, veintitrés años después de la primera cruzada, pero no fue hasta 1128, el 17 de enero, cuando la Orden recibió su aprobación definitiva y canónica por medio de la confirmación de la Regla. Preciso es añadir que estos datos son a veces discutidos y se habla de 1119 y del 13 de enero de 1128 respectivamente.

Cabe pensar que los documentos verosímilmente traídos de Palestina por Hugues de Champaña (que los había descubierto sin duda en compañía de Hugues de Payns) no dejaban de tener relación con el emplazamiento que posteriormente fue asignado como alojamiento de los templarios.

El Templo de Salomón

El rey de Jerusalén, Balduino, les concedió como alojamiento unos edificios situados en la antigua ubicación del Templo de Salomón. Bautizaron el lugar como alojamiento de San Juan. Había sido preciso desalojar a los canónigos del Santo Sepulcro que Godofredo de Bouillon había instalado primero allí. ¿Por qué no se buscó más bien otra morada para los templarios? ¿Qué necesidad imperiosa había para ofrecerles por albergue dicho lugar concreto? La razón, en cualquier caso, no tiene nada que ver con la policía de caminos.

El subsuelo estaba formado por lo que se conocía como las caballerizas de Salomón. El cruzado alemán Juan de Wurtzburgo decía que eran tan grandes y maravillosas que se podía albergar en ellas a más de mil camellos y mil quinientos caballos. Sin embargo, se las destinó íntegramente para los nueve caballeros del Temple, que se negaban en principio a reclutar a más gente. Las desescombraron y las utilizaron a partir de 1124, cuatro años antes de recibir su Regla y de dar comienzo a su expansión. Pero ¿únicamente las utilizaban como caballerizas o se practicaban en ellas discretamente excavaciones? Y, en tal caso, ¿qué estarían buscando?

Uno de los manuscritos del mar Muerto encontrado en Qumran y descifrado en Manchester en 1955-1956 citaba gran cantidad de oro y de vajilla sagrada que formaban veinticuatro montones enterrados bajo el Templo de Salomón. Pero en aquella época, tales manuscritos dormían en el fondo de una cueva y, aun cuando podamos imaginar la existencia de una tradición oral a este respecto, cabe pensar que las búsquedas se enfocaron más bien hacia textos sagrados o hacia unos objetos rituales de primera importancia que hacia vulgares tesoros materiales.

¿Qué pudieron encontrar en aquel lugar y, antes que nada, qué se sabe respecto a este Templo de Salomón del que tanto se habla? Al margen de las leyendas, muy poca cosa: ningún rastro identificable por los arqueólogos, sino básicamente unas tradiciones transmitidas a lo largo de los siglos y algunos pasajes de la Biblia (en el *Libro de los reyes* y en las *Crónicas*).

Fue sin duda edificado hacia el año 960 antes de Cristo, al menos en su forma primitiva. Salomón, que deseaba construir un templo a mayor gloria de Dios, había establecido unos acuerdos con el rey fenicio Hiram, que se había comprometido a proporcionarle madera (de cedro y de ciprés). Éste le enviaría también trabajadores especializados: canteros y carpinteros reclutados en Guebal, donde los propios egipcios tenían por costumbre reclutar a su mano de obra cualificada.

Los trabajos duraron por espacio de siete años, e incluían igualmente un palacio lo bastante amplio como para albergar a las setecientas princesas y a las trescientas concubinas del rey Salomón.

El Templo era rectangular. Se penetraba en el vestíbulo franqueando una doble puerta de bronce y se encontraban entonces dos columnas: *Jaquín* y *Boaz*, también de bronce. Seguía una puerta de doble hoja de ciprés que permitía el acceso al *hékal* o lugar santo, sala revestida de madera de cedro y llena de objetos preciosos y sagrados: el altar de los perfumes de oro macizo, la mesa de los panes de la proposición de madera de cedro chapada de oro, diez candelabros y lámparas de plata, copas de libación finamente cinceladas, bacinillas sagradas y braseros que servían para celebrar los holocaustos.[4]

Se entraba a continuación en el *debir*, estancia cúbica que albergaba el Arca de la Alianza.

Todo ello estaba hecho de piedras talladas, madera y metales. Delante del Templo, el «mar de fundición», amplio depósito con capacidad para cincuenta mil litros de agua, sostenido por doce estatuas de toros, destacaba en la explanada. Unos panes de oro recubrían los elementos de la decoración. Todo el suelo estaba recubierto de placas de oro. La plata y el cobre se encontraban igualmente en profusión. Los metales preciosos podían verse por todas partes, incluso en el tejado, donde unas agujas de oro impedían a los pájaros posarse en él.

El Templo existió bajo esta forma hasta el año 586 antes de Cristo. En dicha fecha, Nabucodonosor estableció el asedio de Jerusalén y se apoderó de ella. La ciudad fue incendiada y el Templo de Salomón destruido.

Hacia 572 antes de Cristo, Ezequiel tuvo la visión del Templo levantado de sus ruinas. Fue necesario, a pesar de todo, esperar hasta el año 538 antes de Cristo para ver a Zorobabel emprender su reedificación. El nuevo santuario, mucho más modesto que el anterior, fue arrasado por el seléucida Antíoco Epífanes. Herodes decidió reconstruirlo. Durante diez años, mil obreros trabajaron en su reconstrucción. El resultado fue grandioso pero duró poco tiempo, puesto que el edificio fue destruido bajo Nerón, menos de siete años después de haber sido terminado. En el año 70 después de Cristo, una vez más, Jerusalén fue tomada y el Templo saqueado por Tito. Los objetos sagrados, tales como el candelabro de siete brazos y muchas otras riquezas, fueron llevadas a Roma y presentadas al pueblo durante el «triunfo» de Tito.[5]

Cuando los templarios se instalaron en su emplazamiento, no quedaba ya del Templo más que un fragmento del Muro de las Lamentaciones y un magnífico pavimento casi intacto. En su lugar se alzaban dos mezquitas: Al-Aqsa y la mezquita de Omar. En la primera, la gran sala de oración fue dividida en habitaciones para servir de alojamiento a los

43

templarios. Ellos añadieron nuevas construcciones: un refectorio, bodegas, silos.

Los templarios y el Arca de la Alianza

Los templarios parecen haber hecho en esos lugares interesantes descubrimientos. Pero ¿de qué se trataba?

Si bien la mayor parte de los objetos sagrados habían desaparecido en el momento de las diversas destrucciones, y principalmente durante el saqueo de Jerusalén por Tito, hubo uno que, aún habiéndose volatilizado, no parecía haber sido sacado de allí. Ahora bien, había sido para albergar dicho objeto por lo que Salomón hizo construir el Templo: el Arca de la Alianza que guardaba las Tablas de la Ley. Una tradición rabínica citada por Rabbí Mannaseh ben Israel (1604-1657) explica que Salomón habría hecho construir un escondrijo debajo del propio Templo, a fin de poner a buen recaudo el Arca en caso de peligro.

Esta Arca se presentaba bajo la forma de un cofre de madera de acacia de dos codos y medio de largo (1,10 m) por un codo y medio de ancho (66 cm), y otro tanto de alto.[6] Tanto interior como exteriormente, las paredes estaban recubiertas de panes de oro. El cofre se abría por arriba mediante una tapa de oro macizo encima de la cual figuraban dos querubines de oro batido que estaban uno enfrente del otro, con las alas replegadas y tendidas la una hacia la otra.

Tenía unas anillas fijas, que permitían introducir unas barras —recubiertas también de oro— para transportar el Arca, que se hubiera dicho una réplica exacta de determinados muebles litúrgicos egipcios. Por último, sobre la tapa, entre los querubines, había una chapa de oro. Este *kapporet* estaba considerado por los judíos como el «trono de Yavé». Se hace referencia a él en el *Éxodo*, donde Yavé dice a Moisés:

Allí me revelaré a ti, y desde lo alto del propiciatorio, del espacio comprendido entre los dos querubines, te comunicaré yo todo cuanto para los hijos de Israel te mandaré.

¿Qué quiere decir esto? Para los amantes de los ovnis, el Arca podría ser una especie de receptor de radio intergaláctico que permitía recibir mensajes procedentes del espacio o de otras partes. Para los demás, no queda más remedio que clasificarlo dentro del misterioso epígrafe de los objetos llamados de culto cuya función nos es desconocida. Los querubines alados parecen sugerir unos «hombres voladores», unos «ángeles» intermediarios entre los hombres y los dioses. Nos abstendremos por nuestra parte de dar cualquier parecer acerca de esta cuestión, pero tampoco nos atreveríamos a rechazar *a priori* ninguna hipótesis toda vez que no se ha aportado ninguna explicación totalmente convincente, y no resultará sin duda fácil explicar por qué el Arca estaba construida a modo de un condensador eléctrico.

En cualquier caso, el Arca se hallaba bien protegida. Paul Poësson[7] recuerda que estaba prohibido tocarla sin estar expresamente autorizado a hacerlo (y es de creer que dotado de especiales protecciones) so pena de ser instantáneamente fulminado. Un día que se la desplazaba, y por el hecho de ser mal transportada, el Arca dio la impresión de que iba a caerse al suelo. Un hombre se lanzó corriendo para sostenerla. Mal pago tuvo para tan buen propósito, pues pereció fulminado en el acto.

Puede considerarse que el Arca se protegía a sí misma, porque entendemos que sería difícil admitir que la cólera divina haya fulminado a alguien simplemente por haber tratado de impedir que el Arca cayera al suelo.

El Arca fue, pues, colocada en el Templo de Salomón en el año 960 antes de Cristo. En el *Libro de los Reyes*, Salomón se dirige a Dios a través de ella:

Yavé, has dicho que habitarías en la oscuridad.[8] Yo he edificado una casa para que sea tu morada, el lugar de tu habitación para siempre.

Como ya hemos dicho, no parece que el Arca hubiera sido robada con ocasión de alguno de los diferentes saqueos o por lo menos, si tal fue el caso, fue recuperada, según los textos. Su desaparición por medio de un robo habría dejado numerosos rastros, tanto en los textos como en la tradición oral. Únicamente una leyenda afirma que fue robada por el propio hijo de Salomón. Este hijo tenido con la reina de Saba la habría robado para llevársela al reino de su madre. Pero esta leyenda es poco creíble y no se encuentra nada en la Biblia que lo corrobore.

Louis Charpentier[9] recuerda:

Cuando Nabucodonosor tomó Jerusalén, no se hace ninguna mención al Arca entre el botín. Hizo quemar el Templo en 587 antes de Cristo. Y el Arca arde con él, dice Wegener.

Ahora bien, es seguro que el Arca fue enterrada. ¿Y no dijo acaso Salomón que permanecía en la oscuridad? Lo que no podía ser el caso del Sancta Sanctórum.

Carpentier ve la prueba de ello en un texto que indica:

Cuando el Arca de la Alianza fue enterrada, trajeron a la *ghenizah* el recipiente que contenía el maná, porque había sido encontrado juntamente con las Tablas de la Ley.

A Charpentier no le cabe ninguna duda acerca de ello: el Arca permaneció en su sitio, oculta bajo el Templo, y los templarios la descubrieron. Esta afirmación debe tomarse con enorme prudencia, pero no carece de interés. Si admitimos por un instante su validez en tanto que hipótesis de trabajo, resulta lógico pensar que, entre 1104 y 1108, Hugues de Champaña y Hugues de Payns, especie de aventureros del Arca perdida, pudieron descubrir documentos que permitían localizarla. El trabajo de los monjes de Citeaux y de los sabios judíos que les ayudaron habría consistido en dicho caso en traducir e interpretar los textos eventualmente fragmentarios traídos por Hugues de Champaña. A continuación, provistos de la adecuada información, y tras haber logrado la concesión para alojarse en el emplazamiento del Templo de Salomón, los primeros caballeros del Temple habrían podido efectuar las excavaciones conducentes al descubrimiento del Arca.

A este respecto, Charpentier cita en primer lugar a título indicativo una tradición oral que haría de los templarios los poseedores de las Tablas de la Ley. Recuerda el retorno de los primeros templarios a Occidente en 1128. Así pues, renunciaron a su misión. Se trataba, sin duda, de obtener la fundación de una orden militar dotada de una regla especial, pero ¿era preciso para ello abandonarlo todo en Oriente por un largo período de tiempo? ¿No les bastaba con mandar un embajador, toda vez que los caballeros no hubieran tenido ningún problema en obtener lo que deseaban gracias al poder de los valedores con que contaban? Ahora bien, el preliminar de la Regla que por aquel entonces les dio san Bernardo, rezaba así:

Bien ha obrado el Señor Dios con nosotros y Nuestro Salvador Jesucristo, el cual ha hecho venir a sus amigos de la Ciudad Santa de Jerusalén a la Marca de Francia y de Borgoña...

Charpentier comenta y subraya:

La obra se ha llevado a cabo con la ayuda de Nos. Y los caballeros han sido convocados en la Marca de Francia y de Borgoña, es decir, en Champaña, bajo la protección del conde de Champaña, allí donde pueden tomarse todo tipo de precauciones contra la injerencia de los poderes públicos o eclesiásticos; allí donde, en esta época, se puede asegurar del mejor modo posible un secreto, una custodia, un escondite.

Y Charpentier cree que los caballeros del Temple, a su vuelta a Occidente, traían, si puede decirse así, en sus bagajes, el Arca de la Alianza. Precisa:

Existen en la portada norte de Chartres, portada llamada «de los Iniciados», dos columnitas esculpidas en relieve y que ostentan, la una, la imagen del traslado del Arca por una pareja de bueyes, con la leyenda: *Archa cederis*; la otra, el Arca que un hombre recubre con un velo, o coge con un velo, cerca de un montón de cadáveres entre los que es posible distinguir a un caballero con cota de mallas, siendo la leyenda: *Hic amititur Archa cederis* (*amititur*, verosímilmente por *amittitur*).

¿Hay que ver en ello un indicio que bastaría para apoyar la tesis de Charpentier?

Se puede, e incluso se debe, ser extremadamente escépticos. Sin embargo, es el Arca de la Alianza la que parece estar representada en un carro de cuatro ruedas en Chartres. En efecto, una escultura idéntica, que representa el traslado del Arca, se encuentra entre las ruinas de la sinagoga de Cafarnaum.[10] Esta representación demuestra que se prestaba en Chartres un interés muy especial al traslado del Arca y podría significar que los escultores no ignoraban que ésta había sido trasladada. Lo cual no quiere decir en absoluto que fuera traída a Occidente por los templarios, ni siquiera que estos últimos tuvieran una relación especial con dicho traslado. Lo único que podemos señalar es que la decoración de la catedral de Chartres evoca a los caballeros del Temple en más de una ocasión.

El otro secreto de Salomón

El secreto descubierto por los templarios en el lugar donde estuvo el Templo puede no tener la más mínima relación con el Arca de la Alianza y seguir estando relacionada con Salomón. De todos modos, preciso es remarcar que existen muchos puntos en común entre los templarios y este rey. En primer lugar, conviene recordar que al comienzo de todo, Hugues de Payns y sus amigos habían tomado el nombre de «Pobres Caballeros de Cristo», y ello hasta que hubieron ocupado el emplazamiento del Templo de Salomón, al menos eso es lo que se dice generalmente. Ahora bien, desde la obtención de su Regla (así pues, después de sus probables descubrimientos), leemos en el prólogo de la versión francesa:

Aquí comienza la Regla de la pobre caballería del Templo.

Encontramos en las donaciones que muy pronto les fueron hechas los títulos de *caballeros del Templo de Salomón*. La expresión, así pues, no se estableció consuetudinariamente, sino que fue decidida de forma muy rápida. Digamos, por otra parte, que el *minnesänger* alemán, Wolfram von Eschenbach, que se decía él mismo templario, escribía en su *Parzival* que el Grial había sido transmitido por Flegetanis, «del linaje de Salomón», y que los templarios eran sus custodios.

Volveremos a ello.

Pensemos también en la construcción del Templo que Salomón confió al maestro Hiram. El arquitecto, según la leyenda, murió a manos de unos compañeros celosos a quienes había negado la divulgación de determinados secretos. Como consecuencia de la desaparición de Hiram, Salomón envió a nueve maestros en su busca, nueve maestros como los nueve primeros templarios en busca del arquitecto de los secretos.

Y luego Salomón, al igual que los templarios, puso muchas esperanzas en el comercio, especialmente en el de los caballos. Quiso una flota comercial para facilitar su negocio y los templarios a su vez poseyeron una poderosa flota.

¿Qué pensaba de ello san Bernardo, que hizo la propaganda de los templarios y escribió sobre el *Cantar de los Cantares* atribuido al rey Salomón?

En este contexto es interesante estudiar la propia personalidad de Salomón. Es símbolo de justicia: su juicio es célebre; símbolo también de sabiduría. Rey de los poetas, es el autor del *Cantar de los Cantares,* que algunos consideran un documento cifrado, una especie de testamento de adepto.

No es posible hablar de Salomón sin recordar a la reina de Saba. Ésta llegó a Jerusalén acompañada de una magnífica caravana de camellos cargados de fabulosos presentes. Balkis la magnífica venía a poner a prueba a Salomón, cuya reputación había llegado hasta sus oídos, y tenía la intención de someter a su consideración unos enigmas de muy difícil resolución.

El Corán contiene a propósito de la visita de Balkis unas reflexiones muy interesantes. Dice así:

> Salomón heredó de David y dijo: ¡Hombres! Se nos ha enseñado el lenguaje de los pájaros, y, de todas las cosas, hemos sido colmados. ¡Es, en verdad, un favor evidente!

La alusión a la lengua de los pájaros da a entender que Salomón era conocedor de los secretos ocultos de la naturaleza.

Este tipo de denominación era, por otra parte, perfectamente conocida de los trovadores y nos lleva a la escritura del *Cantar de los Cantares* de Salomón, estudiado minuciosamente por san Bernardo. Pero volvamos de nuevo al Corán:

> Las tropas de Salomón formadas por *djinns*, mortales y pájaros fueron reunidas delante de él, divididas en grupos.

Así Salomón tenía hombres a su servicio, pero también «genios» —es decir, el dominio de los espíritus elementales— y pájaros, es decir, seres voladores.

Entonces, ¿Arca de la Alianza, secretos de arquitectura, lengua de los pájaros? ¿O alguna otra cosa encontrada en Palestina? Pero ¿qué? ¿Unos secretos ligados a Jesús? ¿A su vida? ¿A María Magdalena? ¿Tal vez al Grial?...

Satán prisionero

Examinemos aún otra posibilidad, por más descabellada que ésta sea.

Según el *Apocalipsis* de san Juan, desde que fuera derrotado y expulsado del cielo con los ángeles caídos, Satán está encadenado en los abismos. Ahora bien, afirma la tradición que este abismo tiene unas salidas y que éstas se hallan obturadas. Una de ellas se encontraría precisamente sellada por el Templo de Jerusalén. El alojamiento de los templarios habría estado, así pues, situado en un lugar de comunicación entre diferentes reinos, característica común con la del Arca de la Alianza. Punto de contacto tanto con el cielo como con los Infiernos, uno de esos lugares sagrados siempre ambivalentes, consagrados tanto al bien como al mal. Un lugar de comunicación ideal del que los templarios se habrían convertido en guardianes.

Una leyenda mencionada por M. de Vogué cuenta que en la época de Omar, un hombre, al inclinarse, vio una puerta al fondo del pozo del que estaba sacando agua. Descendió al interior del mismo y cruzó la puerta. Un magnífico jardín apareció ante él. Arrancó una hoja de un árbol y se la llevó como prueba de su descubrimiento. Apenas hubo salido, se apresuró a ir a dar aviso a Omar. Se precipitaron ambos hasta allí, pero la puerta había desaparecido y nadie pudo encontrarla. No le quedaba al hombre más que la hoja que nunca se marchitó. Esto acaecía en el emplazamiento del Templo de Salomón. Una tradición más para hacer del lugar un pasadizo entre diversos niveles y reinos.[11]

Asimismo se cuenta que el Templo de Salomón había estado precedido en ese emplazamiento por un templo pagano consagrado a Poseidón. Ahora bien, se ignora a menudo que Poseidón no se convirtió en dios del mar más que tardíamente. Con anterioridad, tenía rango de Dios supremo y no fue sino con la llegada a Grecia de los indoeuropeos cuando Zeus se hizo con el liderazgo de las divinidades. Poseidón había sido, desde los tiempos de los pueblos pelasgos, el Dios creador, demiurgo que tenía un vínculo privilegiado con las aguas madres saladas. Era el gran sacudidor de las tierras, señor de las potencias telúricas y, en ciertos aspectos, próximo a Satán.

Eugène Delacroix, iniciado de la Sociedad Angélica,[12] era plenamente consciente de ello cuando decoró el techo de la capilla de Saints-Anges en la iglesia de Saint-Sulpice de París. Pintó un san Miguel arrojando al suelo al demonio. Ahora bien, este demonio de los orígenes, lo representó bajo la forma de Poseidón perfectamente reconocible en sus atributos.

Los templarios encargados de custodiar los lugares por los cuales Satán habría podido evadirse de la prisión que le fue atribuida en la noche de los tiempos es algo que le parecerá sin duda grotesco a más de un lector moderno, pero que sería conveniente resituar en las creencias de la época. Y luego, nunca se sabe... Tanto más cuanto que Salomón hizo también erigir unos santuarios para unas «divinidades extranjeras». Consagró en particular unos templos a Astarté, «la abominación de los sidonios» y a Milkom, «el horror de los amonitas». El «dios celoso» de Israel debió de sufrir por ello. ¿No hacía con ello Salomón sino ceder a las presiones de sus numerosas concubinas extranjeras? Si actuó así, ¿qué no haría en recuerdo de la reina de Saba, cuyo reino sin duda podemos situar en el Yemen? Los dioses del país de Balkis, en su mayor parte, olían fuertemente a azufre.

Los templarios y los secretos de Salomón

En resumen, puede considerarse como una certeza casi absoluta el hecho de que Hugues de Payns y Hugues de Champaña descubrieron documentos importantes en Palestina entre 1104 y 1108.

Estos hallazgos estuvieron sin duda en la base de la constitución del grupo de los nueve primeros templarios y deben ser vinculados a la decisión de darles por residencia el emplazamiento del Templo de Salomón.

Allí, efectuaron excavaciones. No era cuestión, en esta fase, de aumentar sus efectivos, por obvias razones de secreto. Sus búsquedas debieron de llevarles a encontrar algo realmente importante, al menos a sus ojos. A partir de ese momento, la política de la Orden cambió.

¿Qué habían encontrado? ¿El Arca de la Alianza? ¿Una manera de comunicarse con potencias exteriores: dioses, elementos, genios, extraterrestres u otra cosa? ¿Un secreto concerniente a la utilización sagrada y, por así decirlo, mágica de la arquitectura? ¿La clave de un misterio ligado a la vida de Cristo o a su mensaje? ¿El Grial? ¿El medio de reconocer los lugares donde la comunicación tanto con el cielo como con los Infiernos es facilitada, aun a riesgo de liberar a Satán o a Lucifer?

Uno diría estar frente a una narración de H. P. Lovecraft, ciertamente, pero tales cuestiones, por más que no sean racionales, se plantean imperiosamente en el contexto de la época.

Trataremos, al hilo de los próximos capítulos y de los indicios que nos proporcionará la historia de la Orden, de separar el grano de la paja y de afianzar nuestras conjeturas, de explicar por qué, a partir de un determinado momento, la política de los templarios experimentó un cambio brusco y radical.

3

San Bernardo y los monjes guerreros

Obtener una Regla   1118 bon?

En 1127, cuando Hugues de Payns regresó a Occidente en
misión especial, iba acompañado de otros cinco templarios.
Ahora bien, seguían siendo sólo nueve, diez como mucho.
No quedaban, pues, de ellos más que tres o cuatro en Oriente
para asegurar la supuesta protección de los peregrinos. Incluso tenían con ellos algunos pajes de armas, la tropa debía de ser muy escasa si se producía un encuentro con el
enemigo. Está claro que era ésta una misión muy mal desem-
peñada. Lo que demuestra indiscutiblemente que no se trataba más que de una «tapadera». Por otra parte, hubo que
esperar a 1129 para ver a los templarios enfrentarse por primera vez a los infieles en combate.

Esto no impidió a los modestos guardianes del desfiladero de Athlit el verse calificados de «ilustres por sus hazañas
guerreras» inspiradas directamente por Dios, y ello antes incluso de que hubieran luchado de verdad. La propaganda
no es ciertamente una invención moderna, pero este ejemplo es particularmente interesante. Muestra que la publicidad que se les hizo no descansaba en una realidad sino que

se integraba, de manera deliberada, en lo que podríamos considerar como una segunda fase de la Orden: su desarrollo y transformación en Orden militar. Del pequeño número discretamente ocupado en descubrir importantes secretos, se pasaba a la búsqueda de poder, lo que indica que las investigaciones habían conseguido sin duda su objetivo y habían terminado. Era conveniente a partir de ese momento poner en práctica la política que ellas habían podido sugerir y podemos preguntarnos si, desde entonces, no existió una voluntad de establecer una especie de poder sinárquico que reuniera bajo su mando a los reinos.

Hugues de Payns se detuvo en Roma antes de dirigirse a Champaña. Allí tuvo un encuentro con el papa Honorio II (1124-1130), que sentía un enorme interés por esta Orden naciente. En enero de 1128, Hugues de Payns estaba en Troyes para participar en el Concilio durante el cual se propuso adoptar una Regla especial para la Orden del Temple. El texto, en sus líneas maestras, había sido elaborado en Jerusalén. Se trataba así de hacer conocer la Orden, de comenzar a reclutar, recoger donaciones, iniciar el establecimiento del poderío futuro del Temple. Hugues de Payns llevaba con él una carta de recomendación del rey de Jerusalén, Balduino II, que había financiado sin duda el viaje. Iba dirigida a san Bernardo y le pedía que apoyara en la medida de lo posible los planes de Hugues de Payns y de sus compañeros. Por su lado, el patriarca de Jerusalén solicitaba del papa la concesión de una Regla especial para estos monjes.

La carta de Balduino II a san Bernardo indicaba:

Los hermanos templarios, a los que Dios inspiró la defensa de esta provincia y protegió de una manera notable, desean obtener la confirmación apostólica así como una Regla de conducta. A este fin hemos enviado a André y a Gondemarc, ilustres por sus hazañas guerreras y la nobleza de su sangre, para que soliciten del soberano pontífice la aprobación de su Orden y se esfuerzen por obtener de él subsidios y ayudas contra los enemigos de la fe, coligados para suplantarnos y acabar con nuestro reino. Sabiendo perfectamente qué peso puede tener vuestra intercesión tanto ante Dios como ante su vicario y los demás príncipes ortodoxos de Europa, confiamos a vuestra prudencia esta doble misión cuyo éxito nos será sumamente grato. Fundad las constituciones de los templarios de suerte que no se alejen del fragor y de los tumultos de la guerra y que sigan siendo los útiles auxiliares de los príncipes cristianos... Hacedlo de modo que podamos, si Dios quiere, ver pronto el feliz desenlace de este asunto.

Dirigid por nosotros vuestras plegarias a Dios.

Que Dios os tenga en su Santa Guarda.

San Bernardo

San Bernardo había de tener, efectivamente, un papel importante en el desarrollo de la Orden. Conviene detenerse un momento en este personaje respecto del cual Marie-Madeleine Davy escribe:

Bernardo es el hombre más representativo del renacimiento del siglo XII. Nacido a finales del siglo XI, en 1090, y muerto en 1153, se sitúa en plena época de fecundidad intelectual y de transformaciones económicas y sociales.

Nacido en el castillo de Fontaine, al noroeste de Dijon, era el tercer hijo de doña Aleth. Antes de su nacimiento, su madre había tenido unos curiosos sueños. Veía a su futuro hijo bajo la forma de un perrito que ladraba furiosamente. Inquieta, se lo contó a un religioso que la tranquilizó asegu-

57

rándole que más tarde su hijo no ladraría más que para defender a la Iglesia.

El padre de Bernardo, Tescelin, era señor del castillo de Fontaine y sus compatriotas le habían apodado «el Soro» porque era rubio tirando a pelirrojo. Gozaba fama de ser un hombre de honor, valeroso y leal a su señor, el duque de Borgoña.

Aleth, que era hija del duque de Montbard, se preocupó de que su hijo recibiera una buena educación. Así pues, lo confió a los canónigos de Saint-Vorles, en Châtillon-sur-Seine. Éstos le enseñaron el *trivium* (gramática, retórica, dialéctica) y el *quadrivium* (aritmética, música, geometría, astronomía) y le hicieron leer a Cicerón, Virgilio, Ovidio, Horacio. Asimismo le ayudaron a vencer una timidez casi enfermiza.

¿Fue en la iglesia de Saint-Vorles donde cayó en éxtasis delante de María, al ver esa «imagen de la Madre de Dios, hecha de una madera que el tiempo ha ennegrecido más que el sol»? Al parecer, fue esta virgen negra de madera la que, milagrosamente, habría apretado su seno, de suerte que tres gotas de leche habían saltado a los labios de Bernardo.

Sus contemporáneos describían al joven Bernardo como apuesto, esbelto, de cabellera leonada y una mirada que imponía. Pero tal belleza no era para las mujeres, pues él se proponía mantener su castidad. Un día, considerando que había mirado a una mujer con excesiva complacencia, fue a sumergirse en un estanque helado para apagar el deseo que había sentido nacer en él. Asimismo, trató con desprecio a otra mujer que había venido a meterse desnuda en su cama. Esto al menos es lo que cuenta la *Leyenda dorada*.

En cualquier caso, eligió el claustro, que comparaba a la escuela de Dios. Robert Thomas nos recuerda cómo veía san Bernardo a los monjes:

Como los ángeles, viven puros y castos; como los profetas, elevan sus pensamientos por encima de las cosas terrenales; como los apóstoles, lo abandonan todo y quieren escuchar la palabra del Maestro, examinarla en sus corazones, esforzarse en guardarla, en ponerla en práctica. Cada monasterio será una escuela donde Jesús enseñe.

San Bernardo eligió Cîteaux, donde ingresó, bajo el abadengo de Étienne Harding, con una treintena de compañeros que había arrastrado más o menos con él.

Se definía como un buscador de Dios y pensaba que en esta materia «quien busca encuentra». Era exigente con los demás, pero ante todo consigo mismo. Se negaba a mantener únicamente el voto de obediencia, que no le parecía compromiso suficiente. Tenía que ir más lejos. No podía comprender que un monje se conformara con el mínimo obligatorio. Escribía:

La obediencia perfecta ignora lo que es una ley, no está encerrada dentro de unos límites; la voluntad ávida se extiende hasta los límites de la caridad, por propia iniciativa está conforme con lo que se le propone, y con el fervor de un alma ardiente y generosa, va siempre hacia delante, sin tener en cuenta ni límites ni medidas.

Para él «la medida de amar a Dios es amarle sin medida». Bernardo no se contentaba con meditar, adorar. También estudiaba. Leía las Escrituras, las comentaba, las diseccionaba incluso, tratando más de remontarse a la fuente que de remitirse a los comentaristas que le habían precedido. Lo que está en juego en esto es conocerse a sí mismo y conocer a Dios. Pero conocerse consiste también en descubrir la propia pequeñez. Sin embargo, su actitud en la vida desmintió a menudo esta aparente humildad.

San Bernardo, el admirado y el temido

Bernardo llamó enseguida la atención y fue a él a quien se confió la fundación de la abadía de Claraval en 1115, en un lugar que llevaba el alegre nombre de Val-d'Absinthe. Se afianzó allí y, aunque siguió predicando la humildad, no por ello dejó de volverse cada vez más seguro de sí, hasta el punto de que habría que ser un hagiógrafo para negar el orgullo de san Bernardo. Declaraba él al respecto:

> Los asuntos de Dios son los míos y nada de lo que le atañe me es ajeno.

Lo más extraordinario es que a su alrededor todo el mundo lo encontraba normal de tan fuerte y atractiva que era a la vez su personalidad. Estaba dotado de una energía y una voluntad sin fisuras, de esas que hacen doblegarse a la gente alrededor de uno. Junto con la autoridad y la vehemencia verbal, sabía manejar también la dulzura y la persuasión. Bernardo fue un ser doble, dividido entre la meditación y la acción. Unas veces arrastraba a los hermanos, reprendía a los mayores, influía en la política de todo Occidente; otras se retiraba a una cabaña y se entregaba a la mortificación hasta dejar agotado su cuerpo y hacer que cayera enfermo, «semejante a un arco que, tras haber sido disparado, tensado de nuevo, recobra su fuerza: como un torrente retenido por una presa que, una vez liberado, recobra la impetuosidad de su curso, regresa a sus prácticas, como si hubiera querido aplicarse una punición por este reposo, y subsanar lo perdido durante la interrupción de la ascesis».

Robert Thomas escribe:[13]

> Una salud deteriorada, un cuerpo extenuado, un alma que, hasta el final, será dueña de este cuerpo y le hará la vida dura, así es Bernardo.

Atacó a la Orden de Cluny, a la que predicó una reforma monástica. Acusaba a los monjes cluniacenses de ser de costumbres relajadas.

No resulta difícil comprender, a partir de esto, que san Bernardo no recomendara para los templarios una Regla particularmente suave y que se aplicara a avezarles a ella por medio de la propia rudeza de la vida que debían llevar.

Fue también Bernardo quien luchó contra Abelardo hasta que le derrotó, aniquilándole social y psicológicamente. Abelardo era un maestro de una inteligencia extraordinaria que enseñaba a una juventud estudiantil que le adulaba. Dialéctico brillante, gustaba de las disputas oratorias por sí mismas más que por su contenido. Tenía una clara tendencia al racionalismo y no admitía que para un problema religioso la única respuesta que se esgrimiese fuera: es un misterio. Creer y no discutir era para él inconcebible. Bernardo encontraba su enseñanza peligrosa, tanto más perniciosa cuanto que sus tesis eran a menudo seductoras. Se opuso violentamente a él y redactó un tratado de los errores de Abelardo que dirigió al papa Inocencio II. No paró hasta hacerle condenar. A este respecto, Dom Jean Lecrercq escribe:

> Este desbordamiento de injurias, de acusaciones lanzadas a partir de denuncias sumarias, denota en san Bernardo una pasión mal dominada.

Este episodio no es ciertamente el más glorioso de la vida de san Bernardo.

El culto a Nuestra Señora de los Cielos

Bernardo fue también un loco apasionado de María, aunque escribiera mucho menos sobre este asunto que sobre muchos otros. Las pocas páginas que ha dejado sobre la Virgen desbordan literalmente de fervor y de amor. Inventó una oración a María en la que ésta aparecía como la «Reina» del *Salve Regina* que intercede en favor de los hombres ante Cristo, la Virgen coronada que ha aceptado la prueba querida por Dios, ha triunfando sobre ella y es capaz de mostrar el camino a los hombres.

La devoción de Bernardo por la Virgen parece profunda, lo que no es tan corriente en su época. Así pues, podemos imaginar que no fue ajeno a la veneración que los templarios sintieron siempre por Nuestra Señora.

No obstante, desconfiemos, puesto que tal vez se tiene excesiva tendencia a conceder a san Bernardo una importancia desproporcionada cuando se trata de los templarios. Basándonos en las deposiciones de estos últimos en su proceso —dos siglos más tarde—, cabría pensar que fue el propio Bernardo quien redactó su Regla. De hecho, aunque es seguro que participó en su elaboración, tuvo que trabajar a partir de un texto previo redactado por el patriarca de Jerusalén, Étienne de La Ferté. Sin duda revisó e introdujo enmiendas en el proyecto. Lo cierto es que facilitó su aprobación y en ese sentido al menos los templarios le debieron su Regla. Así Bernardo dirigió una carta a Thibaut de Champaña en la que decía:

> Dignaos mostraros llenos de solicitud y sumisión para con el legado, en reconocimiento de que ha elegido vuestra ciudad de Troyes para celebrar en ella un gran Concilio, y procurad dar vuestro apoyo y vuestra conformidad a las medidas y resoluciones que éste juzgue convenientes en el interés del bien.

La petición no carece de cierta firmeza.

Sin embargo, detrás de un san Bernardo apareciendo en primera línea, tal vez se esconde otro personaje cuya importancia, en los secretos del Temple, nos parece considerable.

Étienne Harding y la tradición hebraica

Podemos interrogarnos acerca de quién fue, en lo que se refiere al fondo, el personaje más importante para la creación de la Orden del Temple: ¿san Bernardo o Étienne Harding, abad de Citeaux, el que lo había manejado todo desde el comienzo con Hugues de Champaña?

Inglés de origen, Étienne Harding se hizo primero monje en el monasterio de Sherbone. A continuación prosiguió estudios en Escocia, luego en París y en Roma. Marion Melville[14] recuerda lo que decía de él Guillaume Malmes:

> Sabía maridar el conocimiento de las letras con la devoción; era cortés de palabra, de rostro sonriente: su espíritu se regocijaba siempre en el Señor.

Tras su paso por Molesmes, fundó Citeaux. Algunos años más tarde, se convirtió en su tercer abad.

Étienne Harding acumuló casi todos los conocimientos intelectuales que podían poseerse en la época. Reformó la liturgia e hizo de su abadía un centro cultural único. Emprendió un trabajo gigantesco: la redacción de la *Biblia de Citeaux*, con un espíritu de corrección crítica notable. Para ayudarle, mandó llamar a unos sabios judíos. Como consecuencia de sus observaciones, hizo proceder a doscientas noventa correcciones, y cinco versículos completos de Samuel fueron enteramente reescritos. Tras lo cual, Étienne Harding prohibió que se tocara una sola palabra de esta Biblia. Daniel Réju[15] nos indica que en aquel entonces vivía un curioso personaje en Troyes: el rabino Salomón Rachi (1040-1105). Éste fue considerado como el más gran exégeta de los textos hebraicos y como el principal comentarista e intérprete del Talmud. Analizaba siempre los textos a tres niveles: el literal, el moral y el alegórico.

Es difícil saber si Étienne Harding conoció personalmente a Rachi, habiendo muerto éste en Praga en 1105. En todo caso, es muy probable que sus yernos vinieran a trabajar a Citeaux al lado de los monjes para facilitar la traducción de documentos sagrados especialmente difíciles de interpretar.

Por este cauce, los templarios se beneficiaron de un apoyo extremadamente precioso para la búsqueda que parecían llevar en Occidente.

San Bernardo compartió sin duda el interés de Étienne Harding por los textos hebraicos, aunque disponemos de menos pruebas de ello. En cualquier caso, se alzó en varias ocasiones contra las persecuciones que los judíos tuvieron que padecer un poco por todas partes de Europa. Fustigó a los autores de pogroms y manifestó mucha más indulgencia religiosa hacia los judíos que hacia los cátaros.

El Concilio de Troyes: para una Regla a la medida

Étienne Harding participó, por supuesto, en el Concilio de Troyes, pero ¿tomó parte en la redacción de la Regla? Esto es más difícil de afirmar. Algunos han querido ver en este texto una especie de copia de las reglas de vida observadas por los esenios en la época de Cristo. Pero ¿qué se sabía en el siglo XII de esos esenios que nos han sido sobre todo revelados gracias al descubrimiento de los manuscritos del mar Muerto en Qumran? ¿Había sido transmitida una tradición respecto a ellos en los medios judaizantes? ¿Dieron por casualidad los propios templarios con algunos documentos esenios? Todo esto no pasan de ser meras conjeturas.

En cualquier caso, el Concilio de Troyes se reunió «el día de la festividad de San Hilario en el año de la Encarnación de Jesucristo de 1128, en el noveno año del comienzo de la antedicha caballería». La asamblea consular estuvo presidida por el legado pontificio Mathieu d'Albano. Y asistían los obispos de Sens, Reims, Chartres, Soisons, París, Troyes, Orleans, Auxerre, Châlons-sur-Marne, Laon, Beauvais. Había también varios abades, entre ellos Étienne Harding, por supuesto, y laicos como Thibaut de Champaña y el conde de Nevers. Entre todos estos personajes, varios eran amigos personales de san Bernardo.

Desde el prólogo de la Regla, se ve que la publicidad de la Orden estaba dispuesta a favorecer su desarrollo y que todo estaba escrito de acuerdo a un plan deliberado, a largo plazo. Se lee:

Nos dirigimos en primer lugar a todos aquellos que menosprecian seguir su propia voluntad y desean con auténtico valor servir de caballería al Señor de los Ejércitos, y con celosa solicitud desean llevar y llevan permanentemente la muy noble armadura de la obediencia. Y por tanto os amonestamos —a vosotros que habéis desempeñado hasta este momento secular caballería en la que Jesucristo no fue la causa, sino que abrazasteis sólo por favor humano— a seguir a los que Dios ha elegido de entre la masa de perdición, y ha destinado por su grata piedad a la defensa de la Santa Iglesia, y que os apresuréis a sumaros a ellos permanentemente...

Hugues de Payns expuso delante de la docta asamblea las necesidades de la Orden tal como él las entendía. Luego el texto fue estudiado y discutido artículo por artículo. La Regla latina resultante de ello incluía setenta y dos artículos. Todo, o casi todo, estaba previsto en ella: los deberes religiosos de los frailes, los reglamentos que fijaban los actos de cada día (comidas, reparto de limosnas, vestimenta, armamento, etc.), las obligaciones de los frailes para con los demás hermanos, las relaciones jerárquicas...

Se tuvieron en cuenta hasta los más nimios detalles, ya que se especificaba cómo sería el calzado, cómo cortarse el bigote, el número de oraciones que debían decirse en tal o cual ocasión, etcétera.

Se trataba de adaptar una Regla monástica a los imperativos a que debían hacer frente unos guerreros. Los templarios, por ejemplo, veían con malos ojos que se les impusieran ayunos tan severos como en otras órdenes, pues, en tal caso, ¿cómo iban a poder tener la suficiente energía para batirse? Por igual razón, un monje fatigado estaba dispensado de satisfacer todas sus obligaciones en cuanto a la oración: tenía que descansar para recuperar sus fuerzas de guerrero. De igual modo, la obediencia al Maestre debía ser absoluta, militar.

La Regla se vio rápidamente completada por varias bulas pontificias así como por los *retrais* que desarrollaron principalmente todo lo tocante a la disciplina y a las eventuales sanciones y que enumeraron el conjunto de los deberes a los cuales cada uno estaba sujeto.

La Regla fue traducida al francés en 1140 y sufrió en esta oportunidad algunas modificaciones. Principalmente, el nuevo texto recomendaba atraer a los excomulgados a la Orden para su redención. El artículo, en efecto, dice: «Os mandamos que vayáis allí donde sepáis que se reúnen caballeros EXCOMULGADOS, y si hay algunos que quieren someterse y sumarse a la Orden de caballería de la parte de Ultramar, no debéis esperar tanto en el provecho temporal como en la eterna salvación de su alma», mientras que el texto de la Regla latina precisaba: «Allí donde sepáis que se reúnen caballeros NO EXCOMULGADOS...», es decir, exactamente lo contrario.

¿Error del copista? Es lo que piensan la mayoría de los comentaristas, pero ello es imposible, puesto que otros pasajes de la Regla latina que prohibían la frecuentación de hombres excomulgados fueron asimismo modificados. Se trataba, así pues, de un cambio totalmente voluntario —e importante— sobre el que ya tendremos ocasión de volver.

Por otra parte, se habían introducido otras modificaciones sin siquiera esperar la redacción de la Regla en francés. Una vez vuelto a Occidente Hugues de Payns, el patriarca de Jerusalén había revisado doce artículos y había añadido veinticuatro, entre ellos el hecho de reservar el manto blanco de la Orden únicamente a los caballeros.

En realidad, la versión latina y la versión francesa parecen responder a dos lógicas distintas en varios puntos. El Concilio de Troyes había declarado dejar en manos del papa y del patriarca de Jerusalén el cuidado de perfeccionar la Regla atendiendo a las necesidades del papel que tenía que desempeñar la Orden en Oriente. Por otra parte, fue esencialmente a partir de 1163, tras la aparición de la bula *Omne Datum Optimun*, cuando todos estos reglamentos fueron fijados de forma definitiva. Este texto venía a reforzar más aún los poderes de la Orden y de su Gran Maestre. Autorizaba a los templarios a conservar íntegramente para ellos el botín cogido a los sarracenos, ponía a la Orden bajo la única tutela del papa, permitiéndole así escapar a cualquier otra forma de poder de la Iglesia, incluido el del patriarca de Jerusalén. Cuando sabemos, por ejemplo, que el nombramiento de los obispos dependía muy ampliamente del rey y del poder político en general, se comprende la importancia de una medida semejante, puesto que protegía a los templarios de toda injerencia a este nivel y les concedía en cierto modo un estatuto internacional. La bula confirmaba, además, que las posesiones de la Orden estaban exentas del diezmo; en cambio, con el acuerdo del obispo local, los templarios contaban con la posibilidad de percibir el diezmo en su provecho. El texto prohibía, por otra parte, someter a los templarios a juramento y estipulaba que únicamente los hermanos de la Orden podían tomar parte en la elección del Gran Maestre. La bula fijaba y congelaba los estatutos de la Orden y prohibía a cualquiera, eclesiástico o no, modificar nada de ella. Permitía, por último, al Temple tener sus propios capellanes, con quienes los frailes podían confesarse sin tener que recurrir a una persona de fuera de la Orden, construir capillas y oratorios privados. Además, eran los únicos en poder utilizar las iglesias y capillas de las parroquias excomulgadas.

Así, la Orden del Temple se veía disfrutando de una completa autonomía, sin que nadie, a no ser el papa —pero ¿tenía poder para ello?—, pudiera llevar a cabo ninguna injerencia en sus asuntos. Esta independencia era real tanto en el terreno económico como en el de la organización militar o en el ámbito espiritual y ritual. Ocurrió todo como si se hubiera dejado en las propias manos de los templarios el preservar unos secretos ahorrándoles el tener que recurrir a nadie exterior a la Orden, incluso para hacer confesión. ¿No debe verse en ello, si no la prueba, sí al menos un indicio importante que confirmaría la existencia de un «secreto» de la Orden, sin duda en relación con unos descubrimientos hechos en Jerusalén?

El monje y el guerrero o la teología de la guerra

El Temple no tenía nada que ver con una Orden religiosa normal. Sus privilegios eran exorbitantes, ya se tratase del poder de decisión, de organización, o de la creación de un poder financiero y económico en sentido lato. Los caballeros cultivaban la pobreza personal, pero la propia Orden se veía conferir todas las posibilidades de convertirse en extremadamente rica, y en cierto modo rica en detrimento del resto de la Iglesia, puesto que se hallaba exenta del diezmo. Esto estaba justificado por la necesidad para la Orden de mantener una verdadera milicia en Tierra Santa, pero, al propio tiempo, por el hecho de ser una Orden militar con lo que ello representa en términos de poder, lo cual podía parecer como un privilegio suplementario.

Esto planteaba, por otro lado, un problema temible: ¿no debía considerarse que existía incompatibilidad entre las funciones de monje y las de soldado? ¿No había que ver en las nociones de búsqueda de la santidad y de búsqueda caballeresca dos éticas radicalmente opuestas? Demurger escribe a este respecto:

> Para conciliarlas, se requería una evolución espiritual considerable, la misma, por otra parte, que hizo posible la cruzada. La Iglesia tuvo que modificar su concepción de la teología de la guerra. Tuvo que aceptar la caballería y hacerle un sitio en la sociedad cristiana, en el orden del mundo querido por Dios.

El cristianismo primitivo es representado a menudo como reprobador de toda guerra y de toda violencia. Preconizaba por toda respuesta el amor y nada más que el amor, incluso en caso de agresión. ¿No había que poner la otra mejilla? Según san Mateo, cuando san Pedro sacó su espada para cortar la oreja de un servidor del Sumo Sacerdote, ¿acaso no le dijo Cristo: «Devuelve tu espada a su lugar, pues quien toma la espada, a espada morirá»?

Bajo este enfoque, no hay lugar para el combate, ni tan siquiera en defensa propia. Pero las cosas no son tan simples. En primer lugar, el reproche hecho a san Pedro es relatado de manera bien distinta por los otros evangelistas. San Marcos no cita esta frase y san Lucas se limita a hacer decirle a Jesús: «Basta ya», y hace que le curen la oreja herida. En cuanto a san Juan, presta a Jesús esta reflexión: «Mete la espada en la vaina; el cáliz que me dio mi Padre, ¿no he de beberlo?», lo que es signo de la aceptación de su destino por Cristo, de su sumisión a la necesidad del sacrificio, y no un reproche a san Pedro. Por otra parte, en otra ocasión, el propio san Mateo señala otras palabras de Cristo:

No penséis que he venido a poner paz en la tierra; no vine a poner paz, sino a traer la espada.

De igual manera, se encuentra en el evangelio apócrifo de santo Tomás:

Es cierto que los hombres piensan que he venido para traer la paz al universo. Pero no saben que he venido para traer a la tierra discordias, el fuego, la espada, la guerra.

Paul du Breuil quiere ver en ello una alusión de Cristo al extremo carácter subversivo de toda verdad.[16]

Los teólogos no carecían, pues, de recursos para justificar unas acciones guerreras. No obstante, había que apoyar con una verdadera teología de la guerra unas elecciones que habrían podido traer la preocupación a los espíritus. Así pues, se evitó considerar el fenómeno en sí mismo para no interesarse más que en sus motivos y acabar llegando así a una noción de guerra justa. Batirse para apoderarse de los bienes ajenos o por simple bravata era algo imposible de admitir, pero batirse para defenderse o para salvar a los suyos, para mantener el derecho y el orden, se vuelve algo legítimo a condición de que todos los demás métodos hayan fracasado.

San Agustín fue sin duda el primero en elaborar una teología de la guerra justa:

Son llamadas justas las guerras que vengan de las injusticias, cuando un pueblo o un Estado, a quien debe hacerse la guerra, ha omitido castigar las malas acciones de los suyos o restituir lo que fuera robado mediante estas acciones injustas.

Escribía también:

El soldado que mata al enemigo, igual que el juez y el verdugo que ejecutan a un criminal, no creo yo que pequen, pues al actuar así no hacen sino obedecer a la ley.[17]

Demurger señala que, en el siglo VIII, san Isidoro de Sevilla añadió a esta definición una precisión capital:

Justa es la guerra que se hace tras previa advertencia para recuperar unos bienes o para repeler a unos enemigos.

Esto permitirá justificar las cruzadas en tanto que recuperación de los Santos Lugares. Era preciso al precio que fuera, aun a costa de una guerra, mantener en la tierra el orden querido por Dios. Rechazar la violencia habría tenido como consecuencia un retroceso del cristianismo y le habría hecho el juego al demonio entregándole poblaciones cuyas almas se habrían perdido. Se pasó desde entonces rápidamente de la noción de guerra justa a la de la guerra santa. Se trataba de defender al único Dios verdadero y la fe de su pueblo. El guerrero luchaba por Cristo, defendiendo al cristiano contra el impío. Debía incluso permitir que unos pueblos pudieran recibir la enseñanza de la «verdadera fe» y se convirtieran, una vez destruido el poder de sus antiguos señores.

La guerra santa

La noción de guerra santa era, por otra parte, perfectamente conocida en Oriente. Seguía estando, sin embargo, teóricamente, muy ligada espiritualmente a la purificación interior, y ello era así tanto en las doctrinas esenias o zoroastrianas como en la *yihad* islámica.

La espiritualidad del monje y el papel del guerrero habían sido conciliados en la medida de lo posible en el islam antes de serlo en el cristianismo. Tal era el caso de los musulmanes rábitas de España, que llevaban una vida austera y hacían votos de defender las fronteras contra los caballeros cristianos, prefiriendo morir antes que retroceder. Y no es éste el único acercamiento que puede hacerse entre las concepciones guerreras en Oriente y en Occidente.

Se ve claramente qué patinazos podía entrañar la propia noción de guerra santa, puesto que hacía desaparecer la de guerra justa, defensiva. En adelante se podían declarar, en nombre de Dios, guerras de conquista con la sola condición de que los territorios afectados estuvieran poblados por herejes, paganos o infieles. Esta concepción sirvió para justificar un poco más tarde la cruzada contra los albigenses. No fue más que una manera para los barones del Norte de apoderarse del Languedoc so pretexto de una guerra santa contra los cátaros declarados heréticos. Por otra parte, fueron los monjes de Citeaux los que predicaron esta seudocruzada con el apoyo de san Bernardo.[18]

Bernardo se dirigió al Languedoc, esperando devolver a los herejes al recto camino. Obtuvo distintos resultados; la tónica general fue la indiferencia, incluso el nerviosismo de la población. Fue incluso a veces recibido a pedradas, lo que hacía exasperarle hasta el punto de dirigirse a Dios para que mandara una gran sequía a la región. Lo cierto es que, perdida toda esperanza de convertir a estos heréticos obstinados, Bernardo pensó que no había más remedio que reducirles por medio de la espada y el fuego de la hoguera. Y dicen que fue un cisterciense quien exclamó en Béziers, en el momento en que se planteó la cuestión de saber cómo se distinguiría entre la población a los cátaros de los buenos católicos:

Matadles a todos, que Dios reconocerá a los suyos.

Todo esto ilustra las posibles desviaciones de una teología de la guerra. No obstante, preciso es reconocer que la Iglesia no podía oponerse a la lucha contra la inseguridad. Eran necesarios, pues, hombres armados para hacer de policía, para oponerse a unas bandas enemigas que venían a practicar el pillaje.

Ahora bien, al estar estos hombres de armas, estos defensores, con excesiva frecuencia tentados a su vez de convertirse en saqueadores, en violadores, resultaba indispensable «moralizar» la función de soldado. Es muy posible que de esta idea naciera la Caballería, con su código de honor supuestamente destinado a impedir desenfrenos. Todo el que era armado caballero juraba no luchar más que por causas justas.

No se trataba de una idea muy original, puesto que era ya aplicada en Irán mucho antes de las cruzadas. Según Paul du Breuil,[19] «los persas habían constituido una institución, la *fotowwat* —sustantivo que significa propiamente liberalidad, generosidad, abnegación— que caracteriza a una especie de hermandad en la que el grado de *fata* era conferido por los *sheiks*, señores o maestros de sociedades iniciáticas».

La introducción del sistema caballeresco hizo que la Iglesia abandonara una parte para no perderlo todo. Completó su arsenal de lucha contra la violencia imponiendo unos períodos de descanso: las «treguas de Dios». Multiplicó con motivo de las fiestas religiosas los períodos durante los cuales todo combate estaba prohibido. También debía arreglárselas de manera que el caballero no se saliera del papel que le había sido asignado. Para ello poseía un arma temible: la excomunión y, para culpas menos graves, la peregrinación penitencial. Todo esto por lo que respecta al principio general y la coexistencia de una sociedad religiosa y de una sociedad guerrera. Pero el hecho de mezclar totalmente las funciones de monje y de guerrero dista mucho de este precario equilibrio. Cuando el brazo que bendice es el mismo que el que mata, no faltan motivos para plantearse algunos problemas de conciencia.

San Bernardo, agente reclutador de los monjes guerreros

No faltaron quienes, en la época, se alzaron contra la creación de una Orden militar. Así lo testimonia la carta dirigida a Hugues de Payns por el prior de la Gran Cartuja, Guigues:

> No sabríamos en verdad exhortaros a las guerras materiales y a los combates visibles; no somos tampoco los más adecuados para inflamaros para las luchas del espíritu, nuestra ocupación diaria, pero deseamos al menos advertiros de que penséis en ello. Es inútil, en efecto, atacar a los enemigos exteriores, si primeramente no se domina a los interiores...[20] Hagamos primero nuestra propia conquista, amadísimos amigos, y así podremos a continuación combatir con seguridad a nuestros enemigos exteriores. Purifiquemos nuestras almas de sus vicios, y podremos acto seguido limpiar la tierra de bárbaros (...). Pues no es contra unos adversarios de carne y hueso contra quienes tenemos que luchar, sino contra los principados, las potencias, contra los que rigen este mundo de tinieblas, contra los espíritus del mal que habitan los espacios celestes, es decir, contra los vicios y sus instigadores, los demonios.

Estas críticas llegaron a veces a hacer dudar a los propios templarios y Hugues de Payns tuvo que recordar, en una carta dirigida a los principales de ellos, que se trataba de una necesidad. Tratando de despejar sus dudas, escribía:

> Ved, hermanos, cómo el enemigo so pretexto de piedad se esfuerza por conduciros a la añagaza del error.
> Oh trompeta enemiga, ¿cuándo cesarás? ¿Cómo se transforma el ángel de Satán en ángel de luz? Si el diablo aconsejara desear las pompas del mundo, se le reconoce-

74

ría fácilmente. Pero les dice a los soldados de Cristo que rindan las armas, que no sigan haciendo la guerra, que huyan de los disturbios, que se dirijan a algún lugar de retiro a fin de que, presentando un falso semblante de humildad, se despojen de la verdadera humildad. ¿Qué es, en efecto, ser orgulloso sino no obedecer en aquello que nos ha sido ordenado por Dios? Tras haber tentado de este modo a los superiores, Satán se vuelve hacia los inferiores para aturullarlos.

¿Por qué, dice, trabajáis inútilmente? ¿Por qué hacer en vano un esfuerzo semejante? Estos hombres a los que servís os hacen tomar parte en su labor, pero no quieren admitiros en la participación de la fraternidad (cofradía). Cuando los soldados del Temple reciben las salutaciones de los fieles, cuando se dicen plegarias en el mundo entero por los soldados del Temple, no se hace ninguna mención a vosotros, no hay ningún recuerdo para vosotros. Y cuando casi todo el trabajo físico recae sobre vosotros, todo el fruto espiritual revierte sobre ellos. Retiraos, pues, de esta sociedad y ofreced el sacrificio de vuestro trabajo en otro lugar donde el celo de vuestro fervor sea manifiesto y fructífero.

El Gran Maestre respondía así igualmente a los intentos de disolución de los hombres que servían al Temple sin ser caballeros. Hugues de Payns había comprendido perfectamente dónde estaban los puntos débiles de la Orden. No había que dejar desarrollarse la crítica, convenía reaccionar antes incluso de que se extendiera y se volvía urgente que una personalidad de la iglesia, indiscutible, viniera en ayuda de los templarios. En tres ocasiones, le pidió a su amigo Bernardo que hiciera el papel de autoridad espiritual y que defendiera la misión especial de los templarios. El santo hombre de Claraval le respondió:

En tres ocasiones, salvo error por mi parte, me has pedido, mi amadísimo Hugues, que escribiera un sermón de exhortación para ti y para tus compañeros (...). Me has dicho que sería para vosotros un verdadero aliento el que yo os animara por medio de mis cartas, puesto que no puedo ayudaros mediante las armas. Y me habéis asegurado que os sería muy útil si animara por medio de mis palabras a cuantos no puedo ayudar por medio de mis armas.

Y Bernardo redactó el *De laude novae militiae*, verdadero instrumento de propaganda, crítica de los guerreros tradicionales y apología de esa nueva milicia de Dios que constituía la Orden del Temple.

Comenzó por criticar duramente a los hombres de armas de su tiempo:

¿Cuál es, caballero, ese inconcebible error, esa inadmisible locura que hace que gastéis para la guerra tanto esfuerzo y dinero y no recojáis más que frutos de muerte o de crimen?

Engalanáis a vuestros caballos con sederías y cubrís vuestras cotas de malla con no sé qué trapos. Pintáis vuestras lanzas, vuestros escudos y vuestras sillas, incrustáis vuestros bocados y vuestras espuelas de oro, de plata y de piedras preciosas. Os engalanáis pomposamente para la muerte y corréis hacia vuestra perdición con una impúdica furia y una insolencia descarada. ¿Son estos oropeles el arnés de un caballero o las galas de una mujer? ¿O acaso creéis que las armas de vuestros enemigos se apartarán del oro, perdonarán las gemas, no penetrarán en la seda? Por otra parte, se ha demostrado a menudo que tres cosas sobre todo son necesarias en la batalla: el que un caballero esté alerta a defenderse, que sea rápido sobre la silla y presto en el ataque. Pero vosotros, por el contrario, os cubrís la cabeza como mujeres, para incomodidad de vuestra vista; vuestros pies se enredan en unas camisas largas y amplias y escondéis vuestras manos delicadas y suaves bajo unas mangas amplias y acampanadas. Y, así ataviados, os batís por las cosas más vanas, tales como la cólera irracional, la sed de gloria o la codicia de los bienes temporales. Matar o morir por tales objetivos no salva el alma.

¡Menuda requisitoria! A esta guerra galana, fútil, Bernardo oponía la de los monjes soldados de la Orden del Temple. Ponía el acento en la sencillez de sus costumbres, su desinterés, su caridad y, sobre todo, explicaba por qué estos monjes tenían el derecho e incluso el deber de matar, cuál era la santidad de su misión:

El caballero de Cristo mata a conciencia y muere tranquilo: muriendo, alcanza su salvación; matando, trabaja por Cristo. Sufrir o causar la muerte por Cristo no tiene, por un lado, nada de criminal y, por el otro, es merecedor de una inmensa gloria...

Sin duda, no habría que dar muerte a los paganos, ni tampoco a los demás hombres, si se tuviera otro medio de detener sus invasiones e impedirles oprimir a los fieles. Pero en las circunstancias presentes, es preferible masacrarles que dejar el arma de los pecadores suspendida sobre la cabeza de los justos y que dejar a los justos expuestos a cometer también iniquidades. ¿Qué hacer, entonces? Si no le fuera permitido jamás a un cristiano golpear con la espada, ¿habría el precursor de Cristo recomendado solamente a los soldados que se contentaran con su soldada? ¿No les habría prohibido más bien el oficio de las armas?

Pero no es así, sino muy al contrario. Llevar las armas les está permitido, al menos a aquellos que han recibido su misión de lo alto, y que no han hecho profesión de una vida más perfecta. Os pregunto si los hay más cualificados que esos cristianos cuya poderosa mano conserva Sión, nuestra fortaleza, para defendernos a todos y para que, una vez expulsados de allí los transgresores de la ley divina, la nación santa, guardiana de la verdad, pueda entrar en ella con seguridad. ¡Sí, que dispersen, derecho tienen a ello, a esos gentiles que quieren la guerra; que supriman a cuantos nos perturban; que arrojen fuera de la ciudad del Señor a todos esos siervos de la iniquidad que sueñan con arrebatar al pueblo cristiano sus inestimables riquezas encerradas en Jerusalén, con mancillar los Santos Lugares y con apoderarse del santuario de Dios!

Tras haber justificado el papel de los templarios, Bernardo quiso mostrar que eran una élite, los mejores de entre los hombres, y participar así de la excelencia de su reclutamiento:

Ahora, para dar a nuestros caballeros que militan no en favor de Dios sino del diablo un modelo a imitar, o más bien para inspirarles confusión, expondré brevemente el tipo de vida de los Caballeros de Cristo, su modo de comportarse tanto en la guerra como en sus casas. Quiero que se vea claramente la diferencia que existe entre los soldados seglares y los soldados de Dios. En primer lugar, no falta disciplina entre ellos. No sienten desprecio por la obediencia. A una orden de su jefe, van, vienen; visten el hábito que él les entrega, y no esperan de otro que él su vestimenta y sustento. Tanto en el vivir como en el vestir se evita lo superfluo; se reserva la atención para lo necesario.

Es la vida en común, llevada en alegría y mesura, sin mujeres ni hijos. Y para que la perfección angélica se vea hecha realidad, habitan todos en la misma casa, sin poseer nada propio, atentos a mantener entre ellos un mismo espíritu cuyo vínculo es la paz. Diríase que esta multitud no tiene más que un corazón y un alma, de tanto como cada uno, lejos de seguir su voluntad personal, se apresura a obedecer a la del jefe. No permanecen nunca ociosos; no van ni vienen por pura curiosidad; pero cuando no se hallan en campaña (lo que ocurre raramente), para no comer el pan sin habérselo ganado, zurzen sus ropas rotas, reparan sus armaduras (...). No existe entre ellos preferencia de personas; se les juzga según su mérito, no según la nobleza (...). Nunca una palabra insolente, una tarea inútil, un estallido de risa inmoderada, una murmuración, por más nimia que sea, quedan sin castigo. Detestan el juego del ajedrez, los de azar, sienten horror por la caza de montería, y ni siquiera se divierten con la caza del pájaro por la que tantos otros andan locos. Los mimos, las que dicen la buenaventura, los juglares, las canciones jocosas, las representaciones teatrales son a sus ojos otras tantas vanidades y locuras que apartan de sí y de las que abominan. Llevan el cabello corto, pues saben que, según la palabra del apóstol, es vergonzoso para un hombre preocuparse por el cabello. No se peinan en absoluto y se bañan raramente. Por ello se les ve desaliñados, desmelenados, negros de polvo, la piel tostada por el sol y tan bronceados como su armadura.

¡Qué retrato, qué manera de justificar a estos hombres y de mostrarles tan diferentes de los demás guerreros! No puede decirse que Bernardo trate de atraer neófitos prometiéndoles una vida fácil, y ello es debido a que los hombres que necesita el Temple deben ser capaces de dar prueba de la más absoluta abnegación y de soportar una dura vida llena de sufrimiento.

Bernardo pretendía empujar a cada uno a enrolarse más adelante y al predicar la segunda cruzada en Vézelay exclamaba:

La tierra tiembla, se ve sacudida porque el Dios del Cielo está a punto de perder su tierra, aquella que le pertenece desde que viviera entre los hombres más de treinta años (...). Ahora, a causa de nuestros pecados, los enemigos de la cruz alzan su sacrílega cabeza, y su espada despuebla esta bendita tierra, esta tierra prometida. Y si nadie lo remedia, se lanzarán, ¡ay!, sobre la misma ciudad de Dios Vivo, para destruir los lugares donde se produjo la salvación, para mancillar los Lugares Santos que enrojeciera la sangre del Cordero Inmaculado (...). ¿Daréis a los perros lo que hay de más santo, a los puercos las perlas preciosas? (...)

Pero, yo os lo digo, el Señor os brinda una oportunidad. Mira a los hijos de los hombres para ver si, entre ellos, se encuentran algunos que le comprendan, que le busquen y sufran por él. Dios se apiada de su pueblo; a los que han caído en los más graves pecados, les propone un medio de salvación. Pecadores, considerad este abismo de bondad, estad llenos de confianza. Quiere no vuestra muerte, sino vuestra conversión, vuestra vida; os ofrece una posibilidad no contra vosotros, sino para vosotros. Se digna llamar a servirle, como si estuvieran llenos de justicia, a homicidas y ladrones, a perjuros y adúlteros, a hombres cargados de toda clase de crímenes. ¿No es, por su parte, una invención exquisita, y que sólo él podía encontrar?

En cualquier caso, no es un mal hallazgo por parte de san Bernardo. ¡Qué político! Mataba dos pájaros de un tiro, reclutaba hombres rudos para luchar en Oriente y aliviaba a Occidente de una parte de la carne de horca que la poblaba. Inventaba en cierto modo la Legión Extranjera y daba realmente una oportunidad a ciertos hombres de redimirse. No obstante, al menos en sus comienzos, la Orden del Temple, por lo que a ella se refiere, fue muy selectiva en su reclutamiento y no aceptó a los malhechores que se presentaron o, en cualquier caso, no les hizo caballeros.

Los templarios contaban a partir de ese momento con los medios para hacer la guerra, puede decirse que estaban establecidos. En ese mismo período, la Orden de los Hospitalarios de San Juan de Jerusalén se había transformado asimismo en Orden militar. ¿Por qué no se asimilaron las dos órdenes desde un principio? ¿Por qué no se fusionaron los nueve o diez templarios de los primeros tiempos con los hospitalarios? Hubiera sido, sin embargo, la solución más lógica antes que organizar dos estructuras diferentes con sus logísticas propias. Pero, no lo olvidemos, el Temple tenía una misión especial que asumir desde los descubrimientos realizados en Jerusalén. A partir de entonces, no era posible ya mezclar ambas órdenes puesto que no perseguían unos objetivos estrictamente idénticos.

Y tal como escribe Luis Lallement en *La vocación de Occidente* a propósito de los templarios:

La Orden del Temple, cuyo blanco manto adornado con una cruz roja era de los colores rojos de Galaz, constituía en el siglo XII la armadura de la cristiandad.

Una armadura que algunos no pensaron ya desde entonces más que en destruir.

SEGUNDA PARTE

El Temple,
potencia económica y política:
los misterios de su riqueza

1

Las posesiones del Temple

Asegurar la logística

Una vez aprobada la Orden, permitiéndole su Regla asumir su doble papel, religioso y militar, cabía considerar que había logrado el marco jurídico favorable a su desarrollo. Condición necesaria pero no suficiente, pues a los templarios les hacía falta una poderosa logística. No sólo habían de llevar a cabo importantes reclutamientos para formar los batallones de los monjes soldados en Tierra Santa, sino también asegurar el mantenimiento de estos ejércitos en operaciones. Había que proporcionarles sustento, armas, vestimenta, equipos, caballos, etc.

Las necesidades iban rápidamente a convertirse en colosales. Cuesta imaginar, en nuestros días, cómo los templarios pudieron hacerles frente. Tuvieron a veces que mantener hasta quince mil «lanzas» en Palestina; ahora bien, una lanza significa un caballero con todo lo que esto conlleva: escudero, pajes de armas. Estas quince mil lanzas representan, así pues, de hecho entre sesenta y cien mil hombres. A ello hay que añadir la intendencia: todos los hermanos conversos encargados del avituallamiento, del mantenimiento, de las reparaciones, del alojamiento. Pensemos que, a fin de tener siempre a disposición una cabalgadura lista, cada caballero poseía tres caballos mientras que otros dos estaban destinados a cada uno de sus servidores. En torno a esta tropa gravitaban igualmente los capellanes del Temple y los obreros encargados de las construcciones y de su mantenimiento. No hay que olvidar que los templarios construyeron y defendieron inmensas fortalezas en Palestina y que se aseguraron igualmente la custodia de numerosas plazas fuertes en España.

Era, pues, absolutamente necesario garantizar las defensas de la Orden y financiar el esfuerzo bélico desde Occidente. Apostar por un flujo continuo de donaciones hubiera sido demasiado arriesgado y de todas formas insuficiente. Tales donaciones eran absolutamente necesarias, pero la utilización de sus productos debía ser racionalizada y maximizada. Convenía, por supuesto, provocar un verdadero impulso de simpatía y de generosidad para con el Temple y hacerlo lo más duradero posible. A continuación, habría que administrar de manera que se multiplicara la eficacia de la financiación.

La búsqueda

Por lo que toca a la primera fase, la propaganda organizada por san Bernardo había de revelarse eficaz: los que no se comprometieron en las filas de la Orden se sintieron a menudo obligados a hacer donaciones a fin de participar en este impulso. La verdadera «gira» que Hugues de Payns y sus compañeros hicieron tras el Concilio de Troyes permitió poner en marcha el sistema. Tenía, por supuesto, la doble finalidad del reclutamiento y de la colecta de donaciones.

Hugues de Payns comenzó por las regiones donde estaba seguro de ser bien recibido: Champaña, en primer lugar, como es obvio, luego Anjou y Maine. Conocía perfectamente a Foulques V de Anjou, que había participado en la primera cruzada y mantenía a un centenar de hombres de armas en Tierra Santa. Estaba ya ganado a la causa de los templarios. Lo que es más, Hugues de Payns estaba encargado ante él de una misión más bien grata, puesto que era portador de una carta de Balduino, rey de Jerusalén. Éste, que no tenía heredero varón, deseaba ver a Foulques casarse con su hija Melisenda y sucederle en el trono de Jerusalén. Foulques aceptó y facilitó la gira de Hugues de Payns con sus vasallos.

Hugues continuó su periplo pasando por Poitou y Normandía. Tuvo un encuentro con el rey Enrique I de Inglaterra, que le aconsejó cruzar el canal de la Mancha. El primer Maestre de la Orden, con la carta de recomendación en la faltriquera, recorrió entonces Gran Bretaña y se dirigió incluso a Escocia. Por todas partes, fue bien recibido y acumuló donaciones y regalos diversos. El oro y la plata recogidos fueron rápidamente mandados a Jerusalén mientras que Hugues continuaba su gira pasando por Flandes antes de dar por terminado su recorrido en su punto de partida: Champaña. En ese momento, se había formado ya una pequeña tropa alrededor de él, a lo largo de las etapas, dispuesta a embarcarse hacia Oriente.

Pero durante este tiempo, sus compañeros iniciales no se habían quedado de brazos cruzados. También ellos habían conseguido reclutamientos, dirigiéndose cada uno allí donde estaba seguro de ser mejor recibido: Godefroy de Saint-Omer a Flandes, Payen de Montdidier a Beauvaisis y a Picardía, Hugues Rigaud al Delfinado, Provenza y el Languedoc. Otro había ido a España.

Así, en 1129, los habitantes del valle del Ródano pudieron ver pasar una tropa al mando de Hugues de Payns y Foulques de Anjou con destino a Tierra Santa. En muy poco tiempo, el Maestre del Temple había conseguido reclutar trescientos caballeros, sin contar los escuderos y los pajes que les acompañaban.

La gira de propaganda había sido un éxito real y las donaciones comenzaban a afluir de todas partes. Durante décadas, el movimiento en favor del Temple no iba a dejar de crecer. Se creaban ya casas de la Orden en Occidente y se comprometían, no sólo a asegurar la intendencia, sino también a proseguir la propaganda a fin de atraer nuevos reclutamientos y donaciones. Bien mirado, el desarrollo de la Orden es espectacular, poco menos que inexplicable en su amplitud.

Todo se da

Las primeras donaciones fueron, claro está, las de los primeros templarios, puesto que su Regla les prohibía poseer nada propio. Debían ponerlo todo en manos de la Orden. Tal fue, así pues, el caso para las posesiones de Hugues de Payns, de Godefroy de Saint-Omer en Ypres (Flandes), de las de Payen de Montdidier en Fontaines, etc. Pero hubo también bienes y derechos ofrecidos por particulares: casas, tierras, armas, objetos diversos, dinero, ropas, «impuestos»... Llegó a darse incluso el caso de alguno que hizo donación de su propia persona a la Orden del Temple a cambio de un beneficio espiritual. Bernard Sesmon de Bézu fue un curioso ejemplo de ello. Hizo donación de su persona a fin de que los templarios le ayudasen a salvar su alma y le acogieran en su Orden cuando estuviera próximo a la hora de su muerte, haciéndole así participar *in extremis* de su compromiso y de los beneficios celestiales que de ello pudieran derivarse. Precisaba:

y si la muerte fuera a sorprenderme cuando esté ocupado en la vida del siglo, que los hermanos me reciban y que, en un lugar adecuado, inhumen mi cuerpo y me hagan participar de sus limosnas y beneficios.

En contrapartida, hacía a los templarios sus herederos. Aparte de estos aspectos testamentarios, se vio igualmente a gentes vender sus bienes a la Orden en régimen vitalicio. Otros cedieron diversos derechos o emplazamientos concretos como un tramo de río para que los templarios pudieran construir en él un molino. Roger de Béziers fue muy generoso. Dio

su dominio llamado Champaña, sito en el condado de Razès, junto al río Aude, que lo cruza por en medio (...), con todos sus habitantes, hombres, mujeres y niños, sus casas, censos, servidumbres, sus condominios y tierras laborables, sus prados, sus pastos, sus carrascales, sus cultivos y terrenos yermos, sus aguas y acueductos, con todos los molinos y derechos de molino, sus pesquerías con entradas y salidas.

Y ello sin ninguna contrapartida, puesto que precisaba:

Los hermanos del Temple no me deberán, sobre su dominio, ni rentas, ni leudes, ni derecho de peaje ni de paso.

Algunas donaciones fueron considerablemente más modestas, como la de aquel campesino que se comprometió a proporcionar todos los años por Pasqua diez huevos a la casa del Temple que había cerca de la suya.

Los que hacían las donaciones eran a menudo desinteresados o esperaban por su acción un beneficio en cuanto a la remisión de sus pecados. Pero otros consideraban aquéllas como si se tratara de puros negocios. Sus donaciones se hacían entonces a cambio de determinadas liberalidades por parte de la Orden y a menudo la garantía de ésta de protegerles, a ellos y a sus intereses, compromiso muy valioso en aquellas épocas de inseguridad.

En cualquier caso, todo fue muy deprisa. Los bienes se multiplicaron rápidamente. Así, la casa de los templarios de Douzens, en Aude, no recibió menos de dieciséis donaciones de consideración en cinco años. En Flandes, el entusiasmo fue fulgurante: en unos pocos días, se crearon cuatro encomiendas, en Ypres, Cassel, Saint-Omer, Bas-Warneton. A partir de allí, toda la región fue inmediatamente dividida en zonas y, además, el conde Guillaume Clito les concedió el *remanente de Flandes*, es decir los cánones debidos por cada heredero cuando éste entraba en posesión de su feudo.

En el Languedoc, se había organizado una reunión pública en la catedral de Toulouse para dar a conocer la Orden. El efecto inmediato fue, por supuesto, una colecta sustancial, pero estuvo seguida de numerosas donaciones tanto en el Languedoc como en el Rosellón. Esta región es, por otra parte, un buen ejemplo de la expansión continua de la Orden.

En 1130, los templarios recibieron un inmueble en Perpiñán. Transformaron el lugar en fortaleza con una iglesia fortificada. En 1136 y 1137 les fueron donadas unas casas, unos prados, unas tierras cultivables, viñedos y hombres que los trabajaban. Otro tanto ocurrió en 1138 y 1140. Mucho menos se sabe de lo que ocurrió los años siguientes, pero en 1149, Gaufred, conde de Rosellón, ofreció el Mas de la Garrigue du Pont-Couvert-sur-Réart, que fue erigido en preceptoría. En 1157, los templarios vieron transferirse derechos diversos. En 1170, el conde Guinard les hizo donación de su castillo del Mas-Pal, cerca del cual crearon la aldea de Bompas. En 1176, otras tierras vinieron a añadirse a todas estas posesiones. En 1180 comenzaron a desecar un conjunto de estanques que acababan de serles donados. Diez años más tarde, los templarios se convirtieron en propietarios de todos los terrenos llanos situados al Oeste de Perpiñán. En 1207, el rey de Aragón les hizo entrega de las tierras que poseía en el Rosellón y en 1208 el obispo de Elne les concedió la iglesia de la villa con sus rentas. Nuevas donaciones de tierras y de derechos se produjeron en 1214, 1215 y 1217. En 1237, como consecuencia de nuevas donaciones, se creó la encomienda principal del Rosellón en Mas-Deu, entre Trouillas y Villemolagne.

Esto demuestra la regularidad de las donaciones a lo largo de un siglo. De hecho, en este lapso, el Temple recibió en aquella región muchas otras tierras, pero no las hemos citado, al no saber siempre con suficiente precisión las fechas.[21]

El impulso de generosidad que se ejerció en favor de la Orden del Temple adquirió proporciones particularmente importantes en Francia. Sin embargo, también otros países participaron en esta construcción. Para simplificar, podríamos decir Europa entera. Algunos, no obstante, fueron más lejos que otros. Ello fue especialmente cierto por lo que respecta a los reinos de la península Ibérica. Desde mayo de 1128, la reina Teresa de Portugal les había donado a los templarios el castillo de Soure, punto de resistencia contra los moros. No hay que olvidar que los árabes de la dinastía de los Almorávides ocupaban aún, en la época, la mitad de la península Ibérica.

En 1130, el ingreso de Raimundo III de Barcelona en la Orden, aportando con él el castillo de Oranera, fue el punto de partida de una verdadera oleada de reclutamientos, de donaciones de fortalezas y de dinero. En cuanto al rey Alfonso de Castilla y de Aragón, quiso conceder incluso por testamento a los templarios un tercio de su reino. Se alzaron protestas y el testamento acabó por romperse, pero la Orden se vio igualmente indemnizada con la cesión de las fortalezas de Curbin, Montjoye, Calamera, Monzón y Remolina.

En ocasiones algunas plazas fuertes no les fueron ofrecidas sino a cambio de algunos esfuerzos. Así fue como don Alfonso de Portugal les concedió la de Cera y toda la región adyacente a condición de expulsar de ella a los moros que la ocupaban. Así lo hicieron ellos y aprovecharon la oportunidad para fundar las ciudades de Coimbra, Ega y Rodin. Ante su creciente poderío, pequeñas órdenes militares que habían sido fundadas en Castilla y en Aragón, tal como la Orden de Monreal, se fundieron en el Temple, aportando sus bienes además de sus personas.

Así, bastante rápidamente, la Orden del Temple se vio firmemente implantada en Francia, España, Portugal, Inglaterra, Alemania, Bélgica, luego en Armenia, en Italia y en Chipre, sin olvidar Tierra Santa.

La organización de las encomiendas

Todas estas donaciones provocaron muchos celos. Hemos visto que el testamento del rey de Aragón fue impugnado; aquí y allá algunos particulares se consideraron perjudicados, otras órdenes religiosas incluso protestaron, pues, a medida que se acrecentaba el entusiasmo por el Temple, veían disminuir las donaciones que se les hacían a ellos. Por una especie de misterioso equilibrio inherente a la naturaleza humana, cuantos más amigos tenían los templarios, más celos y enemistades despertaban. En numerosas ocasiones, obispos e incluso la Santa Sede tuvieron que intervenir para solucionar los litigios. Así, en el caso de la capilla de Obstal, los templarios habían obtenido que las limosnas que se hicieran en dicho lugar durante los tres días de las Rogativas y los cinco subsiguientes pertenecieran a la Orden, siendo beneficiarios de ellas los canónigos de Saint-Martin d'Ypres el resto del año. Tuvo que intervenir el arzobispo de Reims y los obispos de Chartres, Soissons, Laon, Arras, Mons y Châlons, e incluso una confirmación pontificia para hacer posible esta disposición.

Sea como fuere, la multitud y la diversidad de estos presentes pronto exigió por parte de los templarios grandes aptitudes para su administración y organización. Eligieron como célula base de su desarrollo la encomienda. De hecho, aunque su creación dependió las más de las veces del azar y se hizo realidad en función de las oportunidades, su desarrollo respondió a unos criterios racionales.

La organización de estas encomiendas occidentales fue bajo todos los conceptos notable. Reunieron, según las regiones, cultivos, prados, viñedos, fuentes, ríos, estanques, edificios diversos, rentas, derechos. En la medida de lo posible, los templarios trataron de crear una estructuración eficaz de las regiones en las que estaban bien implantados. Asimismo se dedicaron a echar mano de algunos lugares reputados por haber albergado cultos antiguos y que tenían fama de poseer poderes especiales. Siempre que tuvieron oportunidad de hacerlo, teniendo la cabeza sobre los hombros, trataron igualmente de asegurarse rentas regulares más que aleatorias. Transformaron cada vez que les fue posible los derechos y porcentajes que habían recibido en cánones fijos. Lo cierto es que cada día de mantenimiento de su ejército de Oriente les costaba extremadamente caro y éste tenía que estar asegurado a toda costa. No podían permitirse estar a merced de una mala cosecha. Fue también por dicho motivo por lo que crearon un poco por doquier silos, comprando y almacenando cereal los años de gran producción y revendiéndolo, más caro por supuesto, pero a un precio que seguía siendo muy razonable, cuando había una mala cosecha. Resultado: unos beneficios cómodos para la Orden, pero también una ausencia total de hambruna en las regiones en las que la Orden estaba implantada; y ello durante los dos siglos de su existencia.

Para racionalizar la explotación de sus tierras y derechos y maximizar su rendimiento, el Temple no podía satisfacerse con las donaciones que se le hacían. Administrar tierras dispersas no hubiera sido ni muy práctico ni muy económico. La Orden inventó, así pues, la concentración parcelaria. Completó sus posesiones mediante una política de compras y permutas, tratando de formar conjuntos coherentes para la explotación. Si existían derechos detentados por terceros en las tierras o los bienes que les habían sido donados, intentaba siempre recomprar dichos derechos de manera que se poseyera un máximo de bienes libres de toda carga. En cuanto a las tierras más aisladas o las de menor interés que no se integraban en el seno de una explotación racional, no dudó en desembarazarse de ellas, ya mediante permuta, ya concediendo la administración de las mismas.

La finalidad era siempre en los primeros tiempos permitir a la encomienda vivir autárquicamente, luego desprenderse de la mayor cantidad posible de remanentes, de manera que sirvieran para financiar el esfuerzo de guerra en Oriente.

El poderío de la Orden inquietaba a más de uno y no era raro que se tratara de desanimar a la gente a fin de que no cedieran sus bienes al Temple. Los monjes soldados no dudaban, para conseguir sus fines, en recurrir a la astucia. Empleaban intermediarios, verdaderos hombres de paja, para comprar los bienes que codiciaban para hacérselos revender acto seguido.

En realidad, los templarios no eran los únicos en practicar una verdadera política de bienes raíces. Sus amigos los cistercienses se les asemejaban en esto un tanto, pero ellos procedían de forma menos sistemática.

Los templarios habían tenido conciencia desde el comienzo de la importancia de los intercambios comerciales para el desarrollo económico. El empleo de estos términos puede parecer curioso, pues pertenece a un vocabulario moderno. Sin embargo, a pesar de las diferencias de época, resultan adecuados, en la medida en que la Orden del Temple se comportó exactamente de la misma forma que las multinacionales actuales.

El reclutamiento había sido rápido, pero todos cuantos deseaban comprometerse no estaban siempre preparados para hacer de soldados de élite. Había entre ellos burgueses y campesinos a los que se hacía raramente caballeros y luego había también que «reciclar» a los heridos que no podían ya luchar. Lo más frecuente era destinarlos a las encomiendas occidentales donde se utilizó de la mejor forma posible los conocimientos y competencias de cada uno de ellos. Se encargaron de los cultivos, de la roturación, del comercio. Había pocos hombres de armas en estas encomiendas, por regla general únicamente dos o tres caballeros y en ocasiones algunos pajes de armas, sobre todo encargados de la policía, es decir, de la protección de las casas del Temple y de las rutas utilizadas por su comercio.

Fuera del Maestre y de algunos caballeros, la encomienda albergaba generalmente un limosnero, un enfermero, un ecónomo, un recaudador de los derechos debidos al Temple, algunos artesanos «frailes de oficios», dirigidos por un «mariscal», un fraile responsable de la venta de los productos, un capellán y un clérigo más concretamente encargado del correo y del equivalente a las actas notariales de hoy. A ello hay que añadir el servicio doméstico y artesanos laicos que formaban la «mesnada», la «gente» del Temple. Este personal doméstico era muy numeroso. Así, en Baugy, en la región de Calvados, incluía un pastor, un boyero, un porquerizo, un guardián de aves de corral, un forestal, dos porteros y seis labradores. Por supuesto, la composición de estos grupos dependía de las explotaciones y de la importancia de las tierras poseídas, puesto que a veces los templarios tenían que administrar superficies grandes como un semidepartamento, con haciendas diseminadas, aldeas fortificadas, capillas múltiples que había que servir, etcétera.

En la administración de los bienes de la Orden, el ecónomo o recaudador podía estar ayudado en su labor por un lugarteniente o por un cillerero.

Aunque los templarios sabían emplear métodos racionales, ello no era óbice para que no se mostraran pragmáticos y no se adaptaran a las costumbres locales. Esto era tanto más necesario cuanto que empleaban una mano de obra instalada *in situ*: villanos o siervos. Estos últimos les pertenecían a menudo como consecuencia de donaciones o de herencias. Aunque algunos de estos siervos fueron libertados por los templarios, ello no fue por razones humanitarias. En efecto, los frailes de la Orden poseyeron incluso esclavos sin que ello les creara ningún cargo de conciencia. Llegaban a comprarlos y venderlos. Eran por lo general prisioneros moros. En Aragón, cada encomienda utilizaba una media de veinte esclavos. De hecho, los templarios se plegaban a las normas de la región, sabiendo perfectamente que una política en exceso liberal de manumisión, por ejemplo, hubiera podido enajenarles a una nobleza que no habría deseado seguirles en este terreno y habría temido el mal ejemplo de tales medidas. Así pues, no utilizaban a villanos más que allí donde esto no planteaba ningún problema, pero, cuando las condiciones se prestaban a ello, no dudaban en libertar a sus siervos, ya que se habían dado cuenta de que los hombres libres producían considerablemente más que los que no lo eran.

Enseñaban a menudo a sus campesinos nuevos métodos de explotación y, al no querer perder esta inversión en formación, como dirían los economistas modernos, les hacían firmar a veces contratos que les obligaban a emplearse en la explotación para realizar trabajos de mejora. A partir de entonces, el villano no sentía ninguna tentación de partir, queriendo recuperar los frutos de sus esfuerzos. Por este medio, el Temple conseguía trabajadores estables al tiempo que organizaba un sistema de inversión permanente que fue una fuente importante de progreso para la agricultura de la época.

A los campesinos menos afortunados se les confiaban tierras en arriendo o en alquiler. A veces, en las regiones insuficientemente pobladas, encontraban dificultades para asegurar la explotación de los lugares. Entonces tenían que atraer allí a cultivadores ofreciéndoles ventajas especiales. Esto fue particularmente cierto en la península Ibérica, a propósito de tierras reconquistadas a los árabes. Llegaron incluso entonces a llamar a musulmanes para que cultivasen y revalorizasen los lugares bajo ciertas condiciones de sumisión. Así, en Villastar, en la frontera del reino de Valencia, pidieron a los moros expulsados por la reconquista cristiana que regresaran. A este fin, en 1267, les concedieron una carta, o documento público, por la cual les garantizaban el derecho a practicar su culto, les eximían del pago de rentas y cánones durante cierto tiempo, exigían de ellos una estricta neutralidad militar y les pedían que juraran fidelidad a la Orden del Temple. ¡Qué ejemplo de política realista en una época que se cree a veces completamente sujeta a un ideal religioso!

Las encomiendas fueron realmente centros de producción importantes, y ejemplos tomados en el Mediodía y en el Norte lo demuestran perfectamente.

En Richerenches, en Provenza, la generosidad de numerosas familias de la región había permitido a los templarios poseer un inmenso dominio. Varios cientos de personas fueron contratadas para desbrozar el suelo y desecar las zonas pantanosas. A continuación, se crió en estas tierras miles de caballos y corderos que vivían casi libres en inmensas extensiones cercadas con muros de piedra seca. La lana de los corderos permitía la confección de vestidos que eran a continuación exportados. Las pieles servían para fabricar sacos, protecciones, arneses. La carne de los corderos era preparada en salazón o ahumada para ser conservada y expedida principalmente a Tierra Santa. La propia encomienda estaba instalada en un cuadrilátero de setenta y cuatro metros al norte, ochenta y uno al sur, cincuenta y ocho al este y cincuenta y cinco al oeste, rodeado de murallas y de torres. En el interior, aparte de la encomienda propiamente dicha y los alojamientos, había una capilla, la forja, las dependencias agrícolas y los talleres en los que se desarrollaba un artesanado que no tenía como única finalidad cubrir las necesidades locales.

Los templarios de Richerenches habían organizado asimismo la explotación de los ríos y de los estanques próximos, lo cual les permitió extender sus pastizales, pero también dedicarse a la piscicultura. Aficionados al pescado y a menudo refinados gastrónomos, estos monjes soldados nos dejaron incluso recetas de cocina. Por ejemplo, ésta que un cronista nos ha conservado:

> Un bonito lucio de cinco a seis libras, limpio de sus entrañas, bien lavado con agua avinagrada y relleno de tomillo, mejorana, trufas y aceite de oliva. Una vez cocido en el horno muy caliente durante una hora, enfriado en el antepecho de una ventana y envuelto en gelatina, córtese en rodajas como un paté.[22]

La encomienda, potencia económica y comercial

Hemos visto que aparte de la explotación agrícola, los templarios sacaban partido de ciertos servicios, como esos molinos que tanto les gustaban y cuyo empleo estaba sometido a cánones. Por otra parte, era también una de las debilidades de sus amigos los cistercienses, cuyos monasterios borgoñones, en el siglo XIII, poseían cada uno una media de diez molinos. Molinos de agua, lo más frecuentemente, pero también de viento, servían, por supuesto, para la molienda de los cereales, para el prensado de las olivas y de las carnes de nuez verde para la fabricación del aceite, pero también para tareas artesanales y semindustriales tales como la batanadura de los paños de lana. A veces, los templarios asociaban curtidurías a sus molinos o los aprovechaban para crear verdaderas redes de irrigación. Permitían que los demás agricultores se beneficiaran de ello, a cambio del pago de un canon.

Los templarios poseían también hornos, pero hay que decir que los derechos que hacían pagar por su utilización eran generalmente menos elevados que en otras partes, lo cual les atraía una clientela fiel y les granjeaba algunas enemistades entre la competencia.

Los templarios percibían también otros derechos. Aparte de los diezmos que hemos mencionado, obtenían rentas de casas que alquilaban, así como de tiendas. Estaban en posesión a veces de los derechos sobre el conjunto de las ventas hechas en las ferias, en especial en Provins, tal como lo recuerda Bruno Lafille:[23]

> No se vende en Provins ninguna bala de lana, ninguna madeja de hilo, ningún colchón, cojín, coche o rueda sin que los templarios cobren un impuesto sobre el precio de venta.

En efecto, el conde Enrique les había cedido a cambio de diez marcos y medio de plata el peaje percibido con ocasión de las ferias. En 1214 adquirieron también el peaje de animales destinados a la matanza. Percibían, por último, un canon sobre el pesaje de las lanas. Les fue confiada la *pierre de poids* que servía de patrón de pesas de la ciudad de Provins e instalaron dos establecimientos de pesaje: uno en Sainte-Croix, en la parte baja de la ciudad, y el otro en La Madeleine, en la parte alta.

Cuesta imaginar la riqueza que todo ello representaba para la época. En 1307, cuando se hizo el inventario de la casa templaria de Baugy, que no era más que un establecimiento muy secundario y modesto, no se encontraron menos de catorce vacas, cinco becerras, un novillo, siete terneros, dos grandes bueyes, cien corderos, ciento ochenta ovejas y carneros, noventa y ocho puercos y cerdas, ocho yeguas, toneles de vino y de cerveza, silos repletos de trigo, trigo candeal, avena, trojes llenos de heno y de hierba, tres bonitos arados y numerosos aperos de labranza.

La riqueza agrícola de las encomiendas era debida en gran medida a la extraordinaria capacidad para la gestión de los templarios. Ella les ponía a la cabeza de lo que podríamos denominar un verdadero imperio financiero, toda vez que supieron ser también banqueros, como veremos más adelante. Pero utilizaron igualmente su experiencia para hacer progresar las técnicas de la época. En particular, mejoraron los métodos de almacenaje en silos, lo que permitió evitar durante la existencia de la Orden todas las hambrunas. Éstas reaparecieron tras la desaparición del Temple.

En cualquier caso, esta riqueza legítima a los ojos de algunos ha dado origen a todas las leyendas escritas y orales de tesoros escondidos en los emplazamientos de las antiguas encomiendas del Temple. Cierto es que no se presta más que a los ricos, pero no olvidemos que gran parte de esta riqueza estaba invertida y que los excedentes servían esencialmente para financiar el esfuerzo de guerra en Oriente. No obstante, cada uno tiene el derecho de soñar a partir del descubrimiento de esos subterráneos de que las encomiendas estaban a menudo dotadas. Louis Charpentier cree que su entrada puede ser detectada en unos lugares que llevan generalmente nombres tales como la Épine, Épinay, Pinay, Épinac, Belle-Épine, Courbe-Épine, etc. Estos subterráneos son a menudo difíciles de detectar en nuestros días. En parte hundidos o inundados, el suelo removido no permite siempre dar con su rastro. A pesar de todo, se han conseguido despejar algunos como en Dormelle, en Seine-et-Marne. Había allí una magnífica galería con bóveda de cañón, lo bastante grande como para que tres caballeros pudieran cabalgar por ella de frente. Se dirigía hacia la encomienda de

Paley, situada a nueve kilómetros. Y hay otras muchas bajo el suelo de Francia. Pero veremos un poco más adelante que, si bien los subterráneos del Temple existen y están a veces vinculados a sus misterios, no es sólo por las «espinas» que se les puede descubrir, sino más bien por otras llaves que son las de san Pedro.

2

El Temple, potencia financiera

Garantizar la seguridad de los transportes y de los intercambios

Hemos visto cómo el Temple se había asegurado una posesión de bienes raíces considerable, cómo había organizado el cultivo de sus tierras, la cría de ganado, el artesanado, etc. Sin embargo, desde el comienzo —y conviene insistir en este punto— los templarios habían visto igualmente con claridad que los bienes creaban tanta más riqueza cuanto más rápidamente circulaban. Sobre todo, tenían que mandar a Palestina la mayor parte de sus remanentes occidentales, ya se tratase de avituallamiento, de equipo o de dinero en metálico.

Antes de las cruzadas, el Mediterráneo era surcado por los navíos de los comerciantes italianos. Pese a las numerosas prohibiciones formuladas y renovadas por el papa, no dudaban en comerciar con los infieles e incluso en entregarles armas. En nuestros días sabemos perfectamente que el interés general y el sentido patriótico son nociones ajenas al mundo de los mercaderes. No obstante, este tipo de intercambios se volvió mucho más difícil de realizar una vez los cruzados *in situ.* El tejemaneje se notaba en exceso. Los mercaderes no tardaron en consolarse cuando vieron que las necesidades de importación de los cruzados iban a ser enormes. Había que asegurar la intendencia de este ejército, proporcionarle cereales, indumentaria, armamento, caballos, madera (muy rara en Oriente). De vuelta, los navíos partían con sus bodegas llenas de telas de algodón y de especias. Occidente descubría los productos orientales y la moda no iba a tardar en difundirlos.

La implicación del Imperio bizantino en el conflicto provocó igualmente un desarrollo del comercio en el mar Negro y en el mar Egeo.

Los templarios no podían desinteresarse de este comercio. Hacían en cada una de sus encomiendas, con ese sentido de la organización que les caracterizaba, la relación precisa de los excedentes producidos. Una centralización de la información era realizada en cada provincia de la Orden a fin de organizar de la manera más racional posible el envío de los géneros hacia Oriente. El resto de los excedentes era ya almacenado, ya vendido y los beneficios financieros resultantes de ello eran en parte exportados también a fin de asegurar el pago de los gastos que debían hacerse *in situ*, en Tierra Santa. Las necesidades en dinero contante y sonante eran considerables. Citemos a modo de ejemplo la construcción de la fortaleza de Jafet. Les costó 11.000 besantes sarracenos a los templarios y tuvieron que gastar otros 40.000 por año para su mantenimiento. Cada día tenían que dar de comer a 1.800 personas, e incluso a 2.200 en tiempos de guerra. Cada año había que mandar la carga de 12.000 mulos de cebada y trigo candeal sin contar todas las demás vituallas. La guarnición incluía cincuenta frailes caballeros, treinta pajes, cincuenta turcópolos, trescientos ballesteros, ochocientos veinte escuderos y hombres de armas diversos y cuarenta esclavos, todos ellos alimentados, albergados y equipados a cargo de la Orden del Temple. Y casi todo llegaba de Occidente.

Los templarios organizaban por sí mismos los traslados merced a su flota, sobre cuyo papel volveremos más adelante. Aprovechando la ocasión, mandaban igualmente hacia Palestina bienes por cuenta de terceros.

La importancia de todos estos traslados requería no sólo transportes marítimos sino también el envío de cantidades considerables de mercancías en dirección a los puertos. Por tanto, había que asegurar la protección de las rutas y del comercio en general y aunque la, por así llamarla, misión de origen tocante a la protección de las rutas de Palestina no fuera sin duda más que una tapadera, en cambio los templarios asumieron realmente esta tarea en Occidente. Habían de proteger y favorecer el comercio y por tal motivo tenían que conseguir que las mercancías circularan rápidamente y sin riesgos.

Esto fue el origen de lo que podríamos llamar las rutas templarias. Organizaron, en efecto, unos puntos de vigilancia regulares en los caminos importantes. Se las arreglaron para instalar alberguerías a todo lo largo de las vías comerciales, estando cada una de ellas a una distancia de la siguiente de aproximadamente una jornada de camino. Esto permitía a los viajeros dormir cada noche al amparo de todo ataque, tanto ellos como sus bienes. Además, unos frailes de la Orden patrullaban por dichas vías a fin de disuadir a eventuales salteadores y, en caso de agresión, no estaban nunca muy lejos y podían, por tanto, lanzarse en persecución de los malhechores. Cuando no había alberguería, los templarios organizaban un campamento protegido cerca de un pozo que permía vivaquear.

En los ejes más importantes a los ojos de la Orden, las postas templarias estaban más cerca aún las unas de las otras. Los puntos estratégicos y los pasos peligrosos eran guardados por unos castillos o lugares fortificados como el Castillo Peregrino, el Krak de los Caballeros[24] o el Vado de Jacob en Tierra Santa. Lo que era cierto por causa de la guerra en

Oriente, lo era no menos por razones de seguridad comercial en Occidente. Encontramos numerosísimos ejemplos de ello. Así, entre Payns y Coulours, en Yvonne, los templarios poseían una alberguería o una hacienda de media cada ocho kilómetros, guardando en particular los vados o los pasos peligrosos. Para conseguir esto, tuvieron que proceder a menudo a compras o a permutas de tierras, lo que demuestra, si es que fuera necesario, que ello obedecía a una política deliberada. De este modo, el viajero se encontraba permanentemente en las tierras de la milicia o en su zona de influencia y de vigilancia.

Las rutas templarias

Ha sido posible localizar cuáles eran los principales ejes comerciales utilizados y protegidos por la Orden del Temple. Seguimos a Louis Charpentier, que ha realizado interesantes investigaciones a este respecto: dos vías esenciales unían el Mediterráneo con el norte de Francia, pasando una por la casa matriz de París y la otra por la de Payns. La primera de ellas partía de Marsella y subía por Arles, Nîmes, Alès, Le Puy, Lezoux, Saint-Pourçain-sur-Sioule, Pouques, Nemours, París, Tille-près-Beauvais, Abbeville, para llegar al mar cerca de Berk en el Temple-sur-l'Authie. Se prolongaba sin duda hasta Boulogne y Calais, donde normalmente se embarcaba hacia Inglaterra. A menos que los templarios hubieran poseído cerca de Berk un lugar de embarcamiento discreto.

El segundo camino partía igualmente de Marsella e iba a parar a Aviñón por el estanque de Berre, antes de subir por el valle del Ródano, por su margen izquierda, aunque permaneciendo alejada del río. Llegaba hasta Lyon, luego Belleville, Mâcon, Châlon, Troyes, Payns, y acababa en Abbeville por Compiège y Montdidier.

Entre estos dos caminos existía una vía intermedia que permitía sin duda evitar la ruta nevada del Macizo Central en invierno. Pasaba cerca de Saint-Étienne y atravesaba Bourbon-Lancy y Auxerre, donde se bifurcaba ya hacia Payns, ya hacia París. Otra vía reforzaba este recorrido en la parte este y subía por los Alpes por Grenoble, Voiron y Bourg.

Para dirigirse hacia la parte baja del canal de la Mancha y Bretaña, partía otro camino de la cuenca de Thau y que subía por Espalion, Riom-en-Montagne, seguía el Indre en pararelo hasta Villandry, luego pasaba por Le Mans, Balleroy y Cotentin hasta Saint-Vaast-la-Hougue y Valcanville, cerca de Barfleur. Desde Mans, una ruta permitía llegar hasta Rennes, Saint-Malo, Saint-Cast y Saint-Brieuc.

De la cuenca de Thau, podía también llegarse a Burdeos por Montauban, encontrando en Damavan la vía procedente de Port-Vendres por Perpiñán y Toulouse.

Las rutas transversales, yendo de oeste a este, desembocaban todas en los pasos y en los puertos de montaña, precisando Charpentier:[25]

> La de Flandes hacia Estrasburgo, reforzada por una paralela desde Berk hasta Colmar. La del Bajo Sena (se embarca en Caudabec) hacia el Jura por el sur o el norte de París, Payns, Troyes o Bensançon. Se junta con la de Bretaña, que pasa por Rennes, Le Mans, Orléans, Auxerre.
>
> Una ruta del Bajo Loira hacia las mismas regiones del Jura pasaba por Nantes, el sur del Loira, Bourges, Pougues, Châlon.
>
> De Payns, partían igualmente a diferentes puntos diversas vías hacia el este, por los Vosgos, el Jura; al sudoeste hacia La Rochelle y Burdeos.
>
> Hay que mencionar igualmente las rutas hacia los puertos de los Pirineos, a los que puede accederse por transversales hacia Puymorens, Peyresourde y el Somport.

Hacia los puertos de los Alpes, por Restefond-Mont-Genèvre, Mont-Cenis y ciertamente (...) hacia el San Bernardo.

Los establecimientos templarios que jalonaban los caminos eran especialmente numerosos en Flandes y Champaña, en esas regiones que constituían el eje fundamental del comercio del Norte, en particular por lo que se refiere a la fabricación de paños. Una vía especial unía las grandes ciudades feriales de Champaña con Flandes, a través del principado de Lieja.

Por lo que se refiere a la importancia de las rutas, Demurger señala justamente:

No es casual que, en la primera lista de las provincias de la Orden, dada por la Regla, hacia 1160, figurase una provincia de Hungría por donde pasaban forzosamente las vías tomadas por los cruzados a quienes repugnaba hacer el Santo Paso por mar. También en Italia los caminos seguidos por los peregrinos atraían a los templarios: tenían un establecimiento en Treviso, al comienzo de la ruta de los Balcanes hacia Constantinopla, y, fuera de Italia, en Trieste, Pola, Lubljiana y Vrana, en Croacia; Vercelli, en el Piamonte, veía llegar de los Alpes a los peregrinos que iban a Roma y a aquellos que querían llegar a Tierra Santa; templarios y hospitalarios estaban naturalmente instalados allí.

Conviene igualmente hablar de la importancia de los establecimientos templarios a todo lo largo de los caminos de peregrinación que conducían a los romeros en dirección a Santiago de Compostela.

Poner a punto un entramado geográfico de semejante amplitud, instalarlo, equiparlo, proveerlo de hombres, todo ello no se pudo hacer de un día para otro. Un plan determinado desde un buen principio orquestó sin duda el conjunto de las operaciones.

Del comercio a las finanzas

El Temple trataba de favorecer el comercio garantizando la seguridad de los caminos, pero también disminuyendo la tarifa de los peajes. Permitir la circulación de los productos y de los bienes de una provincia a otra, de un país a otro, implicaba el cambio de moneda, la circulación del dinero. También en este terreno convenía garantizar la seguridad de los traslados y crear instrumentos monetarios adecuados. Las operaciones tradicionalmente realizadas por banqueros italianos, las más de las veces lombardos, eran extremadamente limitadas. El Temple iba a remediarlo. Beneficiándose de una formidable implantación, había de transformar sus encomiendas en ventanillas y agencias bancarias y crear un buen número de instrumentos financieros nuevos. Así, el Temple fue no sólo un gran propietario de bienes raíces, un productor, un transportista, incluso a veces un comerciante, sino también un banquero, todo ello concebido con el mismo espíritu que las multinacionales modernas.

En cada provincia de la Orden se designó a un fraile tesorero. Éste estaba encargado de coordinar el conjunto de las operaciones financieras y de verificar toda la contabilidad de las casas. En efecto, a cualquier solicitud de la Orden, debía poder ser presentado inmediatamente el estado de cuentas de los ingresos y gastos de cualquiera de las casas.

Los tesoreros de la encomienda de París tuvieron, por lo que a ellos se refiere, un papel de una importancia muy especial, puesto que, desde comienzos del siglo XIII, fueron los administradores del tesoro de los reyes de Francia. Administraron los fondos del Estado asumiendo en muchos aspectos, si no totalmente, el mismo papel que los futuros superintendentes de finanzas. En caso de necesidad, es decir, harto a menudo, adelantaban dinero al rey. A veces, se veían llevados a contraer préstamos en nombre del Tesoro Real, con banqueros italianos, ofreciendo su garantía de reembolso. Verificaban las cuentas de los contables y recaudadores de los dineros públicos. Así, la encomienda de Payns estaba encargada de percibir los tributos debidos al reino en Champaña y en Flandes. Determinadas encomiendas importantes se veían revestidas de responsabilidades financieras lo suficientemente pesadas como para que se juzgara conveniente que el tesorero fuera ayudado por unos contables y cajeros.

A pesar del cuidado puesto en proteger las rutas, no era cuestión de tentar al diablo llevando encima sumas considerables. Ahora bien, las transacciones realizadas con ocasión de las ferias podían suponer cantidades enormes de dinero. El problema del traslado de fondos hacia Oriente se planteaba también de manera crucial. Los cruzados eran muy a menudo inducidos a pedir prestadas sumas considerables *in situ* que se comprometían a reembolsar a su regreso a Europa. ¿Cómo facilitar ese juego financiero sin correr excesivos riesgos?

Unos banqueros en la Edad Media

Los frailes del Temple pusieron a punto toda una panoplia de instrumentos financieros prácticos y seguros, de los que podemos decir que apenas si difieren en sus principios de los de los modernos bancos. Las encomiendas de la Orden se transformaron en un principio en agencias bancarias de depósito. Ellas no eran, por otra parte, las únicas ni las primeras en desempeñar este papel. Tal era a menudo el caso de los monasterios, bastante seguros en la medida en que los salteadores dudaban en violar los lugares de culto. En el caso de los templarios, aparte de dicha protección de entrada, los depositantes podían contar con una defensa a mano armada de sus bienes. Estos monjes eran soldados y ello constituía una garantía suplementaria digna de ser tenida en cuenta por si la otra no hubiera bastado. Esto no impidió por otra parte que el Temple de Londres se viera atacado en un par de ocasiones. En 1263, el joven príncipe Eduardo, sin blanca, forzó las arcas del Temple y se apoderó de diez mil libras pertenecientes a unos londinenses y, en 1307, Eduardo II sustrajo al Temple cincuenta mil libras en plata, joyas y piedras preciosas.

Sea como fuere, y aun cuando el rey de Inglaterra no siempre fuera honesto, los soberanos de este país tuvieron la suficiente confianza en la probidad y seguridad de la Orden como para confiarle, como fue también el caso de Francia, la guarda y custodia del tesoro real. Un tal «Roger el Templario», preceptor en el Temple de Londres, fue asimismo limosnero del rey Enrique II de Inglaterra y era él quien repartía a su entender las limosnas reales entre los menesterosos que venían a mendigar a palacio.

Templarios tales como Ugoccione de Vercelli y Giacomo de Montecuco fueron asimismo los consejeros financieros del papa.

Aparte de estos clientes célebres, eran numerosos los que utilizaban los servicios del Temple para depositar en él sus riquezas. El dinero de cada depositante era encerrado en un arca que estaba provista en ocasiones de dos cerraduras con una llave para el cliente y otra para el tesorero.

La gente dejaba en depósito en el Temple también sus joyas, así como objetos preciosos, incluso títulos de renta o de propiedades. En ocasiones, los depósitos servían de garantía a préstamos solicitados por los particulares. Los templarios practicaban, en efecto, el préstamo con prenda y el préstamo hipotecario. Desempeñaban asimismo funciones de notarios, conservando actas y sirviendo de ejecutores testamentarios.

Eran igualmente administradores de bienes por cuenta ajena, pero, en este caso, se designaba a un fraile distinto del tesorero. No se mezclaban las cosas.

Como banqueros, llevaban las cuentas corrientes de los particulares que les confiaban su dinero, que podían retirarlo, hacer que efectuaran pagos en su nombre o encargar a los templarios que realizaran cobros. Cada cierto tiempo, se procedía a una liquidación de cuentas. Se volvía a comenzar entonces a partir del saldo resultante del período anterior. En general, salvo algún motivo especial, la Orden del Temple cerraba cuentas tres veces al año: en la Ascensión, en Todos los Santos y en la Candelaria.

Además, los templarios llevaban para sus grandes clientes una contabilidad por tipo de operaciones.

Jules Piquet[26] da el ejemplo de los epígrafes que figuran en las cuentas remitidas a Blanca de Castilla:

> *Ingresos:*
> - *Reembolso de prestamos otorgados a diversos particulares y abadías;*
> - *Procedentes de la explotación del dominio aduanero de la reina madre:*
>   — *imposiciones de los prebostes,*
>   — *imposiciones de los bailes,*
>   *Subtotal.*
>   — *imposiciones relativas a los particulares.*
> - *Ingresos procedentes de la explotación del dominio de Crépy:*
>   — *imposición de los impuestos,*
>   — *imposición de los bailes*
>   *Total.*
> - *Una imposición del rey*
>   *Cuenta acreedora de la reina al Temple:*
>   + *Total de los ingresos por cuatro meses,*
>   — *Total de los gastos por cuatro meses,*

    = *Total general y nuevo saldo acreedor de la reina con el Temple.*

El capítulo de los gastos estaba menos dividido (préstamos, donaciones, gastos del palacio de la reina). A la cuenta le seguía un estadillo que mencionaba a los diferentes deudores de la reina madre. Encontramos en él información de anticipos muy importantes otorgados a monasterios y abadías.

En el dorso del documento, el contable había escrito también otras informaciones que indicaban su preocupación por mandar un extracto de cuenta explícito y que evitara cualquier falsa interpretación o error.

Además, el cotejo de ambas contabilidades —la llevada para el cliente y la de la encomienda— constituía un embrión de doble contabilidad.

Es cierto que los templarios ponían un interés muy especial en Francia en el estado de cuentas de los bailes, prebostes, cambistas, etc., en el marco de la misión de administración del tesoro real cuando éste les era confiado. Igualmente, prestaban sumo cuidado a las cuentas abiertas en nombre de la Santa Sede para la que centralizaban el producto de un cierto número de cánones, especialmente los relacionados con la financiación de las cruzadas.

Unos financieros poderosos e indispensables

La importancia de determinados tesoreros de la Orden fue considerable. Tal fue el caso del hermano Aymard, hombre de confianza de Felipe Augusto. Se dedicó a administrar el tesoro real, a velar por la equivalencia de los cambios, a presidir las cesiones del Tribunal del Fisco de Normandía y figuró entre los tres ejecutores testamentarios de Felipe Augusto. Hay que citar igualmente a Jean de Milli, al hermano

Gillon y a muchos otros. Conviene, por otra parte, señalar que cuando el tesorero del Temple de París administraba el Tesoro Real, se veía convertido en realidad en oficial regio y, en calidad de tal, era admitido en el Consejo Real, donde se decidían las medidas concernientes a las finanzas del reino. Ni que decir tiene la importancia de este papel y el *lobby* financiero que podía representar en la época la Orden del Temple.

En el plano técnico, la gama de los instrumentos desarrollados por la Orden era muy vasta. Así, Jules Piquet recuerda que:

> Cuando el Temple debía realizar un pago a cargo de una cuenta, exigía una carta de puño y letra de su cliente o que llevara al menos su sello. Este escrito era necesario para evitar las consecuencias jurídicas de un pago hecho al margen de la voluntad del titular de la cuenta.

En estos «mandatos» del Temple figuraban la fecha de emisión, la suma, el nombre del beneficiario y el del librador con su sello; otro tanto puede decirse del conjunto de las informaciones que figuran en nuestros modernos cheques. Y, efectivamente, estas órdenes escritas funcionaban como tales cheques. Eran incluso endosables, incluyendo menciones que permitían el pago a un tercero o a un representante. Además, debía figurar en la orden una fórmula de correspondencia, indicando el motivo del pago, de manera que permitiera la contabilidad según el tipo de operación.

En lo que concierne a las retiradas de dinero de una cuenta, la escasa cantidad de moneda en circulación, en la época, volvía las operaciones delicadas. Así, el Temple solicitaba ser avisado con algún tiempo de antelación para las que fueran de cierta consideración.

Para cualquier pago, el tesorero del Temple exigía un recibo tal como éste:

Yo, señor Regnault de Nantollet, caballero, hago saber a todos que tuve y recibí del tesorero del Temple cuatro libras y cuatro reales parisinos, por el trigo recogido por Guet para la reina de Navarra, de las susodichas cuatro libras y cuatro reales parisinos más arriba mencionados declaro que me tengo por bien pagado. En prueba de ello, he estampado en estas cartas mi sello. Dado en París, el lunes después de Cuaresma.

Cada vez que ello era posible, los templarios preferían no transferir moneda contante y sonante y procedían más bien por transferencias de cuenta a cuenta. En 1224, Enrique III de Inglaterra, teniendo que pagar catorce mil marcos de plata al conde de La Marche, el Temple procedió por medio de una transferencia entre la casa de Londres y la de La Rochelle.

Los templarios eran verdaderamente los reyes de la compensación evitando el manejo de fondos. Así, el rey de Inglaterra había prestado setecientos ochenta marcos a unos mercaderes florentinos. La suma debía ser reembolsada al Temple de Londres el día de Pentecostés de 1261. En caso de retraso, estaba prevista una penalización de doscientos marcos. Por otra parte, el rey de Escocia debía quinientos cincuenta marcos a los mismos mercaderes de Florencia. Ahora bien, el rey de Inglaterra debía asimismo dinero al rey de Escocia, por un total de quinientos cincuenta marcos. Los templarios procedieron a la compensación de las deudas: la del rey de Escocia fue amortizada, pero no recibió nada, y el rey de Inglaterra recibió el abono de doscientos treinta marcos por parte de los florentinos en concepto de saldo del global de la cuenta.

Verdadera banca de depósitos, el Temple consentía, por supuesto, a hacer préstamos. El volumen de las donaciones, de los cánones percibidos, los productos de los remanentes comercializados ponían a la Orden a la cabeza de unos fondos monetarios importantes así como de una enorme disponibilidad financiera. Una gran parte servía ciertamente en Tierra Santa, pero dejaba aún un muy amplio saldo. Éste era utilizado para facilitar por medio de compras la política en cuanto a bienes raíces del Temple o para conceder préstamos. A los cruzados en primer lugar, a menudo cortos de dinero *in situ*. A este respecto, el testimonio de Suger es elocuente. Le escribía a Luis VII:

No podemos imaginar cómo habríamos podido subsistir en este país sin la asistencia de los templarios... Ellos nos prestaron una suma considerable. Debe serles devuelta. Os suplicamos que les reembolséis sin demora dos mil marcos de plata.

A veces, las actas de préstamos firmadas con el Temple incluían cláusulas especiales que mostraban hasta qué punto los monjes sabían cubrirse las espaldas contra toda pérdida. Así, Pedro Desde de Zaragoza y su mujer Isabel obtuvieron un préstamo de cincuenta maravedíes para efectuar su peregrinación al Santo Sepulcro a cambio de su herencia: casas, tierras, viñedos y huertos. Dejaban a los templarios las rentas de dichos bienes durante su ausencia. Debían recuperar su propiedad en el momento del reembolso de su deuda, pero declaraban que en cualquier caso su herencia sería para el Temple tras su muerte. Lo menos que puede decirse es que la Orden hacía un buen negocio.

Jurídicamente, todas estas transacciones planteaban no obstante algunos problemas a los templarios. En efecto, la Iglesia prohibía a los cristianos realizar préstamos con intereses abusivos, dejando esta práctica para los usureros judíos que, al no poder ser evitados, se aprovechaban de ello para imponer unos intereses leoninos. Algunas ordenanzas reales a comienzos del siglo XII trataron de moralizar sus prácticas prohibiéndoles reclamar más del cuarenta y tres por ciento anual. Los templarios habían visto perfectamente lo que la postura de la Iglesia tenía de importuno, pues el crédito es una de las bases del comercio. Por otra parte, la Iglesia no se dejaba engañar y, aun cuando el papa Gregorio el Grande hubiera podido afirmar que era poco menos que imposible no pecar cuando se hacía profesión de comprar y vender, los prelados preferían en general hacer la vista gorda sobre lo que pasaba. No siempre desdeñaban conchabarse con los mercaderes, con tal de que les reportara algún provecho, y protegían generalmente a los banqueros lombardos, cuyas prácticas eran muy parecidas a las de los judíos. Sin embargo, lo que podía admitirse para unos simples fieles era sin duda menos fácil de aceptar de una Orden religiosa. Ahora bien, ni pensar para los financieros del Temple en prestar dinero y en asumir riesgos sin que sacaran de ello ningún fruto. Afortunadamente, no les costó mucho encontrar soluciones.

Hay que hacer una mención especial a un caso un poco particular: los préstamos al Tesoro Real. Aunque éstos se efectuaban realmente sin interés, no dejaban de tener sin embargo ventajas para los templarios, en términos de notoriedad y en el terreno del poder económico y político. Por ejemplo, la Orden era al mismo tiempo depositaria de la «libra», patrón del sistema de pesos del reino, lo cual era señal, a los ojos de todo el mundo, de la probidad de los monjes soldados y venía a demostrar que se podía confiar en ellos.

Para los restantes casos, el tanto por ciento de interés se camuflaba. La suma a reembolsar mencionada en el contrato podía ser superior a la realmente prestada, lo cual permitía incluir el interés sin mencionarlo. Esto implicaría, sin embargo, que los tesoreros del Temple tuvieron que llevar una doble contabilidad o disponer de cajas negras.

En cualquier caso, los templarios se rodeaban de las máximas precauciones: garantías diversas, particularmente hipotecarias, fianzas. Determinadas garantías podían adoptar, por otra parte, formas curiosas. Por ejemplo, un fragmento de la Vera Cruz sirvió de prenda para asegurar un reembolso de un préstamo concedido a Balduino II de Constantinopla. Además, practicaban ampliamente el préstamo con fianza, antepasado del Monte de Piedad actual más conocido con el nombre de «Montepío», donde puede llevarse a empeñar un objeto y obtener a cambio un préstamo, esperando recuperar el bien empeñado más adelante.

A veces, el Temple no prestaba él mismo sino que salía fiador por alguien. En cualquier caso, la probidad de la Orden era tal que incluso los infieles no dudaban en recurrir a su garantía cuando trataban con los francos. Era esta confianza en la honestidad de los templarios la que hacía que a menudo se les constituyera en depositarios. Con ocasión de un litigio, se depositaba las sumas en juego o los bienes en manos del Temple, que se cuidaba de ellas y las administraba hasta que se hubiera llegado a una solución. Tal fue el caso por lo que se refiere a la fortaleza de Gisors, que era objeto de una querella entre los reyes de Inglaterra y de Francia.

Todo esto viene a demostrar que la gama de productos y de servicios, como diríamos hoy en día, ofrecida por los templarios a sus clientes era extensa. Y todavía no hemos recordado su papel de gestores por cuenta ajena, de tesorero-pagadores de rentas (ampliamente aprovisionadas por anticipado), etc. Y a todo eso habría que añadir asimismo una de sus misiones más delicadas: la organización de transferencias de fondos. Los templarios evitaban en la medida de lo posible el tener que recurrir a ello practicando la compensación a gran escala entre sus encomiendas. Lo cual no obsta para que los lugares a los que llegaba más dinero en efectivo no eran siempre aquellos en que las necesidades de liquidez eran mayores. Así, de tanto en tanto, era necesario dotar de dinero contante y sonante a tal o cual encomienda, incluso vaciar las arcas demasiado llenas de tal otra. La Orden estaba muy acostumbrada a la organización de estas transferencias de fondos, que sabía proteger perfectamente. Hasta el punto de que el papa les confiaba a menudo el encargo de escoltar a Tierra Santa el producto de los tributos recogidos en pro de las cruzadas.

Cuando la misión era particularmente peligrosa, la Orden apelaba a verdaderos comandos de especialistas a los que formaba expresamente para tal fin. Éste fue el caso cuando hubo que dar escolta a fondos mandados por el rey de Inglaterra al conde de Toulouse, mientras el Languedoc era devastado por la soldadesca de Simón de Montfort durante la cruzada contra los albigenses. Esta delicada misión fue confiada al templario Alain de Kancia, que la desempeñó con éxito.

No obstante, cada vez que ello era posible los templarios se las ingeniaban para transmitir el dinero a distancia sin tener que transportarlo en metálico. A este fin inventaron la letra de cambio, que libraban de acuerdo a una moneda imaginaria, especie de patrón, sirviendo a continuación de referencia de cambio para las monedas locales.

Otro modo de repatriar unos productos sin riesgos: la particularidad del comercio con Tierra Santa. En efecto, el avituallamiento proveniente de Occidente y vendido *in situ* a los cruzados reportaba dinero a los templarios. Servía en parte para comprar productos locales, pero no en cantidad suficiente como para equilibrar este mercado, ni mucho menos. Ahora bien, al necesitar los cruzados dinero sobre el terreno, el Temple les prestaba el producto de estas ventas y se hacía reembolsar en Occidente con los productos de las tierras de los cruzados prestatarios. Así, los capitales se repatriaban por sí solos.

En cualquier caso, el lugar ocupado por la Orden del Temple en el mundo bancario de la época muy pronto se volvió esencial, hasta el punto de que incluso los banqueros italianos, a pesar de ser celosos por naturaleza, pasaban a menudo por el Temple para garantizar sus propias operaciones.

Lo menos que puede decirse es que un mundo separa a los «pobres caballeros de Cristo», que no tenían más que un corcel para dos, por así decirlo, de este papel de financieros que desempeñaron de forma extremadamente rápida. Un mundo entre esos pobres guardianes de las rutas de Tierra Santa y estos inventores ingeniosos de instrumentos financieros. Un mundo entre la leyenda creada en sus comienzos y estos contables, estos manipuladores de capitales, esta multinacional casi increíble para la época.

3

El dinero del Temple

Los navíos del Temple

Así pues, la Orden se había organizado de forma que no tuviera que depender de nadie e incluso de manera que fueran los demás quienes no pudieran prescindir de ella. De nada habría servido todo ello, sin embargo, si los templarios hubieran estado a merced de unos armadores para transportar mercancías y gentes por mar. Además, el transporte marítimo presentaba un aspecto estratégico importante en razón del tráfico intenso que las cruzadas provocaban entre Oriente y Occidente.

La Orden del Temple no podía desinteresarse de este aspecto. Se hizo, pues, armador, se aseguró su independencia en los mares y practicó el transporte de hombres y de mercancías por cuenta de terceros. Se dotó de una flota capaz de rivalizar con la de la República de Venecia e intentó incluso hacerse con el monopolio del comercio en el Mediterráneo. No lo consiguió, sin embargo, pero lo que sí hizo fue asegurarse una gran parte del mercado en los sectores más diversos.

Aparte de las mercaderías, una gran parte del tráfico procedía del transporte de peregrinos. Sólo a partir de Marsella, los templarios embarcaban de tres a cuatro mil por año. Antes de embarcarles, les daban albergue en sus casas tales como las de Biot, Bari, Arles, Saint-Gilles, Brindisi, Marsella o Barletta. En Toulon habían hecho construir muy especialmente dos alberguerías en el barrio de *la carriero del Templo*, al lado de las murallas que protegían la ciudad de eventuales incursiones de berberiscos. Habían hecho incluso abrir una poterna especial en la muralla para circular libre y discretamente.

Los peregrinos tenían confianza en el Temple, pues, tal como señala Demurger, no sólo los navíos de la Orden eran escoltados, sino que ellos no tenían costumbre de vender a sus pasajeros como esclavos a los musulmanes, práctica por desgracia harto frecuente de los pisanos y de los genoveses.

Se han conservado algunos nombres de navíos templarios: *La Rosa del Temple*, *La Bendita*, *La Buena Aventura*, *El Halcón del Temple*. Los había de todos los tamaños y para todas las especialidades. Algunos, los *huissiers* (abastecedores), estaban especialmente equipados para el transporte de caballos. Había que construirlos de manera muy especial, poniendo sumo cuidado en las junturas. Joinville escribía a este respecto:

Se hizo abrir la puerta de la embarcación e introdujeron a todos nuestros caballos que debíamos llevar a ultramar. Luego la puerta fue cerrada, se taponó bien, igual como se llena con estopa un tonel, porque, cuando el navío se halla en alta mar, la puerta entera se ve sumergida en el agua.

Durante el transporte, los caballos estaban trabados de modo tal que no podían prácticamente moverse. En cuanto a su salida del barco, se efectuaba poco más o menos de acuerdo a la técnica de las barcazas de desembarco actuales, que permite acercarse lo más posible a la orilla. Cada navío de abastecimiento no podía transportar más que entre cuarenta y sesenta caballos. Es fácil imaginar la importancia del tráfico permanente necesario para surtir al ejército de los cruzados de cabalgaduras.

A fin de acompañar y de proteger a estas naves meridionales un tanto ventrudas, pero con una capacidad de transporte importante, habían adaptado, en el Mediterráneo, unos navíos más rápidos que los que lo atravesaban habitualmente.

Los puertos templarios

Para asegurar su independencia, los templarios trataron de poseer unos puertos privados. Tal fue el caso de Mónaco, Saint-Raphaël, Mallorca, Colliure, y sin duda Martigues, Mèze, en la cuenca de Thau que no estaba separado aún del mar, y Saint-Tropez. Hacia el canal de la Mancha, cabe citar Saint-Valéry-en-Caux y Barfleur, así como Saint-Valéry-sur-Somme. En Bretaña, podemos señalar asimismo el puerto templario de Ile-aux-Moines, especialmente bien protegido puesto que estaba situado en el golfo de Morbihan. Allí embarcaban por lo general peregrinos en dirección a Santiago de Compostela. Estos puertos privados no bastaban, sin embargo, para cubrir las necesidades de la totalidad de su tráfico mercantil. Por ello mantenían además muelles en otros puertos importantes como Toulon, Marsella, Hyères, Niza, Antibes, Villefranche, Beaulieu, Menton. En los puertos provenzales, se beneficiaban de franquicias concedidas por el conde de Provenza, lo que no dejaba de plantear algunos problemas. Los armadores locales, que no se beneficiaban normalmente de ningún privilegio semejante, consideraban esta competencia un tanto desleal. El clima era incluso francamente de crítica en algunos casos. En Marsella, las autoridades tuvieron que ceder en parte a la presión y limitaron los derechos de los navíos templarios al comercio realizado únicamente con Tierra Santa y con España. Esto es particularmente interesante, puesto que significa que estos dos polos importantes del comercio mediterráneo estaban lejos de ser los únicos que interesaban a los templarios. En cualquier caso, considerando esta restricción como inadmisible, los templarios, pronto seguidos por los hospitalarios, abandonaron el puerto de Marsella para anclar sus bajeles en Montpelier. Los marselleses comprendieron rápidamente que este desvío del tráfico marítimo les reportaba más pérdidas que ganancias. La clientela del Temple era fiel y estaba dispuesta a cambiar de puerto para pedir prestados o poder alquilar sus bajeles. Los marselleses tuvieron entonces que suplicar para ver regresar a las dos órdenes militares. Se terminó concertando un acuerdo, según el cual dos veces por año un navío templario y otro hospitalario partirían de Marsella sin pagar el menor arancel. Muy inteligentemente, la Orden del Temple no hizo uso de esta posibilidad para embarcar sus propias mercancías, que siempre podía cargar en otros puertos que le pertenecían, sino tan sólo para llenar sus bodegas de productos pertenecientes a mercaderes marselleses. Lo cual confirma, si es que fuera necesario, que los templarios eran unos empresarios especialmente sagaces y ladinos. Y dado que también eran unos organizadores natos, contribuían en la medida de lo posible a las mejoras técnicas y a la seguridad de los puertos. Así, en Brindisi, se debe a ellos la construcción de un faro.

Los misterios del puerto de La Rochelle

Un puerto parece haber merecido muy especialmente la atención de la Orden del Temple: el de la Rochelle. ¿Por qué? Cierto que se trataba de una obra particularmente bien resguardada gracias a la isla de Ré y a la isla de Oléron. Entre ambas, un canal que sigue llevando el nombre que le fuera dado por los templarios: el Pertuis d'Antioche. Ello no explica, sin embargo, que seis grandes rutas templarias hayan desembocado en La Rochelle y se diría algo bastante descabellado cuando sabemos que este puerto estaba destinado a no servir a los templarios más que para asegurar la exportación de los vinos de Burdeos hacia Inglaterra.

En *Los misterios templarios*, Louis Charpentier describe estas seis vías templarias:

1.ª La Rochelle-Saint-Vaast-La Hougue-Barfleur con rutas adyacentes hacia la costa atlántica y Bretaña.

2.ª La Rochelle-bahía de la Somme por Le Mans, Dreux, Les Andelys, Gournay, Abbeville.

3.ª La Rochelle-Las Ardenas, por Angers, la región parisina y la Alta Champaña.

4.ª La Rochelle-La Lorraine, por Parthenay, Chatellerault, Preully-en-Berry, Gien, Troyes: ruta reforzada desde Preully hasta el bosque de Othe por Cosnes.

5.ª La Rochelle-Genève, por el Bajo Poitou, la Marche, el Mâconnais, con desvío en Saint-Pourçain-sur-Sioule hacia Châlon y Besançon.

6.ª La Rochelle-Valence du Rhône por el Bas-Angoumois, Brive, Cantal y Puy, reforzada por una ruta que unía La Rochelle con Saint-Vallier por Limoges, Issoire y Saint-Étienne.

Además, existía una verdadera red de encomiendas para proteger La Rochelle y ello en un radio de unos ciento cincuenta kilómetros. Se contaban una cuarentena de encomiendas protegidas por la cercanía unas de otras en las Charentes. A menos de cincuenta kilómetros, se encontraba Champgillon, Sènes, Sainte-Gemme, Bernay, Le Mung, Port-d'Envaux. Una veintena de kilómetros más allá, cabe señalar Saint-Maixent, La Barre y Clairin, Ensigne, Brêt,

Beauvais-sur-Matha, Aumagne, Cherver, Richemont, Châteaubernard, Angles, Goux, Les Épaux, Villeneuve. Si añadimos otros treinta kilómetros, encontramos de nuevo una quincena de encomiendas. Sin duda, podría tomarse un buen número de lugares en Francia y encontrar a una misma distancia un entorno de encomiendas igual de nutrido, sin que ello deba llevarnos a hacer conjeturas aventuradas. En el caso de La Rochelle, sin embargo, conviene añadir que los templarios habían instalado en ella, sin motivo aparente, una casa provincial que tenía dominio sobre numerosas otras encomiendas y establecimientos.

Está descartado conceder a este puerto ninguna importancia en relación con Oriente. A lo sumo cabría pensar que se trataba de una escala práctica en una ruta marítima que conducía de Inglaterra a España o a Portugal. Incluso esto dista mucho de ser evidente, pues otras soluciones parecen mucho más lógicas. En efecto, La Rochelle está demasiado al sur para que las relaciones con Inglaterra resultaran muy rápidas y demasiado al norte para las relaciones con Portugal.

Jean de La Varende fue sin duda el primero en plantear una hipótesis para tratar de explicar la importancia de este puerto a los ojos de los templarios. Escribía:[27]

> Los bienes del Temple eran monetarios. Los templarios habían descubierto América, México y sus minas de plata.

Hipótesis descabellada sin duda, toda vez que no es posible encontrar ninguna prueba irrefutable en este sentido. Pero merece la pena examinarla un poco más detenidamente. ¿Por qué, de entrada, diríamos que esta hipótesis es una simple broma? Por el hecho de que América fuera descubierta mucho más tarde por Cristóbal Colón, y que ello además fue fruto del azar, puesto que lo que él perseguía era llegar a las Indias por el Oeste. Ello es discutible y esta última afirmación merecería ser incluída entre las imposturas de la Historia. Cristobal Colón no descubrió nada en absoluto y, en su época, hacía ya mucho tiempo que el continente americano era regularmente visitado.

El descubrimiento de las Américas

Sin siquiera referirnos a la historia más o menos legendaria de san Brendan,[28] basta con remontarse a los vikingos para encontrar unos navegantes que abordaron en las costas americanas. Dieron al país el nombre de «Wineland» y crearon incluso establecimientos a lo largo de las costas de América del Norte. No se trata en absoluto de una leyenda, puesto que estos asentamientos han sido localizados y examinados por arqueólogos.

Conviene recordar también a los vascos, que iban desde hacía mucho tiempo a pescar a los alrededores de Terranova y al estuario de San Lorenzo. En cada ocasión, su campaña de pesca duraba varios meses y habían instalado *in situ* una especie de campamentos base donde preparaban el pescado para su conservación.[29]

Para aquellos que no hayan quedado aún convencidos, citaremos los mapas de Piri Reis, muy anteriores a Colón, encontrados con posterioridad y que representan con bastante exactitud las costas americanas.

Simplemente, quienes llevaban a cabo tales descubrimientos, al no tener como Colón una misión que desempeñar, no lo iban pregonando a los cuatro vientos. Preferían guardar el secreto y explotar eventualmente aquellos lugares sin que nadie viniera a hacerles la competencia, más que sacrificarlo todo a la gloria.

Para Jacques de Mahieu[30] es evidente que los templarios conocían la existencia del continente americano. Se dirigían a México y, con este fin, embarcaban en La Rochelle. Tal era también la opinión de Louis Charpentier, que explicaba así la importancia de este puerto. Sólo queda, pues, seguir sus planteamientos para examinar, si no las pruebas, al menos sí los indicios suceptibles de apoyar su tesis.

Jacques de Mahieu refiere que Motecuhzoma II Xocoyotzin, más conocido con el nombre de Moctezuma, «el Emperador de la barba rubia», se dirigió así a Hernán Cortés tras la conquista de su país por los españoles:

> Os considero como parientes: pues según dice mi padre, que había oído decirlo al suyo, nuestros antepasados, de los que yo desciendo, no eran naturales de esta tierra, sino unos recién llegados, los cuales arribaron con un gran señor que, poco después, regresó a su país: muchos años más tarde, volvió a buscarles, pero ellos no quisieron ya marcharse, pues se habían instalado aquí y tenían ya niños y mujeres y una gran autoridad en el país. Él se volvió a marchar muy descontento de ellos y les dijo que enviaría a sus hijos para gobernarles y asegurarles la paz y la justicia, y las antiguas leyes y la religión de sus antepasados. Ésta es la razón por la cual siempre hemos esperado y creído que los de allá vendrían a dominarnos y a mandarnos y yo pienso que sois vosotros, dado el lugar de donde venís.

Hay que mantener las mismas reservas acerca de la exactitud de esta perorata. Lo que no quita que los invasores españoles fueran recibidos al principio con los brazos abiertos. Los indígenas esperaban, efectivamente, el regreso de unos hombres blancos, barbudos, que llevaban armaduras e iban montados en unos caballos, venidos en unos navíos que se asemejaban más o menos a las carabelas españolas.

Templarios en América: ¿pruebas?

En realidad, tales palabras podían referirse tanto a los vikingos como a los caballeros del Temple. Es lo que, por otra parte, cree Jacques de Mahieu. Ve en este jefe llegado de otra parte un Jarl vikingo llamado sin duda Ullman. En cualquier caso, todo esto sirve para recordar que las rutas de América eran más conocidas que lo que se enseña en nuestras escuelas. La hipótesis vikinga no impide, por otra parte, la llegada más tardía de los templarios. Tanto es así que existe un curioso documento a este respecto: la crónica de Francisco de San Antón Munon Chimalpahin Cuanhtlehnantzin, descendiente de los príncipes de Chalco, que abrazó la religión cristiana. Escribió la historia de su pueblo, un grupo étnico bastante especial: los monohualques teotlixques tlacochcalques, más conocidos con el nombre genérico de chalques.

Las gentes de este pueblo, cuando se instalaron en México, venían del otro lado del Gran Mar, es decir, el Océano Atlántico. Afirmaban haber navegado en unas «conchas», término que habría que poner en relación con el de «cascos» de nuestros barcos. Eran «extranjeros en aquel país, enviados de Dios y guerreros». He aquí una definición que correspondería perfectamente a la de los monjes soldados. La hipótesis merece la pena ser examinada.

Estos hombres se daban a sí mismos también otro nombre, el de tecpantlaques. Ahora bien, tecpan significa Templo, palacio. Habrían sido, pues, las «gentes del Templo». No obstante, parece asombroso que no hubieran conservado la lengua de sus antepasados, salvo si eran un muy pequeño número y si se mezclaron con un pueblo preexistente, convirtiéndose simplemente en su casta dirigente. El apelativo sorprendente de «gentes del Templo» puede igualmente querer decir, sencillamente, que se trataba de un pueblo muy religioso.

El americanista Muñoz Camargo, en su *Historia de Tlaxcala*, considera como cierto que estos hombres no eran otros que unos miembros de la *Ordo Pauperum Commilitonum Christi Templique Salomonici* o, si se prefiere, la Orden del Temple. La organización social de las élites de este pueblo le parece, en efecto, que se corresponde perfectamente con la de la jerarquía de los caballeros del Temple.[31]

De dar crédito a Chimalpahin, los templarios —si es que se trata de ellos—, habrían llegado a México a finales del siglo XIII, lo cual no habría podido dar a La Rochelle una considerable importancia durante un largo tiempo: una treintena de años como mucho. Siempre según las mismas fuentes, los templarios habrían explorado en primer lugar la región de San Lorenzo y de Terranova.

Todo ello podría explicar por qué los mexicanos, y más en concreto los chalques, esperaban el regreso de unos hombres barbudos que debían gobernarles y procedentes de allende el Gran Mar donde nace el sol.

Jacques de Mahieu cree, por otra parte, haber encontrado rastros de la presencia templaria en América en un determinado número de símbolos.

En primer lugar, los hombres de Pizarro se asombraron de encontrar cruces alzadas en el Perú. Pero la cruz es un símbolo muy corriente en todo el mundo, fuera incluso de la religión cristiana, aunque la cruz de brazos desiguales no sea una de las más extendidas. Un elemento más interesante es que en México se encuentran numerosas cruces patadas semejantes a las de la Orden del Temple. Es posible descubrirlas hasta en el mismo escudo de Quetzalcoatl, en vasos, en pectorales de bronce. Son frecuentes asimismo en Bolivia, Colombia y Perú. Jacques de Mahieu describe también unas cruces semejantes a unas «cruces cátaras» (si es que esta expresión tiene algún sentido), y señala la presencia de «sellos de Salomón» en Paraguay.

Todo ello no prueba nada, así como tampoco la presencia de algunas palabras semejantes al francés entre las lenguas precolombinas.

Para Jacques de Mahieu, no cabe ninguna duda de que los templarios cargaban en el golfo de Santos y en el puerto de Parnaïba lingotes de plata que les habrían permitido acuñar moneda y financiar la construcción de catedrales. Siempre según el mismo autor, a cambio del metal que dio su nombre al río de la Plata, los templarios habrían proporcionado... consejos, su tecnología, sus técnicas. Para Jacques de Mahieu:

No se trata de una simple suposición. Hemos visto, por otra parte, que el edificio principal de Tiahuanacu, que los indígenas denominaban Kalasasaya y que no estaba terminado, en 1290, cuando la ciudad fue tomada por los araucanos de Kari, era una iglesia cristiana de la que el difunto padre Héctor Greslebin pudo, reproduciendo en escayola, a pequeña escala, las ruinas actuales y los bloques de piedra labrada que se encuentran a un kilómetro, en lo que constituía una cantera, levantar la maqueta. Es más, la estatua de dos metros de alto que los indios conocen con el nombre de El Fraile, es la copia exacta, estilo aparte, de la de uno de los apóstoles de la portada gótica de Amiens: el mismo libro de cierre metálico en la mano izquierda, la misma rama de «mango» cilíndrico en la derecha, las mismas proporciones del rostro.

Observa asimismo la existencia, en el mismo lugar, de un friso que representa prácticamente la Adoración del Cordero, tal como la vemos en el tímpano de la catedral de Amiens.

El motivo central responde en sus menores detalles a la descripción apocalíptica del Cordero. Las cuarenta y ocho figuras de las tres filas superiores representan, con sus atributos respectivos, a los doce apóstoles, a los doce profetas menores y a los veinticuatro ancianos portadores de cítaras y de copas de oro, tal como los describe san Juan. En la fila inferior, se ve a dos ángeles tocando la trompeta, instrumento desconocido en la América precolombina.

De igual modo, encontramos en un escudo mexicano un corazón idéntico al grabado por los dignatarios templarios encerrados en el torreón del Coudray en Chinon.

Pero ¿son esto pruebas? No, a lo sumo diríamos que son indicios aún muy insuficientes, aunque algunos sí resulten sorprendentes. Al fin y al cabo, las pruebas pueden buscarse tanto en Occidente como en el continente americano.

No faltan quienes recuerdan a este respecto unas curiosas esculturas que figuran en el gran tímpano de la basílica de Santa Magdalena de Vézelay, que data de mediados del siglo XII. En ellas vemos a un hombre, un niño y una mujer de orejas inmensas. El hombre lleva unas plumas que le hacen asemejarse a los guerreros mexicanos, y Jacques de Mahieu cree ver en su cabeza un casco vikingo. La mujer tiene el torso desnudo y lleva una larga falda. Se trataría, pues, de la representación de una familia de incas de orejas ensanchadas por unos aros. En realidad, estas desmesuradas orejas están ahí sin duda para representar la curiosidad.

Asimismo, aunque algunos ven en un sello secreto del Temple la representación de un indio con un arco, ello es sin duda porque no han observado bien o no han querido reconocer en este sello la reproducción gnóstica del abraxas que no parece tener ninguna relación con las Américas. Entonces, ¿hicieron representar los templarios unos indios en el tímpano de Vézelay? Es cierto que, no muy lejos de allí, en «Island», a siete kilómetros de Avalón, fue descubierta una escultura que representa a un hombre cuyos rasgos recuerdan los de los indios. Esta escultura pertenecía a la capilla de la encomienda templaria llamada de «Saulce-d'Island».

Además se asemeja mucho a otras representaciones que existen en la encomienda de Salers.

Que cada uno, entonces, saque sus propias conclusiones.

La cruz del Temple en las carabelas

Más interesante es el hecho de que la herencia del Temple aboga en favor de una presencia templaria en ultramar. En efecto, tras la desaparición de la Orden, los templarios de España y de Portugal entraron en otras órdenes religiosas, habiendo sido incluso algunas de ellas creadas para la circunstancia a fin de servirles de refugio y, de alguna forma, de brindarles la oportunidad de proseguir su labor.

Un gran número de ellos se reencontraron, así pues, en la Orden de Calatrava en España. La creación de ésta, aunque anterior a la caída del Temple, no deja de tener relación con él. En 1147 el rey de Castilla se había apoderado de la fortaleza de Calatrava. Había confiado su custodia a los templarios. Éstos, al no disponer, teniendo en cuenta todos los demás puntos que defendían, de un número suficiente de hombres que destinar a la guardia de este lugar muy expuesto, habían tenido que renunciar a ella. Se creó entonces una orden especial a este fin sin saberse que más tarde iba a recoger a los monjes soldados ya huérfanos del Temple. En Aragón, idéntico cometido fue asignado a la Orden de Montesa.

En Portugal, es la Orden Cristo la que desempeña esencialmente dicho papel. Ésta fue creada para la circunstancia en 1320. Recibió en su seno no sólo a la mayor parte de los templarios portugueses, sino también a los muchos franceses que, tras haber escapado a la redada de Felipe el Hermoso, habían logrado llegar a la fortaleza templaria de Tomar. El reino portugués fue para ellos un refugio absolutamente seguro. Hay que decir que debía mucho a los templarios y muy en especial a uno de ellos, cuya figura se había vuelto poco menos que legendaria. Se trataba de un prior provincial de la Orden, Galdim Païs, que había mandado la reconquista de Santarem y de Lisboa contra los musulmanes. En recompensa por ello, el rey Alfonso Enrique había ofrecido a la Orden la plaza de Tomar para que fundara allí una fortaleza en torno a la cual se habían creado una decena de encomiendas. Asimismo les había sido concedido un puerto en el Atlántico, en Serra del Rei. Tras la abolición del Temple, Tomar se convirtió en la sede de la Orden de Cristo y todos los navíos templarios del Mediterráneo que no habían sido apresados fueron a refugiarse en el puerto de Serra del Rei. Los caballeros de Cristo juraron no hacer jamás nada «pública o secretamente» que contribuyera a dañar los intereses de Portugal, a su rey y a su familia. Adoptaron la misma regla que los caballeros de Calatrava y el hábito que les fue dado era idéntico al del Temple: un manto blanco y la cruz patada roja. Únicamente una pequeña cruz blanca, inscrita en el interior de la cruz de gules, les diferenciaba. Además, los dignatarios de la Orden del Temple conservaron su rango en las nuevas estructuras.

Antes de partir en busca de la ruta de las Indias por el Oeste, Cristóbal Colón consultó los archivos de la Orden de Calatrava. Algunos autores le acusan incluso de haber ido directamente a robar documentos a Portugal. Tras lo cual, llevó a cabo una expedición, que surcó las aguas hacia las Américas a la cabeza de tres carabelas que llevaban en sus velas la cruz patada del Temple. ¿Era una manera de hacerse reconocer de lejos a su llegada? ¿De demostrar que tenían «carta blanca» para ser bien acogidos? Señalemos para la pequeña historia que en 1919, unos oficiales norteamericanos compraron el pórtico de la capilla de Saint-Jacques de Beaune. Lo hicieron desmontar y transportar para instalarlo en el museo de Boston, en Estados Unidos. Ahora bien, la capilla Saint-Jacques era la antigua iglesia de la encomienda templaria de Beaune y los soldados en cuestión pertenecían a la secta de los Caballeros de Colón, que pretendían remontarse a la antigua Orden del Temple. Por lo que se refiere a Salvador de Madariaga, biógrafo de Cristóbal Colón, creía que el fin secreto de la conquista de las Américas era encontrar en ella los suficientes metales preciosos para tener con qué subvencionar la reconstrucción del Templo de Salomón en Jerusalén.

Los navíos portugueses que se lanzaron a la conquista de tierras desconocidas ostentaban, sorprendente coincidencia, el pabellón de la Orden de Cristo, el de los templarios refugiados. Fue, así pues, bajo el signo del Temple como se llevó a cabo la epopeya de los grandes descubridores de tierras. Era el pabellón de los templarios el que adornaba la carabela de Vasco de Gama.

Conviene recordar también el nombre que se daban a veces los artesanos compañeros del Deber de Libertad, descendientes de los «hijos de Salomón» protegidos de los templarios. Entre ellos, tenían por costumbre llamarse indios, y una de sus canciones tradicionales evocaba «la Rochelle de las Américas hacia la Jerusalén del Templo».

Otro dato a incluir en el expediente es el mapa de Opicinus de Canestris, fechado entre 1335 y 1337. Jeanne Franchet ha examinado sus figuras. En ellas puede verse a un anciano barbudo que podría ser el Gran Maestre del Temple y que lleva el *abacus*, bastón de mando, en su mano izquierda. El anciano sostiene una paloma en la derecha y al lado puede leerse el nombre del valle del fin de los tiempos: Josafat. El ojo de la paloma se encuentra en el emplazamiento de Chipre, lugar que se había convertido en el centro oriental del Temple tras la pérdida de Tierra Santa. Asimismo se distingue la imagen del león británico junto al cual aparecen unas letras en las que se lee Rocela: La Rochelle. No hay que olvidar que Leonor de Aquitania había hecho donación de unas tierras en esa región a los templa-

rios, siendo reina de Francia, y que confirmó dichas donaciones al ser reina de Inglaterra. En el mapa puede distin-
guirse también la inscripción *apage indicu*. Según Jeanne
Franchet, hay que ver en ello una alusión a un viaje lejano al
país de los indios, pues *apage* significa *lejos de aquí* e *indicus*
quiere decir *indio*.[32]

El tráfico de metales preciosos

Según aquellos que creen que los templarios se dirigieron a América, los monjes caballeros trajeron de estos viajes
cargamentos completos de metales raros, básicamente plata,
tan corriente en México. De hecho parece que los templarios poseyeron cantidades considerables de metales preciosos y, sin duda, más plata que oro. Este metal era muy raro
en Europa. ¿Hay que pensar que la Orden se lo procuraba en
ultramar? En la época, la emisión de moneda nueva incluía
a menudo una cantidad menor de metal precioso en la acuñación de las piezas: una depreciación monetaria que equivalía a una devaluación encubierta. Ello no sólo se debía a la
falta de liquidez de los reyes, sino también a la escasez de materiales preciosos.

En 1294, a causa de esta penuria, se estableció una orde-
nanza que prohibía la exportación de plata y obligaba a todos los sujetos en posesión de alguna vajilla de oro o de plata a entregarla a las cecas del reino de Francia. Es fácil imaginar
el gran interés que los templarios habrían podido tener en ir
en busca de este metal a América. Las monedas de plata en
circulación eran más escasas aún que las de oro y una buena
parte de ellas se remontaba al Imperio romano o bien habían
sido refundidas a partir de esas piezas antiguas. Ahora bien,
en Europa no había ninguna mina de plata en explotación,
puesto que los yacimientos de Rusia y de Alemania no eran
todavía conocidos.

Los templarios explotaron, por supuesto, unas minas para sí mismos. Así, en Razès, al sur de Carcasona, cerca de Rennes-le-Château, trajeron a unos obreros alemanes para explotar la mina de oro de Blanchefort. En realidad, en este caso concreto, se trataba acaso menos de explotar unos filones ya trabajados por los romanos que de recuperar un depósito de metal precioso que habría podido estar escondido en la mina. En efecto, los obreros alemanes (así pues, discretos, ya que no hablaban la lengua local) eran todos ellos fundidores y no mineros.[33]

La extrema escasez de la plata es segura en lo que a este período se refiere y, sin embargo, durante el lapso en que existió el Temple, se pusieron en circulación monedas de plata, sin explicación aparente. Ahora bien, este metal era igualmente muy raro en Oriente. ¿De dónde provenía? ¿Quién lo traía? ¿Quién comerciaba con él? Lo que es seguro es que los templarios no carecían de plata. A su vuelta de Tierra Santa, repatriaron diez cargas de mulos, es decir, alrededor de quinientos kilos.

La clave del enigma tal vez habría que ir a buscarla a unos tiempos posteriores: a la época de Carlos VII, durante la guerra de los Cien Años. Y el personaje poseedor de esta clave fue Jacques Coeur.

Semejanzas entre Jacques Coeur y los templarios

Jacques Coeur fue, al igual que los templarios, un financiero, un hacendado, un comerciante, un armador, un exportador, un explotador de minas. Y al igual que ellos cayó en desgracia cuando se volvió demasiado poderoso.

Comenzó como mercader en Bourges, en el sector de las pieles y de los paños. Supo comprar pieles a precios interesantes, prepararlas, venderlas. Así, comenzó a hacer fortuna y pudo adquirir por adjudicación el derecho de acuñación de moneda real en la ceca de Bourges. Su primera experiencia en la materia habría podido costarle cara, ya que estuvo más o menos implicado en un asunto de fraude. Ello no le impidió, a continuación, tomar en arriendo la ceca de la capital, en 1436. Fue asimismo banquero y practicó el cambio monetario, los préstamos, etc., al igual que los templarios.

Todo ello habría de llevar a Jacques Coeur a convertirse en platero del rey, pero asimismo en comisario real en los Estados del Languedoc, en los Estados de Auvergne, miembro de la Comisión Real de los pañeros, comisario real encargado de la instalación del Parlamento de Toulouse, visitador general de las gabelas, sin mencionar numerosas e importantes misiones diplomáticas que le fueron confiadas.

Jacques Coeur se interesó por el comercio con Oriente. En el mes de mayo de 1432, embarcó con la intención de proceder a un estudio del mercado de Oriente. Se entrevistó con un mercader narbonés llamado Jean Vidal y tomó plaza en la galera de Narbona. El trayecto de ida discurrió sin problemas y sin duda Jacques Coeur hizo negocios, pero, al regreso, el navío naufragó. Los pasajeros fueron a la vez salvados y capturados por unos marineros de Calvi que acabaron de desvalijarles y robarles todo cuanto no habían perdido en el naufragio. Existían, en la época, unos sistemas de seguros y Jacques Coeur fue parcialmente indemnizado. Experiencia no coronada por el éxito, pero al mismo tiempo rica en enseñanzas para nuestro financiero, ya que, en Damasco, había calibrado las posibilidades que podía ofrecer un comercio bien organizado con Oriente.

Había podido darse cuenta de que la venta de los textiles y de las pieles de abrigo en los países de Levante le permitiría traer a su vuelta seda tejida con hilos de oro, especias, etc., y que todo ello debía de permitirle hacer un buen negocio.

Entonces Jacques Coeur organizó sus establecimientos occidentales y montó su «empresa» en forma de *holding* dirigiendo diversas compañías, jerarquizadas, gestionadas con mano maestra. Periódicamente, llevó a cabo concentraciones horizontales y verticales destinadas a aumentar la eficacia de su imperio comercial y, a veces, a eliminar a la competencia. Poseía establecimientos un poco por todas partes en Francia, pero, para conseguir organizar su comercio internacional, llegó a la misma conclusión que los templarios: necesitaba una flota que fuera de su exclusiva propiedad.

Utilizó, por supuesto, los puertos de Marsella y de Collioure, que habían servido ya a los templarios, pero se dijo que, para beneficiarse de un máximo de ventajas, era preferible afianzarse en un puerto menos frecuentado, menos importante, pero que pudiera llegar a serlo. Así, obtendría franquicias y ventajas más sustanciales.

Eligió Montpellier. Este puerto tenía a su favor varios factores: una jurisdicción especial en el plano económico, era rápido y eficaz para el comercio, pero también la inestimable autorización de comerciar con los moros con la sola condición de que no se hiciera con materias estratégicas como las armas, el hierro y la madera, de las que los infieles habrían podido servirse contra los cristianos. El puerto de la ciudad se encontraba en Lattes. Estaba algo encenagado y Jacques Coeur mandó realizar trabajos que permitieran asegurar de forma duradera un canal de cuatro a seis metros de ancho y de un metro veinticinco de hondo. El financiero podía embarcar así sus mercancías y escoltarlas hasta Aigues-Mortes, donde sus navíos de altura esperaban su carga. Allí había la galera *Saint-Michel*, la *Notre-Dame-Saint-Denis*, la *Notre-Dame-Saint Michel*, la *Notre-Dame-Saint-Jacques*, la *Rose*, el *Navire de France* y la *Notre-Dame-Sainte-Madeleine*. Estos navíos se repartían entre los puertos en los que Jacques Coeur tenía muelles de carga y hablaban bien a las claras, por sus nombres, de su devoción a la Virgen.

A partir de 1445-1446, pudo organizar su negocio con Oriente. Comercio fructífero y rentable, pero también ocasión de trabar verdaderas relaciones en los países del Levante, lo cual debía conducir a que le fueran confiadas misiones diplomáticas de importancia. Con ocasión de su proceso, sin embargo, Oriente había de pesar gravemente en las acusaciones. En primer lugar, una historia de esclavo cristiano evadido que Jacques Coeur habría remitido a los infieles en el marco de sus buenas relaciones con ellos y, sobre todo, un tráfico de armas con los musulmanes. El platero no lo negó verdaderamente, sino que pretextó un acuerdo tácito con Carlos VII y una dispensa pontifical.

Jacques Coeur y el tráfico de plata

La acusación más grave recaía sobre la exportación hacia Oriente de grandes cantidades de plata a pesar de las prohibiciones. Esto podía acarrear la pena capital. El platero se había dado cuenta de que este metal era aún más escaso en Oriente que en Occidente y que era muy preciado. En cambio, el oro era allí relativamente más abundante que en Europa. Así pues, podían obtenerse grandes beneficios exportando plata a Oriente y trayendo oro a cambio. La plata se pagaba allí mucho más cara que en Occidente y el oro no costaba más que a mitad de precio.[34]

Sólo que, para exportar plata, era preciso tenerla. A Jacques Coeur se le metió, pues, en la cabeza explotar minas. Compró la concesión de minas de plomo argentífero en Pampailly, en el valle de la Brévanne, cerca de Lyon. Obtuvo sus derechos de explotación sin mayores problemas, pues estaba en estado de abandono.

Jacques Coeur hizo abrir unas galerías profundizando hasta doscientos cincuenta metros y seguidamente extendiéndose lateralmente unos quinientos metros por algunas de ellas. Lo acondicionó todo de nuevo, instaló un sistema de aireación con chimeneas, así como unas galerías de drenaje para desaguarlas. Proporcionó a su personal una especie de convenio colectivo que organizaba el trabajo, pero también cierto número de ventajas sociales. Hizo plantar trigo y explotar una viña en las proximidades de la mina para facilitar la subsistencia de los mineros. Se preocupó de que sus hombres estuvieran bien alimentados, bien alojados, bien atendidos y un sacerdote estaba encargado de ir a decir misa allí todos los domingos.

Estas minas estaban situadas a una treintena de kilómetros de Lyon, pero poseía otras también en Saint-Pierre-la-Palud y Chissien, así como en el Beaujolais, en Joux-sur-Tarare.

He aquí, pues, la procedencia de la plata que Jacques Coeur exportaba hacia Oriente, salvo que... la galena argentífera de estas minas era de un contenido en metal muy inferior a la más mínima rentabilidad para la época, cosa de la que estamos completamente seguros. Pues, en efecto, como consecuencia del proceso de Jacques Coeur, Dauvet fue encargado de evaluar y de someter a una peritación los bienes del platero. Hombre de gran integridad, muy escrupuloso y metódico, Dauvet hizo su trabajo con una conciencia profesional notable.

No siendo un especialista en minas, no dudó en hacer venir a técnicos alemanes para proceder a la peritación de los yacimientos pertenecientes a Jacques Coeur. Fue un veredicto sin apelación: la explotación de las minas de Jacques Coeur era deficitaria y no podía ser de otro modo. Ello era cierto incluso teniendo en cuenta el tráfico con Levante, pues, por si fuera poco, las cantidades producidas eran extremadamente pequeñas. Sin embargo, por si acaso, y pensando que Jacques Coeur debía de haber obtenido algún beneficio de un modo u otro, se reanudó la explotación de las minas. Ésta fue una catástrofe y muy pronto fue necesario dejar de invertir en ellas. Las minas de Pampailly podían a lo sumo porporcionar doscientos diez kilos de plata anuales y se estaba muy lejos de cubrir los gastos de producción.

Mediaba un gran abismo entre la realidad y los rumores que corrían en la época y que hacían de estas minas la fuente mirífica de la fortuna del platero, leyenda que él mismo se encargaba de mantener viva. Dejaba incluso creer que le pertenecía «el gobierno y la administración de todas las minas de oro y de plata de este reino», cuando ello era falso. Era preciso que diera una explicación acerca de la procedencia de estas cantidades bastante considerables de metal que transitaban en sus naves.

Jacques Coeur tenía mucho interés en que se creyera que sus minas eran muy productivas, hasta el punto de continuar explotándolas e invertir en ellas, a pesar de que no tuvieran ninguna rentabilidad. Conociendo la forma expeditiva, y sin ningún cargo de conciencia, con que se quitaba de encima las filiales que no proporcionaban unos resultados suficientes, estamos obligados a hacernos algunas preguntas sobre su actitud respecto a estas minas. Podemos preguntarnos legítimamente si no le servían simplemente de tapadera justificativa de sus transportes de plata. Pero entonces, si tal era el caso, ¿de dónde llegaba la plata de Jacques Coeur? ¿De dónde procedía ese metal con que él hacía un tan fructífero comercio? ¿De América? ¿Surcaban algunos de estos navíos el Atlántico tras la estela de los del Temple? ¿Es por eso por lo que Jacques Coeur instaló unos navíos en el puerto de La Rochelle? Nada nos permite afirmarlo, pero está permitido soñar.

Jacques Coeur, los templarios y la alquimia

Se ha planteado otra hipótesis a propósito de Jacques Coeur, que permitiría explicar las cantidades de metal que manipuló. Se trata de la alquimia, ese arte que permite transformar metales viles en plata y en oro. No nos extenderemos acerca del simbolismo alquímico de los palacetes construidos por Jacques Coeur. Ello es incontestable y prueba por lo menos el interés que el platero sentía por esta extraña ciencia.

A propósito de Jacques Coeur, Petrus Borel escribía en el siglo XVII en su *Tesoro de las investigaciones y antigüedades galas*:

> Han sido varios quienes han creído que él estaba en posesión de la piedra filosofal y que todo este comercio marítimo que tenía, esas galeras y el dinero que manejaba, no eran sino unos pretextos para ocultarse, a fin de no despertar sospechas, y este rumor estaba muy extendido, como lo ha señalado Lacroix du Maine en su biblioteca.

Por otra parte, Jacques Coeur no se contentó con dar un sentido alquímico a la decoración de sus edificios, sino que incluso redactó escritos alquímicos. Un «libro entero manuscrito» de su puño y letra habría pertenecido a monsieur de Rudavel, consejero en Montpellier, pero desapareció y nunca ha podido ser reencontrado. Se ha hablado también de una amistad entre Jacques Coeur y Raimundo Lulio, que tenía fama de ser alquimista. Lamentablemente, el platero nació casi un siglo después de la muerte del doctor iluminado.

La visita de Jacques Coeur a Damasco, ciudad ligada a la historia de los Rosacruces y capital de los alquimistas árabes, es más interesante. ¿Qué búsqueda le llevó hasta allí? En una de sus cartas, Jacques Coeur decía:

> Sé positivamente que la conquista del Santo Grial no puede hacerse sin mí.

Y en la puerta central de su palacete se encuentra un vaso alquímico sin cuello con un corazón adornado con una venera y rematado por una cruz templaria. En el caso de los templarios, guardianes del Grial según Wolfram, se ha hablado también de alquimia. Roger Facon señala:[35]

El príncipe de los mercaderes quiso indicarnos que su búsqueda del hermetismo le había hecho tomar la vía húmeda (venera), antes de ser recibido en la sociedad cerrada (matraz) del Temple (cruz patada) y que no había seguido otro camino.

La cruz patada figura igualmente en la chimenea del aposento de Jacques Coeur.

Lo cierto es que después de su proceso, tras haber logrado escapar, Jacques Coeur fue protegido por el papa. El soberano pontífice le confió incluso el encargo —o poco menos— de poner en marcha una cruzada. En realidad, le fue encomendada toda la organización y el mando de las naves, quedando el verdadero mando en manos del arzobispo de Tarragona. El platero no pudo terminar el viaje. Se detuvo en la isla de Quíos para morir allí en 1456.

¡Cuántos puntos en común entre Jacques Coeur y el Temple, el más importante sin duda cómo se ensañaron con estos financieros geniales, igual que se hará también más tarde con Nicolas Fouquet!

TERCERA PARTE

Los misterios espirituales de la Orden

1

Los templarios heréticos

Las acusaciones de herejía

Volveremos más adelante sobre el desarrollo del proceso, pero es preciso analizar desde este mismo momento una de las acusaciones más terribles lanzadas contra la Orden del Temple: la de herejía.

Felipe el Hermoso redactó personalmente una requisitoria que había a continuación de ser leída en todas las iglesias del reino a fin de explicar a los fieles las razones del arresto de los templarios. El rey fingía indignación y escribía:

> Algo amargo, algo deplorable, algo sin duda horrible sólo de pensarlo, terrible de oír, un crimen detestable, una fechoría execrable, un acto abominable, una infamia espantosa, algo absolutamente inhumano, mucho más, ajeno a toda humanidad, ha resonado en nuestros oídos, gracias a la información que me han facilitado varias personas dignas de confianza, no sin dejarnos completamente estupefactos y hacernos temblar con un violento horror; y, sopesando su gravedad, un dolor inmenso se acrecienta en nuestro interior tanto más cruelmente cuan-

147

to que no cabe duda de que la magnitud del crimen llega a constituir una ofensa para la propia majestad divina, una vergüenza para la Humanidad, un pernicioso ejemplo del mal y un escándalo universal.

¿No se diría un texto de Madame de Sévigné, aunque menos elegante? Felipe el Hermoso proseguía hablando de bestialidad, de abandono de Dios, etc. Añadía:

No hace mucho, por medio del informe que unas personas dignas de toda confianza nos hicieron, se nos hizo saber que los hermanos de la milicia del Temple, verdaderos lobos con piel de cordero y, bajo el hábito de la Orden, insultando miserablemente a la religión de nuestra fe, crucifican nuevamente en nuestros días a Cristo Nuestro Señor, ya crucificado para la redención del género humano, y le cubren de injurias más graves que las que sufriera en la cruz, cuando, a su entrada en la Orden y en el momento en que hacen profesión de fe, se les presenta su imagen y que, por una desgraciada, ¿qué digo?, una miserable ceguera, reniegan tres veces de él y, por una horrible crueldad, le escupen tres veces a la cara; tras lo cual, despojados de las vestiduras que llevaban en la vida seglar, desnudos, en presencia de aquel que les recibe o de su sustituto, son besados por él, de acuerdo al odioso rito de su Orden, en primer lugar en la parte baja de la espina dorsal, luego en el ombligo y finalmente en la boca, para vergüenza de su humana dignidad. Y una vez que han ofendido la ley divina por medio de tan abominables acciones y actos tan detestables, se obligan, mediante voto de su profesión y sin temor a ofender a la ley humana, a entregarse unos a otros, sin negarse, cuando se les requiera a ello, a la realización del vicio de un horrible y espantoso concubinato. Y es por ello por lo que la cólera de Dios cae sobre estos hijos de la impiedad. Esta gente inmunda ha renunciado a la fuente de agua viva, sustituye su gloria por la estatua del Becerro de Oro e inmola a los ídolos.

Tras lo cual, el rey, justificándose de antemano, aseguraba que no había dado crédito a unas habladurías, afirmaba contar con elementos suficientes para proferir tales acusaciones, y daba las órdenes oportunas para su arresto.

Lo esencial de las quejas estaba contenido en este texto, aun cuando el proceso debía añadir algunas florituras. Dejemos de lado por el momento la acusación de sodomía para centrarnos en el escupitajo a la cruz y la renegación de Cristo. Y, sin embargo, los templarios no parecían considerarse herejes. No negaron haber cometido faltas, considerando por otra parte que ello es algo inherente a la condición humana. ¡Pero, herejes, no! Y sobre todo no una herejía de la Orden entera.

¿Fue todo ello pura invención? Seguramente tampoco. En realidad, las cosas no son tan simples como parecen y ellos mismos reconocían que algunas partes de su ritual podían prestarse a determinadas interpretaciones, pero, en su opinión, era sólo porque no se sabía ya muy bien a qué correspondían estos elementos y, en cualquier caso, sus corazones permanecían puros.

Las confesiones

Lo cierto es que su ritual contenía puntos sobre los cuales conviene hacerse algunas preguntas. En efecto, las declaraciones de los mismos dignatarios no dejan de resultar sorprendentes.

Interrogado, el 24 de octubre de 1307, el Gran Maestre de la Orden, Jacques de Molay, declaró que en el momento de su recepción, en Beaune, le fue presentada una cruz de bronce en la que estaba la imagen de Cristo y se le pidió que renegara de esta imagen y escupiera sobre la cruz. Él así lo hizo, pero, afirma, se las arregló para escupir a un lado.

Interrogado tres días antes, Geoffroi de Charney, preceptor de Normandía, había declarado:

que después de que fuera recibido y se le hubiera puesto el manto al cuello, le trajeron una cruz en la que estaba la imagen de Jesucristo y el mismo fraile que le recibió le dijo que no creyera en aquel cuya imagen estaba representada en ella, porque era un falso profeta y no Dios. Y entonces aquel que le recibió le hizo renegar de Jesucristo tres veces, de palabra, no de corazón, según dijo.[36]

Hugues de Pairaud, visitador de Francia, hizo una declaración análoga en lo que se refiere a su propia recepción y añadió que, cuando acogía a nuevos hermanos en la Orden, hacía traer una cruz y les decía:

que era preciso, en virtud de los estatutos de la antedicha Orden, renegar tres veces del Crucificado y de la cruz y escupir sobre ella y sobre la imagen de Jesucristo, diciendo que, aunque él así se lo ordenaba, no lo hacían de verdadero corazón. Requerido a declarar si había encontrado a algunos que se negaran a hacerlo, dijo que sí, pero que acababan por renegar y por escupir.

Geoffroi de Gonneville, preceptor de Aquitania y de Poitou, declaró haberse negado a plegarse a este rito. El que le recibía, Robert de Torteville, Gran Maestre de Inglaterra, le dijo entonces que si juraba sobre los Evangelios decir a los hermanos que pudieran interrogarle que había escupido verdaderamente, no le obligaría a hacerlo. Geoffroi de Gonneville juró y Robert de Torteville le hizo a pesar de todo escupir, pero interponiendo su mano delante de la cruz. Según él, estas costumbres habían sido introducidas en la Orden por un Gran Maestre que había sido prisionero del sultán.[37] Algunos pretendían que se trataba de una de las malas y perversas introducciones en los estatutos de la Orden del Maestre Roncelin o incluso del Maestre Thomas Bérard.

Hubo también templarios que negaron rotundamente estas prácticas, que no eran probablemente la regla general. Algunos historiadores han pensado que las declaraciones que hemos citado fueron obtenidas bajo tortura y carecen de todo valor: por otra parte, Jacques de Molay se retractó de sus confesiones. Es cierto que numerosos frailes tuvieron que decir lo que fuera para que se les dejara de atormentar, pero ¿qué pensar de la multitud de confesiones que no fueron obtenidas bajo presión?

No podemos dejar de observar que setenta y dos templarios oídos por el papa —como Jacques de Molay y los dignatarios, así como aquellos que fueron interrogados en Alemania y en Inglaterra— reconocieron haber renegado de Cristo y escupido sobre la cruz. Dependiendo de los lugares, se renegó y escupió ya una o tres veces, pero por doquier encontramos confesiones similares, a pesar de que los templarios dijeron haberlo hecho «de palabra y no de corazón». Hermanos que no fueron torturados y no tenían motivos para temer serlo, confesaron. Tal fue el caso en Florencia, donde los comisarios actuaron sin hacer uso de la fuerza, directamente en nombre del papa, o de otros en Inglaterra, en Sicilia, en Pisa, en Ravena, donde no se ejerció ninguna violencia.

Además, en todos estos lugares, las confesiones difieren un poco unas de otras, aportando toques personales. De haber sido obtenidas por medio de la astucia o de la fuerza, hubieran correspondido a un modelo estándar. Ahora bien, estuvieron acompañadas de observaciones, a veces ingenuas y bastante «vívidas» que les confieren un carácter de veracidad. No encontramos ese tipo de exageraciones comunes a los métodos de la Inquisición, que no duda en recurrir al espantajo del diablo para convencer así mejor a continuación a las multitudes de lo justo de los procedimientos teniendo en cuenta lo abominable de las confesiones. En tales condiciones, no cabe ninguna duda: numerosos templarios fueron obligados a escupir sobre la cruz y a renegar de Cristo en el momento de entrar en la Orden. Se trata de una verdadera barbaridad: ¿cómo pudieron renegar unos monjes de Cristo en masa, y por qué razón?

Está claro que no se percibe ningún compromiso herético profundo, ningún apego a una doctrina que renegaría de Cristo, entre esos templarios que sin embargo confiesan. De haber sido realmente herejes, algunos de ellos habrían estado dispuestos a sufrir el martirio por sus creencias, para defender su doctrina. Ahora bien, no hay nada de ello, ni rastro de militancia. Y sin embargo estos elementos rituales son reales. Los hermanos parecen haberlos vivido como una especie de rito sin mayor importancia, una costumbre a la que era preciso someterse, con pasividad, y no verse afectados en exceso por ella. Ello significa muy verosímilmente que, en los tiempos finales de la Orden, el sentido de tales ritos no era ya conocido ni explicado, e incluso estaba acaso pervertido. Lo que habían podido contener de iniciático había dejado paso nada más que a una práctica carente de significado real.

La recepción en la Orden

El ceremonial de recepción en la Orden era en principio fijo y no parecía susceptible de crítica.

Uno se convertía en caballero del Temple como sigue. Era preciso aceptar todo un período de prueba antes de ser recibido. Aparte de que la respuesta no llegaba de inmediato, el postulante debía pasar por un período probatorio que podía durar varios meses, período durante el cual se le imponían tareas duras y pesadas. Tenía que aprender así que no entraba en la Orden por los honores, sino para servir. «*Non nobis Domine, no nobis sed nomini tuo da gloriam*», decía la divisa de la Orden.

Cuando la decisión de aceptar al postulante era, finalmente, tomada, se reunía el Capítulo para acogerle. La ceremonia de recepción tenía lugar de noche, como los misterios antiguos. El postulante esperaba afuera, flanqueado por dos escuderos que portaban antorchas. En ocasiones tenía que esperar largo rato de este modo. Entretanto, el comendador preguntaba a los hermanos si algunos de ellos pensaban que era su deber oponerse a la iniciación del nuevo recluta. Si nadie decía nada, se le mandaba a buscar y se le introducía en una estancia próxima al Capítulo. Allí se le preguntaba si realmente deseaba convertirse en templario. Ante su respuesta positiva, se le advertía de lo dura que sería su vida, que debería obedecer ciegamente, costase lo que costase, en qué penas incurriría si violaba los reglamentos extremadamente estrictos de la Orden. Si el suplicente persistía, sus respuestas eran referidas al Capítulo. El comendador preguntaba entonces si todos estaban de acuerdo en acoger al neófito y el Capítulo respondía: «Hazle venir, de parte de Dios». El nuevo hermano era conducido ante la asamblea reunida y decía:

Señor, he venido ante Dios, ante vosotros y ante los hermanos, y os ruego, y os requiero por Dios y por Nuestra Señora, que me acojáis en vuestra compañía y en las buenas obras de la Casa, como aquel que para siempre quiere ser siervo y esclavo de la Casa.

El comendador pasaba a explicarle entonces lo que su petición implicaba como compromiso y renuncia:

Gran cosa me pedís, buen hermano, pues no veis de nuestra religión más que la corteza que la recubre. Pues la corteza es tal que no veis sino el hecho que tenemos hermosos caballos y hermosas vestiduras, y así os parece que estaréis a gusto. Pero desconocéis las grandes exigencias que ello encierra: pues es algo grande que vos, que sois señor de vos mismo, os convirtáis en siervo de otro. Pues difícilmente haréis nunca lo que deseéis: si queréis estar en la tierra que está de este lado del mar, se os mandará del otro: si deseáis estar en Acre, se os mandará a tierras de Trípoli, o de Antioquía, o de Armenia: o se os mandará a Apulia o a Sicilia, o a Lombardía, o a Francia, o a Borgoña, o a Inglaterra, o a otras tierras donde tenemos nuestras casas y posesiones. Y si queréis dormir, se os hará velar; y si a veces queréis velar, se os mandará ir a reposar a vuestro lecho... Cuando estéis en la mesa, y queráis comer, se os mandará ir adonde sea y no sabréis nunca dónde. Muchas veces habréis de oír que se os reprende. Ahora, considerad, buen hermano, si os véis capaz de sufrir todas estas penalidades.

Ante la aceptación del postulante, se añadía:

Buen hermano, no debéis pedir la compañía de la Casa para tener señoríos y riquezas, ni para buscar ninguna comodidad para vuestro cuerpo, ni tampoco ningún honor. Sino que la debéis pedir por tres cosas: una para evitar y abandonar el pecado de este mundo; la otra para prestar servicio a nuestro Señor; y la tercera para ser pobre y hacer penitencia en este siglo a fin de salvar vuestra alma; y tal debe ser la intención por la cual la debéis pedir.

Varias veces más, se le preguntaba de nuevo al postulante si persistía en querer entrar en la Orden. Luego se le hacía salir y una vez más el Capítulo era consultado a fin de emitir por última vez su opinión sobre el candidato. Acto seguido se hacía entrar de nuevo al que iba a convertirse en un nuevo hermano del Temple.

Todos los asistentes se ponían en pie y rezaban mientras que el capellán recitaba la oración del Espíritu Santo. El comendador planteaba entonces seis preguntas al candidato. En primer lugar, si estaba casado o célibe. De hecho, se llegó a aceptar a algún hombre casado. Tenía entonces que comprometerse a que sus bienes fueran a parar a la Orden tras su muerte y su mujer debía consentir a ello. Hay que señalar también, aunque ello fuese raro, que hubo casos de mujeres que entraron en la Orden. Por supuesto, estas monjas templarias no eran guerreras y vivían aparte de los frailes. Esto no fue permitido sino para recibir donaciones y el peligro de una tal situación no escapó a nadie; la experiencia no tuvo continuidad y se precisó:

De aquí en adelante no sean aceptadas damas por hermanas.

Citemos a título de ejemplo el monasterio de mujeres templarias que existía en Combe-aux-Nonnains, en Borgoña, y que dependía de la encomienda de Épailly. Citemos también la afiliación de la madre Inés, abadesa de Camaldules de Saint-Michel del Ermo, y de toda su comunidad, a la Orden de los Templarios. Señalemos igualmente casos similares en Lyon, Arville, Thor, Metz, etcétera.

Pero volvamos a nuestro postulante. Se le preguntaba también si tenía deudas que no pudiera satisfacer, si pertenecía a otra Orden, si estaba sano de cuerpo, si había sobornado a alguien para entrar en la Orden, si era noble (para ser caballero) o al menos hombre libre (para ser paje de armas), si era sacerdote, diácono o subdiácono, y si sufría de excomunión (aunque esto no fue durante mucho tiempo un impedimento).

Luego se le recordaba una vez más la dejación que debía hacer de su libre albedrío:

> Ahora bien, buen hermano, escuchad bien lo que os decimos: prometed a Dios y a Nuestra Señora que, todos los días de vuestra vida, seréis obediente al Maestre del Temple y al comendador bajo cuyas órdenes se os destine.

Entonces, los juramentos se encadenaban, hechos todos ante «Nuestra Señora la Virgen María» y destinados a inculcar en el espíritu del postulante el hecho de que no era ya dueño de sí mismo. Pronunciaba los votos de obediencia, de castidad, de pobreza, de fidelidad a la Regla. Se le hacía jurar que contribuiría a recuperar Tierra Santa por las armas, que no abandonaría el Temple para entrar en otra Orden, que haría caso omiso de la maledicencia y de la calumnia. ¿Existía el temor a que prestara oído atento a lo que en ocasiones se murmuraba acerca de las prácticas de la Orden?

Luego el comendador «recibía» al nuevo hermano y le prometía «pan, agua y las pobres vestiduras de la casa, y esfuerzo y trabajo suficiente». Le pasaba el manto de la Orden por los hombros y lo ataba con los cordones. El capellán leía un salmo que decía: «¡Qué hermoso y agradable espectáculo ofrecen los hermanos cuando viven unidos!», y proseguía con la oración del Espíritu Santo. El comendador daba al nuevo templario el beso de la paz, besándole en la boca, lo cual era la costumbre de la época. La ceremonia había terminado.

Un secreto bien guardado

Había en esta recepción todos los elementos para sensibilizar al postulante en cuanto a la importancia de su compromiso y para solemnizarlo. Pero costaría descubrir en ella elementos iniciáticos y menos aún heréticos. En cualquier caso, nada que tuviera que ver con las confesiones de las que hemos hablado. Esto significa, evidentemente, que esta ceremonia «oficial» debía incluir unos añadidos que lo eran menos.

Sabemos, según los testimonios, que la recepción tenía lugar de noche. ¿Por qué? ¿Por qué tenía que desarrollarse a puerta cerrada, con centinelas velando en torno a los edificios? ¿Por qué se reclamaba una discreción absoluta sobre el desarrollo de las reuniones? ¿Por qué se había castigado, incluso condenado a las mazmorras, a unos hermanos que se habían rebelado contra el desarrollo de la ceremonia de recepción? ¿Existían realmente elementos de ritual distintos de los descritos oficialmente y, en caso afirmativo, a partir de qué época?

En el momento del proceso, el abogado Raoul de Presles afirmó haber obtenido del templario Gervais de Beauvais una revelación importante según la cual:

había en la Orden un reglamento tan extraordinario, y sobre el cual debía guardarse un tal secreto, que todos habrían preferido que les cortaran la cabeza antes que revelarlo.

Y añadía:

En el Capítulo general hay una práctica tan secreta que, imaginaos, por desgracia, que algún extraño fuera testigo de ella, aunque fuese éste el rey de Francia en persona, pues bien, los señores del Capítulo, sin temor ninguno al castigo, darían muerte a este testigo y no tendrían la menor consideración por su rango.

Raoul de Presles afirmaba igualmente que Gervais de Beauvais poseía un ejemplar de los estatutos secretos de la Orden y que no lo habría mostrado a nadie por todo el oro del mundo.

¿Se trataba de esa Regla de la que Jacques de Molay habría hecho destruir unos ejemplares poco tiempo antes de su arresto?

Unos templarios ingleses, sin ser torturados, recordaron la existencia de dos ceremonias de ingreso en la Orden, siendo la segunda secreta y «reprensible». Aunque no habían asistido a ella, existía, al decir suyo, una jerarquía paralela. Y es sin duda en esto en lo que radica la clave del misterio.

La existencia de una Regla secreta

La existencia de una Regla secreta es casi con toda probabilidad cierta. Corresponde a varios testimonios de templarios y acabamos de ver que algunos recordaban varios tipos de recepción. Algunos creen que eran en número de tres: una primera «oficial» sin rito condenable, luego, más tarde y para algunos hermanos solamente, la segunda con la renegación de Cristo, por último la tercera, más secreta aún, reservada únicamente a los miembros del Capítulo general. Con el tiempo, la incomprensión de determinados ritos habría hecho confundir un poco todo y los postulantes, a su entrada en la Orden, habrían seguido unos ritos que no estaban destinados para ellos. Esto es lo que confunde las pistas, pero recordemos la frase del templario Gaucerand de Montpezat:

Tenemos tres artículos que nadie conocerá jamás excepto Dios, el diablo y los Maestres.

Gilette Ziegler escribe:

Así pues, preciso es admitir la existencia de una Regla secreta, conocida por algunos dignatarios y que habría sido destruida. Algunos hechos parecen probarlo: en

Inglaterra, Guillaume de La More, Gran Maestre, había dado un manuscrito, para que fuera copiado, a un caballero, Guillaume de Pokelington, y cuando un capellán, que había entrado en el Temple hacía sólo seis meses, llamado Gaspard de Nofferton, quiso echar un vistazo a este texto, el Gran Maestre arrancó el papel de las manos del copista y se lo llevó. Por otra parte, el hermano Gaspard de Cauche explicaba: «En ultramar, vi en una o dos ocasiones al Gran Maestre Thibaud Gaudin rogarles a los hermanos que poseían los libros que contenían las Reglas de la Orden que se los entregaran. He oído decir, y lo creo, que hacía quemar algunos, devolviendo otros a los más antiguos de la Orden, y se guardaba el resto para sí. Unos hermanos veteranos decían que Guillaume de Beaujeu y Thomas Bérard habían hecho lo mismo».

Son numerosos los que se han puesto a seguir la pista de esta famosa Regla secreta. En 1887 vio la luz la traducción de un texto latino procedente de la Gran Logia Masónica de Hamburgo. Se creía que se trataba de una copia de la Regla de los Templarios.

En la primera parte, encontramos efectivamente la Regla oficial con unos añadidos redactados en 1205 por Mathieu de Tramlay. Además, una segunda parte se supone que contenía los «estatutos secretos de los hermanos elegidos» y el «bautismo de fuego o estatutos secretos de los hermanos consolados», debidos a un tal Maestre Roncelin.

Efectivamente, existía un Roncelin que había sido admitido en la Orden en 1281 y su nombre fue citado en el proceso como el de un Maestre que habría «introducido malas costumbres», según el testimonio principalmente de Geoffroi de Gonneville. El tal Roncelin habría sido uno de los miembros de la familia de Fos, cerca de Marsella, que poseía igualmente un castillo en Bormes-les-Mimosas.

La fecha de 1281 correspondería a una introducción muy tardía de las Reglas secretas y ello no casa en absoluto con el hecho de que a comienzos del siglo XIV los rituales no eran ya comprendidos.

Las nociones de «hermanos elegidos» y de «hermanos consolados» hacen infaliblemente pensar en los cátaros y en su ceremonia del *consolamentum*. Volveremos a ello. Por desgracia, estos estatutos milagrosamente reencontrados son falsos, destinados sin duda a probar la filiación de la Orden del Temple y de la francmasonería. Podemos, en efecto, observar numerosas incoherencias en esta pretendida Regla secreta. Los estatutos están firmados por el copista Robert de Samfort, procurador de la Orden del Temple en Inglaterra en 1240. ¿Cómo podrían haber sido inspirados por un tal Roncelin, que se supone que había ingresado en la Orden en 1281? Además, el texto está plagado de contradicciones. Así, se dice en él que nunca los estatutos serán traducidos a lengua vulgar y que nunca serán puestos en manos de ningún hermano. Ahora bien, el documento supuestamente reencontrado está en lengua francesa. Determinados elementos parecen incluso haber sido tomados de una obra de 1818: el *Mysterium Baphometis Revelatum* de Hammer-Purgstall.

Todo ello no excluye en absoluto la existencia de una verdadera Regla. Pero no es ésta, eso es todo. Resulta, pues, inútil insistir en el contenido de los artículos de esta falsificación.

La protección de los lugares templarios: los secretos de la espina y de los estanques

Sin duda las ceremonias secretas regidas por una Regla secreta existieron, y para practicarlas convenía utilizar lugares apropiados y protegidos. Louis Charpentier[38] asocia su secreto al término «espina» y a sus derivados. Para él, los lugares que presentan tales características toponímicas correspondían a unos parajes retirados adecuados para realizar estas ceremonias. Recuerda así lugares llamados la Épine, Épinay, Pinay, Épinac, etc. Y precisa:

> En la actualidad, puede ser el nombre de un campo, de una casa, de una aldehuela, incluso de una ciudad tal como Épinay-sur-Orge, pero se puede estar bien seguro de que las encomiendas no andan muy lejos. Las que designa el término Épinay-sur-Orge existían en Ris y en Viry. A veces el nombre se ha extendido, sobre todo cuando se trata de bosques, tal como el bosque de Courbépine, en Othe, cerca de la bailía de Coulours.

Y Louis Charpentier no anda equivocado; cuando se mira de cerca, la frecuencia de las «espina» (*épine*) cerca de las encomiendas no parece deber gran cosa a las leyes de la casualidad. Tomemos algunos ejemplos entre cientos: en la región de Cognac, un pueblo de Épine está situado a medio camino de las encomiendas de Cherves y de Richemont. Otro tanto ocurre en Vienne, donde la capilla de la encomienda de Béruges se encontraba en el lugar llamado el Épinay, cerca del bosque de la Épine. En las Deux-Sèvres, encontramos la Épine cerca de Saint-Maixent-l'École, allí donde se ubicaba una encomienda templaria. En Indre, estaba la encomienda de Lespinaz o de l'Épinat. Y sería el cuento de nunca acabar si tuviéramos que citar todos los lugares templarios asociados con espinas.

¿Por qué la elección de este topónimo? Simbólicamente, la espina ha desempeñado siempre un papel de protector contra los intrusos, el medio de preservar otro mundo más secreto, pero también el papel iniciático de la barrera que debe saber franquear el valiente para llegar al término de su búsqueda. ¿No era el espino albar, antepasado de la rosa, o «corona de espinas», el que impedía el acercarse al castillo de la Bella Durmiente? Algunos templarios dijeron a propósito de su baphomet que hacía florecer los árboles y germinar la tierra. Ahora bien, en el libro de los *Jueces* podemos leer:

Y dijeron todos los árboles a la zarza espinosa: Ven tú y reina sobre nosotros. Y dijo la zarza espinosa a los árboles: Si en verdad queréis ungirme por rey vuestro, venid y poneos a mi sombra, y si no, que salga fuego de la zarza espinosa y devore a los cedros del Líbano.

La espina aparece así como el rey de los árboles y no fue otra que ella la que sirvió de corona al hijo de Dios en la Pasión. Pero ¿no debe pensarse también en la Virgen, tan amada de los templarios y que era llamada *Lilium inter spinas*, lis entre espinas?

La espina aparecería, entonces, como la indicación del lugar que había que franquear, de la barrera simbólica más allá de la cual se encuentra el secreto buscado. La luz estaría más allá de la espina y en este sentido este topónimo podría indicar la entrada de unos pasadizos secretos que permitían el acceso a las encomiendas a través de unos subterráneos. Acaso conviene también pensar en la tradición que afirma que el Arca de la Alianza estaba hecha de madera de espino, más exactamente de la *spinacristi*, variedad resinosa que no se parece a nuestro espino.

Otro elemento frecuente cerca de las encomiendas es la presencia de estanques. Servían para la piscicultura, al ser el pescado necesario para las comidas de los monjes los días de vigilia. Pero estos estanques podían servir igualmente de redes de protección que volvían determinados lugares más difícilmente accesibles a quien no los conocía bien. Así, la encomienda de Blizon, en Brenne, cerca de Loches, estaba situada al borde de una red que comprendía una veintena de estanques. Entre ellos se encontraban unos edificios que pertenecían a la encomienda, en los lugares llamados *Le Temple* y *Lépinière*. ¿Escondían el acceso a unas criptas misteriosas e inundables en caso de peligro?

Es preciso recordar a este respecto el Bosque de Oriente, en Aube, uno de los lugares más fascinantes para quien esté interesado por la Orden del Temple. También allí las casas de la Orden estaban protegidas por una verdadera red de estanques y de riachuelos. A este respecto, Louis Charpentier habla de escondites bajo estos estanques y no es una observación gratuita. Quince años antes que él, Léon Mizelles había puesto ya de manifiesto este sistema descubriendo un escondite en el vivero de la encomienda de Coulours, inundable en caso de necesidad. Por lo que se refiere al Bosque de Oriente, las investigaciones se han vuelto imposibles, al haber sido la mayor parte de los parajes templarios sumergidos bajo un lago artificial cuyas aguas sirven para el enfriamiento de una central nuclear.

Hablar de lugares protegidos y de accesos secretos significa que había algo que proteger, pero ¿qué? Sin duda unos lugares subterráneos más idóneos que otros para el desarrollo de determinadas ceremonias. Tampoco en este caso hablamos a la ligera. Para convencerse de ello, basta con referirse a la *Bove des Chevaliers* que nos describe Michel-Vital Le Bossé en una interesantísima obrita.[39]

El lugar se encuentra en Orne, en el valle de la Touque. Está situado exactamente en el bosque de la Jaunière, cerca de un lugar llamado *La Chevalerie*. La toponimia de los alrededores es interesante, desde la *Prévotière* hasta *Babylone*, pasando por la *Porte-Lancière*, la *Croix-Rouge*, les *Rouges-Terres*, le *Nouveau-Monde*, el *Pont-Percé* y el *Pont de Vie*. La *bove* en cuestión no es más que uno de los numerosos subterráneos debidos a la Orden del Temple en esta región, pero su plano es cuando menos curioso, parece evocar la posibilidad de ceremonias secretas con su sala en forma de cruz celta, su pequeña estancia redonda de siete oquedades, el paso del rectángulo al cuadrado y al círculo. ¿Debe verse en él un prototipo de los lugares secretos de los templarios? Es difícil decirlo, pero lo que es cierto es que tales lugares no estaban construidos así de forma gratuita.

Gnósticos y esenios

Si en el seno de la Orden del Temple tenían lugar ceremonias secretas, sólo queda por preguntarse a qué doctrina conviene vincularlas. Por norma general es a las creencias gnósticas a las que los autores se remiten a este respecto. Ello sería bastante lógico en la medida en que la gnosis, bajo una u otra forma, inspiró casi todas las herejías de la Edad Media. Además, el contacto con el Mediterráneo oriental no podía sino favorecer el contagio gnóstico.

Los gnósticos habían forjado sus doctrinas a partir de un fondo común que bebía en los mitos griegos, egipcios e incluso babilónicos. La «gnosis» era de hecho una tentativa de conocimiento integral del mundo y de los principios que lo regían. Para sus adeptos, es por medio de la comprensión que el hombre tiene una oportunidad, por mínima que sea, de aprehender la divinidad o al menos de acercarse a ella. Esta búsqueda del conocimiento debía conducir a *Sophia*, la sabiduría. En general, los gnósticos pensaban que eran necesarias varias vidas para alcanzar ese estadio y creían en la transmigración de las almas y en la reencarnación. El cuerpo era para ellos la prisión del alma, pero, mediante las pruebas sufridas y superadas en las vidas sucesivas, cada ser podía volver a un estado primordial.

Aunque el gnosticismo fue sobre todo griego, se implantó igualmente en Palestina. Los manuscritos descubiertos en Qumran y comúnmente llamados «los manuscritos del mar Muerto» nos informan acerca de las creencias de los esenios.

Los textos encontrados nos describen, entre otras cosas, la historia del *Señor de Justicia* martirizado «sobre una madera» por los judíos. Los fieles a los que había prodigado sus enseñanzas pensaban que eran ellos los únicos elegidos de Dios. Su doctrina estaba basada en unos libros secretos que se remontaban a Moisés (lo cual nos llevaría de nuevo al Arca de la Alianza). Se decían «hijos de la Luz» y su intención era librar una lucha contra las tinieblas. Enseñaban el desapego de uno mismo y el desprecio del yo. El alma debía ser arrancada del cuerpo y de sus contingencias y era preciso emprender este proceso sin pérdida de tiempo. Pensaban que el cuerpo era malo, que no era Dios quien lo había creado, sino el Demiurgo, divinidad secundaria creadora pero igualmente Dios reinante sobre las fuerzas del mal. Mediante la creación, el Demiurgo ha aprisionado a las almas en la materia.

Plinio decía de los esenios: «Formaban una nación sin mujeres, amor ni dinero». Este último punto no habría podido convenir ciertamente a los templarios.

Las bases principales de los esenios se encontraban en Khirbet Qumran, a orillas del mar Muerto, allí donde fueron encontrados los manuscritos, y en Egipto, cerca del lago Maoris.

Su influencia en Palestina era considerable. San Juan Bautista fue uno de los suyos, ese santo tan amado por los templarios que le consagraron numerosas capillas. No faltan quienes pretenden incluso que Cristo era esenio y que era él el designado con el nombre de «Señor de Justicia».

En cualquier caso, las creencias esenias siguieron siendo transmitidas mucho después de la época de Cristo, sujetas a diversas influencias como la del hermetismo alejandrino. Los templarios pudieron perfectamente encontrar los restos de tales creencias en Palestina, reforzadas por las supervivencias gnósticas particularmente vivas en Grecia, Constantinopla y Alejandría.

Los templarios y la gnosis: el abraxas

A comienzos del siglo XIX, el arqueólogo austríaco Hammer-Purgstall se refirió a cuatro estatuas que se habían conservado en el museo imperial de Viena. Éstas habrían sido encontradas en unas antiguas casas de la ciudad que pertenecieran a los templarios. Ahora bien, se trataba de ídolos gnósticos del período decadente. Una se asemejaba más o menos a la representación de un faraón con unos cuernos y una barba. Pero de hecho nada prueba, en rigor, que dichas estatuas pertenecieran a los templarios. Además, la investigación sobre la relaciones entre el Temple y la gnosis es difícil de llevar a cabo, pues el término «Gnosis» abarca doctrinas a veces muy diferentes unas de otras y, lo que es más, habiendo recibido un cruce de influencias múltiples. No es nada fácil encontrar los puntos en común existentes entre la gnosis siríaca, la egipcia y la asiática.

Lo cual nos deja lamentablemente una vez más al nivel de las conjeturas. Se ha buscado una prueba del gnosticismo de la Orden en unas arquetas cuyos dibujos fueron publicados por Hammer-Purgstall y de otras en posesión del duque de Blacas. Éstas han sido muy ampliamente comentadas y muy sabiamente un poco por todas partes. Pero, por desgracia, una vez más, aunque son indiscutiblemente de inspiración gnóstica, nadie puede asegurar que dichas arquetas fueran templarias, a pesar de que una de ellas fue encontrada «a escasos kilómetros de una encomienda», lo cual no obstante no constituye ninguna prueba.

Mucho más interesante aparece la utilización del abraxas por los templarios. Entre los sellos de la Orden, hay uno, en efecto, guardado en los Archivos Nacionales, en el que figura sin ninguna duda un abraxas acompañado de la mención *Secretum Templi*.

Lucien Carny nos dice:[40]

El abraxas es un símbolo gnóstico, si no el símbolo de la gnosis. Se compone de un personaje cuyo cuerpo está cubierto por una armadura, el busto termina en un faldellín, del que salen, en el lugar de las piernas, dos serpientes, cada una con dos cabezas. En general, el personaje sostiene en la mano izquierda un escudo redondo u oval, en el que hay escritas las tres letras sagradas I A O o A O I o I A OMEGA, y en la derecha, un látigo que es el del dios egipcio Amón-Ra, símbolo de la firmeza, del gobierno, del poder, de la ley, del dominio sobre los seres y las cosas, el cetro látigo Amsu. Este personaje tiene cabeza de gallo.

Éste se halla vuelto hacia el cielo recordando la llamada matinal al sol. Como el alzarse de la estrella matutina, Lucifer, el gallo precede y parece propiciar la salida del sol. En ese sentido, acaso los templarios vieron en él un símbolo que recordaba a san Juan Bautista, precursor y anunciador de Cristo.

Este abraxas servía de sello secreto a determinados dignatarios del Temple. La cruz de la Orden estaba representada en él, encima del ser de cabeza de gallo. La curiosa inscripción *Secretum Templi* podría hacer pensar que dicho sello era privativo de un círculo interno de la Orden, aquel precisamente al que habrían estado reservadas determinadas ceremonias. Sin embargo, este sello secreto figura en un documento público de octubre de 1214, firmado por el hermano André de Colours, preceptor de las casas del Temple en Francia. En esta carta reconocía que no podía vender, sin autorización real, el bosque que los templarios poseían entre Senlis y Verneuil. No puede decirse que se trate de un texto especialmente hermético. La expresión «sello secreto» puede designar simplemente un contrasello, medio de verificación, de identificación. Ello no obsta para que los templarios no eligieran adornar su «sello secreto» con un abraxas sin ninguna intención especial. Cabe pensar que estaba realmente vinculado a una jerarquía paralela de la Orden. Por otra parte, otro sello encontrado en los Archivos Nacionales por Lucien Carny aboga en este sentido. Se trata del contrasello del *Priorato secreto de la Orden del Temple* tal como indica la inscripción. Lamentablemente muy estropeado, no permite reconocer lo que había representado en el centro del mismo. A lo sumo se cree poder distinguir un pájaro inclinado sobre algo, y ello dista mucho de ser una certeza. De todos modos, esto prueba la existencia de un órgano interno y secreto y confirma las declaraciones de cierto número de templarios. ¿Tiene algo que ver este priorato con el misterioso priorato de Sión vinculado a la ruptura del Temple en Gisors? Es difícil saberlo. Pero arroja luz sobre la existencia de un círculo interno que utilizaba los símbolos de los gnósticos.

Entre estos últimos, el abraxas panteo estaba más especialmente extendido entre los discípulos de Basílides, que había realizado una fusión de las corrientes mitraicas, orientales y célticas de la religión naciente. Según san Jerónimo, abraxas correspondía al número místico de Mitra: en ambos casos, el valor numérico de las letras sumadas daba 365, lo que hacía de él una representación cosmológica, interpretación reforzada por la presencia de siete estrellas a sus lados.

Ahora bien, el culto heroico de Mitra, que estaba muy extendido entre las legiones romanas debido a su acento marcial, habría convenido perfectamente a los monjes soldados del Temple. Decía Apuleyo que abraxas y Mitra eran nombres temibles que tenían el poder de hacer remontarse hasta su fuente los torrentes más impetuosos, aplacar súbitamente las olas del mar embravecido, calmar de golpe las más furiosas tempestades, apagar la luz del día, cubrir con un velo la faz del astro de la noche, hacer caer los astros del firmamento, impedir nacer al día o terminarse a la noche, hacer hundirse la bóveda del firmamento, reblandecer la tierra, petrificar las fuentes, licuar las montañas, reanimar los cadáveres, precipitar a los dioses a los Infiernos y transferir de la morada de los vivos a la morada de los muertos la luz que ilumina el mundo. ¡Qué potencia! Hay que recordar también que la tradición enseñaba que Mitra había nacido en una caverna o en una cueva, donde fue adorado por unos pastores y recibió numerosos presentes. En los ritos del culto que se le rendía, los fieles comulgaban y un texto mitraico decía:

> El que no coma mi cuerpo y no beba mi sangre, de manera que se haga uno conmigo, no se salvará.

El abraxas se suponía que confería la vigilancia, el poder y la sabiduría. Por ello el personaje llevaba una cabeza de gallo, símbolo del «despierto», del que anuncia la llegada de la luz. Pitágoras decía en sus *Versos dorados*:

> ¡Alimentad al gallo y no le inmoléis!

Además, eso es lo que hacían los galos. La propia palabra «gallo» (*coq* en francés) viene del celta *kog*, que quiere decir rojo como su cresta y sus carúnculas, rojo como la aurora que anuncia. A los templarios no les desagradaba representar a esta gallinácea y la encontramos en el techo de la preceptoría de Metz, entre Renard e Ysengrin, lo que es tanto más normal cuanto que, según Paul de Saint-Hilaire,[41] era un templario,

> el hermano Nivard, quien había sido el autor de toda la primera versión del célebre *Roman de Renart*, el Ysengrinus, y que ellos mismos se servían de este relato como de un código secreto que no debía ser utilizado más que en casos extremos. Lo cual hicieron Ricardo Cora-

zón de León, prisionero del emperador cuando viajaba con el hábito de caballero templario, y Felipe de Novara. Este último, en su *Gesta de los Chipriotas*, nos revela su modo de empleo. Sitiado en 1229 en la torre de los hospitalarios de Chipre, redactó, para prevenir al señor de Beirut de su triste situación y reclamar su ayuda, un poema tomando como modelo el *Roman de Renart*, donde cada personaje encarnaba su propio papel, representándose a sí mismo bajo los rasgos de Chantecler. Al estar los trovadores autorizados a circular libremente de un bando a otro, le hizo memorizar a uno de ellos el texto, encargándole de que fuera a cantarlo al señor de Beirut. A éste no le costó gran cosa descodificar el mensaje y armó al punto una flota para ir a liberar a su amigo.

Así, el gallo Chantecler, que es capaz de pegársela a Renart, aparece entre los héroes de un cuento templario.

Entonces, ¿es el gallo del abraxas templario una prueba de la adhesión de los monjes soldados a las doctrinas gnósticas? En absoluto, pues el abraxas estaba relativamente de moda en la época y lo encontramos igualmente en los sellos de Margarita de Flandes o de los condes de Champaña. Sirvió asimismo a Rotrou, que fue arzobispo de Ruán hacia 1175, o a Marie, dama de la Ferté, o también a Seffried, obispo de Chichester, incluso al rey Luis VII. Es verdad que en este último caso la razón podría ser idéntica a la de la Orden del Temple. Digamos, entonces, que este elemento aporta una presunción interesante.

Paul de Saint-Hilaire, en su muy atractiva obra consagrada a los sellos templarios, aparecida en Éditions Pardès, señala igualmente la existencia de la palabra abraxas grabada en unas cruces patadas y recuerda que «no menos de una decena de improntas dejadas por la Orden del Temple son piedras preciosas talladas en hueco gnósticas de los primeros siglos, recuperadas y montadas en sellos». Han sido encontradas siete piedras preciosas en el abraxas, así como cinco cospeles. Todas ellas figuraban en unos sellos estampados en unas actas que van desde 1210 hasta 1290.

¿Cómo creer que esta elección haya sido únicamente fruto del azar?

2

Los templarios, los cátaros, el Grial y los secretos de san Pedro

Templarios y cátaros

En la Edad Media, los cátaros fueron indiscutiblemente los principales representantes de las doctrinas gnósticas en Occidente. Ahora bien, es curioso que el desarrollo del catarismo en Francia se llevara esencialmente a cabo allí donde los templarios experimentaron desde la creación de la Orden un mayor desarrollo. En el Languedoc, por supuesto, pero también en Champaña, lo que es menos conocido y más curioso.

Es en el Mont-Aimé donde hay que buscar a los cátaros champañeses. En lo alto destacaba el castillo de la reina Blanca, que dominaba el burgo de Bergère-les-Vertus. ¿No es extraño que, tras la derrota de Napoleón I, el zar Alejandro I hubiera exigido, a pesar de todo lo que se le dijo, que una ingente revista de tropas victoriosas —ingleses, prusianos, austríacos y rusos— tuviera lugar al pie del Mont-Aimé? ¿Por qué ese lugar impropio? ¿Por qué estuvo acompañada esta revista militar de una ceremonia religiosa con la instalación de siete altares donde unos sacerdotes concelebraron? El abad Mathieu, que llevó a cabo algunas investigaciones a este respecto, estaba convencido de que Alejandro I se sentía heredero espiritual de los cátaros.[42] Pero volvamos a la Edad Media.

El Mont-Aimé era conocido anteriormente con el nombre de Montwimer. Curioso enclave, con una red de subterráneos y que fue el lugar de martirio de ciento ochenta y tres cátaros quemados el 15 de mayo de 1239. El obispo maniqueo de Hipona, Fortunato, expulsado de África por san Agustín, se había refugiado allí a finales del siglo IV. Un cronista del siglo XIII se interesó especialmente por él. A nadie le sorprenderá saber que este cronista era cisterciense. Se llamaba Albéric de Trois-fontaines y su monasterio fue una de las primeras fundaciones de san Bernardo, situado a una veintena de kilómetros de Saint-Dizier.

La presencia del obispo maniqueo había creado sin duda *in situ* una primera fuente de herejía que se volvió a despertar cuando los cátaros tomaron el relevo en el Languedoc. Los primeros «hombres de bien» que vinieron a Montwimer, tal vez para una especie de peregrinación, encontraron un terreno favorable ya abonado. Crearon allí el primer obispado cátaro del norte de Francia. Perseguidos, perecieron en la hoguera, siendo este martirio obra de uno de ellos, arrepentido y reconvertido a la caza de sus antiguos compañeros: Robert el Bribón. ¿Tanta necesidad tenía de hacer olvidar su pasado hasta llegar al extremo de mandar emparedar vivos a cátaros?

En cualquier caso, los dos grandes lugares de expansión del Temple en sus orígenes, el Languedoc y Champaña, fueron también las tierras privilegiadas del catarismo. Algunos no han dudado en ver en ello un verdadero fenómeno de identidad. Para Jules Loiseleur:

> El templarismo fue simplemente una rama de esa gran cepa cátara que dio tan distintos retoños.

Por otra parte, ¿no creían los cátaros que Cristo no era Dios sino una criatura inferior a Dios? Loiseleur añade:

Toda la vida de este Cristo fantasma no ha sido más que pura apariencia. No está en absoluto realmente presente en la Santa Cena: su cruz, sus imágenes no merecen ninguna veneración.

Así se encuentra la explicación a la renegación de Cristo por los templarios. Por otra parte, se ha asimilado el cordoncillo que los monjes soldados llevaban encima al hilo de lino entregado a los cátaros con ocasión del *consolamentum*.

El catarismo y la gnosis

Es cierto que existen relaciones evidentes entre catarismo y gnosticismo. Ello no requiere ya ninguna demostración. Si los templarios tuvieron, en efecto, contactos con ciertas ramas gnósticas en Oriente, la frecuentación de los cátaros en Occidente pudo facilitar los contactos. Sabemos que el catarismo tuvo su origen en el bogomilismo que nació a su vez en los monasterios búlgaros como cristianismo primitivo (y próximo a unas doctrinas esenias) vuelto dualista por los mitos gnósticos transmitidos por el Originismo.

Con ocasión de la segunda cruzada, en 1147, cierto número de occidentales habría conocido, en Constantinopla, la doctrina dualista. Les habrían informado de ella unos mercaderes griegos que comerciaban regularmente con Bulgaria y que habían terminado por convertirse al bogomilismo. Las cruzadas habrían traído consigo tales doctrinas. Christine Thouzellier, especialista en catarismo, ve en ello una de las fuentes de la introducción del bogomilismo en Francia. En cualquier caso, esta doctrina se difundió muy rápidamente en el Languedoc y, en 1167, vemos a Nicetas, obispo herético de Constantinopla, propagar el dualismo absoluto en el Concilio de Saint-Félix-de-Caraman, en Lauragais.

Para los cátaros, Dios no puede hallarse ligado a la materia. Situado en un plano incomparablemente más elevado, no podría estar en absoluto relacionado con la creación material y la encarnación de las almas en unos cuerpos de carne y hueso. No obstante, a fin de que estas almas pudieran salvarse, Dios habría provocado una emanación de sí mismo para establecer un puente entre el cielo y la tierra: Cristo.

Mediante el *consolamentum*, los cátaros creían devolver al hombre su alma divina.[43] Maurice Magre, en *La clave de las cosas ocultas*, escribía:

> Existe un secreto liberador que ha sido transmitido desde los orígenes del mundo... Este secreto era la esencia de la enseñanza que Jesús había impartido. José de Arimatea lo había llevado con él a través del mundo, hasta los límites más lejanos del Occidente.

Ser «perfecto» no era más que un estado preparatorio. Era por medio del *consolamentum* por el que se recibía la salvación. La esencia de este sacramento ha permanecido oculta para nosotros. No se conocen más que las fórmulas del rito y se sabe que llevaba inherente una reunión de hombres purificados. La aportación espiritual era transmitida por un perfecto que la había recibido a su vez según una cadena considerada como ininterrumpida. Transmitía esta vida superior de la que él era el depositario. Un ósculo era el símbolo del don recibido y este ósculo circulaba entre los creyentes que estaban presentes, como el signo visible de la corriente de amor que pasaba de uno a otro. Para Maurice Magre,[44] el *consolamentum* era «el secreto de Jesús, el espíritu del Grial».

Los cátaros no veían en la encarnación crística más que un valor simbólico. Habría tenido lugar únicamente como imagen, sin realidad carnal, al no poder encarnarse Dios en la materia. No habría sido más que el signo aparente de la verdadera misión de Cristo que se habría efectuado en un mundo superior. Y ello podría ponerse también en relación con la renegación de los templarios. Pero ¿se puede considerar, por ello, que el catarismo investiera a la Orden del Temple?

¿Fueron cátaros los templarios?

Dom Gérard escribe:

> La Orden del Temple estuvo en la base de la enseñanza [del catarismo] y de su propagación tanto entre el pueblo llano como entre los señores occitanos. La sombra de la Orden abarca a los perfectos y a los creyentes. Bastaría tan sólo con mencionar las encomiendas de la Orden repartidas por esta región, acordarse de su acción en el vasto movimiento de organización y de conquista de Cataluña, de Aragón, de las Españas y de las Baleares para darse cuenta de su presencia. Bastaría asimismo recordar cuántos desventurados, perseguidos, encontraron refugio en las casas del Temple; de recordar cuál fue su actitud en la batalla, aunque sólo fuera en Montségur con Bertrand de La Beccalaria, o en Montredon, en Carcasona y en tantos otros lugares.[45]

El hecho es que templarios y cátaros parecen a veces asombrosamente próximos. ¿Cuántos elementos creenciales les unen? Así, esa concepción según la cual existe un dios malvado que, solo, ha creado a los seres animados de una existencia material, que preside su conservación, que puede favorecer y enriquecer a sus fieles y «que ha dotado a la tierra de la virtud de hacer germinar y florecer los árboles y las plantas», expresión que encontramos tanto en la investigación realizada a propósito de los templarios como en la llevada a cabo respecto a los cátaros. Sin embargo, si los templarios hubieran sido, hablando con propiedad, convertidos al catarismo, si su fe hubiera sido tan fuerte como la de los perfectos occitanos, ¿no se les habría visto acaso reivindicar sus creencias en la hora de la muerte? No hubieran reafirmado, ciertamente, una vez en la hoguera, su ortodoxia y su fe en una religión que habrían deshonrado de haber sido cátaros. En cualquier caso, no tenían nada que perder en ese momento. Esto, en particular, impide creer en un Temple enteramente herético y consciente de esta herejía. Aunque es innegable que existió en la Orden un ritual de renegación de Cristo, los testimonios nos muestran que, por lo menos en los últimos años, los que lo practicaban no sabían verdaderamente lo que hacían.

Cabe pensar en una simpatía de los templarios por los cátaros. Cabe pensar también en una doctrina propia de un círculo interno lo bastante próximo a ciertas creencias cátaras como para que hubieran tenido lugar algunos intercambios, algunas discusiones. No es posible pensar en hacer de la Orden del Temple una especie de quinta columna del catarismo en la Iglesia. Es cierto que existe una gran distancia entre la actitud de los templarios y la de san Bernardo frente a los cátaros, el cual había fracasado en convencer a las poblaciones occitanas y no creía ya más que en un arreglo militar del problema.

Los templarios sintieron por los cátaros mucha más simpatía y sufrieron sin duda alguna influencia de ellos. En efecto, Louis Charbonneau-Lassay señala[46] que, en los grafitos dejados por los dignatarios templarios en Chinon, es posible reconocer los instrumentos de la pasión de Cristo. Ahora bien, no hay más que tres clavos y esta innovación (antes, se le representaba siempre con cuatro) habría sido, según él, introducida por los cátaros. Este elemento no tiene una gran

178

importancia en cuanto al fondo, pero sí viene a demostrar, sin embargo, que hubo entre templarios y cátaros suficientes contactos como para que se trasluciera algo de ello.

Cátaros en el Temple

Hasta 1136 estaba prohibido acoger en la Orden del Temple a caballeros excomulgados. Sin embargo, a partir de dicha fecha, la Regla fue modificada. La Orden fue habilitada en adelante para dar acogida en su seno a excomulgados así como a todos los que habían pecado gravemente, con la única salvedad de que hubieran dado muestras de arrepentimiento. El nuevo texto estaba muy claro. Algunos han visto en la modificación de la Regla un error de copista, pero éste cabe descartarlo, al haber sido añadidos, por otra parte, elementos en el mismo sentido, como el adenda de la absolución previa. Por otra parte, a partir de 1143, se vio a los templarios ingleses inhumar en tierra cristiana el cuerpo de Geoffroi de Mandeville, conde de Essex, muerto excomulgado.

Esto permitió, pues, a los templarios acoger cátaros en su seno y tanto más fácilmente cuanto que no habían mostrado gran celo en ayudar a los barones del norte en su cruzada contra los albigenses.

Así, Pierre de Fenouillet, que fue desposeído de sus bienes en tanto que hereje, se retiró a la casa de los templarios de Mas Deu, en el Rosellón. Fue enterrado allí hacia 1242. Ello no impidió, por otra parte, a los inquisidores hacerle exhumar, volverle a juzgar y condenarle de nuevo de forma póstuma en 1262. De igual modo, Pons III de Vernet, cátaro, se retiró a Mas Deu. Tampoco él tuvo derecho al descanso que cabe esperar para los muertos. Los siniestros inquisidores dominicos hicieron exhumar y quemar sus restos. Citaremos también a la familia de Aniort. Sus vínculos con el catarismo y la resistencia de sus miembros contra los barones del norte les acarrearon muchos problemas, pero al mismo tiempo contó con varios de sus miembros en la Orden del Temple.

Muchos otros cátaros o simpatizantes fueron también templarios. Cuesta creer que esto no tuviera ninguna influencia sobre la Orden. Pero hay muchas maneras de dejar una huella sin convertir por ello a una institución semejante por entero a una herejía. Y una vez más, bueno será recordarlo, si bien los cátaros fueron capaces a menudo de dirigirse a la hoguera cantando y proclamando su fe, no se vio a ningún templario morir afirmando su creencia en una doctrina que no fuera la de la Santa Iglesia católica.

No se puede, así pues, inferir de ello una Orden del Temple masivamente convertida a la fe cátara, sino más bien una simpatía por los caballeros languedocienses *faydits* que tenían a numerosos parientes y amigos en la Orden. No obstante, más allá, cabe sin duda imaginar contactos más secretos entre el círculo interno del Temple y los cátaros occitanos, y ello en el marco de lo que se ha dado en llamar la búsqueda del Grial.

Los templarios y la búsqueda del Grial

El Grial es indiscutiblemente uno de los elementos de unión entre cátaros y templarios. Determinados mitos afirman que la copa del Grial estuvo, al menos durante un tiempo, bajo la guarda y custodia de puros cátaros. La vemos, por otra parte, representada en el blasón de Sabarthez. Habría estado incluso albergada en Montségur, luego «salvada» justo antes de la rendición de la fortaleza solar. Los dibujos hallados en una gruta de Montréalp de Sos, en Ariège, serían la prueba de su paso por allí. Ahora bien, esta cueva se halla cerca de una casa templaria situada en Capoulet-Junac. En esta caverna de doble salida, el Grial aparece acompañado de la lanza, del ábaco, de una espada quebrada, de cruces rojas y de cinco gotas de sangre.

En su *Parsifal*, hacia 1200, el trovador Wolfram von Eschenbach hizo de los templarios los guardianes del Grial. Decía saber toda la historia por «Kyot der Provinzal», que la habría descubierto en Toledo, en un manuscrito. Evocaba también a un pagano de nombre Flegetanis, que era famoso por su sabiduría. Era del... linaje de Salomón, y habría sido él quien habría redactado toda la historia de la búsqueda del Grial. Había visto en las constelaciones celestes unos misterios, ante cuya sola idea se ponía a temblar, pues en ellos radicaba el secreto del Grial que un ejército de ángeles había venido a depositar en la tierra.

Ahora bien, el nombre de Flegetanis deriva de Falak-Thani, designación árabe del segundo cielo situado bajo la invocación de Aissa, es decir, Jesús.

En la obra de Wolfram, que habría sido asimismo un templario suabo, el ermitaño Trevizent le dice a Parsifal:

> Unos valientes caballeros tienen su morada en el castillo de Montsalvage, donde se guarda el Grial. Son templarios que van a menudo a cabalgar a lo lejos, en busca de aventuras.

Sitúa por si fuera poco el castillo del Grial cerca de la frontera española.

En su *Titurel*, Wolfram von Eschenbach escribe:

> Es posible ver entre los caballeros del Temple más de un corazón desolado, ellos a quien Titurel más de una vez había salvado de duras pruebas cuando su brazo defendía caballerescamente el Grial con su ayuda.

Wolfram no fue el único en vincular a los templarios con esta búsqueda, ya sea de manera directa o indirecta. Robert de Boron, en la *Estoire dou Graal*, hace construir el Templo del Grial por Titurel. Este último se hace ayudar por Merlín, a quien José de Arimatea explicó los planos del Templo de Salomón. En otra aventura ligada a este ciclo, *Perlesvaz* o *Perlevaux*, los guardianes del Grial, que protegen su precioso bien en una isla, son guerreros de vida monacal, ataviados con una indumentaria blanca adornada de una cruz roja, igual que los templarios. Asimismo, en el *Perceval el Galés*, José de Arimatea hizo merced a Evelach, el antepasado de Galaz, de un escudo blanco adornado con una cruz roja. Es también la cruz roja del Temple la que figura en la vela blanca de la nave que conducía a Parsifal a una región desconocida, en la novela de Wolfram. Señalemos también que, aparte de Wolfram, el autor esencial de las novelas del ciclo de la Tabla Redonda fue Chrétien de Troyes y que Champaña fue sin duda el principal foco de difusión de la literatura griálica. De ahí a ver una vez más la influencia templaria no hay más que un paso.

Ello encaja, por otra parte, perfectamente con los templarios, pues es claro y manifiesto que el misterio del Grial está basado en la transmisión de una iniciación tanto guerrera como espiritual y sacerdotal. Julius Evola escribe:

> Está fuera de toda duda que, entre las diferentes órdenes de caballería, la Orden de los templarios, más que cualquier otra, rebasó la doble limitación que representaban, por una parte, el simple ideal guerrero de la caballería laica, y, por otra, el ideal puramente ascético del cristianismo y de sus órdenes monásticas, acercándose sensiblemente, de este modo, al tipo de la «caballería espiritual del Grial». Además, su doctrina interior tenía un carácter iniciático. Fue por ello por lo que esta Orden estuvo especialmente en el punto de mira y fue exterminada y, a decir verdad, precisamente por la coalición de los representantes de los dos príncipes que ella idealmente

superaba: el papa, aliado con un soberano de tipo laico, se-cularizado y despótico, enemigo de la aristocracia: Feli-pe el Hermoso.[47]

Lo que es cierto es que en 1247, tres años después de la caída de Montségur, Guillaume de Sonac, Gran Maestre de la Orden del Temple, hizo llegar un misterioso paquete a Enrique III, rey de Inglaterra. Se trataba de un vaso del que nada más sabemos. ¿Hay que imaginar que tenía alguna relación con el Grial? En cualquier caso, era lo suficientemente valioso como para ser mandado con una escolta de templarios muy considerable.

Los templarios y Cristo

¿Cómo explicar en este marco el hecho concreto de la renegación de Cristo por los templarios? Hemos visto que no habían abrazado, en rigor, ninguna otra fe. Así pues, hay que considerar que esta renegación no debe tomarse necesariamente al pie de la letra.

Cuesta creer que este rito existiera de forma duradera en el marco del propio ingreso de los frailes en el Temple. ¿Cómo es posible que no hubiera neófitos lo suficientemente horrorizados por semejante acto como para ir a denunciarlo al exterior, empujados por el temor al castigo eterno? Una práctica masiva de este rito es algo que no se sostiene, toda vez que los postulantes eran libres de renunciar hasta el último momento. Además, si tal hubiera sido el caso, uno se pregunta por qué ochenta templarios, prisioneros en el Sudán, habrían preferido morir antes que abjurar de su fe.

Muchos frailes declararon haber renegado «de palabra, no de corazón» y no faltan quienes dicen haberse confesado por dicho motivo. Parece evidente que esto les fue presentado a los postulantes no como una renegación real, sino como una especie de prueba por la que era preciso pasar sin darle demasiada importancia. Eso es lo que declararon, por lo demás, algunos de ellos. Todo esto, además, sólo es posible si este rito fue muy tardío, al menos por lo que respecta a los neófitos. En cambio, cabe sin ninguna duda integrarlo dentro del proceso de una iniciación que habría sido exigida más tarde y tan sólo a los hermanos considerados capaces de recibirla. De admitir la existencia de un círculo interno en la Orden, que perseguía un fin más secreto que el de las cruzadas, y de considerar que este círculo pudo abandonar la Orden oficial en un determinado momento, se podría comprender perfectamente que unos ritos hubieran podido dejar, con el tiempo, de ser comprendidos y aplicados al nivel en que habrían tenido que serlo.

Algunos autores han creído que los templarios hacían distinción entre dos Jesús: el «hijo de Dios» y el que muere en la cruz, que no habrían sido una sola y única persona.

Louis Charpentier escribe:

La cruz es un suplicio que, en Palestina, era puramente romano. Se sabe que los judíos lapidaban, y si hubieran decidido dar muerte a Jesús lo habrían lapidado, tal como fue el caso de Esteban.

Y añade:

Jamás un procurador romano habría condenado a un hombre por una razón religiosa, si éste no hubiera fomentado desórdenes contra Roma.

Por otra parte, la inscripción que figuraba en la cruz con las razones de la ejecución no indicaba que Cristo se dijera hijo de Dios, sino *Rey de los judíos*. El hombre crucificado habría, pues, sido martirizado por haber querido proclamarse rey, burlándose así de la autoridad romana en Palestina.

La existencia de dos personajes distintos, posteriormente amalgamados en los textos sagrados, explicaría, por otra parte, muchos enigmas. Sin duda permitiría comprender por qué Cristo, que predica poner la otra mejilla cuando a uno le pegan, que declara que quien a espada mata a espada muere, puede al mismo tiempo justificar en una parábola (Lucas 19, 27) a un rey diciendo:

En cuanto a esos mis enemigos que no quisieron que yo reinase sobre ellos, traedlos acá y delante de mí degolladlos.

Es también Cristo quien declara:

No penséis que he venido para traer la paz en la tierra, he venido no para traer la paz sino la espada.

¿Cómo conciliar: «Honra a tu padre y a tu madre y el que maldiga a su padre será castigado con la muerte» y «He venido para traer la división entre el hijo y el padre»?

No es esta segunda cara de Jesús la que puede parecer coherente con lo que dice el Sanedrín a Pilatos:

Hemos encontrado a éste pervirtiendo a nuestro pueblo; prohíbe pagar tributo al César y dice ser Él el Mesías rey.

Aunque nos guardaremos mucho de emitir ninguna opinión sobre este vidrioso asunto, tenemos no obstante que analizarlo en la medida en que uno de los secretos de los templarios habría sido para algunos el descubrimiento de documentos que revelan esta dualidad del personaje de Jesús.[48]

Algunos, entre ellos Robert Ambelain, no dudan en ver en esta dualidad el signo de que Cristo tenía un gemelo. Dos hombres: el santo y el rey guerrero. Se entraría entonces en el simbolismo de la Orden del Temple, el del monje y del guerrero, el de los dos hombres sobre un mismo corcel tal como lo muestra su sello más célebre. Estos dos seres que, como Cástor y Pólux, pueden alternativamente participar del mundo celestial y del material, circulando sobre ese eje del mundo que representa su lanza y montados sobre un corcel, animal psicopompo, mientras su escudo ostenta el rayo de carbúnculo, una de las formas de la rayuela, la cual une cielo y tierra.

Si los templarios hubieran adoptado, efectivamente, esta lógica, se comprendería que vieran en el dualismo de los gnósticos un acercamiento interesante a la divinidad, pero también que conservaran su secreto para un círculo interno.

Es cierto que se encuentra en los Evangelios la existencia de un gemelo: Tomás, al que Juan llama Dídimo. Ahora bien, en griego, *didyme* significa gemelo. Lo más curioso es que Tomás tiene también el sentido de gemelo, al derivar del hebreo *taoma*. Tomás no sería un apellido o un nombre de pila sino una designación. Añadamos que algunos pasajes del Evangelio de san Juan pueden hacer pensar que Jesús tenía hermanos.

Una vez más, lo que nos interesa aquí no es la validez de estas tesis. Bastaría con que hubieran sido compartidas poco o mucho por los templarios para explicar cierto número de misterios. Pero digamos también que nada, absolutamente nada, permite afirmar que tales creencias han existido en la Orden del Temple: simplemente, esto simplificaría la comprensión del enigma templario.

La existencia de una doble persona explicaría asimismo la ambigüedad de las relaciones que algunos han creído poder descubrir entre Jesús y María Magdalena. Si Cristo es doble y tiene un gemelo, si uno es santo y el otro no... Señalemos de paso que los templarios dedicaron numerosas capillas y casas a María Magdalena, como en Provins, por ejemplo.

186

No nos sorprenderá saber que María Magdalena tuvo un papel importante en los escritos gnósticos fundamentales: la *Pistis-Sophia*, el *Evangelio de Felipe*, el *Evangelio de María*, la *Sophia de Jesús*, los *Libros del Salvador*, el *Evangelio de Pedro* y el *Evangelio de Tomás*.

En el *Evangelio de Felipe* se lee:

> Cristo amaba a Magdalena más que a todos sus discípulos. Ellos le dijeron: «¿Por qué la amas más que a nosotros?». Y respondió Jesús: «¿Que por qué no os amo como a ella?».

En este Evangelio, Felipe precisa incluso que Jesús besaba a María Magdalena a menudo en la boca.

¿Tuvieron los templarios conocimiento de tales textos gnósticos? En caso afirmativo, ¿qué efecto tuvo esto en ellos? No sabríamos decirlo. Tal vez un día, el descubrimiento de un manuscrito olvidado en alguna cripta templaria... ¿Quién sabe?

San Pedro y las llaves del Templo

En realidad, quien tiene las llaves del Templo es, sin duda, san Pedro. Algunos hermanos de la Orden ya lo dijeron, por otra parte, al afirmar que la renegación de Cristo se produjo para recordar que también Pedro había renegado de Jesús.

Sigamos a san Lucas en su descripción del apresamiento de Cristo:

> Apoderándose de Él, le llevaron e introdujeron en casa del sumo sacerdote; Pedro le seguía de lejos. Habiendo encendido fuego en medio del atrio y sentándose, Pedro se sentó también entre ellos. Viéndole una sierva sentado a la lumbre y fijándose en él, dijo: Éste estaba

también con él. Él lo negó, diciendo: No le conozco, mujer. Después de poco, le vio otro, y dijo: Tú eres también de ellos. Pedro dijo: Hombre, no soy. Transcurrida cosa de una hora, otro insistió, diciendo: En verdad que éste estaba con Él, porque es galileo. Dijo Pedro: hombre, no sé lo que dices. Al instante, hablando aún él, cantó el gallo. Vuelto el Señor, miró a Pedro, y Pedro se acordó de la palabra del Señor, cuando le dijo: Antes de que cante el callo hoy me negarás tres veces; y saliendo fuera, lloró amargamente.

Ahora bien, numerosos templarios precisaron que se les había pedido que renegaran de Cristo tres veces, como san Pedro.

Pero ¿quién era Pedro? En realidad, se llamaba Simón, hijo de Jonás.[49] «Pedro» no era más que un sobrenombre.

Alain Marcillac señala que Petros, en hebreo, significa «el que abre», lo que explica que tenga unas llaves como atributo. Cristo le dijo:

Y yo te digo que tú eres Pedro, y sobre esta piedra edificaré yo mi Iglesia, y las puertas del infierno no prevalecerán contra ella. Yo te daré las llaves del reino de los cielos, y cuanto atares en la tierra será atado en los cielos, y cuanto desatares en la tierra será desatado en los cielos.

Existe un *Evangelio de Pedro* particularmente apreciado por la secta gnóstica de los docetas.

Es interesante plantearse la cuestión de saber qué idea se hacían de san Pedro en la época de los templarios. Para ello lo mejor es sin duda dirigirse a Santiago de la Vorágine, que escribió su *Leyenda dorada* hacia mediados del siglo XIII.

Pedro «recibió del Señor las llaves del reino de los cielos», siendo por tanto el intermediario soñado para acceder a la iniciación. Según san Clemente, san Pedro acostumbraba levantarse cada mañana «a la hora del canto del gallo» para justificarse y llorar a lágrima viva. El gallo, presente en el abraxas, acompaña por otra parte a menudo a san Pedro en la iconografía.

A propósito de Simón el mago, Pedro habría dicho a Nerón:

> Igual que en Jesucristo hay dos sustancias, a saber, la de Dios y la del hombre, así también en este mago se encuentran dos sustancias, la del hombre y la del diablo.

Añadamos que san Pedro se vio mezclado en una escena en el curso de la cual Simón el mago hizo que la cabeza de un muerto se moviera. ¿Tenía esta cabeza las características de un «baphomet»?

San Pedro se celebra el 29 de junio, en Cáncer, signo opuesto al del nacimiento de Jesús. Él permanece en esta tierra para cumplir su misión después de la desaparición de Cristo. Bajo la óptica de los gemelos, Cástor y Pólux, uno está en el cielo cuando el otro se halla en la tierra. Así, en relación a Cristo, Pedro forma parte del mundo invertido. Por otra parte, ¿no fue crucificado acaso cabeza abajo?

El 29 de junio, según Maurice Guingand, la constelación de Ofiuco forma con la cabeza y la cola de la serpiente ese conjunto de estrellas que los antiguos conocían como el serpentario. Éste, que parece blandir dos serpientes, fue asimilado a san Pedro llevando en la mano las llaves del Paraíso. Pero, entonces, ¿cómo no pensar en el abraxas con cabeza de gallo que está representado en el sello secreto de la Orden del Temple y que tiene también en la mano dos serpientes?

Y además Pedro tiene un punto en común con María Magdalena. Según los textos (incluidos los heterodoxos), unas veces es ella, otras él, quien se encuentra primero con Cristo tras su muerte. La escena de este reencuentro es particularmente mencionada en el *Apocalipsis de Pedro*, texto descubierto en Nag-Hammadi. Sin duda es el único punto en común entre ellos, en la medida en que Pedro no ama en absoluto a María Magdalena e incluso «detesta a la raza de las mujeres». ¿De ahí que algunos ritos que instituyen relaciones ambiguas entre hombres estén relacionados con esta reputación de Pedro de detestar a las mujeres? En cualquier caso, figura llaves en mano, a la diestra de Cristo en la portada de Vézelay, con María Magdalena a su lado.

Soy consciente de que, para muchos lectores interesados en la Orden del Temple, oír hablar de san Pedro como de una de las claves esenciales de su contenido iniciático no puede dejar de asombrarles. Pues, en efecto, para aquellos que se interesan por el esoterismo, Pedro no presenta en general ningún interés, contrariamente a Juan. Se ha hablado tanto de que los templarios eran «sanjuanistas» que nos hemos vuelto miopes, si no ciegos, en el análisis de sus misterios. Estrictamente hablando nada confirma la idea de que los templarios hubieran podido privilegiar únicamente la enseñanza de san Juan. Le consagraron cierto número de capillas, pero muchas menos de las que se ha pretendido. Tendremos ocasión de volver a hablar de ello. Además, el acceso a la palabra de san Juan puede exigir etapas preliminares. Por último, es un error despreciar demasiado a menudo a san Pedro, que es sin ninguna duda el poseedor de las llaves.

A riesgo de causar el asombro de algunos, hay que decir que los templarios consagraron numerosas iglesias y capillas a san Pedro. Ahora bien, casi siempre se trata de lugares sin mayor interés. Es frecuente encontrarlas a algunos kilómetros de las encomiendas, a las que estaban generalmente unidas por medio de subterráneos.

Así, en Lubéron, la hacienda Saint-Pierre, situada cerca de la aldehuela de Puyvert, era una casa templaria. Se han descubierto unas salidas de subterráneos. En la capilla, con ocasión de unas excavaciones, fueron hallados unos esqueletos de hombres que medían sin ninguna duda más de dos metros.

Citemos también, a título de ejemplo, la vieja iglesia de San Pedro en Saint-Raphaël con su torre de los templarios. En Saint-Émilion existe una iglesia monolito sumamente enigmática en cuanto a su decoración de inspiración alquimista. Este edificio, con sus galerías subterráneas, lleva la cruz patada de la Orden del Temple. La iglesia data de la época en que Bertrand de Blanchefort era Gran Maestre y su casa solariega se encuentra a menos de cuarenta kilómetros de allí. ¿Es una casualidad que una tradición afirme que la capilla de San Pedro de Rians posee un escondite que alberga unos archivos templarios de primera importancia? En Saint-Merri, en París, se muestra a menudo un baphomet templario que adorna la portada. En realidad, esta escultura es reciente, pero poco importa, pues perdura en Saint-Merri una «tradición templaria» cuyo origen se desconoce. En cualquier caso, esta iglesia se llamaba primitivamente Saint-Pierre-des-Bois, como la encomienda templaria situada a una decena de kilómetros al norte de Sélestat en Alsacia, y cuyas ruinas pueden verse en la aldea de Herrenhofstad.

De nada serviría multiplicar estos ejemplos que no tienen otra finalidad que demostrar que los templarios no despreciaron jamás a san Pedro, sino muy al contrario. Pero es igualmente interesante examinar con más detenimiento algunos de los lugares más habitualmente vinculados a los «misterios» de la Orden del Temple.

Así, ¿qué cabe pensar de la capilla de Saint-Pierre-aux-Boeufs, cerca de Gisors? ¿Y qué pensar de la capilla de San Pedro cerca del castillo de Arginy? ¿Y la capilla de la hacienda de San Pedro cerca de la encomienda de Sainte-Eulalie-de-Cernon en Larzac? ¿Y de la abadía Saint-Pierre-de-Bhagari,[50] que es uno de los puntos clave del dispositivo templario del Verdon?

Volveremos más pormenorizadamente sobre determinados lugares importantes en los últimos capítulos de este libro, que estarán consagrados al análisis de lugares concretos. Lo que conviene retener por el momento es que, cerca de las encomiendas templarias, sobre todo las más importantes y las más cargadas de misterios, existen haciendas y capillas dedicadas a san Pedro, que estaban ligadas a estas encomiendas por medio de subterráneos cuyos rastros pueden encontrarse aún con harta frecuencia.

Volvamos por un momento a las ceremonias mencionadas anteriormente. ¿No se explicarían éstas mejor si supusiéramos que el neófito podía ser conducido primero a una capilla de San Pedro, luego llevado por sus mentores a la sala de recepción pasando por un subterráneo? Hay que recordar que la ceremonia tenía lugar por la noche. Antes del canto del gallo, al igual que san Pedro, el caballero novel del Temple habría renegado tres veces a Cristo. Entonces, y sólo entonces, le serían dadas las llaves del conocimiento y, como san Pedro, debería preparar el reino de Dios en este mundo.

Si los testimonios de los hermanos, con ocasión del proceso, no fueron más precisos se debió únicamente, como hemos mencionado ya, a que los ritos no eran ya comprendidos. Esto implica que el círculo pensante e «iniciático» que animaba el Temple lo había abandonado. Al final, la Orden no era ya más que una cáscara sin alma, que no funcionaba más que por el impulso adquirido. Sin duda fue por esta razón por lo que no opuso gran resistencia a la operación policial llevada a cabo contra ella.

3

El misterio del baphomet

Las pretendidas prácticas obscenas de los templarios

Si hemos de creer las acusaciones lanzadas en su contra, los templarios habrían coqueteado con ese mundo del revés cuyo príncipe es el demonio, universo de la negación y de los valores invertidos. En cierto modo, en tanto que inversión, la acusación de sodomía de la que fueron objeto les unía en la concepción de la época a un culto satánico.

La sodomía como práctica corriente entre hermanos de la Orden es una acusación que ha sido muy a menudo y ampliamente comentada. La importancia que se le ha dado haría pensar que algunos la consideraban menos como una desviación que como un verdadero elemento de culto. Ahora bien, conviene precisar no obstante que la mayor parte de las confesiones fueron obtenidas bajo tortura y que nada hace pensar en unas ceremonias organizadas a este respecto. Se trataba de comportamientos individuales, que no sabemos si eran tolerados o no por la Orden, y no una constante de ésta. Adelantémonos a decir que, oficialmente, esta práctica era duramente castigada de ser comprobada. Además, la Orden se había organizado más bien a fin de impedir tales actuaciones, pero sobre todo a fin de no estimularlas. Así, cuando descansaban en sus dormitorios comunes, los templarios estaban obligados a conservar bragas y calzones. Una luz debía brillar toda la noche para evitar que en la oscuridad...

Es sorprendente que, incluso bajo tortura, algunos caballeros se hubieran negado a reconocer este vicio. Muchos de ellos declararon que, en el momento de su ingreso en la Orden, esta práctica les había sido señalada como permitida. El hermano Mathieu de Bois-Audemar precisaba:

> Él [el que le recibía] me dijo que si alguna calentura me incitaba a ejercer mis instintos viriles, hiciera acostar a alguno de los hermanos conmigo y tuviera comercio carnal con él; y que, del mismo modo, yo debería permitirlo a la recíproca a mis hermanos.

La mayoría testimoniaron en este sentido, pero declaraban igualmente no haberlo hecho jamás y no haber sido requeridos a hacerlo por otros hermanos. Los que confesaron esta práctica bajo tortura, se retractaron de sus declaraciones tan pronto como el temor al suplicio se hubo alejado. Así, Ponsard de Gisy, que declaró incluso que el cargo achacado a la Orden de «dar licencia a los hermanos de unirse carnalmente (era) falso» y que no lo reconoció más que bajo coacción y forzado.

Por otra parte, resulta curioso constatar que incluso los que reconocieron alegremente haber renegado de Cristo se defendieron encarnizadamente contra la acusación de uranismo. Esto prueba hasta qué punto la sodomía causaba horror a la mayor parte de ellos y en tales condiciones no se concibe cómo habría podido ser una práctica generalizada en el Temple. Sin duda, como en toda Orden religiosa, hubo quienes se tomaron familiaridades a este respecto, pero las verdaderas confesiones fueron raras. Raoul de Tavernay declaró, desengañado:

Había que tolerarlo, debido al calor del clima de ultramar.

Guillaume de Varnage dio una explicación muy distinta. Pretendía que este vicio era tolerado, aunque contra natura, únicamente con los más jóvenes, y ello a fin de que no se sintieran tentados a frecuentar a mujeres del exterior. Se habría temido que revelaran en la intimidad del lecho los secretos de la Orden.

Más cargada de consecuencias fue la declaración de Guillaume de Giaco, fámulo del Gran Maestre. Éste reconoció haber satisfecho «una vez», en Chipre, las exigencias de Jacques de Molay. Hugues de Narsac abundó en ello al declarar que Molay acostumbraba entregarse a estas prácticas. Sin embargo, el Gran Maestre, que confesó un poco lo que se quiso bajo tortura, no aceptó jamás el reconocer este vicio.

Podemos afirmar aquí, sin temor a ser tachados de exageración, que, aunque se pudieron comprobar determinados casos de uranismo en la Orden del Temple, debieron de darse éstos también entre los hospitalarios y los teutónicos. Por lo que concierne a estos últimos, baste con citar la obra de Henryk Sienkiewicz *La cruz*, más conocida en Francia con el título de *Los caballeros teutónicos*. En una escena ciertamente carente de emoción pero en absoluto de precisión, Siegfried, el Gran Maestre, personaje retorcido y escandaloso, se empeña en discutir acerca del rapto de una jovencita con su protegido:

Tras la partida de Bergow, Siegfried hizo salir también a las dos novicias, pues quería permanecer a solas con el hermano Rotgier, al cual amaba con amor verdaderamente paterno. Se hacían incluso, en la Orden, diversas suposiciones acerca del origen de este afecto excesivo, pero nada más se sabía al respecto...

Es probable, puesto que, cuando Rotgier muere en un combate de hombre a hombre, Siegfried se vuelve loco de dolor y hace torturar vilmente a Jurand, cuya hija ha capturado.

Este *amor* apasionado y terrible es presentado más claramente aún en dos escenas de la admirable película de Alexandre Ford de 1959 basada en la obra de Sienkiewicz. En ellas, no cabe ya ninguna duda.

Templarios homosexuales sin duda los hubo, pero conviene no generalizar y está absolutamente descartado, además, hacer de ello un elemento ritual cualquiera. Ahora bien, la Inquisición y a veces la opinión pública acostumbraban, en la época, asociar las nociones de herejía y de desviaciones sexuales. Así, el término de *bougre* (bribón), que designaba a los cátaros en las doctrinas originarias de Bulgaria, servía asimismo para indicar que un individuo era sodomita.

De ahí a que los inquisidores desearan meter en el mismo saco a los templarios no hay más que un paso. Tanto más cuanto que se basaban a pesar de todo en algunos elementos sospechosos. La homosexualidad era bastante corriente en los países del Levante y, después de todo, los templarios bien habrían podido sufrir su contagio. Algunos incluso habían creído ver en la presencia de dos caballeros sobre un mismo corcel, en el sello de la Orden, un signo equívoco. Pero sobre todo estaban los ósculos recibidos por el neófito en el momento de la recepción del nuevo templario. El que recibía al neófito llevaba a éste generalmente aparte y le pedía que le diera tres ósculos: en la base del espinazo, en el ombligo y en la boca. A veces, era él quien besaba así al reclutado novel.

Mucho se ha debatido acerca de este rito ampliamente reconocido por los hermanos, incluso sin necesidad de tormento. Hay que ver, sin duda, en ello un sentido simbólico. En el curso de una ceremonia iniciática, el ósculo en la boca podía manifestar la transmisión del aliento y de lo espiritual. El ósculo en el ombligo (a veces en el sexo) habría permitido comunicar la fuerza creadora, el impulso vital. En cuanto al tercero, en el ano, algunos ven en ello el punto de partida de esa energía que los místicos orientales denominan *kundalini* y que debe animar uno tras otro los *chakras* del ser. Es obvio que ello no permite deducir que los templarios habrían podido practicar, sin embargo, un culto de Extremo Oriente. Pero su ritual podría estar relacionado con descubrimientos similares concernientes a la circulación de energías sutiles en el cuerpo.

Sin embargo, tal como cree Jean Markale, acaso sea Rabelais quien nos proporciona la mejor hipótesis. Para ello hay que remitirse a su diálogo entre Humevesne y Baisecul en *Pantagruel*. Jean Markale indica:

> Hay en toda la obra de Rabelais una voluntad deliberada de insistir en el valor de los aires, y especialmente en las ventosidades. Los espíritus delicados considerarán que se trata de simple escatología, pero deberían darse cuenta sin embargo del significado simbólico de los aires inferiores que proceden del mundo subterráneo, o dicho de otro modo, de la mina de donde se extrae la materia prima de los filósofos, aquella que, a fuerza de operaciones y de transformaciones, se convierte en la piedra filosofal, o digamos, de la pura luz del espíritu.

Si Jean Markale está en lo cierto, entonces es dentro del simbolismo de un ritual donde habría que inscribir estos ósculos, pero lo menos que puede decirse, una vez más, es que su sentido no era comprendido ya por los últimos templarios.

Realidad del baphomet

El artículo 46 del acta de acusación manifestaba:

Que en todas las provincias tenían ídolos, es decir, cabezas en algunos casos con tres caras y en otros con una sola, y se encontraban algunas de ellas que tenían un cráneo de hombre.

El artículo 47 precisaba:

Que en las juntas, y sobre todo en los grandes Capítulos, adoraban al ídolo tal como si fuera Dios, como si fuera su Salvador, diciendo que esta cabeza podía salvarles, que concedía a la Orden todas las riquezas y que hacía florecer los árboles y germinar las plantas de la tierra.

Guillaume Paris les pidió a los inquisidores que interrogaran a los caballeros a este respecto y más concretamente en lo que concernía a un «ídolo que tiene la forma de una cabeza de hombre con una gran barba».

Efectivamente, algunos templarios testimoniaron acerca de este punto. Sus manifestaciones no concuerdan en absoluto y hacen pensar que no había una sola y única cabeza. Unos la vieron barbuda, otros la creyeron tallada o afirmaron que se trataba de un simple cráneo.

Régnier Larchant pretendía haberlo visto una docena de veces, «con ocasión de los Capítulos; en particular en París, el martes después del último día de San Pedro y San Pablo». Afirmaba:

Es una cabeza, con una barba. La adoran, la besan y la llamaban su Salvador (...). No sé dónde la guardan. Tengo la impresión de que es el Gran Maestre, o bien el que preside el Capítulo, quien la conserva en su poder.

Más tarde, volvió a precisar que exteriormente era de madera plateada y dorada, y que tenía una barba o una especie de barba.

Jean Cassanhas, natural de Toulouse, la describió recubierta de una «especie de dalmática» y de cobre amarillo. Oyó que hablaban de demonio al referirse a ella y le dijeron:

He aquí un amigo de Dios que conversa con Dios cuando quiere. Dadle las gracias de que os haya conducido a esta Orden tal como deseabais.

Aunque uno la vio de plata, con una barba, volvió a ser dorada en el testimonio de Gaucerand de Montpezat, para quien tenía «la forma barbuda» de un hombre, hecha «con la figura de baffomet» (*in figuram baffometi*) y que era indispensable para que el caballero pudiera salvarse.

Jean Taillefer habló de una figura humana colocada sobre el altar de la capilla con ocasión de su recepción, y Raymond Rubey dijo que estaba pintada en una pared, en forma de fresco. Jean de Tour la vio pintada también, pero en un trozo de madera, y «la adoró en el transcurso de un Capítulo, al igual que los demás».

Raoul de Gisy aportó algunas precisiones:

He visto la cabeza en siete Capítulos distintos: se asemeja al rostro de cierto demonio, del Maldito; y todas las veces que ponía los ojos en ella, se apoderaba de mí tal espanto que apenas si podía mirarla; esta cabeza era adorada en los Capítulos.

En otra ocasión, precisó que esta cabeza fue extraída de un saco. Se le dijo que adorar este ídolo era una pésima acción. Él respondió:

Mucho peor habían actuado renegando de Jesús, por lo que ahora bien podían adorar a la cabeza.

Pero era evidente que estos templarios que asistían a un ritual secreto tomado del mundo de la magia no comprendían gran cosa de lo que sucedía en él.

Algunos no la habían visto jamás, «pues no asistían a los Capítulos generales», tal como era el caso de Mathieu de Bois-Audemar y Pierre de Torteville. Otros no habían oído hablar incluso nunca de ella, como Geof-froi de Gonneville. Guillaume de Herblay declaró:

En cuanto a la cabeza, la vi con ocasión de dos Capítulos celebrados por el hermano Hugues de Pairaud, visitador de Francia. Vi a los hermanos adorarla. Yo aparentaba adorarla también; pero nunca de corazón. Creo que es de madera, plateada y dorada exteriormente (...) tiene una barba o una especie de barba.

Para el hermano Barthélémy Boucher, se asemejaba a una cabeza de templario, «con un gorro, una larga barba blanca». André Armani le vio tres rostros, otro no le concede más que dos. A uno le contaron que era la cabeza de una de las once mil vírgenes, pero no lo creyó puesto que la cabeza era barbuda por uno de los lados y presentaba un aspecto aterrador, observación que encontramos, por lo demás, con frecuencia. Se la adoraba, por así decirlo, al grito de «¡Y, Alá!», idénticamente a los musulmanes. Guillaume Bos la vio de madera, de color blanco y negro como el estandarte del Temple. Arnaud de Sabatier la creyó también de madera.

Un caballero del Mediodía, Déodat Jaffet, vio que su preceptor le presentaba una cabeza. Ésta tenía tres rostros. Le habían dicho: «Debes adorar esto como a tu Salvador y el Salvador del Temple», y el preceptor había añadido: «Bendito sea el que salve mi alma».

Petrus Valentini, que no era sin embargo más que hermano lego, habría visto en tres ocasiones el ídolo durante su recepción, en Santa Marie i Capita y en Castro Araldi. Todas las veces los hermanos veneraron la cabeza como si de Dios se tratara, pues proporcionaba a la Orden su riqueza y tenía poder para salvarla. La que le fue mostrada a Castro Araldi es, por otra parte, descrita por Vivolus como blanca, con el rostro de un hombre.

Bernard de Selgues afirmaba que la cabeza era guardada en Montpellier,[51] que estaba vinculada al diablo y que aparecía a veces bajo la forma de un gato que les hablaba. Es también bajo la imagen de un gato (y de una mujer) que Bertrand de Sylva vio al ídolo, pero Eudes Baudry mencionó un cerdo de bronce. Para otros fue un becerro. En cualquier caso, su llegada era la promesa de abundantes cosechas, de dinero, de oro, de salud y de toda clase de bienes temporales.

Las prácticas que acompañaban las apariciones de la cabeza no parecían tampoco ser uniformes. Con la capucha echada hacia atrás, los hermanos besaban al ídolo tal como se besan las reliquias y le decían: «*Deus adjura me*». Luego se tumbaban en el suelo para adorarla. «Adorad esta cabeza, pues es vuestro Dios, es vuestro Mahoma», decían algunos, y la comparaban a una vieja momia «de ojos brillantes como la claridad del cielo», como «piedras preciosas que iluminaban el Capítulo».

He aquí muchos elementos dispares, pero algunos pueden explicarse. En primer lugar, hubo ciertamente varias cabezas. Por otra parte, se observan algunos puntos que aparecen regularmente: el metal o la madera o, mejor dicho, ambos asociados. Está también la vellosidad. Si se da el caso de que la cabeza no sea barbuda, es porque tiene dos caras, una de ellas lampiña. Señalemos también que conversa con Dios, que proporciona la riqueza a imagen de un cuerno de la abundancia, que es el Salvador y que quienes miran su rostro se sienten aterrados por él.

Baphomets verdaderos y falsos

Los inquisidores trataron de reencontrar esas misteriosas cabezas. El 11 de mayo de 1307, la comisión convocó a Guillaume Pidoye, administrador y guardián de los bienes del Temple y, en calidad de tal, poseedor de las reliquias y arcas requisadas con ocasión del arresto de los templarios en París. Se le rogó, así como a sus colegas, Guillaume de Gisors y Raynier Bourdon, que presentaran ante los comisarios todas las figuras de metal y de madera que hubieran podido coger. No había más que una que pudiera presentar cierto interés en el contexto de la investigación. Se trataba de un busto de mujer, dorado, especie de relicario que contenía un cráneo, envuelto en «*syndron rouge*» y que llevaba una etiqueta con la inscripción «*Caput L V III m*» (*cabeza 58 m*). Estamos lejos de las descripciones del baphomet, aun cuando pueda relacionarse este cráneo con la figurita femenina de la que habla el caballero Pierre Girald de Marsac. El que le había recibido en la Orden se la habría sacado de debajo de sus vestiduras diciéndole que confiara plenamente en ella a fin de que todo fuera bien.

La *Crónica de San Dionisio* menciona un curioso objeto encontrado en el Temple de París, «un viejo trozo de piel, que parecía totalmente embalsamado, como una tela brillante, y que tenía en sus órbitas carbúnculos centelleantes como la luz del Paraíso». Esto nos recuerda algo, pero aparte de ello, no tenemos gran cosa en concreto a que hincarle el diente.

Generalmente, las obras consagradas al Temple tienen por costumbre representar al baphomet como un diablillo barbudo y hermafrodita. Sus pechos de mujer, su sexo viril y sus alas membranosas de murciélago se han vuelto indisociables del término baphomet, y sin embargo ello no tiene estrictamente nada que ver con lo poco que se sabe merced a los testimonios. Esta descripción imaginaria es debida a una asimilación. Los ocultistas del pasado siglo decidieron, basándose o no en algunas tradiciones, que el pequeño demonio que adornaba la portada de la iglesia de Saint-Merri, no lejos de la torre Saint-Jacques, en París, no era otra cosa que un auténtico baphomet templario. ¿Es porque el lugar se halla cerca del antiguo recinto del Temple por lo que se decidió así?

Se trata, en cualquier caso, de un pequeño demonio tallado, de treinta centímetros de alto y que destaca en el lugar normalmente reservado a Cristo en la gloria: el pináculo de la portada central. Por desgracia, la iglesia de Saint-Merri, tal como puede verse hoy, no data sino del siglo XVI. Fue edificada entre 1530 y 1612, agrandada en 1743 y restaurada en 1842. Lo necesitaba, pues los revolucionarios la habían transformado sucesivamente en «Templo del Comercio» y en «Templo teofilantrópico», antes de devolverle su carácter de lugar de culto católico en 1803. Las diversas campañas de trabajos son de todos modos demasiado recientes para que la estatuilla pudiera ser un verdadero baphomet. Por otra parte, el clero local afirma que esta estatuilla en escayola no data sino de comienzos del siglo XIX, época en que habría ocupado el lugar de un Jehová primitivo. Para otros, el baphomet sería «auténtico», pero habría sido colocado allí tardíamente.

En 1870, a petición del ministro de Bellas Artes, M. de Ronchaud hizo una descripción pormenorizada del edificio, para el inventario general de las riquezas nacionales:

En 1842 se colocó bajo el doselete de las arquivoltas una doble fila de estatuillas que representan a unos personajes sentados. Dichas estatuillas son copias en escayola sacadas de la decoración de la puerta sur del transepto de Notre-Dame. Son obras del siglo XIII. El pequeño demonio que vemos en un extremo, en un lugar normalmente reservado a la imagen de Dios, es igualmente una restauración.

El diablillo de la portada de Saint-Merri, por más que ha sido descrito en todas partes como un auténtico baphomet templario, no se corresponde sin embargo con los testimonios recogidos con ocasión del proceso. En efecto, se trata siempre de una cabeza y nada más que de una cabeza. La asimilación viene de hecho de las seudoarquetas templarias que pertenecieran al duque de Blacas y en las que podía verse a un personaje hermafrodita. Sin duda, se trata de la asociación poco afortunada de estas arquetas al Temple lo que ha hecho considerar al diablillo de Saint-Merri como una representación de baphomet. En última instancia, el único punto en común es que nuestro diablejo tiene la cabeza de un demonio barbudo. Es poco.

Pero tal vez existen otras imágenes del baphomet. Así, en Saint-Bris-le-Vineux, en Yvonne, se ha reconocido a veces una cabeza baphomética tallada. Adorna no la encomienda templaria de la que no queda, por otra parte, gran cosa, sino una casa que perteneciera a la Orden y hoy convertida en la oficina de Correos del pueblo. Representa una cabeza cornuda, con la boca abierta, aparentemente barbuda. Un hecho reseñable es que presenta cierto parecido con la del diablillo de Saint-Merri. Ahora bien, muy cerca, existía otra encomienda: en Merry.

En Barbezières, en Charente, la encomienda no ha conservado más que su capilla. En el siglo XV, los edificios que servían como viviendas dieron paso a un castillo. En la segunda planta, se colocó una «colgadura de piedra», conjunto de grafitos recuperados en el propio lugar. Alain Lameyre señala:[52]

El afortunado que sea capaz de descifrar el mensaje secreto al que remiten estos signos tendrá acceso al tesoro enterrado de la Orden. Un baphomet rojo y oro habría sido identificado gracias a un examen de rayos X. La huella de él es guardada por un profesor de Bourges que no duda en afirmar que, aparte de su valor simbólico e iniciático, este baphomet representaría el plano de los subterráneos de la antigua encomienda. La figura geométrica que este símbolo permite poner en evidencia es una X, en cuyo centro se encuentra el punto de oro característico; este punto indicaría la ubicación de la cripta donde estaría enterrado el tesoro.

Una X como la forma indicada por las piernas del demonio de Saint-Merri. No obstante, esto nos deja absolutamente escépticos.

En Salers (en el Cantal) existe aún una casa templaria que servía de posta en la ruta de peregrinación hacia Santiago de Compostela. Actualmente es una escuela. A pesar de las reformas realizadas en época renacentista, ha conservado algunos elementos que datan del siglo XII. Sigamos la descripción que de ella hace Annette Lauras-Pourrat:[53]

Desde la entrada, a la izquierda de la bóveda, el arco arranca de una columna estilizada con gran sencillez; a la derecha, la gruesa puerta de madera claveteada esconde una figura extraña: los ojos rasgados tienen un no sé qué de oriental; destaca la barbilla, a pesar de la barba que la adorna; los cabellos muy largos, abundantes, femeninos, están ceñidos por una corona de follaje (...). Esta figura enigmática simboliza al andrógino. De cada lado, dos columnas están adornadas con leones esculpidos, con cabeza humana y coronada: el león de Judá y el león de David. Los medallones de las cuatro claves de bóveda son todos distintos. El primero es la simple cruz templaria. El segundo medallón es una rosa sobre una especie de trébol de cuatro hojas (símbolo de san Juan) adornado con unas letras tan misteriosas que el jeroglífico no ha sido aún descifrado. El tercero representa la rosa en el octópodo, rosa de 24 partes (8×3) con el recuerdo de la cruz patada en el centro. Por último, el cuarto medallón recuerda el rostro de la puerta, con unos ojos almendrados y una barba que se diría arreglada como la de los faraones egipcios; un mechón de cabellos con una gran semejanza a una llama parte de la parte superior de la cabeza para abrirse en abanico. Esta figura simbolizaría el ser que es capaz de captar las corrientes telúricas al mismo tiempo que las corrientes espirituales.

¿Hay que ver en esta cabeza barbuda la de un baphomet? La relación con el mundo vegetal podría incitarnos a ello.

Recordemos igualmente la escultura de orante que adorna la pared de la iglesia de Roth, en las Ardenas belgas. Podría representar al enigmático ídolo. Otra imagen interesante es la que figura en grafito en la misteriosa pirámide de Falicon, más arriba de Niza. La cabeza dibujada es muy semejante a la de Saint-Bris-le-Vineux. Ahora bien, la pirámide de Falicon estaba unida por medio de unos subterráneos a una casa templaria.

En Provins, un baphomet barbudo, alado, cornudo y hermafrodita habría decorado el pináculo de la portada de la Iglesia de Sainte-Croix, construida por Thibaut de Campaña después de que hubiera traído de las cruzadas un fragmento de la Vera Cruz. Pero este baphomet no habría sido colocado allí hasta mucho más tarde y sería de todas maneras muy posterior a la caída de la Orden.

¿Hay que ver una alusión al baphomet en la iglesia de la encomienda de Charrière, en Saint-Moriel, en la Creuse? Había allí diez cabezas esculpidas. Las de la nave mostraban a unos caballeros con casco e imberbes y las del coro aparecían con el rostro enmarcado por abundante vello. Observemos de paso (volveremos a ello) que esta iglesia estaba consagrada a san Juan Bautista antes de estarlo a santa Clara, esa Clara que tiene más relaciones con la clara fontana que con la amiga de san Francisco.

Tal vez es un baphomet lo que decora también la clave de bóveda de la capilla de Notre-Dame-de-Piété, cerca de Sainte-Eulalie-de-Cernon.

En 1951 se descubrió en una encomienda templaria de Somerset, en Inglaterra, un fresco que fue colgado en la pequeña iglesia de Templecombe. Se ve en él una cabeza humana barbuda, a tamaño natural. El rostro se asemeja al que se atribuye generalmente a Cristo. Según Séverin Batfroi,[54] esta cabeza sería idéntica a la del Sudario de Turín y el baphomet no sería otra cosa que la reproducción del rostro del Santo Sudario. En el mismo orden de cosas, Jean-Gaston Bardet[55] cree que los templarios poseyeron el Santo Sudario, lienzo del que se pierde el rastro entre los años 1207 y 1353. Ello explicaría, según él, que reapareciera en las canonjías de Lirey, a veinte kilómetros del Fôret d'Orient, que fue una de las cunas de la Orden. Si esta hipótesis fuera exacta, ¿cómo explicar que los templarios renegaran de Cristo? Bardet pretende precisamente que guardaron escondido el sudario que aportaba la prueba de la existencia de ese Cristo del que renegaban. Pero, entonces, ¿por qué habrían propagado su imagen por medio del baphomet? Todo ello no sería en absoluto lógico. Y aunque se piense que la renegación no era sino el recuerdo de la de san Pedro, no se comprende muy bien por qué los templarios habrían escondido una reliquia semejante.

Lo que las representaciones del baphomet pueden mal que bien enseñarnos tal vez se encuentre en la etimología de este término.

Hipótesis etimológicas relativas al baphomet

Varias son las hipótesis que se han planteado a este respecto, pero, de todas formas, conviene ser prudente, ya que a este término le han sido atribuidas varias formas diferentes tales como *bafumet, bahomet, bahumet*.

Podríamos ver en él una transformación de la palabra *ba-phé*, que significa bautismo en griego, y de *meteos*, iniciación. Esta fórmula podría tal vez relacionarse con el bautismo de fuego de los gnósticos, manifestación renovada del descenso de las lenguas de fuego sobre la cabeza de los apóstoles.

También se ha dicho que se trataba de una deformación de *Mahomet*. Esto es lo que afirmaba en el siglo XIX Sylvestre de Sacy, que habría descubierto en un glosario del siglo XVIII el término *bohomerid*, que significa *mezquita*. La hipótesis no se sostiene en absoluto si recordamos que el islam prohíbe la representación de la figura humana.

Hammer-Purgstall creía que la palabra estaba ligada al árabe *bahumid*, que designa al becerro, pero nadie sabe dónde encontró este término.

Jean-Louis Bernard[56] veía en ella un derivado de la asociación de los nombres de dos dioses egipcios: *Pajt y Sejmet*. Y Gérard de Sède encuentra en *Bapheus mete* la traducción de *tintorero de la luna*, es decir, alquimista.

Para Victor-Émile Michelet, se trataba de la abreviatura de la expresión *TEMpli Omnium Hominum Pacis ABbas*, que debería ser leída cabalísticamente de derecha a izquierda reteniendo finalmente nada más que las letras que se prefiera. A partir de ahí, se puede demostrar lo que se quiera. Poco convincente igualmente es la hipótesis complementaria utilizando TEM (parcela) OPH (serpiente) y AB (padre), o sea, *parte de la serpiente de los orígenes*.

Para Jacques Breyer, *baphomet* es *oubah-phoumet*, la boca del padre.

Se ha pensado también en el puerto de Chipre: *Bapho*, donde se instalaron los templarios. Hubo en este lugar en la Antigüedad un templo dedicado a Astarté. Se adoraba en él a la diosa bajo la forma de una piedra negra y se le sacrificaban niños, como al dios Baal. Albert Ollivier imagina que los templarios tal vez trajeron de Chipre una cabeza o unas osamentas que habrían querido relacionarse a continuación con el culto de Astarté. Todo es posible y también lo contrario. Se han propuesto otras muchas hipótesis sin que ninguna sea verdaderamente concluyente.

Dicho sea de paso, todas estas interpretaciones no son tal vez más que puras elucubraciones, puesto que el término *baphomet* no es sin duda el verdadero nombre de este objeto que los templarios no mencionaban jamás en sus declaraciones. No hablaban sino de cabeza o de ídolo. Podría tratarse de una incorrecta interpretación de la declaración de un hermano que habría visto una figura *mahometana*, es decir, para él simplemente demoníaca. En efecto, todo parece haber partido de la declaración de Gaucerand de Montpezat, que se acusó de haber adorado una imagen *baffométique*, término derivado de Mahomet (Mahoma) en lengua de Oc. Por otra parte, en 1265, el trovador Olivier el Templario escribía en *Ira et dolor*:

[los turcos] saben que cada día nos rebajarán, pues Dios duerme, el cual velaba antaño, y baphomet manifiesta su poder y hace resplandecer al sultán de Egipto.

Y añadía:

Ningún hombre que crea en Jesucristo permanecerá por más tiempo, si ello le es posible, en este país, pues en el Moustier de Sainte-Marie se hará la bafomería.

Designaba así a la mezquita.

San Juan Bautista en el centro del enigma

Así pues, no se debe asociar verosímilmente el término *baphomet* a la cabeza adorada en ciertos Capítulos. No obstante, por si acaso, intentaremos una última explicación etimológica. Algunos, en efecto, han querido ver en esta palabra la asociación de san Juan Bautista con Mahomet bajo la forma BAPtiste-MaHOMET.

La clave del enigma podría encontrarse en el pueblo de Anzeghem, en Flandes, entre Audenaerde y Courtrai.[57] Se encuentra allí una vieja iglesia templaria dedicada a san Juan Bautista. En el altar de la derecha hay expuesta una cabeza de madera muy antigua, barbuda, con un mango hundido en la nuca para presentarla a la veneración de los fieles. Es de hecho un relicario que contiene un fragmento del cráneo de san Juan Bautista, uno de los personajes más venerados por los templarios. He aquí algo que, finalmente, se correspondería muy bien con las cabezas barbudas descritas por estos últimos, en cualquier caso notablemente mejor que el diablillo de Saint-Merri en París.

Esto incluso coincidiría perfectamente si hemos de remitirnos a lo que escribía Maurice Magre en *Jean de Fodoast*. Contaba éste cómo los templarios y los caballeros teutónicos que se batían contra los hunos habían visto a éstos casi vencidos, dispersos, reagruparse de repente, volver a atacar y vencer, después de haber contemplado, blandida en medio de ellos en la punta de una vara, la imagen de una cabeza barbuda de aspecto horrible. Maurice Magre nos informa de que esta tradición fue relatada por Enrique de Silesia, que tomó parte en la batalla. ¿Sería un baphomet arrebatado a los templarios el que habría decidido la victoria de los hunos y la derrota del Temple? ¿Y no nos hace pensar esta vara en el mango clavado en la nuca del relicario de Anzeghem? Maurice Magre añadía:

Bien pudiera ser que los grandes conquistadores, aquellos que tienen un dominio sobre los pueblos del universo, fueran hombres que se han servido de la magia y han canalizado las fuerzas del mundo en su provecho por medio de signos.

Ahora bien, para el templario Bartholomée Rocheril, la cabeza del baphomet debía ser invocada en caso de peligro. Era capaz de salvar.

Pero volvamos a san Juan Bautista, de quien la cabeza de Anzeghem contiene una reliquia. Los templarios le rindieron un verdadero culto. Por una parte, le dedicaron numerosas iglesias y capillas, pero además utilizaron mucho un símbolo que le relacionaba con Cristo: el cordero. No es raro encontrar cruces templarias adornadas con este cordero portador de una bandera en la que figura, como añadido, la cruz patada de la Orden. Este símbolo adorna igualmente a veces las claves de bóveda de sus iglesias. Así lo encontramos en la de la encomienda de Brélevennez, en las Côtes d'Armor. El cordero asociado a la cruz patada se encuentra también en Jouers, cerca de Accous, en los Pirineos Atlánticos, con unas cabezas cortadas esculpidas, una de las cuales es considerada como la de Abraham. El *Agnus Dei* figura en más de diecisiete ocasiones en las improntas de sellos templarios y ha sido encontrado ocho veces en cospeles correspondientes a un período bastante largo, puesto que se extiende de 1160 a 1304.

Ahora bien, san Juan Bautista se integra, lo que es fundamental, en la vieja tradición del culto de las cabezas cortadas. Fue decapitado en Maqueronte, en Arabia. Herodías hizo traer su cabeza a Jerusalén y se preocupó de hacerla enterrar junto a la casa de Herodes, temeroso de que el profeta resucitase si su cabeza era inhumada con su cuerpo, según cuenta Santiago de la Vorágine en su *Leyenda dorada*. El cuerpo habría sido enterrado en Sebaste por unos fieles discípulos. En 362, el emperador Juliano lo hizo exhumar y quemar. Ahora bien, cuenta la tradición que en 453, bajo el reinado de Marciano, san Juan Bautista reveló a dos monjes de Jerusalén la ubicación de su cabeza. Éstos fueron a toda prisa al palacio que perteneciera a Herodes. Encontraron allí, siguiendo las indicaciones del santo, su inestimable cabeza, envuelta en unas alforjas de piel de cabra procedentes sin duda de las ropas que el Bautista llevaba en el desierto. Pero la reliquia desapareció de nuevo, robada por un alfarero que la enterró en Emesa. Mucho más tarde, el propio san Juan Bautista se manifestó una vez más a un monje a fin de que su cabeza fuera reencontrada. La alforja fue desenterrada y la reliquia llevada a Constantinopla. O al menos esto es lo que se intentó hacer, puesto que la cabeza no quiso saber nada de ello y se negó a prolongar el viaje más allá de un lugar situado cerca de Calcedonia. No obstante, tras un largo período de descanso, la reliquia se dejó transportar a Constantinopla. Un canónigo de Amiens, de nombre Wallon de Sarton, la encontró en esta ciudad en 1204. Al igual que el Grial, se colocó en una bandeja de plata. La trajo a Amiens tras haber vendido la bandeja para sufragar su viaje.

Ahora bien, aunque el sello del Maestre de Inglaterra llevaba un Agnus Dei, su contrasello estaba adornado con la cabeza cortada de san Juan Bautista con la inscripción: *Yo soy el garante del cordero.* Esa cabeza barbuda, hirsuta y un tanto aterradora, unas veces presentada de perfil y otras sobre la bandeja de Salomé, la encontramos por lo menos en siete sellos hallados en Inglaterra, Italia, Alemania y Francia. Cabeza cortada y barbuda, capaz de expresar terror, he aquí algo que se asemeja mucho al baphomet.

La cabeza de san Juan Bautista tenía extraños poderes. En efecto, Herodías, que le pidió a su hija Salomé que obtuviera de Herodes la cabeza de este santo que rechazaba sus proposiciones, murió en extrañas circunstancias. Cuenta la leyenda que, teniendo en sus manos la cabeza cortada del Bautista, la habría insultado. La cabeza se habría animado, le habría soplado en el rostro, y Herodías habría muerto al punto. Otras leyendas recogen versiones distintas.

San Juan Bautista aparece así como una figura bastante semejante a la de Orfeo en el marco del culto de las cabezas cortadas. Orfeo fue muerto por unas mujeres tracias que le guardaban rencor por no haber mostrado interés por ellas. Su cabeza, cortada, se convirtió en objeto de culto; interrogada, emitía oráculos. Tal como recuerda Raymond Reznikov,[58] así ocurrió también con la cabeza del celta Bran el Bendito, talismán protector y símbolo de resurrección. Bran había sido herido en la pierna por una lanza emponzoñada, episodio que no deja de estar relacionado con la historia del Rey Pescador, en la búsqueda del Grial. Ordenó a sus compañeros que le cortaran la cabeza y fueran a enterrarla a Gwynn Vryn, la colina blanca, en Londres. Esta cabeza se convirtió entonces en un símbolo de inmortalidad y en un poderoso talismán, fuente de protección, de vida, de victoria y de riqueza. La cabeza de Bran el Bendito tuvo poco más o menos el mismo papel que el Grial. ¿No volvemos a encontrar en esto a nuestro baphomet que traía la riqueza, daba la victoria y la vida, hacía florecer los árboles y germinar las plantas? Podríamos recordar asimismo la historia de Cuchulain, cuya cabeza fue cortada por Lug. La «cabeza» del héroe irlandés fue enterrada en Tara, centro político y religioso de donde los reyes de Irlanda obtenían sus poderes mágicos. Esta cabeza era, pues, igualmente protectora.

En la versión primitiva galesa utilizada por Chrétien de Troyes para escribir su *Perceval el Galés o el cuento del Grial* se desarrolla una escena que no deja de tener relación con el asunto que nos ocupa. En la morada del Rey Pescador, en el castillo del Grial, dos hombres entran en la estancia. Llevan una gran lanza de la que manan hasta el suelo tres chorros de sangre. Dos doncellas les siguen con una gran bandeja sobre la cual una cabeza humana cortada gotea también sangre. En su novela, Chrétien se contenta con hacer ver a Perceval no ya una cabeza sino la copa del Grial.

En el relato francés *Perlesvaux*, Lanzarote se encuentra con el Caballero del Escudo Verde, que le indica un lugar extremadamente peligroso por el que debe pasar: el *Castillo de las Barbas*. Allí, todo caballero debe hacer entrega de su barba o bien batirse para conservarla. Cuando Lanzarote llega al castillo, ve el portal de entrada recubierto todo él de barbas y de un gran número de cabezas cortadas de caballeros. Lanzarote se deshace de los que le atacan. Al día siguiente, tiene aún que cortar la cabeza de un gigante para salvar su vida, pero ha de regresar al año siguiente para hacerse cortar su propia cabeza por el mismo gigante que ha vuelto a partir con su cabeza bajo el brazo. Jean Markale[59] señala que la misma historia se encuentra en un relato irlandés muy anterior, el festín de Brierin, cuyo héroe es el célebre guerrero Cuchulain. Este *juego del decapitado*, como es conocido, acaba con un simulacro de decapitación, y está relacionado con un tema bien conocido en la hagiografía cristiana: los santos cefaloforos (portadores de su cabeza tras una agresión) del tipo de san Dionisio en Francia, de san Tremeur y de santa Tryphine en Bretaña, o de san Mitre en Provenza.

La cabeza de san Juan Bautista, cortada a petición de Herodías, se integra perfectamente en el mito. ¿Y no murió Cristo además en el Gólgota, el «Monte de la Calavera» de Adán? ¿No fue allí donde la preciosa sangre fue recogida en la copa del Grial?

El cráneo evoca en las tradiciones iniciáticas la caverna que ilumina el ojo del Mundo. El túmulo yermo, el calvario, el Gólgota es «cráneo» y llevará la señal de la redención.[60]

La cabeza de Medusa, cortada por Perseo, petrifica al que la mira y Atenea la ostenta representada en su escudo. En la mitología escandinava, es la cabeza de Mimir la que sirve de oráculo a Odín, en la fuente, y la que adorna el escudo de sus guerreros.

En ciertos aspectos, el baphomet puede hacer pensar en Jano. Joven y viejo a la vez, era representado por los romanos con dos rostros, el uno lampiño y el otro barbudo. Uno miraba hacia el pasado y el otro hacia el futuro. Jano dio su nombre a nuestro mes de *janvier* (*januarius*, enero) que inicia el año tras el renacimiento del sol en el solsticio de invierno. Presidía también las empresas propicias y su nombre debe relacionarse con el de Juan, ese Ioan que atraviesa los tiempos y los mitos de orígenes diversos. Concuerda bastante bien con la dualidad aparente de los dos caballeros templarios sobre un mismo corcel. Jano bifronte, como dos veces Juan, el bautista y el evangelista, el del solsticio de verano y el del solsticio de invierno, santos casi gemelos. Jano del pasado y Jano del porvenir, Juan el precursor y Juan que debe regresar con la venida de Cristo.

Jano o Juan Bautista, no existe entre ellos gran diferencia en el plano simbólico, pero hay que considerar esta similitud importante en relación con el culto de las cabezas cortadas, y tendremos ocasión de confirmarlo.

Daniel Réju nos cuenta, por su parte, una historia muy extraña.[61] A finales del siglo XIX, se descubrió en la isla de Sein una gruta abierta por los druidas, frente al mar y únicamente accesible por barco. Al parecer, las sacerdotisas celtas emitían allí oráculos. Se hizo en ella un curioso hallazgo:

> Se trataba de una estatuilla de madera cuyo brazo derecho (al que faltaba la mano) se alzaba hacia el cielo, mientras que el izquierdo colgaba a lo largo del cuerpo. La estatuilla tenía una cabeza desproporcionada, con dos grandes agujeros redondos en el lugar de los ojos, una barba triangular hecha con cinco trazos verticales, un par de cuernos y un pecho de mujer. Y, entre ambos pechos, en relieve, figuraba una cruz del Temple, de considerable tamaño y perfectamente visible.

> Esta estatua ha desaparecido. Confiada a un sacerdote de las Côtes d'Armor, fue robada al poco.

Hay en esta descripción muchos puntos de semejanza con el baphomet. Y algunos que hacen pensar en Isis-Astarté, o también en Ishtar que, en Fenicia, se llamaba Baalit. Los cuernos en forma de medialuna deben ser asociados, así pues, al simbolismo lunar. Y Réju señala la frecuencia con que la medialuna se encuentra en los umbrales de las casas de los templarios:

> Más asombroso aún, estos lugares se hallan concentrados en el eje Gisors (los Croissants-de-Gisors) — Nogent-le-Rotrou — Bellême — Angers, por una parte, y en diversas provincias entre las más impregnadas de tradición céltica, Normandía, Ile-de-France, región del Loira y Bretaña, por otra.

Celta u oriental, el origen importa poco desde el momento en que se inscribe en la línea de una tradición universal. La cabeza cortada del Bautista presenta todas las características que le permiten representar el mismo papel protector que la de Bran el Bendito.

Los poderes del baphomet

Según los testimonios, la adoración de la cabeza se desarrollaba básicamente con ocasión de la celebración de los Capítulos, tan secretos que pesaban terribles amenazas sobre quienes osaran revelar lo que en ellos acontecía. Curiosamente, es cierto que los caballeros no revelaron nunca este secreto y no pareció que se tuviera excesivo interés en forzarles a hacerlo. Cuando se les hacían preguntas demasiado concretas, afirmaban no haber sido jamás admitidos a ellos, con el fin de eludirlas. A menos que las revelaciones que hubieran podido hacerse no hubieran sido consignadas por los escribanos forenses por razones que desconocemos.

Un testigo, Raoul de Presles, dijo que el rector del Temple de Laon, Gervais de Beauvais, le había asegurado que había en el Capítulo general de la Orden una cosa tan secreta (*quidam punctus adeo secretus*), que si, para su desgracia, alguien la veía, aunque ésta fuera el mismísimo rey de Francia, ningún temor a sufrir tormento impediría a los del Capítulo darle muerte al instante.

Algunos de los templarios, como hemos visto, atribuían propiedades especiales al baphomet, verdaderos poderes talismánicos. Por esta razón, rodeaban la cabeza de cuerdecillas de hilo blanco que eran a continuación entregadas a los hermanos. Éstos las llevaban alrededor de su cintura, en contacto con la piel. Precisemos que estas cuerdecillas no deben confundirse con el cíngulo de la Orden, emblema de castidad. Así, eran protegidos por la cabeza incluso cuando no estaban cerca de ella.

Sin embargo, encontrarse con la cabeza cara a cara no era algo que estuviera exento de peligro, lo que nos recuerda los poderes de la de la Medusa cortada por Perseo. Las actas del proceso así lo testimonian si hemos de hacer caso a una curiosa historia. Un caballero, puesto en presencia del baphomet, salió más pálido que un muerto, con el rostro desencajado, aterrado, despavorido. Declaró que no volvería a saber lo que era la dicha en tierra, cayó en un estado depresivo y no tardó en morir. ¿Había visto, tal como suponen Michel Angebert y Gautier Darcy,[62] a su propia «sombra» deslizarse bajo los rasgos del baphomet?

En cuanto a sus poderes, hemos visto que, como el Arca de la Alianza, este ídolo permitía conversar con Dios. Hay que pensar también en esa cabeza encantada de Cervantes en su *Don Quijote*, novela realmente iniciática, cabeza que emite oráculos (aun cuando no se trata más que de un truco)? Habría que relacionarla con la que el papa Silvestre II había traído de España y que respondía diciendo sí o no a las preguntas que se le hacían. Alberto el Magno habría poseído una cabeza similar, así como Gerbert d'Aurillac. Unos textos árabes hablan igualmente de una cabeza de oro oracular en poder de un brujo de El Cairo llamado El-Ghirby.

Estos poderes mágicos deben ser relacionados con el testimonio aportado por Me Antoine Sici de Verceil, notario, en la Comisión del 4 de marzo de 1311. Declaró entonces:

> Sobre la cabeza del ídolo he de decir lo siguiente: varias veces en Sidón, oí decir que un señor de esta ciudad había amado a una noble dama de Armenia, pero que no la había conocido carnalmente en toda su vida; una vez muerta, fue a conocerla en su tumba, en secreto, la noche en que aquélla fue enterrada. Inmediatamente después, oyó una voz que le dijo: «Regresa cuando sea el momento del parto; encontrarás tu progenitura y ésta será una cabeza humana». Una vez transcurrido el plazo, el caballero regresó a la tumba, y encontró una cabeza humana entre las piernas de la dama; oyó por segunda vez la voz que le decía: «Guarda esta cabeza, porque todo bien te vendrá de ella».

Jean Senandi, que había vivido en Siria, contó que la Orden había comprado la plaza de Sidón y que Julián, uno de los señores de la ciudad, había ingresado en la Orden y le había dado una cabeza obtenida por uno de sus antepasados tras haber abusado del cadáver de una virgen. Julián cometió apostasía, fue expulsado de la Orden y murió en la miseria. Pero los templarios habrían podido perfectamente guardar la preciosa cabeza.

Hugues de Faure confirmó la compra de Sidón por los templarios bajo el maestrazgo de Thomas Bérard, al que algunos hermanos achacaban la introduccion en el Temple de malas costumbres. Dio, sin embargo, una versión algo diferente de la historia. Habría oído decir en Chipre que la heredera de Maracleo en Trípoli había sido amada por un hombre que exhumó y violó su cadáver, y acto seguido le cortó la cabeza. Una voz le aconsejó conservarla como algo precioso, pues haría perecer a todos cuantos la mirasen. La envolvió y guardó en un cofre y cuando quería aniquilar una ciudad o vencer a los griegos, le bastaba con sacar la cabeza y desenvolverla. Queriendo atacar Constantinopla, se embarcó. Su vieja nodriza, vencida por la curiosidad, abrió el paquete para ver lo que contenía. Inmediatamente, se desencadenó una tempestad sobre la nave que fue tragada por las olas con toda su tripulación, a excepción de algunos marinos que sobrevivieron y pudieron contar la historia. Desde entonces, no se encontró ya ni un solo pez en esta parte del mar.

Según Guillaume Avril, este episodio podría haberse desarrollado en el remolino de Sétalias, donde surgía a veces una cabeza, arrastrando a todas las naves próximas hacia el fondo.

Señalemos, finalmente, que la virgen violada se llamaba Yse, que recuerda a Isis. ¿No decían los alquimistas que la materia prima se recoge «en el sexo de Isis»?

Promesa de abundancia, a veces cornudo, el baphomet nos hace pensar en Cernunnos, dios del panteón celta que también hacía crecer los árboles y germinar las plantas. Los hermetistas hablan igualmente de una figura llamada *Bahumid el Jaruf*, es decir, el secreto de la naturaleza y de la totalidad de los mundos. Patrick Rivière indica que se llama a esta figura «*el que crea y resucita*», lo que sugiere la idea de fecundidad y de abundancia ligada a Cernunnos, que se manifestaba bajo la forma de un hombre cornudo.[63]

A este respecto, podemos ver en la basílica de Vaison-la-Romaine una representación de Cristo. En ella aparece Jesús... cornudo, sus cuernos presentan el aspecto de una media luna.

Los poderes de esta cabeza ligada a Cristo pudieron igualmente estar en relación con unas fuerzas telúricas, incluso demoníacas, al menos en el plano simbólico. Cuando se franquea un umbral, lo que está del otro lado puede revestir muchas formas distintas y sorprendentes. Ahora bien, uno de los aspectos que toma la manifestación del guardián del umbral es precisamente el cambio de cabeza.[64]

Los templarios guardianes del diablo

Las características mágicas atribuidas al baphomet han hecho pensar a algunos que los templarios practicaban cultos demoníacos. Nada más incierto que esto, aunque la bula de supresión de la Orden les acusa de haber elevado a los altares a Baal para iniciar y consagrar a los suyos a los ídolos y a los demonios. No se excluye en absoluto que algún grupúsculo, en el interior del Temple, tuviera algún comercio con el demonio y que asumiera riesgos abusivos a este respecto, pero ello ocurrió por unas razones muy concretas. Para comprenderlo, hay que remontarse a los orígenes, a la ocupación del Templo de Salomón.

Jerusalén está ligado al monte Sión, siendo este nombre de Sión anterior a Israel. De origen cananeo, nos recuerda que ninguno de los nombres sagrados de estos lugares es realmente de origen judío, aunque ello nos extrañe, ni Sión, ni Jerusalén, ni Moriah.

Según Pierre Dumas,[65] Sión debe vincularse a Saphon, al no diferir las dos palabras en hebreo más que en una sola letra. «*El último término, que en hebreo designa el norte, es en primer lugar el nombre de la principal montaña sagrada de Canaán, montaña polar*». Ahora bien, ésta, verdadero centro del mundo, estaba consagrada a Baal. El dios se manifestaba allí en la tormenta y los rayos, en el templo que la diosa Anat le había construido en la cima de la montaña.

Sión aparece en este caso como una montaña cósmica, que tiene su cima en el cielo y su base profundamente anclada en el mundo subterráneo, como el *Mashu* (nombre que significa «los gemelos») del mito babilónico, montaña sobre la cual Gilgamesh prosigue su búsqueda para llegar al Paraíso. Mashu es una montaña doble como las dos columnas del Templo de Salomón, y Gilgamesh pasa entre estas dos montañas-columnas como si franqueara una puerta en la entrada de los infiernos. De igual modo, la puerta puede abrirse en los cielos y Ezequiel asiste a la gloria de Yavé llegando al Templo por el pórtico que da a levante. Y estas puertas de Yavé eran las columnas del Templo.

Salomón hizo construir unos lugares de culto para unas divinidades «extranjeras», como el templo de Kamosh, dios de Moab, en el monte de los Olivos, o también unos templos a Astarté y a Milkom.

Una leyenda musulmana afirma que había obtenido de Dios meter a Iblis, el demonio, en prisión, encerrarle a cal y canto e impedirle actuar. Pero la tierra no daba ya fruto, el grano no germinaba ya, los árboles no crecían y reinó la hambruna. Salomón tuvo que decidirse a reclamar la liberación de Iblis. Conviene recordar en este momento las particularidades del baphomet que, al igual que Iblis, favorece la germinación.

Así, el Templo de Salomón aparece a través del mito como una puerta que establece una comunicación tanto con los cielos como con el mundo infernal. Esto se ve reforzado por la presencia del Arca de la Alianza, ella misma un medio privilegiado de comunicación con Dios, igual que el baphomet, según determinados testimonios de templarios.

Profundicemos un poco más en el examen de las posibles relaciones entre el Templo y el demonio. Sumerjámonos en la apasionante obra de Jean Robin consagrada a *Set, el dios maldito*.[66] Nos recuerda que el mojón de un recinto sagrado era designado con el nombre de piedra de asilo, es decir, por un juego de palabras con las de «piedra del asno», ese asno, animal del dios Set que era también Tifón.

Set, el dios rojo de cabeza de asno, dios de la violencia y de la tormenta (lo que le acerca a Baal), asesino de su hermano Osiris, era el que algunos autores árabes denominaban *Agathodaïmon*, la «buena serpiente». Robin escribe:

Set, en un contexto gnóstico bastante tardío, fue invocado bajo el nombre de *Io* (el asno) o *Iao* (divinidad con cabeza de gallo, cuya función eminentemente setiana veremos más adelante) que se relacionará tanto más fácilmente con Yavé cuanto que el templo judío de Elefantina, por ejemplo, era llamado «templo del dios Ya'on» en los papiros arameos encontrados en el lugar.

Y añade:

La identificación del gallo y del asno (Io e Iao) como hipóstasis ambos de Set, no es en absoluto accidental y fortuita. Parece derivar, por el contrario, de una tradición esotérica que se volvió sin duda muy firme en el seno del judaísmo exotérico, que estuvo también tentado de satanizar estas representaciones de Set, que ya no comprendía. Es cierto que en el cristianismo, el episodio bien conocido del Evangelio relativo a la renegación de Pedro atestigua la función esotérica del gallo (...). El gallo hace aquí explícitamente función de acusador con respecto a Pedro, que encarna, por supuesto, el exoterismo.

¿No fue la cresta del gallo el modelo de gorro frigio de los iniciados, el de los pastores de Arcadia? En cuanto al asno, no hay que olvidar que forma parte de los animales del pesebre.

Según Weysen, que ha estudiado muy especialmente la presencia de los templarios en la región de Verdon: [67]

La presencia de Nascién, antiguo duque de Serafe, cuñado de Evalach, rey del Grial, en la Ínsula Giratoria y en

el templo de Sarraz donde se encontraba un ídolo Ascla-
fas, ligado al asno que está representado en la fortaleza de
Valcros, sugiere una relación entre los gnósticos naasenos.
Nascién puede, efectivamente, significar «el que conoce
la nave», es decir, la nave del santo Grial, o bien simboli-
zar a los naasenos, gnósticos ofitas cuyo dios era Sabaoth,
creador del cielo y de la tierra y a quien se le atribuía una
cabeza de asno o de jabalí como al dios egipcio Set. Estos
gnósticos ofitas o naasenos veneraban a la serpiente, símbolo de la gnosis. Sabaoth o Iadalbaoth o Iao era un dios
de cabeza de asno que un grafito del Palatino (siglo III)
representaba irónicamente crucificado delante de un de-
voto arrodillado (...). El dios exotérico Set o Tifón, hijo
del Tártaro, con cuerpo de serpiente y cabeza de asno
ostentaba también el nombre de Akephalos (sin cabeza).

Estos gnósticos asimilan voluntariamente a Sem, Set y Mel-
quisedec, mezcla igualmente constatada entre ciertos mani-
queos y entre los ismaelíes del Viejo de la Montaña.

Hemos visto que Ioan-Jano-Juan Bautista puede tener
un vínculo con Set invocado bajo el nombre de Io. Set, igualmente llamado Akephalos, el ser sin cabeza, que nos remite
a Juan Bautista. Ahora bien, en la *Leyenda dorada* de Santiago de la Vorágine, obra contemporánea a los templarios,
encontramos este curioso pasaje concerniente a san Juan Bautista:

Juan es llamado Lucifer o estrella de la mañana, porque fue el término de la noche y de la ignorancia y el comienzo de la luz de la Gracia.

Santiago de la Vorágine dice también:

Realizó el oficio de los tronos: la función asignada a
estos espíritus es la de juzgar. Juan juzgó a Herodes cuan-

do le dijo: «No puedes lícitamente tener como tuya a la mujer de tu hermano».

Curioso si se piensa *a contrario* que Set ardía de deseos por Isis, la mujer de su hermano Osiris. Dos Juanes en los dos solsticios y dos rostros de Jano, uno para la luz y otro para las tinieblas.

Decididamente, ¿cuáles pudieron ser las relaciones de los templarios con este mundo del revés? Para Alain Marcillac:

Podría deducirse que la palabra baphomet representa la piedra de Beth-El, que sirve para retener al diablo en el Tehom. En consecuencia, los templarios habrían sido, al menos simbólicamente, los vigilantes o los guardianes del diablo para permitir a la Humanidad elevarse hacia las alturas de la verdadera espiritualidad.

¿Guardianes los templarios del diablo, impidiéndole salir pero domesticando sus poderes mejor que Salomón, a fin de que la germinación de la tierra tuviera lugar? ¿Los templarios, durante cuya existencia no se padeció ninguna hambruna? Después de todo, san Pedro tiene dos llaves. Si una abre la puerta del Paraíso, la otra puede abrir la de los infiernos. ¿Se encierra en esto el secreto o una parte del secreto encontrado por Hugues de Payns y sus amigos en el emplazamiento del Templo de Salomón en Jerusalén?

En efecto, afirma una tradición judaica que la Roca de Jerusalén se hunde en las aguas subterráneas del Tehom. En la Mishna, se dice que el Templo se encuentra encima del Tehom, del que Alain Marcillac recuerda que es similar a Apsu. Así, al igual que en Babilonia existía la puerta de Apsu, en Jerusalén, la Roca del Templo cierra la desembocadura del Tehom. No hay que olvidar tampoco al hombre que descendió al interior de un pozo en tiempos de Omar. Vio en su fondo una puerta, franqueó el umbral y descubrió un paisaje lujuriante. Se trajo una hoja y fue a advertir de ello a Omar, pero no volvieron a encontrar jamás la puerta. Sin embargo, su recuerdo vegetal nunca se marchitó.

Los templarios estaban instalados en ese lugar. Fue a partir de allí cuando comenzó toda su aventura, con la ayuda de los rabinos contratados por Étienne Harding y sus cistercienses. ¿No se habrían convertido así los templarios en los guardianes del diablo? Vigilantes que tuvieron quizá la tentación de utilizar en su provecho unas fuerzas que creyeron poder dominar, lo cual es la base misma de la magia.

¿Qué importa en este caso que se crea o no en el diablo? ¿No bastaría que ellos hubieran creído en él?

Se lee en el *Apocalipsis*:

> Vi un ángel que descendía del cielo, trayendo la llave del abismo y una gran cadena en su mano. Tomó el dragón, la serpiente antigua, que es el diablo, Satanás, y la encadenó por mil años. Le arrojó al abismo y cerró, y encima de él puso un sello para que no extraviase más a las naciones hasta terminados los mil años, después de los cuales será soltado por poco tiempo.

Y el cordero caro a san Juan Bautista está echado sobre el libro del *Apocalipsis* de san Juan Evangelista, cerrado con siete sellos que deben permanecer cerrados hasta que llegue la hora. En ese momento sin duda, los dos rostros de Jano se mirarán el uno al otro. En cualquier caso, es probablemente en ambos Juanes en quienes hay que buscar el secreto de los dos templarios montados sobre un mismo corcel, y más allá la mirada horripilante de la cabeza cortada de san Juan Bautista, depositada sobre su bandeja como el Grial sobre el tajo.

CUARTA PARTE

De los Asesinos a las razas malditas

1

Los templarios y el islam

Los templarios en contacto con dos mundos

Los templarios fueron acusados a menudo de haberse convertido al islam. Hemos visto que el término baphomet había sido relacionado con el nombre del profeta. Y sin embargo la Orden fue sin duda virgen de toda traición a este respecto. Ello no es óbice para que la actitud de los templarios con respecto a sus enemigos —de aquellos que consideraban a los cristianos como infieles, de esos musulmanes cuya misión consistía en combatir— no fuera siempre comprendida. Se les reprochó confraternizar con el adversario.

Al entrar en Jerusalén, los cruzados habían causado una inmensa masacre de infieles. Los templarios no aplicaron jamás tales métodos. Entrar en un país por la fuerza es una cosa, mantenerse en él otra muy distinta y no cabe en absoluto esperar un resultado feliz de una ocupación que se hace en medio del desprecio de las poblaciones locales. Desde el comienzo, la Orden lo había comprendido perfectamente. Hay que decir que, contrariamente a buen número de cruzados que venían para una campaña militar y luego volvían a partir bastante rápidamente, ellos se quedaban en el lugar.

Además, se interesaron mucho por la civilización que se encontraron en Oriente. Trataron de comprenderla, de asimilar su esencia. No fueron los únicos, pues todos los occidentales que se quedaron el suficiente tiempo en el lugar sufrieron más o menos la influencia de Oriente. El clima les llevó a unas formas de vida distintas. Se acuñaron monedas bilingües con una cara en árabe a fin de facilitar los intercambios. Por ejemplo, los venecianos acuñaron en San Juan de Acre un besante de oro que llevaba concretamente el nombre de Mahoma y el año musulmán. Ello era suficiente para provocar un gran escándalo en Occidente. Numerosos cruzados estudiaron árabe y armenio. Fue especialmente el caso de la mayor parte de los Grandes Maestres de la Orden del Temple, que optaron igualmente por tener secretarios musulmanes.

Del mismo modo, en el plano jurídico, los usos del derecho musulmán sustituyeron al juicio de Dios muy practicado aún en Occidente. Se prestaba juramento sobre los diferentes libros sagrados cristianos propios de los latinos, griegos, maronitas, nestorianos o jacobitas, y sobre los textos sagrados musulmanes o judíos.

Muchos cruzados sucumbieron a los encantos de Oriente hasta el punto de casarse con musulmanas. Sus hijos, cada vez más numerosos, terminaron incluso por constituir una verdadera comunidad cuyos miembros eran designados con el nombre de *poulain*.

Los templarios no manifestaron ninguna animosidad *a priori* contra las gentes del islam, incluso cuando combatieron contra ellas. Tuvieron, además, en sus propias tropas, auxiliares musulmanes en gran número a los que dieron el nombre de *turcópolos*.

Sin duda supieron apreciar también los conocimientos científicos de los árabes. La astronomía babilónica estaba mucho más adelantada que todas las demás. La Universidad de El Cairo superaba ampliamente a las de Occidente. Las más grandes y ricas bibliotecas eran islámicas. La civilización creada en el sur de España por las dinastías musulmanas convertía comparativamente en burdos a los barones francos del norte. Fue en contacto con sabios, pensadores, juristas y médicos del islam como iba a formarse la élite intelectual de Occidente. Era allí adonde iba la gente a perfeccionarse en matemáticas, en física, en astronomía, en agronomía, en filosofía. El inventor del álgebra era árabe (*Khwarezmi*), así como Al-Tusi, que inventó la trigonometría. Sabios como Rhazes o Avicena eran conocidos en toda Europa. Esto no podía sino despertar el respeto y la admiración de los cruzados más conscientes, y en particular de los templarios, que entraron en contacto con esta civilización tanto en España como en Oriente, mientras que en Occidente no todos los clérigos sabían escribir.

Es cierto que el respeto manifestado por los templarios hacia sus enemigos no era siempre comprendido por los toscos caballeros recién llegados de Europa.

Un día el emir Usama y el capitán turco Unur fueron a hacerle una visita a Foulques de Anjou, en Jerusalén. Usama sintió deseos de recogerse. A continuación contó lo que sucedió:

Entré en la mezquita de Al-Aqsa, que estaba ocupada por mis amigos los templarios. Al lado había una pequeña mezquita que los francos habían convertido en iglesia. Los templarios me asignaron esta pequeña mezquita para hacer mis oraciones (...). Un día entré en ella, glorifiqué a Alá. Estaba recogido en mis oraciones cuando uno de los francos se abalanzó sobre mí, me agarró y volvió mi cara hacia Oriente diciendo: «¡Es así como se reza!» Un grupo de templarios se precipitó sobre él, le aferraron y le expulsaron (...). Se excusaron conmigo diciendo: «Es un extranjero que ha llegado estos últimos días del país de los francos. Jamás ha visto orar a nadie que no esté de cara a Oriente». Yo respondí: «Ya he orado bastante por hoy». Salí, asombrado de lo descompuesto que tenía aquel demonio el rostro, de cómo temblaba, y de qué impresión había sentido de ver a alguien rezar vuelto hacia la Kaaba.

Comprensión, tolerancia, respeto mutuo, formaban parte de la filosofía de los templarios, pero de ahí a ver en ello una conversión no había más que un paso que muchos dieron demasiado deprisa. Y más teniendo en cuenta que nada de todo esto impidió a los monjes soldados estar en todos los combates, comportarse valerosamente en ellos y pagar un oneroso tributo a los guerreros de Oriente. ¡Cuántos barones francos debieron no ser vencidos gracias a la intervención providencial de los templarios que hicieron cambiar las tornas de la batalla! ¡Cuántas veces debieron de morderse los puños los cruzados por no haber querido hacerles caso!

La *realpolitik* de los templarios y la presunción de san Luis

En cualquier caso, los caballeros de la Orden del Temple, incluso cuando estaban convencidos de comprometerse en una táctica que no conducía sino a la catástrofe, se mostraron siempre solidarios con los demás cruzados y no les abandonaron jamás. Así fue, ante Mansura, el 8 de febrero de 1250. Habían puesto en guardia al conde de Artois, hermano del rey, previniéndole de que era una locura tratar de tomar la ciudad. El conde les tachó de cobardes. El Gran Maestre Guillaume de Sonnac palideció ante el insulto y respondió que los templarios no acostumbraban tener miedo y que le acompañarían. Pero le previno también de que ninguno regresaría probablemente con vida. Y, en efecto, fue una masacre. Los caballeros cayeron bajo las flechas y las cimitarras de los mamelucos y únicamente tres lograron escapar.

Los templarios tuvieron también que combatir la locura de san Luis, que no pensaba más que en pelear, convencido como estaba de los derechos que asistían a los ejércitos francos, y que fue el responsable de algunos de los más espectaculares desastres de estas guerras orientales. Se acostumbra a ver en este rey a un personaje adornado de todas las prendas y virtudes. ¡Qué error! San Luis, rey de la cruzada contra los albigenses y de la masacre de poblaciones del Languedoc, fue también quien se alzó contra los tratados firmados entre los templarios y el sultán de Siria. Humilló al Gran Maestre y a los dignatarios de la Orden y les obligó a pedir perdón, en presencia del ejército entero, descalzos, como a vulgares penitentes, por hacer firmado un tratado con unos enemigos. Hizo desterrar de Tierra Santa a Hugues de Jouar, que había negociado para la Orden. El fanatismo de este rey no había de tener otro efecto que arrastrar a sus hombres a la masacre y ello gratuitamente. Lo que los templarios habían sabido ganar unas veces arma en mano y otras negociando, san Luis sabía perderlo haciendo además masacrar a sus hombres. Tal como escribe Georges Bordonove:

No había muchas razones para admirar en san Luis ni al estratega, ni al diplomático: era más el príncipe de las oportunidades fallidas que un gran capitán.

Moralmente, tuvieron en ocasiones que sufrir atrozmente teniendo que pasar por cobardes cuando nunca retrocedieron, y luego viendo caer a la flor y nata de la caballería europea, porque tal barón o rey megalómano o iluminado creía que su única presencia era una garantía de victoria. ¡Cuántos templarios cayeron en combate, por nada más que por el orgullo de estos locos!...

La política de la Orden era ante todo realista. Habían comprendido que había que dividir para reinar y que, de todos modos, era imposible batirse en todos los frentes a la vez. Por otra parte, las quince plazas fuertes que poseían albergaban detrás de sus murallas a una importante población musulmana. Maltratarla hubiese sido un suicidio. Lo prudente era, pues, respetar las costumbres locales e incluso la religión musulmana, y aliarse con determinados príncipes del islam para congelar el juego al menos en un frente o en otro. Es cierto que desempeñaron a veces un papel singular de árbitros entre los reinos turcos de Siria y el califato fatimí de El Cairo.

Ello se desarrollaba siempre en el más profundo respeto mutuo. Además, los musulmanes tenían a los templarios en muy alta estima y les pedían frecuentemente que salieran fiadores de la ejecución de los acuerdos que en ocasiones firmaban con los príncipes cristianos como Ricardo Corazón de León. Hay que decir que este último no era hombre de palabra. Así, a pesar de las negociaciones con Saladino y de los intercambios de presentes, tuvo la inelegancia de hacer pasar por el filo de la espada a dos mil quinientos prisioneros turcos.

Los templarios supieron ser fieles a sus alianzas. Firmaron, entre otros, acuerdos duraderos con Damasco, en especial para luchar contra el atabeg de Mosul. Lo esencial era impedir que todas las fuerzas del islam fueran reunidas bajo una sola mano, pues en dicho caso los cruzados no habrían podido hacerles frente.

Del bando musulmán, algunos grandes caudillos, como Nur-al-Din, intentaron esta unificación. Conscientes del peligro, los templarios ayudaron al rey Amaury I a firmar un acuerdo con el Califa en Egipto. La embajada, que incluía a Hugo de Cesarea, a Guillermo de Tiro y al templario Geoffroi Foucher, debía mucho a las negociaciones llevadas a cabo por la Orden del Temple con el visir Chawer. Así, el ejército egipcio se sumó a los francos para luchar contra Sirkuk, al que enviaba Nur-al-Din. Un hombre excepcional acompañaba a Sirkuk: Salahal-Din, más conocido posteriormente con el nombre de Saladino.

Finalmente el conjunto de las operaciones se saldó con un tratado de paz firmado entre Amaury I y Sirkuk, y Saladino fue el huésped de Amaury durante varios días. El rey franco le prestó incluso unos navíos para repatriar a sus heridos más cómodamente. Así, en 1167, como consecuencia de la campaña de Egipto, los francos pudieron presentarse como verdaderos árbitros de los conflictos regionales. Crearon una especie de protectorado franco en Egipto, dando razón a la política de los templarios.

Desgraciadamente, el rey Amaury I violó el tratado, apoderándose de una ciudad y masacrando a todos sus habitantes. Chawer se alzó entonces contra él, no dudando en emplear la táctica de poner tierra quemada por medio incendiando los arrabales de El Cairo. Los templarios se habían negado a participar en la violación del tratado y a partir de ese momento, furiosos, desarrollaron una política propia, se negaron en general a comprometerse como garantes de ningún tratado al faltar los barones francos demasiado a menudo a su palabra.

Rápidamente, Saladino se convirtió en el dueño y señor de Egipto, circunstancia que aprovechó, en 1171, para suprimir el califato fatimí de El Cairo, acabando así al mismo tiempo con el cisma religioso y reunificando todo el Oriente Próximo bajo la fe sunita, lo que los templarios querían evitar a toda costa.

La Orden buscaba de forma permanente soluciones de paz duraderas, pero ¡con qué dificultades! A mediados del siglo XIII, Armand de Périgord podía escribir al Maestre de la Orden en Inglaterra:

El sultán de Damasco y el señor del Krac han devuelto inmediatamente al culto cristiano todo el territorio de este lado del Jordán, salvo Nabulus, San Abraham y Beissen. No cabe duda de que esta situación feliz y próspera podría durar largo tiempo si los cristianos de este lado del mar quisieran a partir de ahora aceptar esta política. Pero, ay, cuántas gentes en esta tierra y en otras partes nos son contrarias y hostiles por odio y por celos. Por ello, únicamente nuestro convento y nosotros, con la ayuda de los prelados de la Iglesia y de algunos pobres barones de la tierra que nos ayudan como pueden, aseguramos la carga de la defensa.

Los reyes, tras haber galleado, dado lecciones a todo el mundo, a imitación de san Luis, regresaban a Europa salvo si habían perdido la vida sobre el terreno, de... enfermedad. A los templarios no les quedaba entonces más remedio que hacer frente a las consecuencias catastróficas de las campañas de los soberanos y reconstruir pacientemente y con tesón lo que el orgullo regio había destruido. Verdad es que no conviene generalizar, pero en principio aquellos que no hacían más que cruzar a Oriente, con ocasión de una cruzada, resultaban más perjudiciales que útiles y, por si fuera poco, despreciaban a quienes vivían en el lugar y habían adoptado a veces algunas costumbres locales.

El riesgo de quemarse los dedos

La diplomacia de los templarios topaba con muchas dificultades en la medida en que otros distintos que ellos firmaban acuerdos con los musulmanes. Los diferentes tratados, no coordinados, no siempre eran compatibles entre sí. Surgieron conflictos, particularmente debido a la política proegipcia de los hospitalarios que se oponía a la de la Orden del Temple establecida con Damasco.

Furiosos por sus propios errores y sus derrotas poco gloriosas, algunos reyes y grandes barones no querían que se supiera cuáles habían sido las consecuencias de su impericia y de su testarudez. En tales casos, uno tiende siempre a mostrarse resentido con aquel cuya única culpa ha sido tener razón. De vuelta en Europa, algunos no se privaban de acusar a la Orden de pactar con el enemigo y de ser responsable de los problemas en Oriente. Por ello, con ocasión de su proceso, se quiso a toda costa tratar, pero sin conseguirlo, de probar que el Temple se había convertido al islam.

La atención se centró en el personaje de Gérard de Ridefort. Éste fue elegido a la cabeza de la Orden en 1184 cuando el reino de Jerusalén atravesaba una grave crisis. Habiendo contraído el rey Balduino, sin heredero, la lepra, la regencia fue confiada a Guy de Lusignan. Luego Balduino se malquistó con él y designó en su lugar al conde de Trípoli. Se formaron dos partidos, dispuestos a llegar a las armas para imponer cada uno a su candidato. En el pasado, Gérard de Ridefort había esperado desposar a la hija del conde de Trípoli. Sus galanterías habían sido rechazadas. Fue entonces cuando ingresó en la Orden del Temple, pero conservó en el fondo de su corazón una herida que no conseguía cicatrizarse. Una vez convertido en Gran Maestre, la situación le brindaba una oportunidad de hacerle pagar al conde de Trípoli el desaire que éste le había infligido. Tras la muerte de Balduino V, Ridefort consiguió apartar al conde de Trípoli de la sucesión e imponer la coronación de Guy de Lusignan. Ahora bien, tal vez tenía también para hacerlo algunas motivaciones más ligadas al esoterismo. ¿No formaban los Lusignan parte del mundo mítico, igual que Godofredo de Bouillon, y ello gracias a Melusina?

En cualquier caso, la división había de favorecer los intereses de Saladino y por una vez el Temple era en parte responsable de ello. Un error táctico de Ridefort acabó mal. Saladino estuvo a punto de ser apresado, pero escapó por los pelos y finalmente fue Guy de Lusignan quien fue capturado como consecuencia de la desastrosa batalla de Hattin.

Ridefort formaba parte también de los prisioneros. Fue llevado por los sarracenos junto con Renaud de Châtillon y el rey a presencia de Saladino. En su tienda ondeaba una bandera negra con la inscripción: *Salah-al-Din, rey de reyes, vencedor de vencedores, es como el resto de los mortales, esclavo de la muerte*. Saladino recibió suntuosamente a sus cautivos de alto rango. Le ofreció a Guy de Lusignan la «copa de la paz»: un sorbete de nieve del Hermon: «Es una noble costumbre de los árabes que un cautivo salve su vida si ha bebido y comido con su vencedor», declaró. Posteriormente Saladino hizo matar a Renaud de Châtillon, que se había revelado culpable de actos de bandidaje, pero perdonó la vida a Gérard de Ridefort sin que se sepa muy bien por qué.

Los otros templarios capturados se vieron ante la disyuntiva de tener que renegar de su fe o morir. Ninguno mostró debilidad. Doscientos treinta fueron atados a unos postes, y acto seguido torturados hasta la muerte. Entonces, ¿por qué había sido perdonado el Gran Maestre? Fue enviado a Damasco con el rey y Saladino se sirvió de ellos para pedir a unas guarniciones cristianas que depusieran las armas. A continuación, les concedió la libertad. ¿Habían traicionado su causa o bien Saladino había manejado la situación hábilmente sembrando la duda y despojando así de toda credibilidad a unos enemigos que, de lo contrario, habrían sido convertidos en héroes o en mártires?

Se acusó a Ridefort de haber salido de este apuro entregando al rey, y por más que continuó batiéndose y encontró la muerte en combate frente a Acre, un año más tarde se siguió hablando de él como de un traidor. Y cuando Geoffroi de Gonneville, comendador de Aquitania y de Poitou, dijo en el proceso que las prácticas basadas en malos principios fueron introducidas en la Orden por un maestre que había sido prisionero de los sarracenos y que habría cometido traición, se pensó enseguida en Ridefort. Sin embargo, determinados templarios declararon más bien que estas prácticas habían sido introducidas por maese Thomas Bérard, gran amigo de la familia de Voisins, muy conocida por los amantes del misterio de Rennes-le-Château.[68] Cuando se examina el señorío de Bérard, que duró de 1256 hasta 1273, no resulta fácil sin embargo encontrar una pista interesante relativa a una traición cualquiera en favor del islam. Podemos, a pesar de todo, contar un curioso suceso.

En 1263, el papa Urbano IV convocó al mariscal del Temple, Étienne de Sissey, para hacerle saber que era indigno y que iba a ser destituido de sus prerrogativas. Se desconocen las razones de este enojo papal. Algunos autores han supuesto que se trataba de una aventura galante. Étienne de Sissey se negó a presentar su dimisión y fue excomulgado por el papa. Ello no fue óbice para que volviera a ocultarse en el seno de la Orden, protegido por Thomas Bérard. Este último fue hecho prisionero durante la toma de Saphad. Habría sido liberado mientras que otros templarios fueron ejecutados, pero todo eso es muy inconcreto y no permite sacar ninguna conclusión.

Puede pensarse también en Guillaume de Sonnac (1247-1250), a propósito de quien se decía que: «El Maestre del Temple y el Sultán de Egipto habían hecho tan buenas migas que se habían hecho sangrar ambos en la misma escudilla».

San Luis le guardó rencor por haber pactado con el enemigo. Ello no impidió que Guillaume de Sonnac muriera en combate y salvara la vida de san Luis, el cual fue hecho prisionero y no escupió sobre el dinero de la Orden del Temple que sirvió para pagar su rescate.

De todas formas, es difícil imaginar una conversión masiva de la Orden al islam, como consecuencia de uno de estos episodios.

Más interesante sin duda es el problema de las relaciones de los templarios con la secta de los Asesinos, que tuvo un papel importante en Oriente hasta 1265, fecha de la destrucción de la ciudadela de Alamut por los mongoles.

La Orden de los Asesinos

Los «Asesinos» estaban vinculados a la secta de los ismaelíes. Éstos se negaban, pues, a creer en la muerte de Ismael, una manera para ellos de mantenerse aparte de la tradición dimanante de Mahoma. El ismaelismo había reunido a numerosos partidarios, particularmente en Irán, donde el hecho de apartarse un poco del mundo árabe no se veía con malos ojos. No se habían olvidado allí las viejas creencias zoroastrianas que los árabes habían rechazado.

Un personaje iba a utilizar este recuerdo de la religión mazdeísta para asentar un formidable poder: Hassan-Ibn-Sabbah, el Viejo de la Montaña. En su juventud, se tropezó un día con unos caballeros y les preguntó adónde se dirigían. Su respuesta, que se conoce por las memorias del propio Hassan-Ibn-Sabbah,[69] no carece de interés:

> Venimos de una tierra que ha dejado de existir y nos dirigimos hacia un país que va a nacer. Tú, el solitario, sigue caminando. Mira al sol y a las grutas secretas. La hora duodécima está próxima. ¡Ve a recibir el mensaje que te espera!

Un mensaje que habría apasionado sin duda a Gérard de Nerval.

Hassan fue conducido a continuación hacia la luz espiritual por unos «guías» que le sometieron a unas pruebas iniciáticas muy largas. Su iniciación tenía más de un punto en común con la de la francmasonería. Aprendió allí a ver detrás del velo de las religiones. El Maestro desconocido de la Montaña le entregó el hábito blanco y el cinto rojo y Hassan partió hacia el cumplimiento de su destino. Sabía que para ello no iba a tener que dudar a veces en hacer uso de las fuerzas oscuras, pues a sus ojos el fin justificaba los medios.

Hassan-Ibn-Sabbah prosiguió su formación en la Casa de las Ciencias de El Cairo, y fue allí donde conoció por primera vez los poderes del hachís, «la hierba de la seguridad», que permitía ser totalmente indiferente al sufrimiento y a la muerte. El hachís acentuaba los sabores, servía de afrodisíaco para el ser sensual, aumentaba la intensidad de los colores, proporcionaba más riqueza a las impresiones del gusto y del tacto, pero sobre todo hacía olvidar toda prudencia y todo elemento moral.

Hassan-Ibn-Sabbah decidió hacer de Irán el centro del ismaelismo, y fundó allí una Orden a la vez religiosa y militar, compuesta de hombres entregados en cuerpo y alma a ella. Corría el año de 1081, año I del ismaelismo reformado, nacimiento de la secta de los Asesinos de Alamut. En un primer momento, Hassan-Ibn-Sabbah reclutó fieles, lo que no dejó de causarle algunos problemas con los jefes políticos y religiosos de la época. Un día, al atravesar la región iraní de Rudbar, vio, en un paisaje desolador, una muralla que dominaba un precipicio: la fortaleza de Alamut, el «nido de águila». Supo entonces que había encontrado el lugar de donde se expandiría su poder.

El gobernador de Alamut, el Alide Mahdi, era contrario al ismaelismo y fiel a Melik-Shah. Hassan pasó de largo, por el momento. Necesitaba encontrar un abra para sus fieles, algunos de los cuales le seguían desde hacía... nueve años. He aquí algo que nos recuerda a los templarios. Había entre ellos algunos francos que afirmaban haberle visto obrar milagros: durante una tempestad, Hassan había aplacado los elementos y salvado su nave. Desde entonces, estaban dispuestos a seguirle al fin del mundo si era preciso.

Algunos meses después de su primer paso por estos parajes, algunos de sus hombres entraron en Alamut y comenzaron a hacer propaganda entre la población. Hablaban sin cesar de un personaje misterioso que meditaba horas sentado sobre una piedra, ataviado con un hábito blanco y ceñido con un cinto rojo. Se decía que no comía ni dormía jamás. La población fue poco a poco ganada, en gran parte por la curiosidad. Una noche, uno de sus hombres hizo entrar a Hassan-Ibn-Sabbah en Alamut. No tardó en adquirir una gran importancia. Un día en que Alide Mahdi quería ir de caza, todos sus servidores se negaron a seguirle, habiéndoselo prohibido el Dih-Khoda (el jefe o guía). Inquieto, Mahdi entró en sus habitaciones del torreón. No tenía ya ningún poder en su propia fortaleza. Un día, Hassan vino a verle y le dijo que su lugar estaba en otra parte. Mahdi no tuvo ya más remedio que partir. Hassan le hizo entregar algo de dinero y le dijo que avisara a los hombres del sultán de que en lo sucesivo habría un señor en Alamut, que había fundado una Orden de monjes soldados, que se llamaba Hassan-Ibn-Sabbah, apodado «Sheykh al-Djebbal», el Señor de la Montaña.

En poquísimo tiempo, Hassan tomó posesión de casi todas las ciudadelas de la región del Rudbar. Un poco por todas partes, las poblaciones del lugar veían en él la resurrección de las doctrinas ancestrales del viejo Irán. Un impulso nacionalista acompañaba su conversión al ismaelismo, cuyo aspecto mesiánico les fanatizaba. Meli-Shah trató de enviar unos ejércitos para desalojar a Hassan, pero tuvieron que renunciar ante la resistencia de la población. A veces incluso, los hombres del sultán se pasaron al bando del Señor de la Montaña.

Alamut se mofaba del Islam ortodoxo. La roca, que se asemejaba a un león echado sobre las rodillas, con la cabeza apoyada en tierra, parecía lanzar una advertencia. Hassan no tardaría en despertar unas fuerzas terribles. ¿Qué hacer para desalojarle? No existía más que un paso accesible, y para llegar a él era preciso escalar una parte de la montaña gracias a unos agujeros practicados en la roca. El castillo podía soportar un asedio. Era capaz de abrigar una guarnición muy importante. Su punto flaco era el abastecimiento de agua y de víveres en caso de un cerco de larga duración. No se podía contar en absoluto, de todos modos, con una complicidad en el interior para sorprender a Hassan-Ibn-Sabbah. Éste había tomado la precaución de expulsar a todos los que hubieran podido mostrarse desfavorables a él, así como a los hombres enclenques, viejos y enfermos y a sus familias, salvo a los que eran sabios en alguna ciencia; había expulsado igualmente a los narradores de historias y a los músicos, a fin de que no propagasen la disipación.

De todas partes se dirigían ismaelíes a Alamut para recibir las enseñanzas de Hassan. El Señor de la Montaña conservaba a su lado a los más fuertes y a los más abnegados de ellos.

Hassan pasaba largas horas en su biblioteca, desde cuya ventana veíase un paisaje árido y grandioso. Redactaba sus memorias y meditaba. La vida en Alamut era de una gran austeridad. Estaba prohibido beber vino so pena de muerte. Las mujeres tenían derecho a habitar en la aldea resguardada tras las murallas, pero su presencia estaba prohibida en el castillo. Todo cuanto pudiera ablandar o distraer los espíritus estaba vedado. Los fieles pasaban su tiempo entre ejercicios físicos, el adiestramiento en el manejo de las armas, los ejercicios de piedad y el estudio de lenguas. Iban ataviados como Hassan, con unos hábitos blancos y cintos rojos. Todos se sentían privilegiados, pues eran contados aquellos a quienes Hassan aceptaba como huéspedes de la fortaleza, escogidos con sumo cuidado, élite de sus tropas.

Los paraísos artificiales del Viejo de la Montaña

Hassan-Ibn-Sabbah instauró para sus fieles una enseñanza iniciática que constaba de siete grados. El séptimo era ilustrado por la máxima: «Nada es cierto, todo está permitido» que recuerda el «Haz lo que te plazca» de Rabelais. Una vez hubo establecido por completo su cuerpo doctrinal, inauguró su enseñanza por medio de una ceremonia que recordaba a las viejas tradiciones del Irán avéstico. En la más alta terraza del castillo, procedió a un sacrificio inspirado en las ceremonias mágicas de Zaratustra. Hizo erigir un altar al Maestro del Universo y se entregó en él con sus fieles a unas prácticas cultuales de las que sólo tenemos por desgracia escasísimos datos concretos. En el momento en que el fuego del sacrificio subía hacia el cielo, Hassan exclamaba:[70]

> Al Oriente de la luz pura de la aurora se opone el Occidente de las masas corporales, la sombra siniestra de las prisiones que retienen cautivos en su noche a los hijos de la luz.

Hassan-Ibn-Sabbah había sentado las bases de una caballería espiritual, con sus ritos y mitos, especialmente el de la búsqueda de la Isla Verde, que recuerda en más de un aspecto a las leyendas célticas. Alamut aparece como una prefiguración de la ciudadela celestial, tal como el Monte Salvaje en la búsqueda del Grial.

Es fácil imaginar que ello no debía de resultar precisamente tranquilizador para los poderes establecidos, y en junio de 1092 el emir Arslan-Tach atacó a Alamut a la cabeza de un millar de hombres. Estableció el cerco y quemó las aldeas ismaelíes de los contornos. Hassan mandó avisar a uno de sus *dais* (lugarteniente mayor), que estaba de misión en otra comarca. El dai Al-Kebir Abu-Ali cayó de improviso sobre las tropas enemigas y las masacró. El ejército de Arslan-Tach fue vencido, barrido, aniquilado.

Loco de rabia, el gran visir decidió lanzar una ofensiva general. Reunió a decenas de miles de guerreros y les hizo marchar sobre Alamut. El asunto era serio. Fuera cual fuese su bravura, los hombres de Hassan-Ibn-Sabbah mal podían presentar resistencia a una oleada semejante. El Viejo de la

Montaña decidió recurrir a la astucia y el 16 de octubre de 1092, cuando el gran visir Nizam al-Mulk se hallaba de visita en Bagdad, fue asesinado por un espía de Hassan: un *fidawi*. Cinco semanas más tarde, el sultán Melik-Shah, que acababa de ordenar a su general, Kiril-Saregh, lanzar una última ofensiva contra Alamut, murió envenenado en su propio palacio de Ispahan.

El Imperio se encontraba sumido en el desorden y, por si fuera poco, Hassan mandó a sus *fidawi* a asesinar a algunos de los personajes más importantes entre aquellos que podían causarle algún daño. El espanto se apoderó de la corte y se anularon todas las operaciones planeadas contra el Viejo de la Montaña.[71] En adelante, iban a pensárselo dos veces antes de atacar a Hassan-Ibn-Sabbah. Varias provincias se sometieron a él y sus *dais* llevaban sus órdenes un poco por doquier. El impuesto debido al sultán no era ya satisfecho a éste sino entregado a los hombres de Hassan, y cuando un emir o un visir protestaba por ello, no llegaba a viejo: la daga o el veneno daban buena cuenta de él. En el Rubdar, la última fortaleza que estuvo en manos de los enemigos de Hassan, Lemsir, cayó en su poder en septiembre de 1102. En lo sucesivo, las restantes ciudadelas iraquíes, las de la llanura, le juraron igualmente fidelidad al Señor de la Montaña y a sus hombres abnegados hasta la muerte.

Se ha planteado a menudo la pregunta de cómo se las arreglaba Hassan para ganarse así la fidelidad ciega de los *fidawi* a los que mandaba cometer sus crímenes, sabiendo éstos que serían probablemente apresados y torturados.

Hassan había hecho construir, en el castillo de Alamut, unos jardines con agua corriente, y un quiosco de cuatro pisos. En su interior, las rosas rivalizaban con las porcelanas y la vajilla de oro y de plata para adornar los distintos rincones. Las columnas estaban recubiertas de ámbar y de abelmusco. Había instalado allí a diez mancebos con aspecto de efebos y a diez doncellas de una gran belleza. Les vestía con sedas y telas preciosas, les engalanaba con joyas de oro y de plata. Por todas partes había copas rebosantes de fruta, flores olorosas y agua, un elemento raro en aquellos lugares. Y también había animales en el jardín: gacelas, avestruces, patos, ocas, liebres, etc. Un pasadizo secreto unía el quiosco a una gran casa situada fuera de ese lugar paradisíaco.

Tras haber detectado a un sujeto idóneo para la misión que se proponía confiarle, Hassan le recibía en la casa y le invitaba a comer alimentos drogados. Una vez dormido, el hombre era transportado al quiosco y confiado a los efebos y a las doncellas que le rociaban con vinagre para despertarle. Cuando abría los ojos, atónito, oía:

> No esperamos sino tu muerte, pues este lugar te está destinado: es un pabellón del Paraíso, y nosotros somos las huríes y los mancebos del Paraíso (...). Si estuvieras muerto, permanecerías para siempre con nosotros, pero esto no es sino un sueño del que no tardarás en despertar.

Los olores le embriagaban, los pájaros, los animales y la vegetación le parecían tan maravillosos que era capaz de creerse todo cuanto le contasen. Entonces, unos efebos y unas doncellas le hacían saber que estaban allí para satisfacer todos los deseos de su cuerpo, fueran éstos los que fuesen.

Acto seguido se presentaba Hassan y le decía que podía visitar el Paraíso cuando se le antojase. Le hacía rociar con agua de rosa, le invitaba a una nueva comida en la que los manjares estaban igualmente drogados y le hacía llevar por la galería secreta hasta la casa sin que se diera cuenta. Hassan asistía a su despertar y le informaba de que le estaba reservado un destino tan maravilloso cuando hubiera sacrificado su vida por la Orden.

Marco Polo, que visitó Alamut y escuchó la historia de la fortaleza, confirmó tales artimañas. Escribió:

Cuando el Viejo quería dar muerte a un gran señor, les mandaba que dieran muerte a ese hombre y les decía que su deseo era mandarles al Paraíso, y ellos iban y hacían todo cuanto el Viejo les ordenaba (...). Y de este modo no escapaba un hombre que no fuera muerto cuando el Viejo de la Montaña así lo quería...

De este modo Hassan hacía tangible para estos hombres lo que prometía el Corán:

En lechos entretejidos de oro y piedras preciosas,
reclinados en ellos, unos enfrente de otros.
Circularán entre ellos jóvenes sirvientes eternamente jóvenes,
con jofainas y copas llenas de frescas bebidas,
que no les aturdirán ni embriagarán,
con frutas de delicado sabor según sus preferencias,
y las carnes de ave que les apetezca.
Habrá huríes de grandes ojos,
semejantes a perlas cuidadosamente guardadas,
como premio a sus obras.
Estarán entre azufaifos sin espinas,
en una extensa sombra,
cerca de las aguas vivas que corren;
se les vestirá de satén y brocados verdes,
y se les engalanará con brazaletes de plata,
y su señor les hará beber la más pura de las bebidas.

Se comprende así cómo los subterfugios de Hassan-Ibn-Sabbah estaban destinados a convencer a los *fidawi* que habían penetrado por unos instantes en el Paraíso, hasta el punto de consagrarse en cuerpo y alma a su amo y señor y de no tener ya ningún temor a la muerte e incluso esperarla con impaciencia. Esto le permitía, entre otras cosas, al Señor de la Montaña impresionar a sus visitantes dando la orden a uno de sus hombres de arrojarse, sin que existiera la más mínima razón para ello, desde lo alto de las murallas. Y el hombre se lanzaba al vacío a una sola señal de Hassan, que afirmaba al patidifuso espectador: «Se ha vuelto un liberado», expresión que retomaría Villier de l'Isle-Adam en *Axel* al hablar de la muerte voluntaria.[72]

Sin embargo, cabe asombrarse de que los *fidawi* se mostraran tan crédulos y no se dieran cuenta del subterfugio. Pese a todos los esfuerzos de Hassan, los jardines instalados en Alamut, una árida montaña, mal debían de haber pasado por el Paraíso, tal como observó Maurice Barrès, que visitó aquellos lugares.

Pero no hay que olvidar el empleo del hachís que Hassan había descubierto en El Cairo. Con la potencia de los sentidos centuplicada por la droga, los *fidawi* veían todos los colores más vivos, los olores eran más fuertes, el placer les parecía más intenso y perdían al mismo tiempo toda noción de desconfianza y de prudencia. Se habían vuelto *hassasin*, término que los cruzados iban a transformar en el de *Asesinos*, que designaría desde entonces a este tipo de criminales.

A partir de ahí, a Hassan le bastaba con mostrarse como un ser sin debilidades ni piedad, y tal era su caso puesto que no dudó en hacer decapitar a su hijo mayor, que había conspirado contra él, y en estrangular a su segundo hijo, que había cometido el único crimen de probar el vino.

La noche del 12 de junio de 1124, al sentir próxima su muerte, Hassan convocó a sus más próximos fieles en su biblioteca y designó como sucesor suyo a Kya Buzurg-Humid, confiando por otra parte el ejército a Hassan-Kasrany y la administración de la Orden a Abu-Ali. En medio de la noche, antes de morir, les rogó a todos que le dejaran solo diciendo: «Adiós, y recordad que mi espíritu vela. Mientras seáis dignos de él, dignos de comprenderle, os aconsejará».

Kya Buzurg-Humid heredó así más de setenta mil hombres consagrados en cuerpo y alma a la causa nada más que en la región de Rudbar. Reanudó la práctica de los ritos seguidos por Hassan, pero comenzó con bastante mal pie su mandato. Se prendó de un joven de la corte del príncipe de Taberistán. Parece, por otra parte, que los casos de homosexualidad fueron muy frecuentes entre los seguidores del Viejo de la Montaña. Basta con pensar en los efebos ofrecidos a los *fidawi* o en el hecho de que el hijo mayor de Hassan se viera implicado en una conspiración por su amante. Lo cierto es que Burzug-Humid hizo raptar por sus hombres al objeto de sus deseos. Ello originó un conflicto, especie de guerra de Troya homosexual, que ganó él, pero al precio de grandes bajas. A partir de ese momento, Buzug-Humid se lanzó a unas intrigas cortesanas no siempre coherentes. Tendió incluso a transformar su Orden en una mafia, sin dudar en vender los servicios de sus Asesinos a príncipes dispuestos a pagar generosamente. Pero al mismo tiempo acrecentó el poderío de la Orden, llegando a poseer setenta y cuatro fortalezas en Siria.

Kya Buzurg-Humid decidió cortar los puentes con la rama fatimí de los ismaelíes e hizo asesinar al califa de Egipto Abu-Ali al-Mansur. Ello dio origen a una sucesión de guerras intestinas en Egipto que habían de favorecer a continuación el poder de Saladino. Burzug-Humid hacía sin cesar construir nuevos castillos, organizaba verdaderas universidades ismaelíes en antiguos monasterios cristianos. Pero cometió un error: designar a su propio hijo para sucederle, fundando una dinastía que había de proseguir posteriormente.

Poco a poco, los textos sagrados de Hassan-Ibn-Sabbah fueron desvelados a demasiada gente, el reclutamiento se volvió menos elitista. La Orden seguía siendo poderosa, en parte por el impulso adquirido, mas llevaba en su seno los gérmenes de su perdición. El crimen político seguía siendo la norma, pero faltaba el genio de los dirigentes de la secta, y los Asesinos no fueron capaces de defenderse de la invasión mongol. En tiempos de Hassan, los jefes mongoles hubieran caído bajo los puñales de los *fidawi* y su ejército se hubiera visto sumido en el desorden, pero aquéllos eran ya tiempos lejanos.

Los Asesinos, vasallos de los templarios

Los Asesinos mantuvieron extrañas relaciones con los cruzados. Desde un comienzo, la finalidad de Hassan había sido restaurar la potencia de Irán y de su religión zoroastriana, lo cual pasaba por la destrucción del poderío árabe. En ello, los cruzados podían serle de ayuda. Había, por tanto, un interés objetivo en facilitarles la tarea. En abril de 1102, el conde de Saint-Gilles y sus hombres habían establecido el asedio ante la fortaleza de Hossnal-Akard, llamada también castillo de Kurdes. El príncipe de Emesa había decidido ir en ayuda de la fortaleza y atacar a los cruzados por la espalda. No le dio tiempo a hacerlo, puesto que fue apuñalado por tres *fidawi* en una mezquita. Los cristianos no supieron hasta más tarde que habían sido ayudados por el Señor de la Montaña. Una alianza tácita se estableció entre los Asesinos y los francos. Corrió incluso una leyenda, transmitida por la *Canción de Antioquía*, fechada en el siglo XII. Ésta contaba que el hermano de Godofredo de Bouillon, Baudoin d'Edesse, se había casado con la hija del Viejo de la Montaña. Lo mismo había de afirmarse a continuación a propósito de Federico II de Hohenstaufen, quien es cierto que había hecho venir a su corte del Castello del Monte a unos astrónomos y a unos metafísicos pertenecientes a la secta de Alamut.

En cualquier caso, tan pronto como una ciudad caía en manos de los cruzados, los ismaelíes aprovechaban el debilitamiento del poder árabe para desarrollar en ella su propia propaganda.

Nadie duda de que todo esto no podía dejar indiferentes a los templarios y las relaciones que se establecieron entre éstos y los Asesinos son buena prueba de ello. Así, cuando el reino de Jerusalén estuvo a punto de caer en manos de Conrad de Montferrat, éste fue asesinado por los *fidawi*, favoreciendo al partido de Guy de Lusignan, apoyado por los templarios. Es cierto que Conrad de Montferrat había hecho naufragar un barco que pertenecía al jefe de los ismaelíes. Podía tratarse de una venganza. Pero, a continuación, Felipe de Champaña se casó con la viuda de Conrad y tomó el título de rey de Jerusalén. Murió rápida y extrañamente al caerse de una ventana. Este asesinato aprovechó una vez más menos a los Asesinos que a los templarios y al partido de Guy de Lusignan. Este último no habría podido reinar jamás de haber seguido con vida el segundo y el tercer marido de Isabel.

En cambio, cuando el Viejo de la Montaña lanzó a sus Asesinos contra Saladino, era a la vez para ayudar a los cruzados y para impedir la federación de las fuerzas árabes. Pero Saladino contaba con la protección divina. Escapó en varias ocasiones a los intentos de asesinato de los *fidawi* y decidió combatir al señor de Alamut. Este último estableció entonces un acuerdo con Saladino: cada uno decidió dejar al otro en paz.

Lo más curioso es sin duda que los Asesinos pagaran un tributo a los templarios, como si se tratara de sus vasallos: tres mil piezas de oro (o dos mil ducados). ¿Era ésta una manera de estar en paz con la Orden del Temple, lo cual habría significado que los ismaelíes les temían? El Viejo de la Montaña había tratado, por otra parte, de liberarse de este tributo proponiéndole una alianza a Amaury de Jerusalén si éste aceptaba pagar en su lugar. No fue una buena idea: los emisarios que envió fueron interceptados por los templarios y ejecutados en el acto. La Orden había comprendido que más valía hacerse respetar. Amaury, descontento, exigió que el templario responsable de esta ejecución, Gautier du Mesnil, le fuese entregado. El Gran Maestre se negó y Amaury quedó desprestigiado.

El tributo en cuestión podía tener relación con una fortaleza que los templarios no podían sostener y que habían preferido ofrecer a los Asesinos antes que verla caer en manos de los árabes. El Viejo de la Montaña trató una vez más de desembarazarse del impuesto. En mayo de 1250, envió unos emisarios a san Luis, que se encontraba en Acre. Éstos le indicaron que el emperador de Alemania y el rey de Hungría les pagaban tributo y que él debería hacer otro tanto, a menos que les dispensase a ellos mismos de pagar a los templarios. Se puede imaginar la humillación del rey, que se vio gravado con un impuesto por unas gentes que debían de pagar uno a su vez a la Orden del Temple. Los templarios, por supuesto, se inmiscuyeron en ello y el rey no pudo decir esta boca es mía. Exigieron a los emisarios que tomaran el camino de regreso y que volvieran al cabo de quince días trayendo al rey, de parte del Viejo de la Montaña, «cartas y joyas tales que se aplaque y os esté muy agradecido». Y ellos, que hacían temblar a los príncipes, obedecieron las órdenes del Temple. Los enviados regresaron a los quince días, trayendo un juego de ajedrez, un elefante de cristal y «una bestia llamada jirafa» también de cristal. San Luis mandó asimismo a los emisarios de regreso cargados de presentes para el Viejo de la Montaña y les hizo acompañar por el hermano Yves el Bretón a guisa de embajador.

Vemos por todo ello que, aunque pueden ponerse de manifiesto analogías entre ambas órdenes y aunque existieron acuerdos entre ellas, no está en absoluto probado que una fuera poco o mucho un calco de la otra, como han afirmado algunos autores. Vemos más bien en ellas una especie de búsqueda paralela del Grial simbólico, utilizando medios distintos.

Es cierto que pueden ponerse de relieve algunos puntos en común interesantes entre ambas órdenes. Se menciona por lo general la identidad del uniforme: un hábito blanco con el cinto rojo para los *fidawi* y manto blanco con una cruz roja para los templarios. Se compara las organizaciones recíprocas: caballeros, escuderos y hermanos del Temple se corresponden con el *refik*, *fidawi* y *lassik* de los Asesinos. De igual modo, el Gran Maestre, los grandes priores y los priores equivaldrían al Señor de la Montaña, a los *dai* y a los *dail-kebir*.

Pierre Ponsoye[73] ha demostrado, por otra parte, que el origen de las leyendas del Grial podía haber sido iraní. Wolfram von Eschenbach hacía de los templarios los guardianes del Grial. Los Asesinos, cuyo nombre en árabe significaba también «guardián», no podían ignorar este origen y por tanto pudieron proseguir esta búsqueda, al menos los más elevados de entre ellos.

A propósito de *Gahmuret*, Wolfram evoca el *Barux*, que él asimila al califa de Bagdad. Feirefiz aparece como un caballero musulmán y recuerda a los *refik* del Viejo de la Montaña. En cuanto a Flegetanis, había nacido de padre árabe y era un sabio astrónomo. Era en los astros donde había descubierto el misterio del Grial, que no evocaba sin ponerse a temblar. Y Pierre Ponsoye escribe:

En Flegetanis se encuentran, pues, atestiguados expresamente, a la vez la fuente islámica de la noción del Grial, o más bien acaso la toma de conciencia, y el lazo de esta fuente con la tradición esotérica a la que apelaba, por otra parte, la Orden del Temple.

Ahora bien, el nombre de Flegetanis no sería en realidad sino la transcripción del título de un libro árabe: *Felek-Thani*, que significa «segunda esfera» o segundo cielo planetario, correspondiente a Mercurio.

En las novelas del ciclo artúrico, Lanzarote debe sufrir una prueba iniciática esencial. Ha de cruzar un puente que está formado de hecho por la afilada hoja de una espada, de dos lanzas de largo. Por debajo corren unas negras aguas prestas a tragarlo. Este tema se encuentra idénticamente en el *Avesta* zoroastriano. Al otro lado del puente, una doncella espera a Lanzarote. Paul du Breuil[74] nos dice a este respecto:

> Sorprendente transposición de la *Daena* zoroastriana, que aquí encarna a la reina Ginebra a la que el caballero del Grial va a liberar del castillo de la Muerte, el país de donde no se regresa jamás.

Paul du Breuil muestra en su obra que la ética caballeresca existía entre los partos con anterioridad a Occidente. El valor, la moral guerrera y el código de honor servían de principios a estos guerreros. En Irán, antes de las cruzadas, se había forjado una institución: la *fotowwat*. Paul du Breuil nos dice a este respecto:

> Fotowwat, sustantivo que significa propiamente liberalidad, generosidad, abnegación, caracterizando perfectamente una especie de cofradía en la que el grado de *fata* era conferido por unos *sheiks*, señores o maestros de sociedades iniciáticas.

Es innegable que los templarios debieron de descubrir en la ética caballeresca oriental algunos puntos en común con su propia búsqueda. Pero de ahí a encontrar una filiación cualquiera es algo muy distinto. Nos cuesta imaginar, por ejemplo, que los Asesinos pudieran pagar un tributo a los templarios si éstos no eran más que sus discípulos como han creído algunos. En cambio, en contacto con los filósofos de la secta y de sus sabios, es plausible que algunos templarios pudieran haber traído a su Orden unos conocimientos y elementos iniciáticos que pudieron mezclarse con el sistema propio del Temple.

Templarios y drusos: la herencia del califa Hakem

Debemos también interesarnos por otra influencia posible: la de la Orden secreta de los drusos. Su origen es mal conocido. Se les ha considerado en ocasiones herederos de los gnósticos: ofitas, nazarenos, esenios. Se les han atribuido asimismo orígenes que tienen sus raíces en los pitagóricos. Repartidos en un círculo externo —el pueblo— y un centro interno formado de iniciados —los *okkals*—, los drusos transmitían una enseñanza secreta. En el plano religioso, hacían alarde exteriormente de una fe musulmana basada en el ismaelismo de los fatimíes. Su desarrollo se debió al califa Hakem, que reinó en Egipto entre 996 y 1021. Según la leyenda, en el momento de su nacimiento, todos los planetas se encontraban reunidos en el signo de Cáncer y Saturno presidía la hora en que vino al mundo. Asimismo se dice que no murió jamás, sino que desapareció. No fueron encontrados más que su burra gris y sus siete túnicas, cuyos botones no habían sido desabotonados. Desde entonces, los drusos no dejan de esperar el retorno inminente del califa Hakem.

Éste tenía los ojos de color azul oscuro y una mirada insostenible, una voz profunda, vibrante. Pasaba buena parte de su tiempo ocupado en la astronomía. Amaba a su hermana con un extraño amor. Nerval dice que «ella le producía el efecto de una de esas reinas de los imperios desaparecidos que tenían dioses por antepasados». Creyéndose dios él mismo, Hakem, a imagen y semejanza de los faraones, decidió unirse en matrimonio con su hermana a fin de reconstituir la pareja primordial de la cosmogonía. Tomado por loco, fue internado, pero sus fieles sublevaron al pueblo, que le liberó. Fue sin duda asesinado por Ebn Dawas, el amante de esta hermana que él tanto amaba. Tal vez fuera incluso ella misma quien organizara el asesinato, y sin embargo sus fieles no creyeron en su muerte, esperando siempre su regreso. Hacia 1130 fue proclamado Dios encarnado y sus *dais* fueron a llevar su palabra a Siria. Según Gérard de Nerval, la doctrina del Califa Hakem ponía en escena a un dios, señor del mundo que él designaba con el nombe de *Al-Bar*. Éste se encarnaba regularmente, pues la locura de los hombres le obligaba a intervenir para devolverlos al recto camino. Cada una de estas encarnaciones daba pie a una lucha entre *Al-Bar* y los ángeles de las tinieblas instalados en la tierra. Nerval nos dice:

Así en la historia del mundo que escriben los drusos, vemos cada uno de los siete períodos ofrecer el interés de una acción grandiosa, donde estos eternos enemigos se buscan bajo la máscara humana, y se reconocen en su superioridad o en su odio.

Para los drusos, Pitágoras habría sido una de estas encarnaciones. Por otra parte, creían en la transmigración de las almas que se efectúa en función de los méritos adquiridos o no en la vida anterior.

El califa Hakem tuvo dos grandes discípulos: Hamza-Ben-Ali-Ben Hamad y Mohammad-Ben Ismail-el-Derrzi. Fue del nombre de este último del que nació el término «druso».

Derrzi tuvo algunos problemas: tras haber provocado un motín en una mezquita de El Cairo, huyó a Siria, donde fundó la secta y la organizó sobre sólidas bases. Hamza le sucedió y codificó su cosmogonía bajo la forma de siete obras sagradas. Cuando Baha-Al-Din Al-Muktana tomó la Orden en sus manos, la volvió hermética e impuso a los iniciados el *katin*, secreto inviolable para los profanos, reforzado por la *kakkya*, la mayor prudencia incluso respecto a los drusos no iniciados.

Se ha acusado a veces a los templarios de adorar a un becerro, cosa que era a todas luces falsa, por más que se trate de una acusación puesta de manifiesto durante los interrogatorios. Gérard de Nerval que, en el curso de su viaje por Oriente, trató un cierto tiempo con drusos, nos cuenta que le hablaron del *horse*, piedra negra tallada según la forma de un animal y que los drusos llevaban siempre encima. Les servía de signo de reconocimiento. Algunas de estas piedras, encontradas encima de los muertos, hicieron creer que adoraban a un becerro. ¿No era ese vínculo el que los inquisidores querían poner en evidencia? No podemos dejar de pensar que, en el *Parsifal* de Wolfram von Eschenbach, el pagano Flegetanis adoraba a un becerro en el que veía a un dios. Si añadimos a ello que el Djebel-Druze fue, según algunas leyendas, el último refugio del Grial llevado allí por Galaz al término de su búsqueda, el círculo parece cerrarse. Nerval quería convencer al jeque druso de su nivel iniciático, pero carecía de la piedra negra del reconocimiento. Le explicó entonces que «al haber sido quemados los templarios franceses, no habían podido transmitir sus piedras a los francmasones, que se convirtieron en sus sucesores espirituales». Es cierto que este becerro-buey fue encontrado con el bucráneo entre los iniciados del Renacimiento que utilizaban *El Sueño de Polifilo* como grimorio.[75]

Las torres del diablo

El becerro adorado por los drusos puede servir de punto en común con determinadas costumbres de los yezidis que ocupaban las montañas vecinas de Singar en Mesopotamia, o sea, aproximadamente en la misma zona ocupada por los kurdos. Su nombre era herencia del nombre del califa Yezid. Practicaban asimismo una religión abiertamente dualista, pero a diferencia de los cátaros y de la mayor parte de los gnósticos, concedían la superioridad al príncipe del mal sobre el del bien. Que es tanto como decir que las ceremonias rituales eran un cúmulo de horrores de todo tipo. De los mazdeístas habían conservado el culto al sol y al fuego, pero, por encima de todo, adoraban el sexo de la mujer considerando que era por él por donde el Mal absoluto había venido a la tierra. Sus ceremonias terminaban en orgías en el curso de las cuales los participantes se unían al azar. Asimismo veneraban (al igual que los drusos) a *Tawus* y *Melek*, el ángel pavo real, tras el que se escondía Satán. Lanzaban desafíos a Dios y afirmaban que Lucifer había tenido razón de no inclinarse ante Adán a pesar de la orden del Creador.

Según los yezidis, existen lugares privilegiados, verdaderos centros de proyección de las influencias satánicas en el mundo. Dichos lugares están marcados.

Principalmente, existirían siete torres, una de las cuales estaba en la zona ocupada por ellos. Unidas entre sí, se asemejaban a una proyección de las estrellas de la Osa Mayor. Estas siete torres (que no excluyen otros lugares) estarían situadas en Níger, Sudán, los Urales, Turkestán, una isla del norte de Siberia, Irak y Siria.

Los yezidis le temían a la torre situada en su territorio cerca de las lindes de Nínive. Sus sacerdotes evitaban acercarse a ella por miedo a no ser capaces de controlar las fuerzas que hubieran podido desencadenar. En cambio, los magos ambulantes se dirigían a dicho lugar. Pasaban allí generalmente varios días. William Seabrook[76] la describió. Hizo, en efecto, una visita al santuario de Cheik-Adi. Detrás del templo, construido en la falda de una montaña y que se prolongaba por medio de una red de subterráneos, Seabrook vio «rematando otro cerro más alto, una torre blanca, semejante a la punta finamente cortada de un lapicero y de donde partían rayos de una luz cegadora». Esta torre se alzaba del tejado plano de una bóveda de obra encalada, y el remate brillante, del que partían rayos de luz en todas direcciones, estaba formado por una bola de cobre esmeradamente pulida.

Así pues, estas torres se suponía que estaban situadas en unos lugares en los que la comunicación con las fuerzas subterráneas, el mundo del mal, era posible. Mundo del mal o fuerzas tan poderosas que su control constituiría un peligro permanente.[77] En cierto sentido, ¿no podrían ser asimiladas nuestras centrales nucleares a unas modernas torres del diablo? Cuando pensamos que el diluvio de fuego debido a la estrella Ajenjo debe ser, en el *Apocalipsis*, uno de los signos del final de los tiempos, y cuando sabemos que Chernóbil, en ruso, significa ajenjo... Pero ésta es otra historia. Volvamos a nuestro asunto.

Lugares peligrosos cuyas puertas se abren a los iniciados, lugares cuyas «puertas no se abren en absoluto para aquellos que están en el centro de la tierra, pero sí que se abren para Horus», tal como decían los egipcios.

Ahora bien, en unos antiguos textos sirios, se habla de una piedra preciosa asimilable al Grial y que sería la base o el centro del mundo, oculta en las «profundidades primordiales, cerca del templo de Dios». Ella está en relación con un lugar montañoso inaccesible. ¡Cuán peligroso es este lugar!, dice Jacob en Bétel, allí donde la piedra sagrada le indicó el camino de la ciudad subterránea de Luz. Lugar donde una escala une la tierra tanto con el cielo como con el mundo infernal. *Terribilis est locus iste*. Pues este lugar es la casa de Dios y ésta es la puerta del cielo. Tal como dice Julius Evola:[78]

> Jacob es aquel que lucha contra el ángel y le exige que le bendiga, que consigue ver a Elohim cara a cara y salvar su vida, combatiendo contra la misma divinidad.

Evola evoca a propósito de Jacob al rey del Grial, también renqueante por haber sido herido en un muslo.

Todo gira alrededor de un lugar donde el contacto es posible tanto con el cielo como con los infiernos. Nos recuerda una escena que tuvo lugar con ocasión de la iniciación de Hassan-Ibn-Sabbah, según sus propias palabras. Un guardián le preguntó al hombre que acompañaba a Hassan:

Viejo guía, oh tú, el vigilante de la montaña, ¿qué quieres ahora de nosotros?

El hombre respondió:

La luz, oh hermano mío, la luz para este hombre que viene de la ciudad sometida a los ocupantes malditos.

Entra, viejo guía, y di en esta ocasión la gran plegaria; será para él un primer paso de hecho hacia la luz que llega de las tinieblas.

La piedra de Bétel, como las torres del diablo en relación con la luz que llega de las tinieblas (es una ciudad subterránea), debe ponerse en relación con las leyendas relativas a Satán.

Fue entonces cuando un ángel apresó a Satán, le cubrió de pesadas cadenas y le tuvo preso durante mil años. Dios vino a comprobar que Satán estuviese bien encadenado en el fondo de un abismo y selló él mismo la piedra que cierra la sima.

¿Qué aprendieron los templarios en Oriente, en contacto con todas estas sectas? ¿Cuáles fueron desde entonces sus relaciones con Set-Satán? ¿Qué aprendieron de lo que permite en determinados lugares comunicarse con unas fuerzas que nos sobrepasan? Corresponde a cada uno imaginarlo en función de sus propias creencias, pero determinadas implantaciones templarias analizadas a partir de las leyendas locales nos llevan a pensar que no fueron indiferentes al espíritu del lugar y que jugaron muy a menudo con fuego.

2

La espiritualidad grabada en la piedra

Diversidad de la arquitectura templaria

Hemos visto qué influencias habían podido sufrir los templarios, hemos escudriñado los secretos que podían haberles sido transmitidos. Pero, en realidad, no puede establecerse ninguna filiación segura. Sin embargo, todo parece indicar que existió realmente una doctrina interna en la Orden. No habría dejado de ser asombroso que sus «frecuentaciones» no hubieran tenido ningún impacto sobre ellos. Además, se trata de un elemento recurrente, obsesivo, desde su primera implantación en el emplazamiento del Templo de Jerusalén: el descubrimiento de algo extremadamente importante. Un secreto que, de una manera u otra, aparecía como un medio de entrar en comunicación con otro mundo o con otro nivel de conciencia, mundo celestial o mundo infernal o, más probablemente, los dos.

Y si ello fue así, deberíamos poder encontrar las huellas en el mensaje que nos dejaron grabado en la piedra.

Sabemos que la implantación de las encomiendas templarias corresponde por una parte al azar: las donaciones que recibían y que les permitían, por tanto, construir sus casas o sus capillas, incluso los edificios que les eran ofrecidos ya construidos. Pero, por otra parte, se trataba de elecciones.

Elecciones económicas racionales que correspondían a compras o permutas destinadas a reorganizar, concentrar sus posesiones y facilitar su explotación. Elecciones ligadas a la protección de las rutas que controlaban todos los pasos estratégicos. Elecciones ligadas igualmente a un objetivo más oculto: lugares sagrados en los que se practicaban unos cultos desde la noche de los tiempos, lugares «cargados» en el plano telúrico y podría decirse (pero habría que efectuar una investigación rigurosa para comprobar que no se trata de simples coincidencias) cargados en la medida en que los templarios parecen haber sentido apego por los lugares de fuerte radiactividad, en especial en las proximidades de yacimientos de uranio.

Para localizar los lugares en que el Temple se implantó, lo mejor es remitirse a los cartularios y a otros archivos, pero también servirse de la toponimia. Hemos dicho ya que los lugares llamados la Commanderie, el Bayle, el Temple, la Épine, etc., son generalmente señal de una antigua implantación templaria. Sin embargo, hay que ser desconfiados: así, en determinadas regiones tales como las Cévennes, el Temple puede simplemente designar un antiguo lugar de culto protestante. Entre los topónimos interesantes, es preciso indicar derivados como Tiplié, Temple, Temploir, Templereau, Tempé, incluso la Chevalerie, la Cavalerie, la Chevalière, la Croix-Rouge, la Croix-Blanche. Señalemos también que muchos lugares templarios interesantes están instalados en viejos lugares de culto celta o precelta.

Si la elección del lugar es importante, sería asombroso que la arquitectura no manifestara de una manera u otra la doctrina esotérica que podía animar a la Orden desde el interior.

Veamos en primer lugar las encomiendas. Cuando se sitúan en las villas, la mayor parte de las veces, no se trata más que de simples casas, a veces fortificadas. En el campo, se revelan más elaboradas. De todas formas, la prioridad en su construcción reside primeramente en la funcionalidad. Cobertizos, silos, caballerizas, establos, granjas y, por supuesto, talleres, alojamientos y capilla, forman lo esencial de ella. Por norma general, la capilla está situada en el lado sur y el refectorio en el norte. La mayoría de las veces, por razones de seguridad, el conjunto es construido de manera que pueda articularse alrededor de una casa fortificada, a veces provista de una torre, formando los edificios un recinto alrededor de un patio interior bastante amplio. Pero de hecho todo ello depende un poco de la región y de su forma de arquitectura dominante.

Los templarios son ante todo realistas y su organización es muy pragmática. A veces, en función de su análisis de las diferentes formas de inseguridad local, sus posesiones son transformadas en verdaderas plazas fuertes. Tal es el caso concretamente del Languedoc, donde la cruzada contra los albigenses fue un factor de desestabilización. A veces incluso fueron sus iglesias las que transformaron en fortalezas, de ahí que encontremos pueblos completos que hicieron suyos y que rodearon de murallas. A este respecto, cabe citar entre otros el caso de Campagne-sur-Aude, situado a unos cuarenta kilómetros al sur de Carcasona.

Los templarios se instalaron allí a comienzos del siglo XII. Campagne se encuentra en un meandro del Aude, que sirve de protección natural. La encomienda estaba organizada alrededor de la iglesia. Al oeste, la cocina colindaba con el refectorio de los caballeros; al norte, las dependencias y unos huertos; un palomar al noreste; las caballerizas, la guarnicionería, la forja y un granero al este; los alojamientos de los pajes de armas, de los escuderos y de los trabajadores al sudeste; por último, al sur, las habitaciones del comendador, de los caballeros y del baile así como el cementerio. El conjunto estaba sólidamente fortificado, con unas murallas almenadas rematadas por un camino de ronda, y un foso circular alimentado por las aguas del Aude. Una poterna y una puerta protegidas resultaban accesibles únicamente por barca; otra puerta estaba comunicada por medio de un «puente corredizo» que se retiraba a voluntad y era guardado por el portero. Vemos en esta organización y en la distribución de los edificios el ejemplo de la racionalidad de los templarios.

Hay que señalar también dos constantes de las encomiendas templarias, al menos cada vez que ello era posible: los pozos y los subterráneos. Eran los garantes de su seguridad. El pozo proporcionaba el agua potable que permitía resistir en caso de cerco y los subterráneos facilitaban en caso de necesidad la evacuación, especialmente de todo lo que era valioso o no debía caer en manos extrañas. Estos subterráneos permitían también entrar y salir discretamente de la encomienda, sobre todo con ocasión de ceremonias especiales. No era raro que uno de los accesos a los subterráneos pudiera llevarse a cabo por medio del pozo. Este último tenía igualmente otra función, más simbólica: la creación de un vínculo con las aguas subterráneas y sus propiedades telúricas propias. Los templarios eran ciertamente extremadamente pragmáticos, pero sus construcciones atendían también a otras necesidades más sutiles.

Por supuesto era el aspecto funcional el que prevalecía en la construcción de sus fortalezas. Mucho se ha escrito sobre la arquitectura militar de los templarios, a menudo equivocadamente. Uno de los que más se apasionaron por este tema fue Thomas Edward Lawrence, más conocido con el nombre de Lawrence de Arabia. Estudiante en Oxford, consagró su tesis de historia a los castillos de los cruzados y pasó sus vacaciones de 1906 a 1909 recorriendo Siria (y Francia) en busca de vestigios de fortalezas medievales. Para él los arquitectos militares occidentales fueron los maestros de los que edificaron los castillos orientales, y no a la inversa. Cosa que, por otra parte, ha podido ser demostrada con posterioridad. El futuro coronel Lawrence se dedicó muy especialmente a estudiar un lugar de Francia, relacionado con su tesis: Provins.

Se atribuye a menudo a los templarios la construcción en Tierra Santa de todos los castillos que ocuparon, incluido el Krak de los Caballeros, que no les debe gran cosa. Es cierto que los que no edificaron ellos los remodelaron a menudo considerablemente. En realidad no construyeron realmente más que el Castillo Blanco en Safita, Tortosa, y el Castillo Peregrino en Athli (primero llamado «Castillo del Hijo de Dios»), así como un palacio fortificado en San Juan de Acre.

El Castillo Peregrino fue la primera y más hermosa de sus obras militares. Resistió todos los ataques y no fue evacuado más que a última hora, tras la pérdida de Acre. Edificado en 1218 sobre el promontorio de Athlit, al sur de Haifa, es la demostración de que, en materia de arquitectura funcional, los templarios fueron menos doctrinarios que pragmáticos.

En Occidente, muchas de sus ciudades e iglesias fortificadas han desaparecido, pero se puede a pesar de todo visitar aún algunas como La Couvertoirade, en Larzac, o Richerenches, en Vaucluse, y por lo que a iglesias se refiere, Cruas en Ardèche, Rudelle en Lot, Laressingle en Gers.

Las capillas templarias

Detengámonos por un instante en la arquitectura de las iglesias y capillas templarias, allí donde el aspecto puramente funcional cede paso a lo sagrado, a lo simbólico y a los signos de la doctrina oculta. Circulan un montón de ideas falsas al respecto. De creer a algunos, una iglesia templaria es un edificio circular a imagen del Santo Sepulcro o posee obligatoriamente un campanario octogonal. Esto es simplemente una estupidez. Estos errores fueron en general repetidos por Viollet-le-Duc, que escribía:

> La Orden de los templarios, especialmente destinada a la defensa y conservación de los santos lugares, erigía en cada encomienda una capilla que debía ser la representación de la rotonda de Jerusalén.

Esto condujo a atribuirles, como en Montmorillon, capillas en forma de rotondas, aun cuando nada tenían que ver con ellas.

Si bien construyeron, efectivamente, rotondas, como en Metz o en Laon, sus capillas siguieron en la mayoría de los casos el estilo local. La bóveda de cascarón era de rigor en Provenza, mientras que el presbiterio llano predominaba en la Gascuña, el Périgord y Saintonge. Muy a menudo, era de una gran sobriedad, sin decoración o casi, sobre todo cuando se trataba de capillas que no servían más que a los hermanos de la Orden y no a los fieles externos. No obstante, cuando estaban destinadas al público, no siempre se escatimaba en la decoración.

A veces manifestaban un simbolismo especial, libro de piedra que desvelaba, a aquellos capaces de comprenderlos, misterios doctrinales. Así en Montsaunés, en la Alta Garona, donde la iglesia fortificada edificada por los templarios encierra una extraña iconografía. Los capiteles de la puerta norte ilustran la vida de Cristo. En uno se ve a la Virgen, acostada al lado de la cuna, y en otro, a Cristo, sumergido de medio cuerpo en una tina con apariencia de cáliz. Está bendiciendo, mientras que a cada lado, una mujer de rodillas le sirve. Según los especialistas se trataría de una representación de la curación milagrosa de la comadrona ciega que vino a lavar al niño cuando nació. Ahora bien, esta escena no existe más que en unos evangelios apócrifos, lo cual supondría que los templarios habían tenido conocimiento de ellos y que habían estudiado ciertos textos heréticos. El interior de la iglesia de Montsaunès está plagado de símbolos astrológicos y alquimistas, incluido un «péndulo de Salomón» sostenido por dos personajes. En los capiteles de la puerta de poniente hay unas escenas representadas encuadradas por pequeñas columnas acanaladas rematadas por una especie de torrecilla o de minarete de estilo árabe.

En Montsaunès se puede ver igualmente a Cristo sobre las rodillas de su madre. El niño está ataviado a la moda oriental y lleva en la mano un libro cerrado que representa la doctrina oculta. En la puerta sur, un motivo curioso se encuentra situado en línea con el sol en el solsticio de invierno. Los rayos del astro diurno penetran en la iglesia por un agujero para acabar en un hueco de una losa que se encuentra a unos tres metros en el interior. Unos frescos muestran un ciervo situado sobre un tablero de ajedrez blanco y rojo y un cordero en una parrilla. Esta iglesia albergaba una virgen negra que ha sido retirada de allí. Estamos muy lejos en este caso de la desnudez cisterciense.

Conviene también recordar Tomar. Desgraciadamente, se realizaron unos trabajos de acondicionamiento después del fin de la Orden, pero los que se ocuparon de los diferentes trabajos eran sin duda «descendientes» de los templarios, puesto que se trataba de la Orden de los Caballeros de Cristo.

La fortaleza de Tomar fue edificada por orden de Gualdim Païss, sexto Gran Maestre de Portugal. Cosa curiosa, tras su muerte en 1195, no fue enterrado en la rotonda de Tomar sino en una iglesia de la ciudad baja: Notre-Dame-des-Oliviers.

La entrada y la salida están señaladas por unos pozos lamentablemente en gran parte ciegos hoy día. Otra iglesia, de torre octogonal, lleva el nombre de San Juan Bautista. En la fachada, un bajorrelieve, que una esfinge nos invita a examinar atentamente, representa un gran perro que figura la

267

constelación cuya estrella principal es Sirio, o Sothys para los orientales. Se ve también un león que evoca la constelación y su estrella, Regulus. En el centro, un «Grial», que hay que relacionar con la constelación de «la Copa». Estas figuras determinan un ángulo de 34 grados. Ahora bien, la constelación de Leo forma con la Copa y la estrella Sirio del Gran Perro un ángulo de 34 grados, a medianoche del horario solar, el 20 de enero.[79] Se trata del día en que se celebra la festividad de san Sebastián, ese miliciano romano que fue asaeteado antes de ser... decapitado. Una cabeza cortada más. Ahora bien, san Sebastián era uno de los santos preferidos de los templarios. Éste no es uno de los menores secretos de Tomar. Maurice Guinguand pone en evidencia algunas otras particularidades. Señalemos antes de terminar con Tomar que la tumba de Gualdim Païss está vacía.

Los templarios y el culto de las cabezas cortadas

Una de las grandes claves del secreto de los templarios se encuentra sin duda en la consagración de sus iglesias. Hemos señalado ya que, cegados por los prejuicios concernientes tanto al sanjuanismo supuesto de los templarios como al amor de san Bernardo por la Virgen, numerosos autores han vinculado poco menos que sistemáticamente la Orden a la consagración a Nuestra Señora y a San Juan. No se puede decir que anden completamente errados, pues María preside numerosos lugares templarios especialmente en Bretaña. Los *Locmaria* reservan a los curiosos muchas agradables sorpresas en forma de cruces templarias o de capillas que pertenecieron a los monjes soldados.

Por lo que se refiere a san Juan, es al Bautista a quien a menudo designaba, más que al evangelista.

San Juan Bautista, el pastor cuya cabeza fue cortada. Nos hace pensar en que era habitual representar cabezas esculpidas en la decoración de las capillas y de los refectorios de los templarios, cabezas sin sus cuerpos, como en la iglesia de Charrière, cerca de Saint-Moreil (Creuse), que estaba dedicada al Bautista.

Entre las numerosas capillas a las que prestaba su nombre, citemos también la de Comps-sur-Artuby, en Var, donde un fresco representa el Arca de la Alianza protegida por unos querubines de... pies hendidos. Pero dejemos allí a Juan Bautista-Jano, claramente vinculado al baphomet y a su cabeza cortada.

Tampoco nos detendremos en san Pedro, de quien ya hemos hablado. Pedro, demasiado olvidado por los comentaristas cuando se trata de los templarios, ese Pedro, que parece demasiado prosaico, pero que posee las llaves de los dos reinos y la red de los pescadores. San Pedro, portero de los subterráneos de la orden del Temple. Pero es en otros santos en quienes vamos a centrar nuestro interés, en aquellos que aparecen muy frecuentemente en las consagraciones templarias y en los que nadie se interesa. Y sin embargo...

San Bartolomé, cuyo nombre fue dado de forma especial a la encomienda del Puy-en-Velay, murió desollado vivo, tras lo cual fue decapitado.

San Adrián: en el departamento del Morbihan, cerca de Baud, cuya iglesia está dedicada a san Bartolomé, se encuentra la capilla de San Adrián, una de los más hermosos ornamentos del valle del Blavet. Esta capilla templaria es uno de los testimonios de la introducción del culto de san Adrián en Bretaña por los templarios. En el interior de la iglesia, unos frescos muestran principalmente a Juan Bautista que, en vez de estar ataviado con una piel de cordero, lleva una piel de buey. Juan Bautista, el culto del becerro, el baphomet de los templarios.

Se rezaba a san Adrián para la curación de las enfermedades gástricas, y la capilla poseía un canto rodado con el que los peregrinos se frotaban el abdomen. Este culto estaba asociado al agua y dos fuentes brotan en la misma capilla.

En el exterior, otra fuente está rematada por una cruz sobre la que puede verse una guirnalda de... cabezas cortadas.

Señalemos, no obstante, que esta capilla fue remozada en el siglo XVI y que, por tanto, no tenemos ninguna garantía acerca de la inspiración templaria de su decoración. Pero podemos indicar que los apóstoles representados en el interior están ataviados con trajes de templarios y de caballeros de San Juan de Jerusalén.

Adrián padeció el martirio en tiempos de Diocleciano. Fue azotado hasta el punto de que las entrañas se le salían del cuerpo. Le cortaron los pies y las piernas, luego una mano. Y acto seguido, murió. La mujer que le amaba conservó esta mano. Aunque no se le cercenó la cabeza, de su cuerpo no quedaba ya gran cosa por debajo de ella.

San Mauricio: una encomienda lleva su nombre en Verdon. Ésta dependía del establecimiento de Combs-sur-Artuby. Fue este santo el que eligió el rey Renato como patrón de la Orden de la Medialuna, pero se trata de otra historia más relacionada con la herencia del Temple que con la propia Orden.

Podemos citar la encomienda de Saint-Maurice-de-Vouthon, cerca de Angulema, la de Saint-Maurice-sur-Vingeanne, cerca de Dijon, la capilla Saint-Maurice de Metz, la de Saint-Maurice-du-Moustoir, cerca de Quimper, etcétera.

Mauricio era el jefe de la legión tebana.

En este ejército, había numerosos cristianos y se quiso obligarles a hacer sacrificios a los ídolos, con ocasión de la campaña llevada a cabo en las Galias. Ellos se negaron. El emperador ordenó que mataran a uno de cada diez de ellos y les hizo... cortar la cabeza. San Mauricio estaba entre los elegidos. Sus reliquias y las de sus compañeros, llevadas en una caja, le permitieron a un sacerdote calmar una tempestad.

Santa Catalina: se encuentra en Saône-et-Loire una encomienda del Temple consagrada a Santa Catalina. En buen estado, ha conservado sus esculturas, en especial pinjantes adornados con... cabezas humanas.

En Valençay, en Indre, existía también una capilla templaria bajo este vocablo. Habría que mencionar la misteriosa capilla de Santa Catalina de Gisors y algunas otras. En particular la capilla templaria subterránea de Royston, a una treintena de kilómetros al sur de Cambridge.[80] Este sótano está repleto de esculturas y de grafitos sumamente enigmáticos. Algunos son muy semejantes a los dejados por los templarios en Chinon y en Domme. Podemos admirar en él entre otros a san Lorenzo, muy amado de los templarios, Nuestra Señora, san Juan y santa Catalina, pero también el santo Grial.

Según la leyenda, el emperador Majencio se había enamorado de Catalina, pero ella se resistía y, por si fuera poco, convertía a todo el mundo a su alrededor, incluida la propia esposa de Majencio. Éste la hizo torturar. La emperatriz se indignó. Entonces el emperador les hizo cortar la cabeza a las dos.

San Jorge: tiene su capilla en Ancenis, en el Loira, cerca de la hacienda de La Templerie. Está presente en los frescos encontrados durante la restauración de la encomienda de Coulommiers. Citemos también la capilla de San Jorge en Vuillecin, en Doubs. También él figura en un sello templario donde se le ve traspasar al dragón con su lanza, con una estrella a su lado.

Fue ajusticiado, atado a un caballete y desgarrado con unas uñas de hierro, quemado con unas antorchas. Sus heridas fueron frotadas con sal, se le salieron las tripas del cuerpo. Un milagro le curó. Pero tras muchos episodios y suplicios, san Jorge acabó con... la cabeza cortada.

Todos estos santos aparecen con frecuencia en las consagraciones de iglesias y de capillas templarias. Hay algunos otros que deberemos mencionar y que poseen otras características. Pero ¿es casualidad que todos hayan acabado con la cabeza cortada? ¿No deberíamos pensar que esta constante tiene alguna relación con el baphomet? San Juan Bautista tiene a todas luces mucho más que ver con este enigma que el pequeño demonio de Saint-Merri.

Otros patronos para el Temple

Hay algunos personajes que no sufrieron el suplicio de la decapitación, pero cuyo nombre está a menudo asociado a establecimientos templarios.

Tal es el caso de san Lorenzo. En las grutas de Jonás, en el Puy-de-Dôme, los templarios que buscaron refugio allí tras la orden de arresto, habilitaron un lugar como capilla y lo dedicaron a san Lorenzo. No es, por supuesto, más que un ejemplo entre otros. Primo de san Vicente, también él apreciado de los templarios (al menos se afirma este parentesco de primos a pesar de existir una incompatibilidad cronológica), sufrió el martirio atado a una parrilla de hierro bajo la cual habían sido colocadas unas brasas. Por si ello fuera poco, su cuerpo fue acribillado con una horca de hierro.

San Gil: había nacido en Atenas, de linaje real. Fue, desde su infancia, instruido en las Bellas Letras. Su piedad era tal que poseía el don de obrar milagros, de expulsar a los demonios, de calmar el oleaje durante las tempestades. Gil se retiró al desierto y vivió en él al lado de un ermitaño llamado Veredonio. Luego, tras haberle abandonado, descubrió una cueva en la que manaba una fuente. Se instaló en ella y recibió a horas regulares la visita de una cierva que le alimentaba con su leche. Un cazador que perseguía a la cierva le disparó una flecha, y fue Gil quien fue alcanzado por ella. No tardó en correr la noticia del incidente. El rey, informado, adquirió la costumbre de ir a ver a Gil y fundó allí un monasterio que le fue confiado. Gil continuó obrando milagros. Todo ello acontecía hacia el año 700.

Gil-Egidio nos hace pensar sobre todo en *aigos*, la cabra, igual que la égida es la piel de la cabra Amaltea que alimentaba a Zeus con su leche.

El lugar privilegiado consagrado a Gil se encuentra en Gard, en las puertas de la Camarga. En Saint-Gilles se encontraban dos importantes encomiendas, una templaria y la otra hospitalaria. El segundo lugar es la gruta donde se supone vivió, cerca de Collias, en Gard. Se erigió una pequeña capilla a la entrada, dedicada a san Vicente. Cerca de otra cueva, muy próxima, otra capilla está dedicada a san Pedro.

El culto consagrado a san Gil está generalmente relacionado con el árbol, el bosque, lugar iniciático donde los haya, paso obligatorio para el peregrino del Renacimiento que es Polifilo. Saint-Gilles era una de las etapas esenciales del camino de Santiago. La peregrinación a Saint-Gilles fue incluso muy importante por sí misma hasta el período de la cruzada contra los albigenses y se encontraban numerosos establecimientos templarios en las rutas que llevaban a él.

Como consecuencia de la herida de flecha, Gil, al igual que el rey Tullido de la búsqueda del Grial, se volvió cojo y pasó a ser el patrón de los cojos. Como san Roque, está, así pues, ligado a los andares torcidos de aquellos que han descendido a los Infiernos y han regresado de ellos.

San Gil desempeña un papel aparte entre los patronos del Temple. Está relacionado en el tiempo con la supervivencia del pensamiento de los templarios, transmitido por sociedades secretas como el *Agla* en el Renacimiento, y más tarde por la Sociedad Angélica.

Para Grasset d'Orcet, Gil debe vincularse a un personaje mítico que servía de reconocimiento dentro de estas sociedades, John Gilpin, y ver en él a un héroe solar cuya carrera coincide con la del astro. Nos señala, por otra parte, que san Gil (Gilles o Gély) servía de salvoconducto a los antiguos Rosacruces.

Nos detendremos un instante más en unos patrones muy especiales de la Orden del Temple: los santos gemelos Gervasio y Protasio.

Eran hermanos gemelos, hijos de san Vital y de la beata Valeria. Hicieron entrega de todos sus bienes a los pobres, luego vivieron junto con otros dos santos gemelares: Celso y Nazario. Gervasio y Protasio fueron apresados. Se les quiso obligar a hacer sacrificios a los dioses. Al negarse a ello, fueron martirizados.

En París, la iglesia de Saint-Gervais-Saint-Protais, uno de los más hermosos edificios alquimistas de la capital, se encuentra en el antiguo emplazamiento de una capilla templaria de donde arrancaba un subterráneo. Saint-Gervais-Saint-Protais y el olmo de la plaza se convirtieron en uno de los lugares de cita de la gente de los gremios. Esta iglesia debe ser analizada, por lo que se refiere a su decoración, en relación con Saint-Gervais-Saint-Protais de Gisors, también estrechamente vinculada a la historia de los templarios.

Sin duda es su gemelidad lo que confería importancia a estos dos santos a los ojos de los templarios.

Los templarios, promotores del arte gótico

Los templarios no dejaron su mensaje grabado en la piedra únicamente en sus iglesias. En efecto, parece que tuvieron un papel determinante en la construcción de las catedrales. Es difícil decir si estuvieron poco o mucho en el origen de los encargos, pero es seguro que participaron en su realización por medio de los cuerpos de compañeros que les eran afectos. En la época, el «gótico» apareció con los templarios y los «hijos de Salomón», antepasados de los compañeros del deber de libertad, que vivían dentro de la órbita de los templarios. Todo ello se llevó a cabo en relación con la Orden del Císter. El Temple fue sin duda el gran financiador de estas construcciones, tanto proporcionando obreros a los que pagaba él mismo como concediendo probablemente importantes gratificaciones.

Para comprender el gigantesco esfuerzo financiero que ello hubo de representar, conviene saber que en la misma época, o casi, fueron iniciadas todas las grandes obras: Noyon en 1140, Senlis y Laon en 1153, París en 1163, Poitiers en 1166, Lisieux y Sens en 1170, Soissons en 1175, Bourges en 1190, Chartres en 1194, Ruán en 1200, Reims en 1211, Auxerre en 1215, Le Mans en 1217, Coutances en 1218, Amiens en 1220, Toulouse en 1229, Sées en 1230, Estrasburgo en 1240, Beauvais en 1247, Clermont-Ferrand en 1248, Metz en 1260, Troyes en 1262, Narbona en 1272, Rodez en 1277, etcétera.

Es decir, veinticinco catedrales comenzadas en 137 años. No es difícil imaginar el coste colosal de una operación semejante.

Los templarios no fueron ajenos a esta extraordinaria labor. Fue, por otra parte, como consecuencia de su intervención que Luis IX concedió a las cofradías de trabajadores franquicias que Felipe el Hermoso suprimirá al propio tiempo que hará desaparecer la Orden del Temple.

Con anterioridad a los templarios, las únicas grandes iglesias existentes eran abaciales. Faltaban los medios para construir unos edificios costosos. Cuando una ciudad se enriquecía, hacía erigir una o dos iglesias suplementarias, pero generalmente de amplitud limitada. Y, de repente, hubo dinero suficiente para poner en marcha una gigantesca política de grandes obras. Ahora bien, al propio tiempo, la nobleza debía garantizar los gastos de las cruzadas. Partir para Oriente con hombres de armas, reclutar una verdadera tropa que era preciso equipar, alimentar, costaba caro. Era impensable financiar además la construcción de iglesias gigantescas. E incluso si las ciudades se desarrollaban, si el artesanado y el comercio prosperaban, gracias sobre todo a la seguridad de los caminos, ello no puede explicar más que muy parcialmente los orígenes de la financiación de la construcción de las catedrales. Se ha querido responder a este interrogante hablando de impulso de un pueblo que participaba espontáneamente de los trabajos. Ello es ridículo y no pudo ser más que algo muy marginal, pues la erección de una catedral exigía el empleo de una mano de obra altamente cualificada, que dominara perfectamente unos problemas técnicos bastante complejos, y de artistas de gran valor que no era posible encontrar en cualquier parte.

A fin de asegurar la promoción y la tesorería de tales obras, la Orden del Temple era la única que tenía el suficiente poder financiero. No hay que ver en ella al único mecenas para todas las catedrales de esta época. La financiación fue sin duda múltiple, pero no se pudo prescindir de los templarios, que mantenían especialmente a su costa cofradías de trabajadores.

A este respecto, no se excluye que los templarios hubieran podido recibir su misión de san Bernardo, y que dicha misión hubiera estado relacionada con los secretos traídos de Oriente. En primer lugar, parece que la «resonancia» de las catedrales se benefició de la experiencia de los cistercienses en materia de propagación de sonidos. Resulta innegable asimismo que la mayor parte de las capillas templarias presentan la austeridad y la simplicidad predicadas por san Bernardo.

Este último criticaba, en efecto, las iglesias excesivamente adornadas:

> Para hablar claro, todo eso no proviene más que de la avaricia que no es sino idolatría, y lo que nos proponemos con ello no es en absoluto obtener una ventaja espiritual, sino hacer llegar las donaciones a nosotros por este medio (...) existe una manera de repartir el dinero que lo multiplica; se gasta éste para que llegue y se repar-

te para aumentarlo. En efecto, a la vista de tales vanidades suntuosas y admirables, uno se siente más inclinado a ofrecer cosas semejantes que a rezar: he aquí cómo se atraen riquezas por medio de las riquezas y como se recoge dinero con el dinero; pues no sé por qué encantamiento secreto los hombres se sienten siempre inclinados a dar allí donde más hay. Cuando los ojos se abren admirados para contemplar las reliquias de santos engastados en oro, las bolsas se abren a su vez para dejar manar el oro. Se expone la estatua de un santo o de una santa y se la cree tanto más santa cuanto más recargada de colores está. Entonces se forma una multitud para besarla y, al propio tiempo, se ruega dejar una ofrenda: es a la belleza del objeto más que a la santidad a lo que se dirigen todas estas muestras de respeto (...). ¡Oh vanidad de vanidades, pero vanidad más insensata que vana! Los muros de la iglesia resplandecen de riquezas y los pobres viven en la indigencia; sus piedras están recubiertas de dorados y sus hijos se ven privados de lo necesario para vestirse: se utiliza lo que corresponde a los pobres para unos embellecimientos que embelesan las miradas de los ricos. Los aficionados encuentran en la iglesia con qué satisfacer su curiosidad, y los pobres no encuentran en ella nada con que sustentar su miseria.

Imposible expresar mejor ni hacer un análisis económico más acertado que el de san Bernardo sobre la manera en que el dinero atrae al dinero.

Si nos atenemos a estas observaciones, la construcción de las catedrales podría parecer incompatible con la doctrina de san Bernardo. Pero éste era ponderado y admitía la necesidad del ornamento para atraer a los fieles. Aquellos a quienes él reprendía eran sobre todos los abades, pues sus monjes no debían tener en absoluto necesidad de todo aquello para sostener su fe. Escribía, por otra parte, a Guillaume, abad de Saint-Thierry:

Pero, decidme, vosotros que practicáis la pobreza de espíritu, ¿a qué viene tanto oro en un santuario? Un abad, en la iglesia de su monasterio, no puede permitirse imitar a un obispo. Este último, por la propia naturaleza de su cargo, reina sobre una grey en la que no todos tienen la inteligencia de las cosas espirituales, y es justo que haga uso de medios tan materiales para despertar la piedad de un pueblo carnal.

Está todo dicho: la sencillez en los monasterios, las esculturas para atraer al pueblo. Y este análisis se hizo realidad con los templarios. Los que conocen bien la región del Morbihan saben que sus capillas, muy simples, desnudas, alternan con sus iglesias ornamentadas como en Merlevenez.

Por lo que respecta a las catedrales góticas, no se contentaron con decorarlas: se eligió la grandiosidad. Pensemos en Notre-Dame de París, construida en 5.955 metros cuadrados y capaz de dar acogida a 9.000 fieles de pie, 1.500 de los cuales en las tribunas. Y Reims, que ocupa 6.650 metros cuadrados, y Amiens 7.700, etc. Y las iglesias se hicieron cada vez más altas, para mejor elevarse hacia Dios y permitir penetrar a la luz. Al mismo tiempo que se «abrían» los muros, era preciso aligerar la construcción, reducir los materiales empleados.

La iglesia románica incitaba a la oración, a recogerse humildemente, arrodillado, los ojos vueltos hacia el suelo, concentrado en uno mismo para buscar a Dios en lo más profundo del propio corazón. La iglesia gótica le ofreció al hombre una dimensión divina. El fiel se puso a admirar, a adorar, a levantar la cabeza hacia la luz. No es ya en el fondo de él donde buscó a Dios, sino en la belleza de la creación, en esa luz que generaba a veces más alegría que recogimiento. Simbólicamente, en caso de accidente, la clave de arco románica caería hacia el suelo, la de una iglesia gótica sería proyectada hacia el cielo.

Numerosas catedrales góticas fueron dedicadas a Nuestra Señora. Las otras fueron dedicadas a san Esteban (cuyo patronazgo era igualmente apreciado por los templarios) como en Bourges, Sens, Limoges, Caen, Châlons-sur-Saône, Ruán y Metz.

La Virgen recibió, pues, el patronazgo de Amiens, Bayeux, Beauvais, Chartres, Évreux, Laon, Noyon, París, Reims, Senlis, Sées, Soissons y finalmente Notre-Dame de l'Épine.

¿Cómo no relacionar esto con el siguiente acto de fe de los templarios?:

> Nuestra Señora estuvo al comienzo de nuestra religión, y en ella, y en honor a ella, si Dios quiere, estará el fin de nuestra religión.

Y el postulante, en el momento de su recepción, pedía ser recibido «delante de Dios y delante de Nuestra Señora», mientras que Cristo no era nunca citado. Y cuando los templarios encarcelados, al final de la Orden, quisieron recogerse, inventaron la «oración de los templarios en prisión» que decía:

> «Que María, la Estrella del Mar, nos conduzca al puerto de salvación» o también «Santa María, madre de Dios, piadosísima madre, llena de gloria, santa madre de Dios, madre siempre virgen y estimada, oh María, salvación de los desvalidos, consoladora de quienes en vos esperan, vencedora del mal y refugio de los pecadores arrepentidos, aconsejadnos, defendednos».

Nuestra Señora, cuyo culto no se extendió antes de la época del nacimiento de la Orden, parece sin cesar presente en el pensamiento de los templarios.

Digamos de paso que las ocho Notre-Dame del norte de Francia están implantadas de manera que trazan sobre el terreno el dibujo de la constelación de la Virgen, pero invertida, como si la tierra fuera el espejo del cielo. Dentro de este esquema, uno de los santuarios no es, hablando en rigor, una catedral: se trata de Notre-Dame de l'Épine, cuyo nombre parece ser una firma templaria. Sin ella, la constelación no hubiera estado representada integralmente, o bien no fue sin duda construida más que con este fin, pues fue edificada en pleno campo, al este de Châlons-Sur-Marne.

En cuanto a Esteban, Santiago de la Vorágine nos dice que su nombre significa corona, en griego. Las catedrales de San Esteban pueden aparecer, entonces, como referencia simbólica de la coronación de la Virgen.

Los hijos de Salomón

Hemos recordado a los compañeros de oficios que trabajaban en la esfera de influencia del Temple y participaban en la construcción de las catedrales y otras iglesias iniciáticas. En París, residían habitualmente a «costa del Temple», cerca de Saint-Gervais-Saint-Protais, y tenían costumbre de reunirse bajo el olmo, en la plaza.

Convertidos después en los «compañeros del deber de libertad», tomaron en aquel momento el nombre de «hijos de Salomón». Afiliados a la Orden del Temple, se beneficiaban de las mismas franquicias que ella. Esto permitía a los templarios atraer fácilmente a los obreros y seleccionar a los mejores de ellos. A menudo, grababan a su paso las tres letras I.S.V., que significaban *«Aquí vela Salomón»*. Según las leyendas que formaban parte de su enseñanza, Salomón había designado treinta mil hombres repartidos en tres grupos iguales para construir el Templo. Cada compañía trabajaba un mes y luego regresaba por dos meses a su país, el Líbano. Además, Salomón había contratado a setenta mil peones para el transporte de piedras que ochenta mil hombres extraían de las montañas. Todo este inmenso gentío estaba bajo las órdenes de tres mil trescientos capataces que dependían todos ellos del arquitecto Hiram.

Salomón pidió que los cimientos y los muros del Templo fueran hechos de piedras ciclópeas de gran valor. Los canteros las cortaban, mientras que los hombres de Giblos preparaban la madera y las piedras para construir la Casa del Señor. Pero era difícil hacer trabajar a tantos hombres. Algunos pensaban más en su sueldo que en el trabajo que debían realizar. Hiram quiso poner orden en ello. A fin de impedir abusos, se dio una contraseña a quienes trabajaban allí a fin de que pudieran cobrar su paga. Aquellos cuya labor superaba en calidad a la de los demás eran interrogados por Hiram, luego conducidos a un subterráneo del Templo donde les eran transmitidos nuevos conocimientos en el curso de una ceremonia iniciática y recibían una nueva contraseña.

Tres aprendices, Holem (o Hopem), Sterkin (o Skelem) y Hoterfut, furiosos de que Hiram les hubiera negado la iniciación, quisieron hacerse con la contraseña por la fuerza. Una noche, esperaron a Hiram a la salida del Templo. Holem le esperó en la puerta sur, armado con un mazo, Sterkin en la puerta de poniente con una regla y Hoterfut en la de levante con una palanca. Hiram salió por el oeste. Se negó a ceder y Sterkin le golpeó en un hombro con la regla. Él escapó y se topó con Holem en la puerta sur. Golpeado una segunda vez y basculando, corrió hacia levante donde fue muerto por Hoterfut. Los asesinos abrieron tres fosas. En la primera de ellas pusieron el cuerpo de Hiram; la segunda recibió su ropa y la tercera su bastón: un junquillo marino que llevaba siempre con él. Nueve compañeros se pusieron a buscar a Hiram. Una exhalación les atrajo y les llevó hasta un lugar donde había brotado una rama de acacia. Allí encontraron el cadáver de Hiram.

Salomón hizo cambiar la contraseña y pidió a los compañeros que se cortaran la barba y los cabellos, que llevaran mandiles de piel blanca en señal de duelo y guantes blancos para indicar que eran inocentes del homicidio. Se construyó una tumba de bronce para Hiram con una inscripción en un triángulo de oro: A.M.G.D.M.G.A.D.U. (A mayor gloria del más gran arquitecto del universo). Se colocó allí una medalla con el nombre de Jehová. En un tercer triángulo se indicó S.U.G. y en los bordes de la tumba se grabó: Noria, Sterkin, Hiram y Mac Benac. El lugar de la tumba fue llamado *Campo de los Cros* o campo de las lágrimas.

Se intentó dar con los asesinos. Holem fue entregado por Pérignan y se le... cortó la cabeza. Sterkin y Hoterfut encontraron refugio en la corte del rey de los gepts. Quince compañeros les acorralaron. Aunque se escondieron en la cantera de Bendicar, se dio con su paradero, se les apresó y se les trajo a Jerusalén cargados de cadenas. Fueron atados a dos postes de pies y cuello, las manos atadas tras la espalda, su cuerpo fue abierto y, con una absoluta crueldad, se les dejó así expuestos al sol, sometidos a las picaduras de los insectos. Por la noche, Salomón les hizo... cortar la cabeza. Las cabezas fueron expuestas y el resto ofrecido en pasto a las fieras.

Una vez más cabezas cortadas. Ello nos recuerda que con ocasión de la consagración de los templos antiguos, se sacrificaba en un ritual de cabezas cortadas. Así, Tarquino el Soberbio, séptimo rey de Roma, hizo edificar un templo a la gloria de Júpiter. Al levantar los cimientos, se encontró una cabeza humana cortada y aún sangrante. Se prosiguió con la construcción y se le dio el nombre de Capitolio, de *caput*, la cabeza.

¿No es sobre Cefas, el cráneo, nombre de Pedro, sobre el que está edificada la Iglesia?

«Tú eres Pedro, y sobre esta piedra edificaré mi Iglesia».

Sin embargo, los secretos de construcción en posesión de los «hijos de Salomón» provienen asimismo de una muy extraña historia, la de una raza maldita protegida por los templarios.

3

Los templarios y los secretos de la raza maldita

Los cagotes: un pueblo de parias

El secreto de los constructores de la Orden del Temple se halla ligado a un pueblo misterioso en exceso desconocido por los historiadores: los cagotes. Lo esencial de lo que se sabe de ellos proviene de las investigaciones llevadas a cabo en el País Vasco y en Bearn, pero veremos que estuvieron igualmente implantados en otras regiones. En las comarcas pirenaicas, que no conocieron sin embargo prácticamente los prejuicios raciales, que acogieron de forma fraterna a judíos y sarracenos, los cagotes fueron tratados como un pueblo maldito sin que se sepa muy bien el porqué. Al margen de un texto de 1288 que hace referencia a ellos, no es hasta mucho más tarde cuando algunos escritos comenzaron a denunciar claramente las persecuciones de que fueron objeto. Hasta entonces, no parece que hubieran tenido problemas con las poblaciones autóctonas, aun cuando todas las leyendas que hacen referencia a ellos tienden a demostrar que su llegada a la región fue anterior.

Sufrieron una segregación extremadamente estricta que estuvo acompañada, por parte de las poblaciones, de temor, de rechazo y de desprecio. No tenían derecho a frecuentar a otras personas más que a las de su raza. Se les confinaba en cabañas aisladas, apartadas de los pueblos. Fue así como se fundaron numerosos barrios alejados en aquella época del centro de las ciudades. Conocemos los ejemplos del barrio de Mitchelena separado de Saint-Étienne-de-Baïgorry por la Nive des Aldudes, de Ispour aislado de Saint-Jean-Pied-de-Port por el valle del Lauribar, del barrio de la Madeleine, cerca de Saint-Jean-le-Vieux. Podrían citarse otros muchos.

En ningún caso debían los cagotes mezclarse con el resto de la población y el horror que inspiraban era tal que, incluso en la iglesia, donde era admitida su presencia, estaban aparte. Les estaba reservada una entrada especial que nadie más que ellos franqueaba, igual que una pila de agua bendita, a fin de que nadie tocara el agua en la que ellos habían humedecido sus dedos. Aún pueden verse esas pilas reservadas en las iglesias de Ciboure, de Juxue, de Arberats, de Libourne o de Saint-Bertrand-de-Comminges.

Les estaba igualmente prohibido besar la cruz y el sacerdote les tendía la hostia en la punta de una vara.

Incluso muertos sufrían la segregación. No podían reposar en tierra bendecida y se les enterraba en zanjas o a orillas del mar.

Numerosas profesiones les estaban vedadas, más concretamente las relacionadas con la alimentación. Aunque tenían derecho a poseer tierras, no podían practicar sin embargo ni la agricultura ni la cría de ganado. Aunque hubieran podido hacerlo, nadie habría aceptado consumir sus productos. En cambio, algunos oficios les servían en cierta manera de empleos reservados y más exactamente los de carpintero, hilandero de cáñamo y tejedor, y menos frecuentemente los de chiquichaque, ebanista o herrero. Tenían fama de poseer gran destreza en estas artes, lo cual no les otorgaba sin embargo más derechos. Cuando un maestro carpintero de Moumour creyó, en 1471, poder vivir como el resto del mundo con la excusa de haber prestado grandes servicios al obispo de Oloron, la gente se apresuró a ponerle en su sitio. Las autoridades consulares le recordaron ásperamente que no debía ejercer ninguna actividad que estuviera relacionada con el trabajo de la tierra, ni poseer ganado, ni tampoco entrar en un molino por temor a que contaminara la harina, ni ir al lavadero, ni beber en la fuente, ni siquiera andar descalzo, «so pena de ser considerado responsable de la contaminación, de los daños, del deshonor y de la vergüenza que pudieran derivarse de ello para los habitantes de Moumour». Si hubiera hecho caso omiso de estos amigables consejos, habría podido perfectamente costarle la vida.

No sólo los cagotes estaban aislados, sino que a fin de proteger mejor a la población, se había decidido hacerles reconocibles de lejos obligándoles a llevar un signo distintivo: una pata de oca de paño rojo cosida en un hombro.

Aparentemente no tenían más que unos derechos cívicos muy reducidos y allí donde, en un proceso, bastaba con el testimonio de un solo hombre, se requerían siete cagotes para que sus declaraciones fueran tenidas en cuenta. Muy curiosamente, eran tomados a su cargo por la Iglesia y, con ocasión de los censos, se les agrupaban por circunscripciones religiosas y no por bailías laicas. Asistían normalmente a misa y se les tenía por buenos cristianos. En cierta manera incluso, la Iglesia les protegía asegurándoles el monopolio de ciertos oficios artesanales y eximiéndoles de diversas cargas y cánones.

Sea como fuere, los cagotes no llevaban una vida envidiable y en ocasiones sintieron la tentación de reaccionar contra las normas que les habían sido impuestas. En la práctica, su aislamiento siguió siendo una realidad hasta principios de este siglo, habiéndose iniciado un comienzo de integración en el siglo XIX.

Los cagotes, la lepra y lo sagrado

Frente a semejante misterio, han sido muchas las hipótesis planteadas para explicar los orígenes de la maldición. Se ha afirmado que se trataba de descendientes de cátaros, cosa que no se sostiene, pero que podría vincularles a una herejía. Se ha hablado también de una ascendencia sarracena, lo que les vincularía con Oriente. Algunos han afirmado que pesaba sobre ellos la maldición desde que sus antepasados construyeran la cruz en la cual Jesús fue crucificado, lo que podría relacionarles a la vez con Oriente y con una herejía.

Sin embargo, la explicación más comúnmente aceptada, la que legitimaría mejor las prohibiciones de que eran objeto, es la lepra.

Por otra parte, por todas partes por donde se encuentren cagotes —Béarn, el País Vasco, Guyena, Poitou, Maine, Berry, Bretaña—, bajo nombres en ocasiones algo diferentes (*colliberts, gahets, capots, chrétians, gezitains, caqueux, caffets, cagous, oiseliers*, etc.), su nombre está más o menos asociado a la lepra.

Esta enfermedad explicaría la segregación de que eran objeto los cagotes, pues fue una verdadera fuente de terror en la Edad Media. En cuanto a las diversas prohibiciones y más concretamente a las alimentarias, habrían estado motivadas por el riesgo de contagio. Hasta el siglo XVI tenemos indicios de diagnósticos de lepra verificados por médicos en algunos cagotes. Entre los testimonios figura el de Ambroise Paré. Algunas comunidades de cagotes fueron confundidas con leproserías hasta el punto de que en el siglo XIV, en Orthez, Morlaas, Oloron y Lescar, las mencionadas leproserías llevaban el nombre de *Espiteau deux crestiaas*, es decir, hospital de los cagotes.

En realidad, si hubo lepra, se trataba sin duda de una forma atenuada llamada soriasis, alteración dérmica que no reviste extrema gravedad. Las personas afectadas de este mal ven desprenderse su piel en escamas, lo que podría explicar el apelativo de *colliberts* (culebras). Notemos de paso que el término *lepra* proviene del griego, derivado de *lépis*, que significa escama.

Esta afección dérmica era conocida como «pata de oca» en nuestros campos, como esa expresión que designa el aspecto escamoso provocado por las arrugas en el ángulo extremo de los ojos. Ello podría explicar el signo en forma de pata de oca que se les obligaba llevar. Por otra parte, santa Enimia, que había contraído la lepra, tenía, según la leyenda, un pie de dedos palmeados.

Más allá incluso del riesgo de contagio, benigno en el caso de la soriasis, se comprende perfectamente la existencia de prohibiciones, pues los leprosos eran objeto de un verdadero tabú. Aislados de la comunidad, eran una especie de muertos vivientes, a tal punto que en la Edad Media, cuando se detectaba un caso de lepra, antes de confinar al desventurado que la padecía en el lazareto, se le hacía tumbar dentro de un ataúd y se pronunciaba sobre su cabeza la misa de difuntos, y a continuación se procedía a la lectura de las prohibiciones que debía respetar en adelante: prohibición de tocar los objetos, salvo con la ayuda de un bastón, de acercarse a las fuentes e incluso obligación de no hablarle al prójimo más que cuando no se corriera el riesgo de que el viento arrastrara los miasmas en dirección al interlocutor.

El leproso, y por consiguiente el cagot (que estuviera aquejado de este mal o bien al que se le considerase como tal, lo cual bastaba) aparecía, pues, como un iniciado que se veía favorecido de contactos especiales y privilegiados con el reino de los muertos. No pertenecía ya más al mundo de los vivos.

Frente a este conjunto de creencias, se comprenderá fácilmente que Claude Gaignebet pueda escribir en una notable obra sobre el carnaval:[81]

En otras palabras, el temor al contagio al que siempre se vuelve a propósito de los leprosos no es primordial. No hace más que racionalizar el temor más profundo de un contacto directo con unos seres cuyo vínculo con el Más Allá revestía de un aura oculta.

Este temor se veía reforzado de hecho por algunas profesiones reservadas a los cagotes, como era la de cordelero. Por dicho motivo trabajaban el cáñamo, pero eran igualmente los fabricantes de cuerdas para los ahorcados. Ahora bien, todo lo que afectaba a los ahorcados era objeto de un terror sagrado.[82]

El signo de la oca

Es preciso detenerse unos instantes en esta pata de oca roja que los cagotes llevaban cosida en sus vestiduras. El abate Lecanu, en su *Historia de Satán*, veía en la oca un símbolo gnóstico, lo que le permitía hacer de los cagotes unos herejes.

Entre los antiguos, la oca era una imagen de los antepasados hiperbóreos que realizaban cada año el viaje hacia las tierras del Norte. Ahora bien, el juego de la oca que todo el mundo conoce pero al que se juega no muy conscientemente de lo que se hace, es un antiguo juego sagrado cuya paternidad se atribuye a un griego, amigo de los troyanos, llamado Palamedes, que es como decir «el de dedos palmeados». Sin entrar en detalles, podemos asimismo observar que este juego es menos anodino de lo que parece. La espiral del juego comprende 63 casillas (7 series de 9). Estas dos cifras son la clave del juego: 7 es el número de puertas que hay que franquear antes de alcanzar la vida eterna. En cuanto al 9, es el número de la realización del espíritu, y por ello es por lo que también es el de Venus. Señalemos igualmente que, en el gremio de obreros, se denominaba «pata de oca» a la división del círculo en 9.

Cada 9 casillas encontramos una oca en la espiral del juego. En ellas hay representadas generalmente varias figuras parlantes: la hospedería que acoge al peregrino, el puente símbolo de paso, la prisión que constituyen nuestros deseos materiales, el laberinto que nos recuerda a Teseo y el Minotauro. Está también el pozo: éste se halla a medio camino del recorrido, pues comunica con el interior de la tierra: al mismo tiempo, la verdad puede surgir de él y ésta conduce al conocimiento, hacia la divinidad. Su eje se prolonga de manera ideal hacia los cielos igual que se sumerge en el seno de la materia. Y finalmente tenemos la muerte. El que cae en esta 58.ª casilla $(5 + 8 = 13)$ tiene que regresar al punto de partida y comenzar de nuevo todo el recorrido. Así, el que no ha sabido «nacer a la vida del espíritu» antes de su muerte debe reencarnarse y volver a comenzar una nueva vida terrenal. Pero el que ha sabido nacer a la vida del espíritu supera la muerte a la que tan sólo cinco casillas separan de la meta final. El número 5, que es la cifra de la realización y del perfeccionamiento humanos, caro a los cátaros y a los pitagóricos.

Guardémonos mucho de tomar tales juegos por simples pasatiempos, pues si se han convertido en tales es porque no tenemos ojos para ver ni oídos para oír.

La oca conduce a la muerte, pero a la muerte superada, a la resurrección espiritual. Ella es un animal de agua, de tierra y de aire, permitiendo el paso de un plano al otro. Ella es el animal sagrado amigo de Afrodita, a la que se ve cabalgar a este palmípedo en unas copas que datan del siglo V antes de Cristo.

Lo más importante en la oca es, indiscutiblemente, su pie, su pata palmeada. Es eterna y universal en su simbolismo, puesto que existen pinturas y esculturas que representan a Buda Gautama con los pies y las manos de dedos palmeados. La forma de la pata de oca está relacionada además con la concha de Santiago, y, al igual que ella, toma el nombre de «*mérelle*» (venera), esa *mérelle* que está íntimamente ligada a Venus, pero también al juego de la *marelle* (rayuela), camino del Paraíso.

La rayuela es también una manera de crear un paso, una vía que une nuestra tierra con los Infiernos y los cielos. A la pata coja, como si cojease, con andares torcidos, el jugador debe saber «dónde pone los pies», pues quiere conocer en vida los secretos del otro mundo. Igual que Jacob que debe luchar con el ángel, es cojo, como herido en el muslo igual que el Rey Tullido de la búsqueda del Grial.

De hecho, existen varias formas de rayuelas. Una de ellas es más conocida con el nombre de juego del carro y consiste en alinear tres bolos sobre una figura que se asemeja a ese rayo de carbúnculo que adorna el escudo de un templario en el sello de la Orden. Esta última forma se construye, pues, con ocho rayos que parten del centro. Estos ocho más el centro hacen nueve y a menudo se da a esta figura el nombre de enéada.

En Egipto, el jeroglífico del dios Tierra, Geb, estaba inspirado en la oca salvaje. Por otra parte, se le representaba muy a menudo con este animal sobre la cabeza: ahora bien, era calificado de «jefe de la enéada». Esto demuestra, una vez más, que el simbolismo de la oca es universal.

En Egipto encontramos otro símbolo para caracterizar la oca y tenía por significado: apertura, boca, palabra. En este sentido, la oca se halla ligada al lenguaje, más especialmente al oculto, velado, que no puede ser comprendido más que por algunos: el argot cuyo nombre está íntimamente ligado al «arte gótico». Y este lenguaje es una «jerga», palabra que deriva de *jars* (ganso) o macho de la oca. El ganso es un *gars* (chaval), su compañera es una *jerce* que puede revelarse una *garce* («zorra»), prueba de que el argot debe mucho a los juegos de palabras de la oca. El término inglés que designa a esta voltátil, *goose*, ha dado también en argot los términos *gons* (tío) y *gonzesse* (gachí). Hay que señalar que la palabra *gars* o *gas* fue igualmente utilizada en argot para designar al gallo, cuya hembra, la gallina, era evidentemente una *garce*. ¿Cómo extrañarse de que el dios Geb fuera llamado el «Gran Cacareador», como lo recuerda con toda razón Augustin Berger?[83] Dueña de la «lengua de los pájaros» (o de los ansarones), la oca no deja de tener relación con el verbo *oyer*, oír, escuchar. Así, el noble juego de la oca es en realidad el juego del entendimiento, los *Cuentos de Mamá Oca* ahí están para demostrárnoslo. Y si el juego de la oca es laberintiforme, ¿no lo es acaso también para recordarnos el elemento principal del oído interno, el laberinto, cuya espiral forma, como la del juego, dos vueltas y media?

Parece que nos hayamos alejado mucho de nuestro asunto principal: los templarios. Sin embargo, nunca hemos estado tan cerca de ellos y esta digresión es indispensable para comprender lo que sigue.

Nos conduce a Pédauque, la reina famosa que no sería más que un avatar de la reina de Saba a la que la leyenda atribuye también unos pies de dedos palmeados.

Este vínculo con Salomón no es fortuito si hemos de creer a una vieja canción que dice:

Cagote de Canaán, hez de los carpinteros,
¿por qué del Este al Oeste has venido?
No eludas la respuesta, pues callando no esperes
ocultar tu historia a los pueblos de Poniente.
Bien que la conocemos, cagote. La Biblia nos cuenta
por qué de tu país desterrado te hallas.
Un Templo a tu Señor erigir querías,
cuando eres incapaz de acabar una pocilga,
ignorante en todo, ducho en nada, no sin razón
el gran rey Salomón de su obra te echó.[84]

Esta canción viene a confirmar la tradición que habíamos ya entrevisto, que atribuía un origen oriental a los cagotes. Les vincula además a la construcción del Templo de Salomón y les hace expulsar por el propio rey tal como lo fueron los asesinos de Hiram.

Añade también la canción:

Aquí tenéis la gran cagotería,
gentes todas de oficio,
que hacen laboriosos castillos.
Roja la escarapela en el sombrero,
y en el hombro la pata palmeada.

El conjunto de estos elementos pone en evidencia un entramado de relaciones sorprendente, y que vincula íntimamente entre sí a los cagotes, la lepra, el simbolismo de la oca, el lenguaje oculto de los constructores y un origen oriental.

Además, el secreto de los cagotes está evidentemente en relación con el problema del contacto, desde esta tierra, con los Infiernos y el cielo, tema de la comunicación que no hemos dejado de encontrar al hablar de los templarios. Hay que ver además una prueba simbólica en el hecho de que los cagotes eran a menudo descritos como cojos. ¿Que tiene ello de extraño en unos seres de andares torcidos? Era tanto más normal cuanto que el castigo más común reservado a los cagotes en caso de no observar las prohibiciones promulgadas consistió precisamente en marcarles los pies con un hierro candente.

El carnaval de los templarios

Hemos dejado de lado algunos «santos templarios» o, más exactamente, algunos personajes a los cuales la Orden consagraba con bastante frecuencia sus capillas. Me refiero a san Vicente, san Antón y san Blas.

San Vicente: Daciano le hizo torturar. Aunque fue azotado con vergas y recibió bastonazos, no parece que sufriera por ello. Entonces, le hundieron unos rastrillos de hierro hasta el fondo de las costillas, sin gran efecto. Le hicieron asar sobre una parrilla y al mismo tiempo le perforaron por todas partes con hojas metálicas. Arrojaron incluso sal en el fuego, a fin de que saltara sobre cada una de sus heridas, causándole quemaduras más crueles aún si cabe. Por más que se le salían las tripas del cuerpo, él seguía sin exteriorizar ningún sufrimiento. Entonces le acostaron sobre unos rejones muy puntiagudos y le clavaron los pies a un poste. Pero unos ángeles le tomaron bajo su guarda. Dejaron de torturarle y fue entonces cuando murió. Daciano quiso vencerle tras su muerte haciéndole devorar por unos monstruos marinos. Su cuerpo fue atado a un madero y arrojado al mar. Volvió a salir de él y pudo ser inhumado. Vicente había vencido al fuego y al agua.

San Blas: curioso personaje éste, al que los templarios dedicaron particularmente la capilla de Balan, en Val-de-Loire y la de Forêt-du-Temple, en Creuse.

Tras haber recibido el episcopado, se retiró a una cueva del monte Argeo donde llevó una dura vida de ermitaño, alimentado por los pájaros. El emperador envió a sus soldados a apresar a Blas. Éste fue golpeado y arrojado en prisión. Ahora bien, una viuda a la que Blas había devuelto su cerdito que un lobo le había arrebatado vino a ver al santo prisionero. Ésta había matado el cerdito y le traía los pies... y la cabeza cortada, así como también pan y una candela.

Sacaron a Blas de prisión, le colgaron de un árbol y le desgarraron con unos rastrillos de hierro, para seguidamente encerrarle de nuevo. Siete mujeres le siguieron y fueron recogiendo por el camino las gotas de la sangre que aquél iba derramando. Luego fueron a arrojar las estatuas de los ídolos dentro de una laguna. El gobernador hizo preparar plomo fundido, unos rastrillos y siete corazas calentadas al rojo vivo y las mujeres fueron sometidas a suplicio. Tras lo cual, se les... cortó la cabeza antes de decapitar al propio Blas.

Hay que señalar asimismo que, en lengua celta, *bleiz* significa lobo. Está emparentado también con el vocablo germánico *blasen*, soplar. Por eso san Blas es el señor de las tempestades. Los marinos escandinavos celebraban su fiesta y junto con él la del lobo, el que arrebatara el cerdito en su leyenda. Estando como estaba vinculado al lobo, lo estaba también, por supuesto, a la luz que surge de las tinieblas.

Por lo que se refiere a los constructores hay que indicar que los canteros tomaron a san Blas por patrón. Fue también el de los vinateros, que le asociaron a san Vicente en sus festividades.

Digamos, por último, que, según Justiniani, un pendón de los templarios estaba adornado con una cruz de gules en cuyo centro figuraba pintada una imagen de san Blas.

San Antón: retirado al desierto, recibió la visita de numerosos demonios venidos a tentarle. En cierta ocasión quiso esconderse en una tumba para escapar de ellos, lo que no impidió sin embargo que le molieran a palos. Los diablos no cesaban de atormentarle y, de no ser por el apoyo moral de los ángeles, no habría podido resistirlo sin duda. Murió en santa paz a la edad de ciento cinco años.

Ahora bien, Antón, Vicente y Blas tienen sus fiestas el 17 de enero, el 22 de enero y el 3 de febrero respectivamente, tres fechas que están estrechamente ligadas al ciclo del carnaval.

Éste comenzaba con las «fiestas de los locos», que venían después de Navidad. Durante las de San Esteban, San Juan y los Santos Inocentes, se producía una verdadera inversión de valores. Se remedaba a las autoridades, con su consentimiento, y se actuaba como si el mundo estuviera «patas arriba», como si se viviera en un mundo al revés. ¿No tenía lugar ello en el período del año en que el sol apenas si comenzaba a reanudar su carrera para salir triunfante las tinieblas? El asno, animal de Set, era asociado a menudo a estas fiestas de los locos. Tal era también el caso del gallo, pues los locos de carnaval llevaban con frecuencia un gorro rematado en una cabeza o cresta de gallo: el *coqueluchon* (la caperuza).

Sin embargo, la parte más interesante de lo que constituía el carnaval propiamente dicho era la última quincena de enero y la primera de febrero con el Martes de Carnaval y todas las fiestas que le acompañaban.

Comenzaba con la de San Antón y se extendía hasta la de la «cátedra de San Pedro», el 22 de febrero.

San Vicente y san Blas eran la ocasión para festejar el vino. Ceremonias báquicas sumamente explícitas para aquellos capaces de entender el oráculo de la diosa botella.

Acompañado de su cerdo, san Antón formaba parte de los personajes del carnaval.

Este período está simbólicamente ligado al viaje de las almas tras la muerte y todos los ritos que se desarrollan en él deben ser analizados en este sentido. Así las fiestas de los locos, en tanto que inversión, corresponden a un descenso a los Infiernos, en el mundo del revés. El cerdomateria de san Antón será sacrificado, degollado, casi ritualmente, pero el santo lleva el bastón en forma de tau. Y es el signo del tau el que, en el *Éxodo* y en *Ezequiel*, marca en la frente a los elegidos y protege del ángel de la muerte. Y Antón, el 17 de enero, puede hacer triunfar sobre los Infiernos, pues él es señor del fuego y en ese sentido cura una enfermedad llamada «fuego de san Antón».

El día de los cordeleros

Una fecha reviste especial importancia durante el carnaval: el 25 de enero, conmemoración de la conversión de san

Pablo, pero sobre todo «día de los cordeleros». En ese preciso momento, el sol atraviesa el extremo norte de la Vía Láctea, ese camino de estrellas que se proyecta en el camino de Compostela. Ese día se practicaban los llamados «fuegos de bordas»: se prendía fuego a pequeñas cabañas que se asemejaban a las de los leprosos y en las que se había colocado cáñamo. En el curso de esta purificación simbólica se alzaban del hogar unas humaredas de hachís que no pueden dejar de recordarnos las prácticas del Viejo de la Montaña. Y precisamente el carnaval era el único período del año en que los leprosos, a condición de prevenir de su proximidad agitando una campanilla, podían mezclarse con la multitud. Su llegada anunciaba el comienzo de las festividades de los dioses del mar y del viento, y Su Majestad Carnaval adoptaba a menudo el aspecto de Poseidón.

La expulsión de los mismos leprosos de las fiestas del ciclo carnavalesco señalaba el Martes de Carnaval. Todo el período en el que estaban presentes aparecía como un espacio de posible contacto con el mundo de los muertos.

Según Claude Gaignebet, debajo de las bordas se abrían unas cavidades y los leprosos eran descendidos a ellas. Los vapores de cáñamo, por encima de ellos, permitían que sus almas viajaran al Más Allá, mientras que sus cuerpos, en la fosa, parecían reposar en el seno de la Tierra Madre. Y añade:

Purificados, iniciados, los leprosos volvían a salir sanos de la prueba. Sólo que por la mañana aparecían, en medio de las cenizas, unas misteriosas huellas de patas de oca, atestiguando el vuelo bajo esta forma de las almas liberadas de los cuerpos por medio de las Carnestolendas.

Ese día de los cordeleros era el de los cagotes por excelencia. Su participación en el carnaval, en el País Vasco, ha sido a menudo descrita y su recuerdo ha perdurado hasta nuestros días con los *kachkarots*, grupos de danzantes que van haciendo la colecta por las calles. Éstos no son más que el recuerdo de esas bandas de cagotes y de leprosos que eran autorizados a mendigar únicamente durante un período muy concreto del carnaval. Brueghel les ha representado a menudo pidiendo, ridículamente tocados con un gran sombrero, con un bordón, y un atuendo semejante al de los peregrinos de Santiago de Compostela.

En esa fecha del 25 de enero, fiesta de la conversión de san Pablo, ¿no pensaban los cagotes-cordeleros en el Camino de Damasco y en la gran conversión del sol en el umbral de la Vía Láctea?

A los cagotes nos los encontramos en otra ocasión durante el carnaval: el 3 de febrero, día de San Blas, caro a los templarios. Recordemos que aquéllos principalmente ejercían tres oficios: el de carpintero, hilandero de cáñamo y tejedor. Ahora bien, san Blas era el patrón de todos los trabajos del paño. Una vez más, los tejedores tuvieron un papel aparte en los oficios y parece que fueron un vehículo de transmisión privilegiado de las doctrinas heréticas. Hasta el punto de que se tachaba, por ejemplo, a los cátaros de tejedores como si ambos términos fueran equivalentes. El día de San Blas tenían lugar las fiestas del hilo y de la lana. Pero es también el día del Santo Soplo o del viento.

San Blas, en ciertos aspectos, podría ser comparado a Orfeo. Los animales salvajes escuchaban sus enseñanzas y, en las ceremonias del carnaval, en determinadas regiones conviene asociarlo al culto del oso. Pero su fiesta corresponde también al día de los vientos o de los hálitos. Hay que recordar, entonces, que es el señor de la palabra secreta. *Blaiser* significa, en efecto, «hablar de una determinada manera», pronunciando las consonantes con un sonido silbante, transformando los sonidos. Es de ahí de donde deriva por deformación y extensión el término «blasón», siendo el lenguaje heráldico una manera de decir las cosas de modo distinto, a fin de que entiendan los capacitados para entender, y nada más que ellos. Y Blas, asociado a los *vanes,* caros a los pueblos pelasgios, nos recuerda esas grandes orejas que adornan las esculturas de Vézelay, igual que los dioses *vanes* de los pueblos del mar sabían, desde sus naves, escuchar las palabras traídas por el viento y *vanaient* (cribaban) éstas, sin conservar de ellas más que lo que estaba exento de toda impureza.

En cualquier caso, nuestros santos templarios aparecían íntimamente ligados al carnaval, al igual que los cagotes. ¿Es un puro azar? Sin duda no, puesto que, según el artículo 75 de la primitiva Regla, la Candelaria formaba parte de las fiestas oficiales que debían ser celebradas en las encomiendas templarias.

Los cagotes y los secretos del arte gótico

Decir que los cagotes contrajeron una especie de lepra es una cosa, y deducir que ello fue la única fuente de sus tormentos otra muy distinta. Pues, en efecto, no sólo fueron considerados como leprosos, sino también como una raza maldita. Podemos incluso preguntarnos si la lepra no fue más una consecuencia que una causa de su maldición. Si suponemos que primero fueron marginados de la comunidad y tuvieron que buscar cobijo en las afueras, como los leprosos, es plausible que pudieran contraer el mal en contacto con estos últimos. Hay, pues, que preguntarse sobre las diferentes hipótesis (o leyendas) nacidas a este respecto.

Algunos autores han afirmado que el término *cagot* (cagote) derivaría del latín *canis gothi*, que significa «perros de godos» o «perros de los godos». Esta idea se vio a veces reforzada por el aspecto de los cagotes, que presentaban un tipo racial próximo al de los nórdicos. Se les ha descrito como personas de piel clara y colorada, ojos de un color azul grisáceo, incluso azul oscuro en las mujeres, y pelo de un rubio de estopa. Esta hipótesis no es incompatible con la lepra, toda vez que los visigodos han sido acusados a menudo de haber propagado esta terrible enfermedad.

Por lo que hace a su descripción física, conviene añadir un detalle curioso: la ausencia frecuente del lóbulo de la oreja.

Centrémonos ahora en una leyenda concerniente a ellos. Sobre los cagotes ha pesado el reproche de haber sido maldecidos por Salomón por el pésimo trabajo realizado en la construcción de su Templo. Ahora bien, recordemos que el propio Salomón se vio mezclado en una historia de pata de oca, puesto que aquella que le dio un hijo, origen del linaje de los «rey de reyes» etíopes, la reina de Saba, tenía tambien un pie de dedos palmeados.

Además, se ha llamado también a los cagotes *gesitanos*. El origen de este sobrenombre parece provenir de la Biblia, más exactamente del segundo *Libro de los Reyes*: en él se relata la curación de Namán por Eliseo. Namán, rey de Aram y jefe del pueblo de los arameos, era leproso. Ahora bien, Eliseo tenía un servidor de nombre Guejazi y este último, avaro, se hizo pagar el precio de la curación milagrosa por Namán, sin que Eliseo lo supiera. El profeta acabó, sin embargo, por enterarse y maldijo a Guejazi en estos términos:

La lepra de Namán se pegará a ti y a tu descendencia para siempre.

Y Guejazi «se alejó de él blanco de lepra como la nieve». Así, los cagotes, apodados gesitanos, serían los lejanos descendientes de Guejazi.

Sin embargo, las características étnicas de los cagotes, más bien nórdicas, nos impiden ver en ellos a un pueblo semita. Pero sabemos que unos pueblos pelasgios habitaron largo tiempo el Oriente Próximo[85] y participaron en la construcción del Templo de Salomón.

Estos «perros de godos» podrían perfectamente ser unos «perros de Gau», del nombre del pueblo gall que está en el origen del término Galilea.

Ahora bien, el oficio reservado de forma especial a los cagotes fue el de carpintero. Su reputación era tal en la materia que la gente se disputaba sus servicios. Se les utilizaba a veces también como arquitectos y canteros, confiándoles la construcción de fortalezas. Gaston Phoebus recurrió en numerosas ocasiones a ellos para semejantes tareas.

Así, estamos ante un pueblo maldito llegado de Oriente, vinculado a la construcción del templo de Salomón, apreciado por las artes como constructores y más concretamente como carpinteros demostradas por sus miembros. Este pueblo parece haberse establecido en los Pirineos y el resto del territorio durante la Edad Media, pero no empieza a sufrir problemas hasta más tarde, con posterioridad a la desaparición de la Orden del Temple.

Al mismo tiempo asistimos al nacimiento de una nueva forma de arquitectura, conocida con el nombre de arte gótico, propagada gracias a los esfuerzos de la Orden del Temple. Y, lo que es más, la construcción de las catedrales debe mucho a los carpinteros y a su capacidad de hacer una bóveda de madera absolutamente perfecta, sobre la que se ensamblaba la bóveda de piedra. Una vez terminada esta última, y tras haber sido colocada la clave de bóveda y sosteniéndose el conjunto por sí mismo, se destruía la bóveda de madera, obra maestra indispensable pero de efímera vida. No hay que olvidar que en el interior de cada encomienda, había albañiles, carpinteros y canteros que estaban a las órdenes de un oficial templario con cualificación de arquitecto, llamado *magister carpentarius*: maestro carpintero.

¿No convendría relacionar ambos fenómenos y ver en estas construcciones un arte *gau-tique*, un arte ligado a los cagotes que podrían perfectamente haber sido «importados» a Occidente por los templarios? Esos mismos templarios que

302

veneraban de modo especial a determinados santos festejados en relación con el «día de los cordeleros».

Volvamos a las leyendas transmitidas por el «gremio de obreros». Cuando Hiran fue llamado por Salomón para que construyera el templo de Jerusalén, mandó buscar a los mejores obreros un poco por todas partes del mundo. Entre éstos se encontraba el Maestro Santiago... originario de los Pirineos. ¡Qué coincidencia! Los Pirineos son precisamente la zona de implantación máxima de los cagotes. Estos obreros pirenaicos habrían sido los constructores de la columna llamada *Jaquín* y fue en recuerdo de este elemento mítico por lo que ciertos grupos de compañeros se denominaron a continuación «Hijos de Maestro Santiago». Hay que decir que en la zona vasca, habitada por los cagotes, *Jaquín* significa «sabio» o «el sabio». El primer *Libro de los Reyes* precisa que en lo alto de la columna *Jaquín* se encontraba una escultura en forma de flor de lis. Pero ¿era exactamente una flor de lis? Estilizada, podía tratarse también de una pata de oca. Después de todo, Hiram el Fenicio debía de venerar a la diosa Anat (Venus) de pies de dedos palmeados.

¿Fueron, entonces, los cagotes los poseedores de los secretos del arte *gautique*, trabajando para la construcción de las catedrales bajo la protección de los templarios? Sin duda, y la historia nos lo confirma.

Los cagotes, «compañeros» de los templarios

Francisque Michel,[86] al estudiar uno de los apodos (*gafo* o *gafet*) dado a los cagotes, nos dice:

> Gabacho y gafo tienen, en mi opinión, ambos un mismo origen; mi única duda es que la raíz de la última de estas palabras se encuentra en el nombre de los montañeses de los Altos Alpes conocidos como *gavots* (...) y sa-

bemos que los compañeros del deber designan con el nombre de gavots a los miembros de una sociedad rival, la de los compañeros del deber de libertad.

¡Esclarecedor! He aquí una prueba más, pues los compañeros del deber de libertad y los «hijos de Salomón», afiliados a la Orden del Temple, no son más que uno y el mismo, y su origen, por tanto, hay que ir a buscarlo entre nuestros *gafos* o cagotes.

Además, fuera incluso de la zona pirenaica, los cagotes fueron instalados en las inmediaciones de las casas templarias.

En Bretaña, por ejemplo, cerca de Belz (Morbihan) existía en el pueblo de La Madeleine una capilla de uso exclusivo de los *cacous*,[87] cuyos antepasados se decía que habían contraído la lepra y que estaban especializados en la fabricación de cuerdas. Un trozo de tierra próxima lleva aún el nombre de la Corderie. Cerca de la capilla, unas cruces patadas de piedra servían de lindero a las tierras de los templarios.

En la misma región, cerca de Ploëmel, otra capilla de La Magdalena fue destruida en 1769. Estaba situada en las afueras del pueblo de Locmiquel, en una zona de landas. Se la consideraba como la «capilla de los cordeleros» y nombres catastrales como *park er gorderi* (el campo de la cordelería) o *praden*, *flouren*, *liorh caqueu* (el prado, la pradera, el pequeño jardín de los *cacous*) indican el emplazamiento del antiguo pueblo de los cordeleros. Y también allí los frailes de la Orden eran sus vecinos.

Del mismo modo, en Merlevenez, feudo templario donde los haya y cuya iglesia de Notre-Dame-de-Joie es una pura maravilla, se encuentra una capilla de Santa Magdalena muy próxima a la iglesia: era la de los cordeleros considerados leprosos.

Podríamos, también en esta región, citar casos semejantes en Kerioual, cerca de Nostang, o en Kerdavid, cerca de Riantec, en Saint-Marc-en-Guer, en la Corderie-en-Campénéac, en la Corderie-en-Caro, en La Madeleine-en-Monon, etc. En Plouhinec, un pueblo de cordeleros estaba ubicado en el *Mezad Bras* y tenía su capilla de Santa Magdalena. La discriminación era tal que el rector René-Alexandre Rogon compró las casitas bajas de este pueblo y les prendió fuego, obligando así a la población de Plouhinec a acoger a los *cacous* en los otros barrios, entre ellos.

Y todas las veces están los templarios próximos. Vemos, por otra parte, que en Bretaña es cerca de Santa Magdalena donde se encuentran los cagotes. En la zona de Le Mans están bajo el patronazgo de otro santo caro a los templarios, puesto que son designados con el nombre de *cagous de Saint-Gilles.*

Supongamos que estos cagotes hubieran sido traídos de Oriente por los templarios y que éstos hubieran utilizado sus conocimientos en arquitectura y en especial sus artes como carpinteros. La necesidad de mantener determinados secretos pudo conducir a tenerles marginados de las poblaciones y a no permitir su asimilación. No hay que descartar tampoco que hubieran podido ser realmente portadores de una enfermedad, y ello desde el origen.

Esto explicaría, por supuesto, que su hábitat se halle cerca de las casas templarias, que los «hijos de Salomón» afiliados a la Orden del Temple se encuentren designados bajo nombres idénticos a los que servían para denominar a los cagotes, pero tal vez también el curioso término de arte gótico, que sería un arte *gau-tique* o arte de los galls de Oriente a los que el símbolo del gallo era muy caro, ese gallo que remata el campanario de nuestras iglesias.

Añadiremos un detalle sorprendente. Sabemos, en efecto, que tras la abolición de la Orden del Temple y de su martirio, numerosos compañeros pertenecientes a los «hijos de Salomón» se encontraron desorientados y se consideraron incluso en peligro. Se negaron a menudo a proseguir las tareas en las que se hallaban ocupados. Se ha visto en ello incluso el origen de ciertas torres de iglesias inacabadas. En París, al ser bien conocido el odio del rey por todo lo relacionado con el Temple, estos compañeros prefirieron ponerse rápidamente al abrigo y buscaron refugio en el único lugar donde el poder real mal podía ejercerse: la Corte de los Milagros. En esa jungla era difícil venir a inquietarles. Como había que sobrevivir, se convirtieron en falsos lisiados que pedían en los atrios de las iglesias que ellos mismos habían construido o se hicieron incluso bandidos.

En la Corte de los Milagros, sus conocimientos, especialmente esotéricos, les confirieron cierta aura y ocuparon a menudo puestos importantes en la jerarquía de los malhechores, hasta imponer un lenguaje oculto y adecuado para conservar la tradición empleando imágenes y juegos de palabras. Este lenguaje, lengua de los pájaros (o de los ansarones), recibió pues el nombre de argot, es decir, vehículo de los secretos del arte *gautique*.

Entre estos «hijos de Salomón», algunos se convirtieron en personajes importantes de la Corte de los Milagros, oficiales y consejeros del jefe de los bandidos que la gente se puso a llamar el rey del argot. Ahora bien, estos oficiales se denominaron *cagous* o *cagots* y el rey del argot fue considerado desde entonces *Gran Maestre en cagotería*. Agrupados en sociedad secreta, se reunían en unas juntas en el curso de las cuales cada uno escondía su rostro bajo una prenda de tela a la que se daba el nombre de *cagoule* (capirote).

¿Cómo creer que esto sea una simple coincidencia?

Y cuando, en 1789, algunos revolucionarios salidos de la francmasonería operativa,[88] y por tanto descendientes de las tradiciones de los gremios, quisieron derrocar la realeza que había eliminado a la Orden del Temple, fue llevando como los cagotes una escarapela en el sombrero, o bien ostentando el gorro frigio, símbolo de los iniciados y semejante a una cresta de gallo. ¿Fue el grito de uno de esos «crestados» el que se alzó entre la multitud cuando la cabeza de Luis XVI rodó? Ese grito fue: «¡Jacques de Molay, has sido vengado!»

Por supuesto, todo esto no constituye más que una suma de presunciones, pero nos parecen suficientes como para afirmar que los cagotes están en el origen de las logias de constructores instituidas por los templarios y que trabajaron en la construcción de las catedrales.

QUINTA PARTE

Muerte y resurrección
de la Orden del Temple

1

El arresto

El 13 de octubre de 1307, al alba

El destino de la Orden del Temple era extinguirse de la noche a la mañana cuando parecía en la cima de su poder. ¿Había fracasado? Es cierto que en las colectividades, el espíritu muere antes que el cuerpo. Tal vez la Orden únicamente se extinguió porque su llama interior había desaparecido. Había vivido dos siglos y se creía sin duda al abrigo de cualquier ataque. Pero el 13 de octubre de 1307, al amanecer, varios millares de caballeros del Temple fueron arrestados en Francia. El Gran Maestre, Jacques de Molay, acompañado de su guardia de sesenta caballeros, fue apresado sin resistencia por Guillaume de Nogaret, canciller de Francia e instrumento ciego del rey Felipe el Hermoso.

¿Cómo una Orden compuesta por quince mil caballeros, más los escuderos, los pajes de armas, etc., guerreros valerosos y adiestrados, pudo dejarse apresar sin oponer violencia alguna, desarmar, encarcelar, prácticamente sin reacción en la mayor parte de los lugares? Aun cuando muchas de las encomiendas no estaban defendidas más que por unas pocas personas, la resistencia era posible: muchas casas de la Or-

311

den estaban fortificadas y podían soportar un asedio. La facilidad con que los templarios se dejaron apresar es sin duda uno de los mayores misterios de la Orden, cargado de significado.

El 14 y el 20 de septiembre de 1307, habían salido una serie de misivas de la abadía de Sainte-Marie-de-Pontoise. Dichas misivas estaban dirigidas a los bailes, senescales, prelados, barones y caballeros y a todos los agentes reales en las provincias: anunciaban la orden terminante de detener a todos los templarios que se encontrasen en el territorio de las diferentes jurisdicciones y de embargar en nombre del rey sus bienes muebles e inmuebles. Estas cartas iban acompañadas de un manifiesto en el que el rey se erigía en defensor de la fe católica, en fiel de la Iglesia horrorizado por cuanto había descubierto a propósito de la Orden del Temple. En dicho texto, Felipe el Hermoso no se andaba con chiquitas tal como demuestran los siguientes pasajes:

Algo amargo, algo deplorable, algo sin duda horrible sólo de pensarlo, terrible de oír, un crimen detestable, una fechoría execrable, un acto abominable, una infamia espantosa, algo absolutamente inhumano, mucho más, ajeno a toda humanidad, ha resonado en nuestros oídos, gracias a la información que me ha sido facilitada por personas dignas de crédito, no sin dejarnos completamente estupefactos y hacernos temblar con un violento horror (...).

El rey evocaba a continuación los «crímenes soberanamente abominables que aborrece y de los que escapa hasta la sensualidad de las mismas bestias carentes de raciocinio».

Y proseguía: esta cosa ha «renunciado a Dios, su Creador, se ha apartado de Dios, su salvación, ha abandonado a Dios que le ha dado vida, ha olvidado al Señor, su Creador, inmolado a los demonios y no a Dios, estas gentes sin albedrío ni prudencia (...)».

Seguían un determinado número de acusaciones precisas que fueron las expresadas con ocasión de la instrucción y del proceso. La forma adoptada por el texto se volvía casi lírica en algunos pasajes:

No sólo por sus actos y sus obras detestables, sino también por sus discursos imprevistos, mancillan la tierra con su suciedad, acaban con lo beneficioso del rocío de la mañana, corrompen la pureza del aire y ocasionan la confusión de nuestra fe.

Felipe el Hermoso afirmaba igualmente haber tomado todo tipo de precauciones para comprobar la veracidad de los rumores funestos que habían llegado a sus oídos. Había sido como defensor de la fe que había tomado su decisión «y decretado que todos los miembros de dicha Orden de nuestro reino sean arrestados, sin excepción ninguna, retenidos prisioneros y reservados para el juicio de la Iglesia y que sean desposeídos de todos sus bienes, muebles e inmuebles, que quedarán bajo nuestra custodia, celosamente guardados».

Seguían un cierto número de instrucciones en cuanto al modo de proceder:

En primer lugar, una vez hayan llegado y explicado los hechos a los senescales y a los bailes, éstos harán un informe secreto acerca de todas sus casas, y por precaución se les podrá, si ello fuera necesario, interrogar sobre las restantes casas religiosas y fingir que ello se realiza por motivos del diezmo o con cualquier otro pretexto.

A continuación, el que sea enviado con el senescal o el baile en el día señalado, temprano, elegirá según el número de casas y de haciendas, a unos poderosos varones probos de la región, libres de toda sospecha, caballeros, regidores, consejeros, y les informará de la misión bajo juramento y en secreto y cómo el rey ha sido informado de ello por el papa y por la Iglesia: y al punto se les enviará a cada lugar para detener a las personas, embargar sus bienes y organizar su guarda y custodia (...). Luego llamarán a los comisarios del inquisidor y examinarán la verdad con cuidado, por medio de la tortura si ello fuera preciso; y, si confiesan la verdad, consignarán sus deposiciones por escrito, tras haber mandado llamar a unos testigos.

Por lo que concernía a la indagación, el procedimiento era explicitado así:

Se les dirigirán exhortaciones relativas a los artículos de la fe y se les dirá que el papa y el rey están informados por varios testigos totalmente dignos de confianza, miembros de la Orden, del error y de la bribonería de la que se hicieron particularmente culpables en el momento de su entrada en ella, y de su profesión, y les prometerán el perdón si confiesan la verdad volviendo a la fe de la Santa Madre Iglesia, o de lo contrario serán condenados a muerte (...).

Mediante este texto, Felipe el Hermoso daba a entender que actuaba de pleno acuerdo con el papa e incluso casi a petición suya. Por otra parte, las consignas que se daban son la prueba de la trampa en la que pretendía hacer caer a los templarios. Se les anunciaba en primer término que el interrogatorio era realizado a la vez en nombre del rey y del papa, se les decía que unos hermanos de la Orden habían confesado tales y cuales barbaridades, prometiéndoseles que salvarían su vida si hacían otro tanto; en caso contrario, les esperaba la tortura e incluso la muerte si persistían en negarlo todo. Además, no se llamaba a testigos y no se consignaban sus declaraciones más que si iban en el sentido querido por la acusación. No es de extrañar que las confesiones fueran numerosas.

En lo que se refiere al arresto en sí mismo, Felipe el Hermoso no era ningún novato en cuanto a operaciones relámpago. En 1291 había procedido de igual modo con los banqueros lombardos y en 1306 con los prestamistas judíos. Y en cada una de dichas ocasiones el motivo no había sido otro que la rapiña, el embargo de los bienes, la anulación de las deudas regias.

En el plano financiero, las relaciones entre la Orden y la realeza eran más bien buenas.

En 1190, Felipe Augusto, antes de partir para la cruzada, había exigido que el tesoro real fuera confiado a la guarda y custodia del Temple. La Orden tenía incluso en su poder las llaves de sus arcas personales. Felipe el Atrevido les concedió idéntica confianza. Enrique III de Inglaterra, venido a hacerle una visita a San Luis, solicitó hospedarse en «la morada del Temple» como «la más segura residencia de París». Luis VI y Luis VII habían favorecido la implantación de la Orden. Sólo Luis IX les había puesto mala cara en cierta medida, pero la inteligencia política no era la característica principal de este monarca.

Las relaciones entre el Temple y la realeza parecían, pues, desprovistas de nubes. El propio Felipe el Hermoso, en julio de 1303, había dado orden a todos sus contables de que enviaran sus ingresos al tesoro del Temple. Entonces, ¿por qué este brusco cambio?

En realidad, responde a los graves problemas financieros del rey tras su guerra en Flandes, cuyos resultados habían sido desastrosos. Tras la derrota de Courtrai, en 1302, el rey había tenido primero que recurrir a un determinado número de medidas extremas: la alteración en la composición de las monedas especialmente, que hacía de él un verdadero estafador.

Además, Felipe el Hermoso no ignoraba que el poder militar de la Orden, que no era ya empleado en Oriente, podía eventualmente representar un peligro para la autonomía del poder real. Los monjes soldados rumiaban algunas amarguras desde la dramática pérdida de San Juan de Acre. Tras este acontecimiento en el curso del cual el Gran Maestre Guillaume de Beaujeu había perdido, por otra parte, la vida, los barones, que no siempre habían combatido como hubieran debido, lavaron su conciencia acusando a los templarios y a los hospitalarios de todos los males y considerándoles responsables de la pérdida de Jerusalén y de Tierra Santa. Aunque fue Chipre la que sirvió de base de repliegue a la Orden, era, en realidad, desde París desde donde se dirigía el Temple.

Jacques de Molay y los últimos años de la Orden

Tras la muerte de Thibaud Gaudin, que había sucedido a Guillaume de Beaujeu, el maestrazgo le correspondió en 1295 a Jacques de Molay. Éste tenía cincuenta años y no pasaba precisamente por ser un genio. Había nacido sin duda en Molay, en Yvonne. Los templarios poseían allí una casa y la hacienda de San Blas, donde habían instalado un lazareto y un hospital. Según una leyenda local, tras su muerte, su fantasma habría retornado para quedarse en la región y vagaría por el castillo de Moutot, entre Molay y Noyers. Pertenecía, al parecer, a la rama borgoñona de la familia de Longwy y de Raon.

Fue recibido en la Orden del Temple de Beaune en 1265, por Humbert de Payraud, visitador de Ultramar y tío de ese Hugues de Payraud que será visitador de Francia. El Capítulo dudó, por lo demás, largamente entre este último y Jacques de Molay a la hora de elegir al Gran Maestre, y más teniendo en cuenta que Molay no había ocupado nunca un cargo importante.

El comienzo de su maestrazgo estuvo marcado por una hazaña. En 1298, sin ninguna ayuda, los templarios lanzaron una expedición contra Egipto, y se apoderaron luego una vez más de Jerusalén tras una verdadera guerra relámpago. Y de haberles seguido los reyes cristianos y las demás órdenes, acaso Tierra Santa entera hubiera podido ser reconquistada. Pero, por desgracia, los que siempre estaban dispuestos a criticar a los templarios no lo estaban para sacrificarse y, en 1300, los monjes soldados tuvieron de nuevo que entregar la ciudad a los turcos.

Sin embargo, Jacques de Molay no se desmoralizó por ello. En 1303 lanzó una nueva expedición sobre Tortosa. Tras lo cual, mucho menos blando y débil de lo que se ha escrito, lanzó otra operación, pero ésta le fue recriminada. En efecto, Carlos de Valois, hermano de Felipe el Hermoso, tras haberse unido en matrimonio con la nieta del rey de Constantinopla, heredera del Imperio, reclamaba éste en nombre de su esposa. El papa aprobó y apoyó una expedición contra Andrónico II, que no quería someterse. Los templarios fueron los principales partícipes de esta cruzada dirigida contra otros cristianos. Se apoderaron de Tesalónica y acto seguido las tropas se quedaron estancadas en Tracia y en Morea, donde se sintieron en exceso inclinadas al pillaje.

Tal vez ese episodio hizo reflexionar a Felipe el Hermoso. ¿No se corría el peligro de que los templarios desocupados se convirtieran en una tropa al servicio del papa, o en mercenarios capaces de combatir contra príncipes cristianos, y —por qué no— contra el rey de Francia?

En cualquier caso, parece que Jacques de Molay, a pesar de que no fuera brillante, fue mucho menos necio de lo que gusta decirse. Había comprendido que algunas expediciones militares eran necesarias para tener ocupados a sus soldados, pues, al fin y al cabo, ¿a qué dedicarlos si no? La policía de caminos no era una tarea suficiente para esta élite de soldados. Y éstos se aburrían hasta el punto de buscar en el vino el olvido de su inactividad, dando origen a la expresión «beber como un templario».

El inmenso poderío militar del Temple estaba desaprovechado. Además, recordemos que la Orden era poseedora de un inmenso patrimonio de tierras y se encontraba a la cabeza de un poder financiero determinante. Este último aspecto no era compartido por los hospitalarios. Mientras la Orden luchó en Tierra Santa, tuvo necesidad de enormes medios, pero ahora, ¿cómo iba a utilizarlos? ¿No compraría cada vez más tierras, acrecentaría su patrimonio hasta forjarse un verdadero reino, y lo que es más, totalmente libre de la mayor parte de cánones? ¿Acaso los privilegios de la Orden no se volvían exorbitantes desde el momento en que no tenían que contribuir a las necesidades de las guerras de Oriente? ¿No podía volverse el Temple una fuerza armada al servicio exclusivo del papa? Por si fuera poco, el orgullo de los templarios les hacía a menudo insoportables.

M. Lavocat[89] resume muy bien la situación:

La Orden del Temple era detestada por el clero, la nobleza, el tercer estado y el pueblo: por el clero debido a sus privilegios de exención, por su independencia, por estar al margen de toda jurisdición eclesiástica; por la nobleza, porque la Orden poseía, en régimen de manos muertas, posesiones considerables, las cuales no estaban sujetas a ninguno de los servicios feudales reales y personales; por el tercer estado, debido a su orgullo y al fasto que ostentaba por doquiera en París, en medio de la miseria general de la época, y sobre todo porque el tercer estado y el pueblo querían al rey, que detestaba a la Orden del Temple. La actitud de los Estados Generales de 1308 y de 1311 proporcionó la prueba del odio que todo el mundo sentía por la Orden. Se la acusaba abiertamente de haber sido la causa de la pérdida de Tierra Santa. La finalidad de la institución había fracasado y la Orden se había enriquecido: se le reprochaba su codicia de ganancia, el empleo de ciertos medios para adquirir bienes, el recurrir a contratos usurarios.

Y es cierto que los templarios hacían a veces contratos que no eran justos en absoluto, sino simple manifestación de su posición dominante.

Y luego, ¿no eran un exceso tres órdenes militares? Ya se había planteado la posibilidad de fusionarse en una sola.

En 1274, en el Concilio de Lyon, el papa Gregorio X había hecho un intento en este sentido. Hospitalarios y templarios estaban ya en el punto de mira desde hacía unos años. En 1292 Raimundo Lulio había aconsejado vivamente a Nicolás IV que procediera a una fusión. Sugería que el Gran Maestre de la nueva Orden así formada fuera hecho rey del Santo Sepulcro. En 1238 fueron los hospitalarios quienes tuvieron que escurrir el bulto, acusados por Gregorio IX de traición a la causa de Dios en Palestina, de lujuria y de servir de amparo a los herejes. Como se ve, si era necesario depurar el Temple, ello era igualmente cierto para la Orden del Hospital.

Fusionar a ambas órdenes en una sola habría podido brindar la ocasión de reorganizarlo todo. Sin embargo, la tarea era de imposible realización, puesto que las dos órdenes no se avenían en absoluto y sus intereses eran a menudo contrapuestos. ¿No se vio acaso con ocasión de un conflicto entre Génova y Venecia a los hospitalarios tomar partido por una ciudad y a los templarios por la otra? Poco faltó para que ambas órdenes llegaran a un enfrentamiento armado. No obstante, tales conflictos fueron bastante raros, y templarios y hospitalarios supieron por norma general ir juntos al combate. Tan pronto como lo esencial estaba en juego, se acababan las disputas. Supieron también solventar sus diferencias mediante la negociación.

Alguién más, aparte del papa Gregorio X, había pensado en reunir a las órdenes militares, pero en provecho propio.

Se trataba del emperador Federico II de Hohenstaufen. Éste se opuso al papado y fue excomulgado. Gregorio IX decía de él: «Ved la bestia que sube del fondo del mar». Recibía en su corte a sabios y hombres de letras musulmanes cuya gran cultura apreciaba, considerándose muy por encima de los prejuicios. Escribía a El-Kamil, sultán de Egipto: «Soy tu amigo. Ignoras lo muy por encima que estoy de los príncipes de Occidente» y le pedía que le entregara Jerusalén.

Tuvo algunas diferencias con los templarios. Hay que decir que este «místico del sol» veía básicamente en el Temple a una Orden que le hubiera gustado tener a su servicio a fin de convertirse en el *Imperator Mundi* y de extender su Imperio por toda la cristiandad e incluso más allá. Había imaginado reunir por medio de un pacto secreto a las tres órdenes: hospitalarios, templarios y teutónicos. Pero no lo consiguió.

Tras la caída de Acre, el papa Nicolás IV había convocado un concilio en Salzburgo a fin de decidir los medios que habrían de ser empleados para recuperar Tierra Santa. El Concilio decretó también que convenía reunir a las tres órdenes bajo una Regla uniforme. Pero cuando Nicolás IV murió, la resolución del problema no había avanzado en absoluto.

Clemente V, a su vez, quiso reunir a hospitalarios y templarios. Tropezó con una negativa cortés pero firme e irónica por parte de Jacques de Molay. El Gran Maestre subrayaba las diferencias entre las Reglas que regían a ambas órdenes y aprovechaba la ocasión para criticar a los hospitalarios:

> Convendría que los templarios llevaran una vida más holgada, o que los hospitalarios fueran sometidos a restricciones, y de ello podría derivarse un peligro para las almas porque son pocos, en mi opinión, quienes quisieran cambiar su forma de vida y sus hábitos.

Había que ver además en este pasaje una ironía, por no decir una amenaza velada hacia el soberano pontífice, el cual llevaba una vida que estaba lejos de ser ordenada y no parecía tener ningún propósito de enmienda. Jacques de Molay manifestaba así bastante a las claras que no tenía lecciones que recibir de un papa que era conocido por hacer uso del dinero de la Iglesia en provecho propio y en el de su clan y que parecía más preocupado por cubrir a su barragana de regalos que por consagrar su vida a la espiritualidad.

Tal vez esta fusión habría podido salvar a la Orden del Temple, pero ello no es seguro, pues, ante esta eventualidad, Felipe el Hermoso planeaba hacer nombrar a su hijo a la cabeza de las órdenes reunidas. Tras lo cual, habría abdicado en su provecho y el gran maestrazgo se habría convertido en hereditario. La nueva Orden militar no habría sido, entonces, más que un instrumento en manos del rey de Francia.

Las relaciones de Felipe el Hermoso con la Iglesia

Antes de acabar con la Orden, el rey había tratado de utilizarla en provecho propio. Si había actuado en defensa de la fe, tal como afirmaba, y si había tenido conocimiento de todas las abominaciones de cuya comisión acusó al Temple, ¿por que había solicitado él mismo ser admitido en ella a título de miembro honorario? Lo que es seguro es que debió de sentir cierta amargura al serle negado este honor, y más teniendo en cuenta que había sido concedido al papa Inocencio III. En enero de 1307, sólo algunos meses antes del arresto, cuando se supone que estaba ya enterado de las aberraciones de la Orden, solicitaba la entrada de su segundo hijo en el Temple, sin éxito. Entonces, ¿consideraba a los templarios como herejes, en cuyo caso se habría burlado de ellos y no habría tratado más que de poner el poder de la Orden a su servicio? O bien, ¿no se inventó las acusaciones más que para acabar con el Temple, que se negaba a ponerse a su servicio? En cualquier caso, que los historiadores que presentan a Felipe el Hermoso como un rey ejemplar o un defensor de la fe dejen de contar patrañas. Todo demuestra que para él el fin justificaba los medios y que no le detenía ningún escrúpulo.

Se le tenía por piadoso. Observaba regularmente ayunos y había sufrido el influjo de los dominicos. Durante su infancia, había tenido por maestro a Egidio de Roma, dominico, y su confesor, Clément Pâris, pertenecía a la misma Orden. ¿Fue esta influencia la que hizo de él el proveedor de presuntos herejes para la Inquisición, cara a los dominicos? Ellos, que habían torturado a los cátaros y hecho esquilmar el Languedoc, eran, así pues, los formadores de ese rey que había de hacer torturar a los templarios. Sin embargo, en 1301, Felipe el Hermoso se había alzado contra las prácticas del inquisidor Foulques, que causaba estragos en el Languedoc, protestando enérgicamente:

¡Cómo este inquisidor comete la injusticia de comenzar unos procesos por el arresto, por la tortura, por inauditos tormentos contra las personas que le place acusar de herejía! ¡Cómo por la violencia del dolor, este sacerdote les obliga a confesar que han renegado de Cristo!...

He aquí una crítica que no deja de tener su enjundia si se piensa en las instrucciones dadas por este monarca a propósito de la forma de tratar a los templarios. Es evidente que este rey fue, sin lugar a dudas, uno de los más grandes ejemplos de doblez de nuestra historia, no tenía por teoría y por religión más que aquello que podía servirle en un momento dado.

En 1304 el «rey de puño de hierro» había concedido nuevos privilegios al Temple y declarado:

Las obras pías y de misericordia, la liberalidad magnífica que ejerce en el mundo entero, en todo tiempo, la santa Orden del Temple, divinamente instituida desde hace largos años, su coraje que merece ser estimulado a fin de que vele más atentamente aún en la defensa peligrosa de Tierra Santa, nos hacen determinarnos precisamente a dar muestras de favor muy especiales a la Orden y a los caballeros, por quienes sentimos una sincera predilección.

En ese momento incensaba al Temple en nombre de la fe. ¡Qué buen cristiano! Lo que no le impedía mandar a prisión a los obispos que no eran de su agrado, como el de Pamiers. Esto no fue óbice tampoco, con la complicidad de su canciller, Guillermo de Nogaret, para que hiciera redactar falsas cartas del papa Bonifacio VIII encaminadas a indisponer a una parte del clero con el soberano pontífice. En los meses de marzo-abril de 1300, Nogaret encabezó una embajada a Roma. Su insolencia le valió que Bonifacio VIII le pusiera en su sitio severamente. Debido a ello había concebido un odio mortal hacia el pontífice.

Y como Bonifacio seguía oponiéndose a él, Felipe el Hermoso hizo reunir a prelados y barones en el Louvre en junio de 1303. En aquella ocasión, Nogaret pronunció una verdadera requisitoria, no dudando en cargar las tintas:

Bonifacio tiene un demonio privado que consulta a cada momento. Pretende que los franceses son todos cátaros... Es sodomita. Ha hecho dar muerte a varios clérigos en su presencia. Ha forzado a sacerdotes a revelar el secreto de la confesión. Aplasta a los cardenales, a los monjes negros, a los monjes blancos, a los mineros y a los predicadores... Su odio contra el rey de Francia le viene de su odio contra la fe de la que el rey es la ilustración y el vivo ejemplo.

Declaraba al papa:

ilegítimo, herético, simoníaco, y endurecido en sus crímenes. Su boca rebosa de maldiciones, sus garras y sus uñas están listas para derramar sangre: desgarra las iglesias que debería sustentar, roba el bien de los pobres... atrae a la guerra, detesta la paz, es la abominación vaticinada por el profeta Daniel.

Hay que decir que Bonifacio les pedía a todos los señores del reino de Francia la desobediencia al rey. A pesar de las exageraciones, el Concilio, incluidos los representantes del Temple, se sumó a los ataques lanzados contra el papa. A continuación Nogaret se dirigió a Italia. Se enteró de que Bonifacio iba a excomulgar a Felipe el Hermoso el 8 de septiembre. El 7, secundado por cardenales de la familia de los Colonna que el papa había destituido y expulsado, Nogaret se dirigió al palacio pontifical de Anagni acompañado por mil seiscientos mercenarios. Éstos penetraron por la fuerza en el palacio y encontraron al papa en su capilla privada. Nogaret tuvo el descaro de leerle la requisitoria pronunciada contra él y le anunció que estaba arrestado. Debía llevarle de regreso a Francia para que fuera juzgado por el concilio. Sin embargo, al cuarto día de su cautividad, la multitud intervino y liberó al papa, llevándole en triunfo a Roma. La prueba había marcado al soberano pontífice, que murió cuatro semanas más tarde, el 11 de octubre de 1303.

Este «atentado de Anagni» inquietó no obstante al entorno del rey, pues el clero comenzaba a murmurar.

El sucesor a la cátedra de San Pedro, Benito XI, denunció la conjura urdida contra Bonifacio VIII y conminó a Nogaret a comparecer a su presencia. Pero enfermó. Murió veinticuatro horas antes de pronunciar la excomunión, tras haber comido unos higos frescos, sin duda envenenados. Y Nogaret tuvo la osadía de decir:

Dios, más poderoso que todos los príncipes eclesiásticos y temporales, golpeó al dicho señor Benito de tal modo que no le fue ya posible condenarme.

Fue el mismo Nogaret quien urdió en compañía de Felipe el Hermoso toda una maquinación contra la Orden del Temple.

La maquinación urdida por Guillaume de Nogaret

Guillaume de Nogaret nació en Saint-Félix-de-Caraman, en la diócesis de Agen. Estudió y se convirtió en profesor de Derecho en Montpellier, luego en Justicia Mayor en Beaucaire y en Nîmes. Se incorporó al círculo del rey al rodearse éste de un areópago de consejeros jurídicos. Ocupó un escaño en el Consejo Real a partir de 1296. Felipe el Hermoso le armó caballero en Pascua de 1299.

Era un hombre ambicioso, de temperamento violento. Había expulsado a los banqueros lombardos y a los judíos del Languedoc tras haber confiscado sus bienes a fin de sanear el tesoro real. El 22 de septiembre de 1307, el rey le había nombrado canciller y guardasellos. No acostumbraba en absoluto preocuparse por cuestiones de escrúpulos. Cuanto mayores y horribles eran las acusaciones que lanzaba, más grandes eran las posibilidades de que éstas fueran propaladas y finalmente creídas. Estaba provisto de una especie de genio mediático y sabía perfectamente cómo hacer correr las peores calumnias. Difamar lo más posible a aquel que quería derribar, tal era su método, y lo conseguía por desgracia muy bien. Había demostrado, frente al obispo de Pamiers y a Bonifacio VIII, que no desconocía ninguna astucia.

No había de privarse de utilizar el mismo género de táctica contra el Temple. Primero: perder a los templarios ante el pueblo, difamándoles, sirviéndose de todo cuanto pudiera alimentar los celos. Segundo: encontrar testigos, por poca credibilidad que éstos tuvieran. Y Nogaret tramó toda la intriga a partir de denuncias dudosas. En 1303 un templario de Béziers llamado Esquin de Floyrano (o Florián), tras haber perdido su encomienda a causa de un crimen, se había dirigido al gobernador provincial del monte Carmelo para obtener una nueva. Ante la negativa con que se encontró, apuñaló al gobernador en su casa de campo cerca de Milán. Y ello en la mayor de las reservas, pues este crimen es igualmente atribuido a otro templario renegado: Noffo Dei, un florentino. En cualquier caso, como consecuencia de un crimen, Esquin buscó refugio en París. Nogaret se enteró de la historia. Hizo que le trajeran al personaje y planeó con él una denuncia de la Orden que se basaba sin duda en una parte de verdad, aunque un tanto maquillada. Le prometió a Esquin que salvaría su vida a condición de seguir sus instrucciones y le ordenó en primer lugar encontrar testigos de cargo contra la Orden entre la hez de los caballeros excluidos del Temple por faltas graves. Nogaret envió igualmente a Esquin de Florián ante el rey de Aragón, gran amigo de los templarios, a fin de tratar de sembrar dudas en él. En 1309 encontramos al mismo Esquin dedicándose al interrogatorio bajo tortura de los hermanos de la Orden.

Guillaume de Nogaret consiguió reunir algunos testigos de cargo suplementarios: Géraud de Laverna de Neyzol, ex templario de Gisors; Bertrand Pelet, ex prior del Masd'Agenas, etc., todos ellos renegados.

A partir de ahí tenía que conseguir desencadenar una acción del papa, el único facultado para juzgar eventualmente a la Orden del Temple. Mas por ese lado encontró serias resistencias. Remitió, así pues, un informe al gran inquisidor de Francia que, sin vacilar, refrendó la orden de arresto de los templarios. A falta de poder contar con el acuerdo del papa, se contentaría con el del inquisidor, que obedecía servilmente al rey de Francia. El guardasellos, Gilles Aiscelin, se había negado por su parte a vincular su nombre a esta infamia. Fue destituido en el acto y Nogaret nombrado en su lugar.

Para aplacar la desconfianza de los templarios, fingieron mostrarse llenos de miramientos hacia la Orden. La víspera del arresto, el 12 de octubre de 1307, Jacques de Molay asistía con la corte a las exequias de Catalina de Courtenay, esposa de Carlos de Valois.

Sin embargo, al mismo tiempo que las cartas de Felipe el Hermoso eran llevadas por todo el reino, el inquisidor de Francia dirigía unos correos a sus colegas de Toulouse y de Carcasona (lo que viene a demostrar que era sobre todo en esta región donde se esperaban descubrir casos de herejía en el seno de la Orden), así como a los dominicos de un cierto rango. En estas misivas, apoyaba la acción del rey, diciendo incluso que era su instigador y precisaba la manera de proceder.

A la pálida luz del alba

El jueves 12 de octubre, por toda Francia, fueron abiertas las instrucciones, y el 13 al alba unas tropas se dirigieron a todas las casas francesas de la Orden (o casi) a fin de detener a los templarios. A veces la cosa acabó muy mal, como en Arras, donde los soldados del rey degollaron a la mitad de las personas que allí se encontraban.

En París, Jacques de Molay fue sacado de la cama. Tan pronto como fueron arrestados los templarios, Felipe el Hermoso se dirigió a la Torre del Temple y se instaló en ella. ¿Qué iba a buscar allí, sin pérdida de tiempo? Un indicio puede, sin duda, ponernos en la pista: llevó allí su «tesoro personal», lo que le permitió, evidentemente, juntarlo a lo que había en el lugar y pertenecía a la Orden. Reuniendo estas dos sumas de dinero, se arrogaba el derecho de recuperarlo todo en su provecho, echando mano a la parte del tesoro del Temple que allí podía encontrarse.

Una vez arrestados los templarios, se trató de aterrorizarles por medio de amenazas y prometiéndoles al mismo tiempo la libertad si confesaban todo lo que se deseaba. Se les presentaba incluso salvoconductos con el sello real. Había que actuar a toda prisa y obtener las primeras confesiones. Se les negaron los sacramentos, se previno a los moribundos que no podrían ser enterrados en tierra de la Iglesia, se les torturó. Sólo en París, treinta y seis templarios perecieron a consecuencia de los tormentos, veinticinco en Sens, etc., sin contar aquellos que quedaron disminuidos para el resto de sus días o humanamente destruidos.

Pero aniquilar la Orden de Francia no bastaba. Felipe el Hermoso envió cartas a los soberanos extranjeros a fin de que siguieran su ejemplo. ¿Qué sucedería si el Temple seguía siendo poderoso en el resto de los reinos? ¿No se corría el peligro de que se creara una coalición contra él? Las reacciones de los países vecinos fueron diversas. Volveremos sobre ello.

Al mismo tiempo, era preciso justificar este abuso de autoridad ante la opinión pública. Nogaret organizó una reunión informativa en Notre-Dame de París, a la usanza de los cuerpos constituidos, así como un verdadero mitin popular en los jardines del Palacio Real. Dominicos y oficiales reales tomaron la palabra por turno para manchar el buen nombre de la Orden del Temple. Se redactaron unos libelos, que fueron distribuidos por todas partes, incluso en el extranjero: una verdadera campaña de prensa para la época.

El papel del papa Clemente V

Los templarios no dependían de la jurisdicción regia, sino del papa. La reacción de éste era, por tanto, primordial.

El soberano pontífice, Bertrand de Got, ex arzobispo de Burdeos, había tomado el nombre de Clemente V. Debía su elección a Felipe el Hermoso. Además, había ido a instalarse en Aviñón, prefiriéndolo a Roma. Lo que hacía de él un casi cautivo del rey de Francia. Es probable que fuera puesto al corriente del proyecto de arresto muy pronto, pero Clemente V no tenía el valor de Bonifacio VIII. Su forma de resistencia no era más que una manera de obrar con astucia, de ganar tiempo. Sin duda eso es lo que le había incitado a convocar a los Grandes Maestres del Temple y del Hospital para pedirles que fusionaran ambas órdenes. Es probable incluso que fuera en esta ocasión cuando previno a Jacques de Molay de los peligros que amenazaban al Temple. Molay había respondido a esta advertencia reclamando una investigación sobre la Orden. El aviso no bastó.

Clemente V era un ser débil, esclavo de sus sentidos, un ser regalón que necesitaba vivir en la opulencia. Estos gustos armonizaban mal con su divisa familiar: *Par infimis* (igual a los humildes).

Había nacido en el seno de la casa de los vizcondes de Lomagne, de origen visigodo. Familia ilustre pero sin un real. Fue obispo de Comminges, «el obispado del unicornio». Fue en concepto de tal que hizo construir Saint-Bertrand-de-Comminges, verdadera joya alquimista. Fino hombre de letras, fundó cátedras de hebreo y de árabe en varias universidades. Contrató los servicios de un alquimista célebre: Arnaldo de Villanueva. Ironías del destino: su madre, Ida de Blanchefort, era la nieta de Bertrand de Blanchefort, Gran Maestre de la Orden del Temple.

Inmediatamente después de su elección, se había dirigido a Burdeos, pasando por Mâcon, Bourges y Limoges, seguido de una nube de cortesanos y de servidores. Por todas partes por donde pasaba, pretendía que se le recibiera suntuosamente, y no se marchaba hasta que las reservas locales no estuvieran agotadas. Su corte se comportaba como en país conquistado y se pasaba de la raya con creces. Las exacciones fueron tales que levantaron ampollas. Para defenderse, Clemente V declaró:

> Somos hombres, vivimos entre los hombres y no podemos verlo todo. No tenemos el privilegio de la adivinación.

No obstante, como indica Lavocat:

> Sin embargo, sí había algo que Clemente no podía ignorar, y era que, durante su estancia en Lyon, había sacado sumas enormes a los abates y obispos de Francia que, por necesidad de sus propios asuntos, se habían dirigido a la corte. Existe unanimidad entre todos los cronistas de aquel tiempo: «Llevó a cabo multitud de robos en las iglesias, tanto laicas como religiosas, en su propio provecho y en el de sus ministros».

Un lujo que le salía especialmente caro era su barragana, la hermosa Brunissende Talleyrand de Perigord. Las malas lenguas decían incluso que le costaba más caro que Tierra Santa. Le escribía versos como éstos:

Más bella eres que la luz del día;
la nieve no tiene más blancor.
Para cruzar el río del amor
ninguna otra barca que tú yo querría.

Clemente era ambicioso. Obispo a los treinta y dos años, cardenal a los treinta y seis, consideraba como algo normal convertirse en papa a los cuarenta. Ahora bien, la lucha de los clanes Colonna y Orsini tuvo bloqueado el cónclave durante diez meses y la llave de la elección estaba en buena medida en manos del rey de Francia. Se estableció un acuerdo entre ambos hombres. Se ha hablado a este respecto de un encuentro que habría tenido lugar en un bosque cercano a Saint-Jean-d'Angély. A pesar de una crónica que lo menciona, éste fue materialmente imposible. En cambio, unos enviados de los dos hombres pudieron perfectamente llegar a un acuerdo. Felipe el Hermoso le habría garantizado a Bertrand de Got su elección a condición de suscribir seis cláusulas. Cinco de ellas estaban establecidas: reconciliarle con la Iglesia y lavar la mancilla del arresto de Bonifacio VIII; levantar la excomunión que pesaba sobre él; concederle los diezmos del clero en Francia por cinco años a fin de contribuir a los gastos realizados durante la guerra de Flandes; abolir la memoria de Bonifacio VIII; devolver todos los privilegios y títulos a los cardenales de la familia Colonna y a sus aliados que Bonifacio había combatido. La última cláusula habría quedado «en blanco». No le sería precisada hasta más tarde. Se trataría de la destrucción de la Orden del Temple. Por eso Clemente declaró:

> Hacia la época de nuestra promoción, antes incluso de dirigirnos a Lyon para ser coronado, habíamos oído hablar en secreto de los desórdenes de la Orden del Temple.

Tras haber dado su conformidad a las cláusulas reales, Bertrand de Got se convirtió en papa.

Este pontificado no comenzaba, a decir verdad, bajo los auspicios de la santidad. La coronación de Clemente V en Lyon, el 14 de noviembre de 1305, estuvo por otra parte marcada por unos acontecimientos trágicos, como señales del destino.

En el momento del paso del cortejo pontifical, un muro repleto de curiosos se desmoronó. Felipe el Hermoso, queriendo poner de manifiesto su humildad de manera más aparente que real, iba a pie, llevaba de la brida el caballo montado por Clemente V. Pero ¿no era también simbólicamente (y tal vez inconscientemente) una forma de mostrar que llevaba al papa por la brida? En cualquier caso, el rey salió del percance únicamente con unos rasguños, el duque de Bretaña pereció y el papa fue derribado de su caballo. Otras once personas perdieron la vida, entre las cuales se encontraba el cardenal Mathaeo Orsini y Gaillard de Got, hermano del papa. Otros fueron gravemente heridos, como Carlos de Valois.

La tiara rodó por el pavimento y la piedra más hermosa, un carbúnculo de seis mil florines, se desprendió de ella, prefiguración de ese florón de la Iglesia que era el Temple y que el papa no iba a tener en breve ya a su servicio.

Al día siguiente, con ocasión de un banquete ofrecido por Clemente V, estalló una riña entre los partidarios del papa y de los cardenales italianos. El hermano segundo del pontífice fue muerto en esa ocasión. Decididamente, al nuevo sucesor de san Pedro no parecía sonreírle en absoluto la fortuna.

La primera decisión de gobierno de Clemente V fue nombrar a cuatro cardenales elegidos en el entorno del rey de Francia: Béranger Frédol, obispo de Béziers; Étienne de Suisy, canciller; Pierre de La Chapelle-Taillefer, obispo de Toulouse, y Nicolas de Freauville, ex confesor del rey. Aprovechó igualmente la oportunidad para nombrar a algunas personas de su familia y de su clan. Además, dio la absolución al rey por el atentado de Anagni. Sin embargo, no se pronunció sobre el caso de Guillaume de Nogaret y se negó incluso a recibirle. Llevó a cabo lo que le había prometido al rey de Francia y se empleó, en este sentido, en vilipendiar la memoria de Bonifacio VIII.

El odio de Felipe el Hermoso por la Orden del Temple

El rey de puño de hierro jugaba sobre seguro. No sería Clemente V quien le impidiese poner en práctica sus designios. Pero ¿por qué sentía tanta aversión por la Orden del Temple? Las razones eran sin duda múltiples. En primer lugar, la Orden no reconocía por señor más que a Dios y sólo el papa tenía un poder —aunque limitado— sobre ella. Su organización interna era la de una república aristocrática, ejemplo molesto para la realeza hereditaria. ¿No había pedido el rey que la Orden fuera reformada y que su maestrazgo se volviera patrimonio hereditario de su linaje? Desde su palacio, podía ver la Torre del Temple, que le provocaba con insolencia, ciudad dentro de la ciudad, no teniendo que rendirle cuentas. El Temple tenía sus franquicias, sus privilegios, su derecho de asilo, su alta, media y baja justicia. Por ello, ¡con qué rapidez el rey tomó posesión de la Torre del Temple la misma mañana del arresto de los monjes soldados!

Tras el Concilio de Sens en 1310, Felipe el Hermoso hizo exhumar y quemar los huesos del tesorero que había hecho construir esa Torre del Temple un siglo antes. ¿Qué odio acumulado llevaba al rey a tales extremos? Y su decepción no debió de ser tal vez menor al no descubrir allí lo que andaba buscando: un importante tesoro.

¿Cómo no iba a estar resentido contra ellos, él que había conocido la humillación de tener que solicitar en numerosas ocasiones la ayuda financiera de los templarios?

Además, el rey hacía sin duda su cálculo político. ¿Cuál sería el poder de los reyes que quisieran oponerse al Temple? ¿No se forjarían los templarios un imperio en Europa, y más concretamente en Francia, allí donde estaban mejor implantados? Esta cuestión, Felipe el Hermoso había decidido resolverla a su manera.

El orgulloso rey de Francia tenía otras razones para sentirse humillado por la Orden. Había habido aquella negativa a concederle el título de miembro honorario. Se habían negado a acoger en ella a su hijo. Además, a consecuencia de unas malversaciones monetarias de Felipe el Hermoso, en diciembre de 1306, habían estallado motines en París. El rey se había visto en peligro: había tenido que solicitar refugio en el Temple, que le acogió en su Torre de París. Había tenido que permanecer varios días allí esperando que la revuelta fuera sofocada. ¡Cuánto resentimiento debió de guardar contra sus salvadores!

Esta humillación le recordó sin duda la sufrida en su infancia y que le marcó. Había acompañado a la sazón a su padre, Felipe el Atrevido, en un viaje al Languedoc. En dicha ocasión hizo una visita a los Voisins, señores de Rennes-le-Château, y sobre todo a los Aniort. Raymond de Aniort, el cabeza de familia, señor en el Razès, al sur de Carcasona, era pariente del rey. Su joven hermano, Udaut, simpatizó con el futuro Felipe el Hermoso. Los dos primos, en algunos días pasados juntos, vieron que tenían gustos comunes. Se divirtieron, cazaron con halcón... Y, además, había allí una prima de Udaut, Aélis, que le gustaba mucho al joven delfín. Todo esto hacía de su estancia un momento muy grato. El futuro rey hubiera deseado que Udaut se convirtiera en su compañero de armas, pero éste se negó: había decidido entrar en la Orden del Temple. Así, desde su juventud, Felipe se había visto rechazado en beneficio de la Orden, y al abandonar la región, la amargura le acompañó.

Un sórdido asunto de dinero

Todo ello no había de predisponer a Felipe el Hermoso en favor del Temple. Sin embargo, el verdadero motivo que decidió al rey a acabar con la Orden era sin duda más sórdido. Se trataba de apoderarse de sus haberes, de llenar las arcas del fisco, de someter sus bienes a tributación, y también de liberarse de dos considerables deudas. Felipe el Hermoso debía a la Orden quinientas mil libras y doscientos mil florines, sin hablar de todas las deudas de su familia.

334

El rey manifestó su despecho por no haber descubierto «el» tesoro del Temple, pero sacó todo el provecho que pudo, haciendo vender todos los objetos encontrados en las encomiendas templarias, incluidos los de culto. No iba a pararse en menudencias. Había pasado mucho tiempo codiciando su fortuna.

Por supuesto, no era cuestión de que la Orden pudiera salir con el honor limpio de la trampa que se le había tendido, pues en dicho caso hubiera habido que reembolsarle todo cuanto se le había arrebatado. A este respecto, el déspota desconfiaba del papa. La voluntad de destrucción era conocida por Clemente V, pero la operación comando le cogió sin duda desprevenido. Pareció furioso de haber sido puesto de esa forma delante de un hecho consumado con la complicidad de una parte de su clero y más en concreto de los dominicos. Reaccionó escribiéndole al rey:

Mientras estábamos lejos de vos, habéis alargado la mano sobre sus personas y bienes: habéis llegado hasta encarcelarlas y —lo que me sume en el mayor de los pesares—, no les habéis devuelto la libertad. Incluso, según cuentan, yendo más lejos, habéis añadido a la aflicción la cautividad, una nueva aflicción, que, por pudor hacia la Iglesia y hacia todos nosotros, creemos que debemos en estos momentos silenciar.

Sin duda Clemente V dudaba en mencionar la tortura porque se practicaba con la complicidad de los inquisidores. Recordaba, por otra parte, en su carta que el rey no tenía poderes para juzgar a unos eclesiásticos y que sólo él era competente en este caso.

Al punto, Felipe el Hermoso le hizo saber que Dios detestaba a los tibios y que toda demora en la represión de los crímenes puede ser considerada como una forma de complicidad con los criminales. Este comentario estaba cargado de amenazas veladas, y más teniendo en cuenta que el rey recordaba discretamente al papa que no contaría con el apoyo de toda la Iglesia. Los interrogatorios y la tortura no sólo continuaron, sino que incluso se intensificaron. Clemente V, por el momento, juzgó más prudente para su propia seguridad no insistir. El 27 de noviembre, por medio de la bula *Pastoralis praeminentiae*, pidió a todos los soberanos que procedieran al arresto de los templarios. Había obtenido, no obstante, que los principales dignatarios de la Orden le fuesen entregados para ser interrogados, pero en realidad había abdicado ya de todo poder.

A todas luces, Clemente V no creía en la culpabilidad de los templarios, pero únicamente fue capaz de ganar tiempo. Las confesiones hechas bajo tortura por setenta y dos hermanos no le habían convencido y les había pedido a los cardenales Étienne de Guisy y Bérenger Frédol que llevaran a cabo una contrainvestigación. Ésta demostró que muchos de esos templarios habían ya fallecido. Clemente V retiró entonces sus poderes a la Inquisición, lo cual suponía la anulación de todo el procedimiento.

Entretanto, el rey y Nogaret trataban de poner a la opinión pública de su lado y el 25 de marzo de 1308, Felipe el hermoso reunió los Estados Generales en Tours. El texto de la letra de convocatoria era de una duplicidad característica del rey de puño de hierro. Hacía una vez más incursiones en el terreno de la lírica, con pasajes como el siguiente:

> Cielo y tierra se alarman de tantos crímenes: los elementos se ven perturbados por ellos (...). ¡Las leyes y las armas se alzarán, y hasta las mismas bestias y los cuatro elementos con ellas, contra plaga tan malvada!

Las acusaciones lanzadas estaban descritas como hechos «comprobados». Todo estaba urdido para provocar horror e indignación, sublevar los corazones y hacer pasar al rey por el defensor más celoso de la fe cristiana. Por supuesto, los Estados Generales se tragaron el anzuelo. Astutamente, el rey hizo incluso redactar a los Estados Generales una súplica que le liberaba de la iniciativa contra el Temple:

El pueblo del reino de Francia suplica encarecidamente y con devoción a Su Majestad Real que considere que no importa cuál de las sectas y herejías, respecto de las cuales se alega unos derechos para Su Santidad en relación a las diferencias que han surgido entre vos y él, tocante al castigo de los templarios que hacían profesión de conservar la fe católica y la conservaban, salvo que, en un punto o varios, difería y se apartaba de la observancia completa de la Santa Iglesia Romana... Que recuerde que el caudillo de los hijos de Israel, Moisés, el amigo de Dios, que le hablaba cara a cara, exclamó en una ocasión semejante contra los apóstatas que habían adorado al becerro de oro: «Que cada uno se arme de una espada y golpee a su pariente más próximo...» ¿Por qué el rey cristianísimo no habría de actuar de este modo, incluso en contra de todo el clero, si, Dios no lo quiera, éste cayera en el error o sostuviera y favoreciera a los que han caído en él?

El papa estaba avisado: Felipe el Hermoso llegaría hasta las últimas consecuencias. Sería el brazo secular de Dios, al menos ante los ojos del pueblo, y le daba ya igual eliminar a un papa más o menos. Clemente cedió una vez más y restableció los derechos de los tribunales eclesiásticos. Trató simplemente de salirse por la tangente añadiendo franciscanos a los dominicos, creando comisiones de investigación nacionales y reservándose el juicio de los dignatarios.

Clemente V estaba cada vez más inquieto, toda vez que Nogaret hacía circular libelos difamatorios relativos a su persona y se preguntaba lo que se estaba preparando contra él.

Bloqueado en Poitiers, no estaba seguro. En marzo de 1309, consiguió escapar de los agentes reales y llegar a Aviñón. En un primer intento, había sido alcanzado y conducido de nuevo bajo escolta, como un prisionero, a Poitiers. En esa ocasión se creyó libre, pero el rey envió ante él a Aviñón al capitán Raynaldo de Supino, que había sido el lugarteniente de Guillaume de Nogaret en el momento del atentado de Anagni. Clemente no estaba en absoluto más seguro en su casa que en el reino de Francia.

Sorpresa y evasiones

Entre los misterios ligados al arresto, hay uno que es particularmente irritante: ¿cómo es posible que los templarios fueran apresados tan fácilmente? Y sobre todo, ¿fueron muchos los que pudieron escapar?

El primer punto que plantea un problema es que no se cogió prácticamente nada interesante en las encomiendas templarias en el momento del arresto. Ello puede significar que los templarios no poseían prácticamente nada fuera de los instrumentos necesarios para el cultivo y sus armas. Pero esto no puede ser válido para todas las encomiendas. Puede querer decir también que existían en las casas del Temple escondrijos que los hombres del rey no descubrieron. Pero entonces, ¿cómo es posible que los hermanos no hablaran de ellos bajo tortura? Podemos, por último, imaginar que algunos responsables de la Orden estaban al corriente del próximo arresto, que habían hecho evacuar lo que valía la pena y sin duda que ellos mismos se pusieron a cubierto.

En cualquier caso, sería sorprendente que ninguno de los funcionarios reales hubiera abierto las instrucciones antes de hora. Sabemos que algunos, amigos del Temple, o que tenían miembros de su familia en la Orden, previnieron discretamente a los frailes. Tal fue el caso en Razès concretamente.

Recordemos asimismo que Jacques de Molay había sido convocado por el papa y que él mismo había solicitado una investigación en dicha ocasión. Nadie duda de que en este contexto, todo lo que hubiera podido plantear cualquier tipo de problema, todo lo que era particularmente valioso por una razón o por otra, había sido necesariamente evacuado.

En cuanto a los hombres, parecen haber sido realmente cogidos por sorpresa. Algunos fueron incluso masacrados en el mismo lugar sin haberles dado tiempo siquiera a defenderse, como en Carentoir o cerca de Gavarnie. Pero éste no fue un caso generalizado. Numerosos caballeros consiguieron escapar. En Flandes, la mayor parte desaparecieron en los bosques, y posteriormente, cuando las cosas se hubieron calmado, buscaron refugio discretamente en otras órdenes religiosas. Plaisians, hombre de Felipe el Hermoso, reconoció por otra parte:

> Porque unos, detenidos como sospechosos de herejía y sometidos a acusación, han escapado de prisión; porque otros a pesar de haber sido citados, no han comparecido; porque otros también, a los que el propio soberano pontífice había ordenado atrapar, han huido; que algunos de ellos son bandidos en los bosques, otros salteadores de caminos, otros asesinos, otros amenazan también de muerte por medio de la espada o del veneno a los jueces y ministros relacionados con este asunto... y que... muchos de ellos que vivían en los reinos de España se han pasado completamente a los sarracenos.

Aunque se pueda ser escéptico acerca de cuál fue la suerte de algunos templarios, ello no deja de ser la confesión de una redada muy incompleta. Parece que algunos templarios se echaron realmente al monte. Tal fue el caso en Puy-de-Dôme. A diez kilómetros al nordeste de Besse, a la salida de Cheix, se encuentran las cuevas de Jonás. Éstas se suceden en siete pisos en una pared rocosa, a treinta o cuarenta metros del suelo. Estas cuevas fueron abiertas por la mano del hombre en un período indeterminado. Se cuentan una sesentena de ellas y el conjunto resulta muy impresionante con sus senderos tallados en la piedra y provistos de parapetos, sus escaleras a vista esculpidas en la roca, sus pasillos de unión, su refectorio, su «sala de los caballeros», su cocina con fregadero, sus caballerizas, etcétera. Los templarios de la región buscaron refugio allí. Organizaron incluso una capilla que decoraron con frescos, que representa entre otras cosas una... renegación de san Pedro. Asimismo se ve un Descendimiento de la Cruz, Jesús hablando con su madre, o ante Pilatos, la visita de las santas mujeres al sepulcro y la aparición de Cristo a María Magdalena. La capilla estaba dedicada a san Lorenzo. Se hallaba provista de columnas y de capiteles. Una sala por encima de ella estaba tallada de forma que permitía entrar el sol y orientar la luz hacia el santuario. La organización de estas grutas y la vida de un grupo de templarios en este lugar no pudo producirse más que con la complicidad activa de la población local.

No se trata de un caso aislado. No lejos de Coubon y de Puy, se encontraba la casa de La Roche-Dumas. Ésta estaba establecida sobre un entramado de grutas y de subterráneos y sirvió también de refugio a unos templarios. En Cantal, numerosos caballeros se refugiaron en el castillo de Toursac, donde fueron avituallados por los campesinos. Permanecieron allí largos años. En Picardía, unos templarios de la encomienda de Doulens se escaparon y se refugiaron en un bosque próximo a Longuevilette. Cerca de Saint-Flour, un monje soldado se refugió en la gruta llamada «del caballero». Durante el Concilio de Viena, nueve caballeros se presentaron espontáneamente para defender la Orden. ¿De dónde provenían? En cualquier caso, hicieron saber a todo el mundo que mil quinientos templarios armados ocupaban las alturas que dominaban el Ródano entre Viena y Lyon. La cifra era sin duda muy exagerada.

En París, la víspera de ser apresados, unos caballeros habían ido en busca de refugio a las canteras de Montmartre, lo que supondría que estaban avisados de la inminencia del arresto. En Provins, cierto número de templarios abandonaron la Orden algunos días antes del 13 de octubre. ¿Sabían lo que iba a suceder?

Por otra parte, en el extranjero, los monjes soldados no fueron siempre perseguidos. A excepción del príncipe de Magdebourg, los alemanes se mostraron favorables a la Orden y no detuvieron a sus miembros. No obstante, el arzobispo de Maguncia reunió un concilio para juzgar a los templarios. Estos últimos se presentaron a caballo y armados, al mando del comendador de Renania, Hugo de Salm. Protestaron de su inocencia. El arzobispo tomó nota de ello y no insistió. Luego convocó un nuevo Concilio a fin de lavar el honor de la Orden de toda sospecha.

En Provenza, Carlos II esperó al 24 de junio de 1308 para hacer detener a los templarios. Les hizo torturar y matar, pero antes de ese día, numerosos hermanos habían tomado sus precauciones y se habían pasado a la clandestinidad. Por otra parte, cuando los arqueros se presentaron en la encomienda de Montfor-sur-Argens para proceder al arresto, no encontraron más que a un anciano. En Toulon, advertidos por el obispo, siete templarios se habían esfumado en medio de la espesura y el nido estaba vacío a la llegada de los arqueros.

En Inglaterra, el arresto tuvo lugar en diciembre de 1307, pero la mayoría de los frailes no fueron encarcelados, sino sólo hechos prisioneros nominalmente, y los inquisidores se negaron por lo general al uso de la tortura. Por otra parte, el rey Eduardo II había tomado la precaución de escribir a los reyes de Portugal, de Castilla, de Aragón y de Nápoles para decirles que las acusaciones contra la Orden del Temple estaban sin duda provocadas por los celos y la codicia. Finalmente, una vez abolida la Orden, los hermanos fueron generalmente acogidos en monasterios. En Escocia y en Irlanda, los caballeros no fueron jamás maltratados.

En España, se encerraron en sus castillos. No salieron de ellos hasta después de haber recibido la garantía de ser juzgados equitativamente. El Concilio de Salamanca, del 21 de octubre de 1310, declaró unánimemente que los acusados de Castilla, de León y de Portugal eran libres y quedaban absueltos de todos los cargos y delitos de que habían sido acusados. De igual modo, en 1312, el Concilio de Tarragona declaró al Temple inocente. Y se fundaron órdenes nuevas que recogieron sus bienes y en las que los frailes fugitivos pudieron entrar. Tal fue el caso de la Orden de Nuestra Señora de Montesa, creada y puesta bajo la tutela de la Orden de Calatrava, la cual había acogido asimismo a templarios. De igual modo fue creada en Portugal la Orden militar de la Milicia de Cristo, y los caballeros conservaron en ella incluso el manto blanco y la cruz roja del Temple. En 1321, la Orden de Cristo contaba con más de ciento sesenta encomiendas y todos sus miembros eran templarios portugueses o franceses. Treinta años más tarde, la sede de esta nueva Orden, primero establecida en Castro-Marin, fue trasladada a Tomar, en la ex encomienda provincial portuguesa de la Orden del Temple.

En Italia, los frailes se negaron por lo general a presentarse a las citaciones de los inquisidores. En el Rosellón, en Cataluña, dependiente del rey de Aragón, a numerosos templarios les dio tiempo de pasar a la clandestinidad o de preparar sus castillos para la defensa. En Cataluña, se negaron a presentarse a las convocatorias y se encerraron en sus fortalezas de Miravet, Ascó, Monzón, Cantavieja, Vilell, Castellote y Chalamera. Cuando fueron en su busca, se defendieron enérgicamente, con el apoyo activo de la población.

Así, la Orden no había sido en absoluto aniquilada. Ni siquiera en Francia. Su supervivencia era posible, bajo la protección de otras órdenes o en la sombra. A falta de suprimir todo rastro de ella, Felipe el Hermoso se empleó a fondo en liquidar al menos su poder.

2

El proceso y el testamento de los templarios

Una instrucción ilegal

La manera en que fue llevada la investigación por el gran inquisidor de Francia que comenzó sus interrogatorios a partir del 18 de octubre de 1307, falseó necesariamente el proceso. El empleo sistemático de la tortura, el hecho de no consignar más que lo que pudiera ser favorable para la acusación, correspondían a la noción dominica de verdad en el marco de la Inquisición y autorizaba, evidentemente, todos los atropellos a fin de perder a los acusados. Guillaume Pâris ordenaba en sus instrucciones que no se debía levantar acta más que de la deposición de aquellos que confesaban. Ahora bien, legalmente, el inquisidor no tenía ningún poder en esta historia. Para que lo tuviera, hubiera sido preciso que lo recibiera del papa, pues se trataba de instruir un proceso contra unos eclesiásticos que dependían exclusivamente de la Santa Sede. Clemente V le guardó rencor al inquisidor de Francia, Guillaume Pâris, pero cedió bajo la presión de Felipe el Hermoso.

Hemos visto que las prácticas de la Orden no estaban exentas de ritos curiosos, pero que éstos parecían no ser ya comprendidos por aquellos que los observaban. Esta certeza nace principalmente de testimonios obtenidos sin coacción en el extranjero. En cambio, por lo que se refiere a las confesiones arrancadas en Francia, muchas de ellas son extremadamente sospechosas. La tortura y las presiones de toda índole ejercidas sobre los templarios vencieron la mayor parte de las veces su resistencia. Así, el hermano Ponsard de Gisy describió lo que le sucedió: fue colocado en una fosa, «con las manos tan forzadamente tras la espalda que la sangre afluyó hasta las uñas y que allí se quedó, sin tener más espacio que el largo de una correa, protestando y diciendo que, si se le seguía torturando, renegaría de todo cuanto decía y que diría todo lo que quisieran».

El 31 de marzo de 1310, un grupo de templarios hizo redactar una protesta:

La religión del Temple es pura, inmaculada: todo lo que se ha vertido en contra de la Orden es pura falsedad: aquellos hermanos que han declarado que estas imputaciones dirigidas contra las personas y contra la orden eran verdaderas, o parte de ellas, han mentido. Los hermanos sostienen que no se les puede detener basándose en tales confesiones que no podrían perjudicarles en nada, tanto a la Orden como a las personas, porque estas confesiones han sido arrancadas mediante amenazas de muerte y tortura. Aunque haya hermanos a los que no se ha torturado, éstos se han sentido aterrorizados por el temor a los suplicios: viendo a los demás sometidos a tortura, han dicho lo que los torturadores querían que dijesen. Las penas sufridas por uno solo han espantado al mayor número de ellos. Hay quien ha sido corrompido por el ruego, el dinero, los halagos y las grandes promesas, y quien no ha podido resistirse a las amenazas.

Podría pensarse, a partir de esto, que todo cuanto se le reprocha a la Orden es falso. Y, sin embargo, el 2 de julio de 1308, setenta y dos templarios que comparecieron ante el Santo Padre reiteraron sus confesiones, al margen de toda tortura, confesiones demasiado precisas y demasiado coherentes entre ellas para no impresionar al papa. La mayoría de los puntos del acta de acusación tuvieron ciertamente que ser abandonados, pero aun con todo lo restante era algo muy grave: básicamente la renegación de Cristo y el escupitajo a la cruz durante la ceremonia de recepción, los ósculos en el cuerpo y la autorización de sodomía, el culto a una cabeza dotada de poderes mágicos, todos ellos elementos ligados a un ritual carente de sentido a los ojos de quienes persistían en practicarlo como una costumbre.

El curioso papel de los dignatarios del Temple

Nos quedamos perplejos ante la manera en que se comportaron los dignatarios de la Orden durante el proceso, en especial el Gran Maestre Jacques de Molay.

El 21 de octubre, Geoffroi de Charnay, comendador de Normandía, reconoció haber renegado de Cristo y la práctica de los ósculos en el momento de la recepción. Dijo también que Gérard de Soizet, preceptor de Auvergne, le había dicho que era preferible unirse entre hermanos que enviciarse con las mujeres.

El 24 de octubre, Jacques de Molay declaró que:

La astucia del enemigo del género humano condujo a los templarios a una perdición tan ciega que, desde hace tiempo, aquellos que eran recibidos en la Orden renegaban de Jesús, con peligro de su alma, escupían sobre la cruz que les era mostrada y cometían, en dicha ocasión, otras barbaridades.

Al hablar así, condenaba a la Orden entera. Con respecto a sí mismo, declaró:

Hará cuarenta y dos años que fui recibido en Beaune, en la diócesis de Autun, por el hermano Humbert de Pairaud, caballero, en presencia del también hermano Amaury de la Roche y de otros varios cuyo nombre no recuerdo. Hice primero toda clase de promesas con respecto a las observancias y a los estatutos de la Orden, y acto seguido me fue impuesto el manto. El hermano Humbert hizo traer a continuación una cruz de bronce en la que había la imagen del crucificado y me ordenó renegar de Cristo representado en dicha cruz. De mal grado, lo hice: el hermano Humbert me dijo acto seguido que escupiera sobre la cruz, y yo escupí al suelo.

Hugues de Payraud, visitador de Francia, había comenzado en primer lugar por negar, pero rápidamente se mostró muy locuaz. En cuanto a Geoffroi de Gonneville, preceptor de Aquitania y de Poitou, confirmó los ritos de renegación.

Por supuesto que se puede invocar la tortura para explicar tales confesiones. Pues, en efecto, cuando los dignatarios tuvieron conocimiento de que la Iglesia se hacía cargo del asunto y que no iban a seguir sometidos a la jurisdicción real, se retractaron. No fueron, sin embargo, llevados ante el papa y su convoy se detuvo en Chinon. Recibieron en aquel lugar la visita de tres cardenales enviados por el papa y allí, auténtico golpe de efecto, reiteraron sus confesiones. Estupefactos, los cardenales tomaron la precaución de releer bien sus declaraciones a los dignatarios y les pidieron que reflexionaran antes de firmarlas. No obstante ello, firmaron. Cosa curiosa, cuando el 26 de noviembre de 1309, Jacques de Morlay compareció ante la Comisión pontifical, comenzó por andarse con subterfugios y evasivas, y contestando a las preguntas intentaba salirse por la tangente. Se terminó por releerle las confesiones que había hecho en Chinon. Él se indignó por cuanto se le atribuía haber dicho, lo negó, mas no defendió sin embargo a la Orden. ¿Modificaron lo declarado por él? ¿Le prometieron que sus confesiones no serían divulgadas y que estaban destinadas únicamente a ilustrar al papa? ¿Fue engañado de un modo u otro?

Tras esto, Jacques de Molay solicitó conversar en privado con Guillaume de Plaisians, consejero de Felipe el Hermoso. ¿De qué hablaron? ¿Había llegado antes a un acuerdo Jacques de Molay con él y, en tal caso, de qué naturaleza? ¿Se habría mostrado cómplice de la destrucción de una Orden que se había vuelto peligrosa? Cabe dudarlo, pero la actitud del Gran Maestre es, no obstante, muy sorprendente.

Después de su entrevista con el consejero del rey, pidió ocho días para «deliberar». Los obtuvo. Pareció indeciso durante un tiempo y acto seguido renunció a defender a la Orden, haciéndose pasar por iletrado y por pobre, pero tratando no obstante de recordar los servicios prestados por la Orden en el pasado. ¡Qué torpeza! Declaró a pesar de todo:

Pero iré a presencia del Santo Padre cuando él lo tenga a bien. Soy mortal como el resto de los humanos, y no tengo asegurado el porvenir.

¿No era una manera de hacer saber que estaba atemorizado? Que el papa le hiciera comparecer a su presencia y allí podría hablar, pero mientras su suerte estuviera diariamente en manos de los hombres del rey podía temerse cualquier cosa. Añadía por otra parte:

Os suplico, pues, y os requiero que le comuniquéis al Santo Padre que llame delante de él al Maestre del Temple tan pronto como le sea posible: sólo entonces le diré lo que es el honor de Cristo y de la Iglesia, en la medida en que ello esté en mi poder.

De hecho, los únicos que, valientemente, salieron un poco en defensa de la Orden fueron templarios de base, prueba de que el Temple se había vuelto un cuerpo sin alma, y los que «sabían» lo habían abandonado desde hacía mucho tiempo. Pero, no obstante, ¿cómo es posible que los dignatarios no clamaran alto y fuerte la inocencia de la Orden? Que tuvieran miedo, que hubieran cedido bajo tortura, sea. Pero ¿que no hubiera ni uno capaz de reaccionar? El sufrimiento, la falta de coraje, pueden explicar muchas cosas, pero ¿no había habido un acuerdo para acabar con la Orden? Está claro que los dignatarios supieron por anticipado que los templarios serían arrestados. Aunque supusiéramos que no habían sido avisados directamente, el solo hecho de que en determinados lugares el secreto hubiera sido revelado implica que los templarios así informados fueron a avisar de inmediato al Gran Maestre de la Orden. Ahora bien, éste no hizo nada, no emprendió la huida, ni puso a la Orden en estado de defensa. Se dejó atrapar en el nido, dejando entrar en la torre del Temple a quienes venían a detenerle. Permitía así la destrucción de su Orden. ¿No podemos imaginar que tenía buenas razones para hacer lo que hizo? ¿E incluso sin duda consignas que habrían podido provenir del círculo oculto que se había escindido de la Orden, del Temple interior? Esta hipótesis explicaría muchas cosas.

En primer lugar, los dignatarios respetaron lo convenido y dejaron que el arresto siguiera su curso. Luego reconocieron los hechos reprochados a los templarios. Sin embargo, pronto se dieron cuenta de que los frailes eran torturados y ello no debía formar parte del pacto. Entonces dudaron, no querían defender a la Orden pero tampoco estaban de acuerdo en dejar morir bajo tortura a los caballeros del Temple. Quisieron ver al papa. No se les permitió, pero se les hizo encontrarse con unos cardenales que el soberano pontífice había enviado ante ellos. Y allí Jacques de Molay dudó, como hemos visto. ¿Qué debía decir? Por una parte, solicitó hablar con el consejero del rey; por otra, habría querido ver al papa. Parecía perdido, como si el desarrollo de la película no se correspondiera con el guión que le habían hecho leer con anterioridad. ¡Qué diferencia con aquellos frailes que se declararon voluntarios para tomar la defensa de su Orden, más de quinientos sesenta!

El 7 de abril de 1310 nueve prisioneros remitieron una memoria a la Comisión, a la vez defensa jurídica y requisitoria contra los procedimientos de los agentes del rey.

En cualquier caso, el concilio reunido en Viena en octubre de 1311 resultó sumamente incómodo. ¿Cómo mostrarse justo sin incurrir en las iras del rey de Francia? Los participantes no querían comportarse como los del Concilio de Sens que, algo más de un año antes, habían mandado a cincuenta y cuatro templarios a la hoguera.

¿Qué hacer? Clemente V se sentía un poco más libre frente a Felipe el Hermoso, pues acababa de hacerle una serie de concesiones atacando la memoria de Bonifacio VIII. El rey se dio cuenta de ello y decidió dirigirse personalmente a Viena el 20 de marzo de 1312. Frente a la amenaza de presión, Clemente V optó por precipitar las cosas. No quería condenar a la Orden, pero corría el peligro de verse obligado a hacerlo, puñal en pecho, por parte del rey de puño de hierro. Para evitarlo, prefirió disolver el Temple «provisionalmente». La bula proclamaba entre otras cosas:

Una voz ha sido oída en las alturas, voz de lamento, de duelo y de lloros; pues ha llegado el tiempo, ha llegado el tiempo en que el Señor, por boca del profeta, hace oír esta queja: «Objeto de ira y de furor ha sido siempre para mí esta ciudad desde el día en que fue edificada, que es como para quitármela de delante de mí, por el mal que los hijos de Israel y los hijos de Judá han hecho para irritarme, ellos, sus reyes y sus príncipes, sus sacerdotes, sus profetas, las gentes de Judá y los habitantes de Jerusalén. Me han vuelto la espalda en vez de darme la cara; yo les he amonestado desde muy temprano y sin cesar, pero ellos no han querido oír ni recibir la corrección. Han puesto sus abominaciones hasta en la casa en que se invoca mi nombre, profanándola. Han edificado los lugares altos de Baal que se hallan en el valle de Ben-Hinnon, para pasar (por el fuego) a sus hijos y a sus hijas en honor de Moloc». (Jeremías, 32, 31-35.) «Profundamente se corrompieron, como en los días de Guibá». (Oseas, 9, 9.) Ante una tan horrorosa noticia, en presencia de una infamia pública tan horrenda (y ¿quién, en efecto, ha oído o visto jamás nada semejante?) he caído al oírlo, me he contristado al verlo, mi corazón se ha visto embargado por la amargura, las tinieblas me han envuelto.

La bula prosigue largamente en este tono, Clemente V recuerda a Salomón:

Pues el Señor no eligió a la nación a causa del lugar, sino el lugar a causa de la nación; ahora bien, como el lugar mismo del Temple ha participado en las fechorías del pueblo, y que Salomón, que rebosaba de prudencia como un río, oyó estas palabras categóricas de boca del Señor, cuando él le construía un templo: «Pero si os apartáis de mí vosotros y vuestros hijos, si no guardáis mis mandamientos, mis leyes, las que yo os he prescrito, y os vais tras dioses ajenos para servirlos y prosternaros ante ellos, yo exterminaré a Israel de la tierra que le he dado y echaré de delante de mí este templo, que he consagrado a mi nombre (...).»

Así, el papa parecía querer relativizar una sacralidad, una legitimación que la Orden habría podido detentar por su pasada presencia en el emplazamiento del Templo de Salomón o también por lo que allí habría descubierto.

Clemente V recordaba a continuación el hecho de que había sido prevenido de las actuaciones de los templarios antes incluso de haber sido coronado:

Se nos había insinuado que habían caído en el crimen de una apostasía abominable contra el mismísimo Nuestro Señor Jesucristo, en el vicio odioso de la idolatría, en el crimen execrable de Sodoma y en diversas herejías.

El papa expresaba entonces las dudas que había tenido, al no poder creer que aquellos que daban su vida por las cruzadas eran también unos herejes. Sin embargo, decía, el rey de Francia había terminado por convencerle. En esto el texto no carecía de humor:

Por fin, sin embargo, nuestro muy querido hijo en Cristo, Felipe, el ilustre rey de Francia, ante quien estos mismos crímenes habían sido denunciados, impulsado no por un sentimiento de avaricia (pues no pretendía en absoluto reivindicar o apropiarse de ninguno de los bienes de los templarios, puesto que ha renunciado a ellos en su propio reino y ha alejado las manos completamente de ellos), sino por el celo de la ortodoxia de la fe, siguiendo los ilustres pasos de sus antepasados, se informó en lo posible de lo sucedido y nos hizo llegar, por medio de sus emisarios y por sus misivas, numerosas e importantes informaciones para instruirnos e informarnos de estas cosas (...).

Obrando así, Clemente V, mientras aparentaba disculpar a Felipe el Hermoso, revelaba el verdadero motivo de éste: apoderarse de las riquezas de la Orden, y tomaba al mismo tiempo precauciones para que el rey no pudiera apropiarse de todo.

Tras lo cual, el papa recordaba las confesiones de miembros importantes de la Orden que habían testimoniado ante él. Entonces le había parecido que aquello no podía ser silenciado, decía. Insistía muy especialmente en los testimonios de los dignatarios:

> Declararon y confesaron (...) libre y voluntariamente, sin violencia ni terror que, al ser recibidos en la Orden, habían renegado de Cristo y escupido sobre la cruz. Algunos de ellos han confesado también otros crímenes y deshonestidades que callaremos por ahora.

Estas confesiones pesaron enormemente en la balanza. Clemente V no podía salvar a la Orden sin ser él mismo sospechoso de herejía. Concluía:

> Sin duda, los procedimientos anteriores dirigidos contra esta Orden no permiten condenarla canónicamente como herética por medio de una sentencia definitiva; sin embargo, como las herejías que se le imputan la han difamado de modo especial, como un número casi infinito de sus miembros, entre otros el Gran Maestre, el visitador de Francia y los principales comendadores, han sido convencidos de las susodichas herejías, errores y crímenes por sus confesiones espontáneas; como estas confesiones convierten a la Orden en muy sospechosa, como esta infamia y esta sospecha la tornan completamente abominable y odiosa a la santa Iglesia del Señor, a los prelados, a los soberanos, a los príncipes y a los católicos; y como, además, creo que probablemente no se encontrará a un solo hombre de bien que quiera entrar de ahora en adelante en esta Orden, cosas todas ellas que la convierten en inútil para la Iglesia de Dios y para la prosecución de los asuntos de Tierra Santa, cuyo servicio le había sido encomendado...

No le faltaba razón al papa: se negaba a condenar a la Orden, pero ésta no podía ser ya realmente salvada y, además, se había vuelto inútil. A partir de ese momento, lo mejor era suprimirla, pura y simplemente, sin condena:

Hemos pensado que era preciso interinamente proceder para suprimir los escándalos, evitar los peligros y conservar los bienes destinados a la ayuda de Tierra Santa.

Terminaba esclarecedoramente recordando las buenas razones para proceder así:

suprimiendo dicha Orden y destinando sus bienes al uso para el cual habían sido destinados y, en cuanto a los miembros de la Orden aún vivos, tomando medidas prudentes más que concederles el derecho de defensa y de prorrogar el asunto.

Clemente V salvaba lo que aún podía ser salvado, es decir, a hombres y bienes. No ignoraba en absoluto que si la cosa se prolongaba más, no quedarían ya templarios para defender la Orden, pues habrían muerto antes en las mazmorras del rey de Francia.

Asunto concluido. La Orden del Temple no existía ya y un mes más tarde, Clemente V atribuía su patrimonio a los hospitalarios de San Juan de Jerusalén. Un motivo de furia para Felipe el Hermoso, que contaba con apropiarse de los despojos de la Orden. Por otra parte, a pesar de las decisiones tomadas, echó mano a numerosas propiedades que se negó a devolver. Además, reclamó una indemnización de doscientas mil libras, suma enorme que él pretendía haber depositado en el Temple y que no le habría sido jamás restituida. Nadie se llamó a engaño: Felipe el Hermoso mentía. Además, ¿había visto juntas alguna vez doscientas mil libras ese rey obligado a falsificar moneda para vivir? Por otra parte, exigió sesenta mil libras por los gastos del proceso, cuando durante todos esos años era él quien había percibido las rentas de los dominios arrebatados al Temple. Asimismo reclamó los dos tercios del mobiliario y de los ornamentos religiosos, pero lo que recogió fue más bien escaso, pues, entretanto, el papa había puesto ya una parte de estos bienes a buen recaudo. Para aquellos que sigan todavía convencidos de que Felipe el Hermoso actuaba de manera totalmente desinteresada en esta historia, recordemos que además no reembolsó jamás los dos préstamos de quinientas mil libras y de doscientos mil florines prestados por el Temple, así como tampoco otra suma de dos mil quinientas libras que se había hecho entregar en 1297. Y luego, durante cinco años, no sólo había percibido los ingresos de los inmuebles del Temple en Francia, cobrado las rentas y los censos, sino que había recuperado créditos de la Orden que había hecho liquidar en su provecho.

Finalmente, para ser beneficiarios de los bienes del Temple, los hospitalarios tuvieron que pasar por las exigencias del rey y pagarle, es decir, vaciar su propio tesoro. No fueron precisamente ellos quienes hicieron un buen negocio.

Al suprimir la Orden sin otra forma de proceso, el papa había salvado lo que aún era salvable. Aprovechó la ocasión para remitir la suerte de los hombres del Temple a la apreciación de concilios provinciales, lo que tuvo por efecto inmediato devolver la tranquilidad a todos cuantos vivían en estados que no les eran demasiado hostiles. Clemente V se reservaba, por otra parte, el juicio de los dignatarios. Envió a París a tres cardenales que les pidieron hacer pública confesión de la indignidad de la Orden y que les condenaron a cadena perpetua. Delante de Notre-Dame, sobre un estrado, Hugues de Payraud y Geoffroi de Gonneville confirmaron su culpabilidad, pero para sorpresa general, Jacques de Molay y Geoffroi de Charnay se retractaron.

La ceremonia fue interrumpida. Se declaró a los dos hombres relapsos y se les entregó al brazo secular. Acto seguido, Felipe el Hermoso decidió su ejecución. Se levantó una hoguera a toda prisa en la isla de los Javiaux, actualmente barrio de Vert-Galant, en el extremo occidental de la isla de la Cité, el 18 de marzo de 1314.

En el momento en que las llamas comenzaron a alzarse, Jacques de Molay, que había recobrado su dignidad, habría exclamado:

> Los cuerpos son del rey de Francia, pero las almas son de Dios.

Luego habría proferido una maldición, emplazando a sus verdugos ante el tribunal de Dios en el plazo de un año.

El 21 de abril siguiente, Clemente V moría, sin duda de un cáncer de píloro. El 29 de noviembre, una caída de caballo, según se dijo, puso punto final a la vida de Felipe el Hermoso. En realidad, cayó súbitamente enfermo el 4 de noviembre quejándose de dolores gástricos seguidos de vómitos y de diarrea, precedidos de sequedad de boca, anorexia y una sed insaciable. *No tenía fiebre*. El misterio de esta muerte no fue jamás dilucidado. ¿Fue envenenado Felipe IV?

Ese mismo año, Nogaret pereció en misteriosas circunstancias, Esquin de Florian fue apuñalado y los denunciantes Gérard de Laverna y Bernard Palet fueron colgados. Algunos vieron en ello el dedo de Dios y otros una venganza bien organizada: una mano negra en la sombra, que golpeaba metódicamente.

3

Los herederos del Temple

La feria del chamarileo

¿Quién, en nuestros días, puede legítimamente invocar la herencia espiritual del Temple? ¿Existe un solo organismo que pueda afirmar que cuente con los archivos reales de la Orden, que conozca todos sus ritos secretos y posea las claves de sus misterios? Es posible que exista, pero en tal caso no lo dice. Sin embargo, hay otros que hacen todo lo posible para hacerlo creer.

En 1981, la Curia romana realizó un inventario de los grupos o asociaciones que apelaban de una manera u otra a la Orden del Temple. Encontró a más de cuatrocientas. La mayoría no son más que oficinas de charlatanes destinadas a explotar la credulidad de «primos» preferentemente adinerados, dispuestos a pagar el precio que sea para respirar más de cerca el olor del Temple. Estos pretendidos resurgimientos de la Orden venden iniciaciones a los tontos incautos, les hacen entrega de títulos majestuosos y los llenan de cintas, de cordones y de medallas a cambio de dinero contante y sonante. Los comerciantes han tomado al asalto los Temples de imitación.

Algunas de estas asociaciones tienen una actitud más honesta. Sus dirigentes tratan simplemente de recobrar lo que creen es el espíritu del Temple. Algunos piensan incluso sin duda estar realmente investidos de una misión. Otros esperan o creen comunicar con el personaje más egregio de la Orden a través de los tiempos. Charlatanes o gentes sinceras, lo cierto es que proliferan y sus grupos toman por lo general nombres rimbombantes y pregonan fines a veces curiosos.

Así, los Caballeros de la Alianza Templaria luchan contra la violencia, la droga y la decadencia moral. La Hermandad Sanjuanista para el resurgir templario u Orden de los Caballeros del Templo de Cristo y de Nuestra Señora basa su enseñanza en el modelo alquimista. La Orden de los Caballeros del Santo Temple, con sede en Corrèze, persigue asimismo un fin moral y busca desarrollar las virtudes con un optimismo que confirma su divisa: «Nada se ha perdido, todo puede ser salvado». Otras son más discretas en cuanto a sus objetivos. Citaremos tan sólo algunas apelaciones, sin más comentarios sobre todos estos grupos, a veces muy honorables, pero a los que sin duda les sería muy difícil demostrar su filiación templaria.

Citemos, pues, por lo curioso del título la *Ordinis Supremi Militaris Templi Hierosolymitani*, la Orden Soberana del Templo Solar, la *Ordo Militiae Crucis Templi*, los *Tempelherren in Deutschland*, la Orden de los Templarios de la República de Finlandia, el Círculo del Temple y del Santo Grial, la Orden de los Vigilantes del Temple, el *Jacob-Molay-Collegium Autonomer Tempelherren-Orden*, la Orden renovada del Temple, etcétera.

Soñadores candorosos, iluminados, buscadores sinceros, estafadores e incautos pueblan al mismo tiempo la mayor parte de estos organismos. Sin embargo, no es porque la mayor parte de aquellos que dicen descender de la Orden del Temple no puedan justificar ninguna filiación, por lo que no existe ninguna herencia del Temple. Tratemos, pues, de ver cuáles son las huellas más fiables que ha podido dejar.

Realidad de una herencia templaria

Para que haya una herencia, preciso es que exista una posibilidad de transmisión. Ahora bien, esta posibilidad es indiscutible por toda una serie de razones. En primer lugar, recordemos que la redada realizada en Francia no provocó un arresto masivo e inmediato en los restantes países. Por tanto, podemos afirmar de entrada que, debidamente prevenidos, los templarios que residían fuera de Francia tuvieron tiempo de tomar sus medidas para transmitir lo que debía ser transmitido.

Además, en algunos países, no fueron en absoluto molestados y se pasaron con armas y bagajes a otras órdenes creadas especialmente para ellos. Podría decirse que éstos tuvieron que asumir su propia herencia.

Incluso en Francia, no todos los templarios fueron arrestados, algunos se escaparon. También ellos a veces pudieron ser agentes de transmisión.

He aquí ya tres buenas razones para afirmar que el Temple no murió con la supresión teórica de la Orden. Dicho sea de paso, ello es molesto para los defensores de la existencia de un ingente tesoro templario enterrado en alguna parte. En efecto, si la Orden pudo sobrevivir de una forma u otra, sus mandatarios debieron por lo menos de conocer el secreto del escondrijo. Dos posibilidades pueden planteársenos entonces. O bien el tesoro ha sido recuperado y utilizado para un fin u otro; o bien lo que queda de él, lo que le otorga valor, material o espiritual, sigue estando escondido, pero debe ser entonces custodiado a través de los siglos. En cualquier caso, su accesibilidad es dudosa.

Por otra parte, existe una cuarta razón para creer en la transmisión de una herencia: es probable, en efecto, que los mandatarios de la Orden hubieran sido prevenidos de un golpe de mano de Felipe el Hermoso. Localmente, algunos oficiales reales advirtieron discretamente a miembros de su familia que pertenecían al Temple. Hubiera sido asombroso que ninguno de los caballeros así advertidos no hiciera correr la información. Además, en los días que precedieron al arresto, Jacques de Molay se habría hecho traer un gran número de libros de la Orden y los habría quemado. No olvidemos tampoco que la crisis estaba latente y que se había estado a punto, poco tiempo antes, de obligar a templarios y hospitalarios a fusionarse. Baigent señala[90] que un «a caballero que se retiró del Temple hacia esa época el tesorero le dijo que era persona muy prudente, pues era inminente una crisis».

Esto podría explicar que se apoderaran de tan pocas cosas en las encomiendas templarias tras el arresto. En cualquier caso, las razones para creer en la posibilidad de una transmisión son múltiples. Conviene ahora seguir las pistas.

Los herederos oficiales

El primero que debe ser citado es, por supuesto, la Orden de los Hospitalarios de San Juan de Jerusalén, que debía transformarse a continuación en la Orden de Malta. Fue ella la que recibió oficialmente los bienes del Temple en Francia, es decir, aquellos a los que Felipe el Hermoso no había echado mano. La mayor parte de las capillas o de las encomiendas templarias que pueden verse todavía pasaron a sus manos y además a menudo las remodelaron considerablemente. A pesar de esto, sería muy sorprendente que hubieran recibido igualmente la herencia espiritual y los diversos secretos del Temple.

Otros herederos oficiales son las órdenes de la península Ibérica. En Portugal, los templarios fueron absueltos y el rey Dionisio I, llamado el «rey trovador», le envió al papa Juan XXII, sucesor de Clemente V, dos emisarios para negociar el renacimiento de la Orden del Temple. Se salió con la suya y la Orden resucitó o al menos los templarios pudieron entrar en una nueva Orden creada para ellos, la de los Caballeros de Cristo. Recuperaron todos sus bienes y obedecieron en adelante a la misma Regla monástica que los caballeros de la Orden de Calatrava. Continuaron llevando el manto blanco con una cruz patada de gules. Sin embargo, se bordó una pequeña cruz blanca en el centro de la del Temple, para significar sin duda que éste renacía purificado. Los antiguos dignatarios del Temple conservaron su rango en la orden así reconstituida. El primer Gran Maestre de esta Orden renovada, Gil Martins, fue investido el 15 de marzo de 1319. Reanudaron la lucha contra los moros y reconquistaron en tal condición importantes territorios en África. Tuvieron rápidamente el dominio de las aguas de Portugal e incluso bastante más allá. No hay que olvidar que fue bajo su pabellón como Enrique el Navegante hizo sus descubrimientos.

En España, el rey Jaime II de Aragón realizó una operación semejante con la creación de la Orden de Montesa. Algunos templarios no habían esperado y habían entrado ya en las órdenes de Calatrava, de Alcántara y de Santiago de la Espada.

En Alemania, los templarios se integraron por lo general en la Orden de los Caballeros Teutónicos. En Italia, se laicizaron en las hermandades de la *Fede Santa,* a la cual parece que se adhirió posteriormente Dante Alighieri.

En este mosaico, las más interesantes son sin duda las órdenes de los Caballeros de Cristo y de Montesa. En efecto, constituyeron entidades completas que acogieron a la vez a los frailes y los bienes del Temple, incluidos un buen número de refugiados que habían cruzado los Pirineos. Entre todos estos hombres, había dignatarios susceptibles de conocer una buena parte de los secretos del Temple. Algunos de ellos fueron disimulados en la arquitectura misteriosa de la fortaleza de Tomar en Portugal. En cualquier caso, hay que destacar que estas órdenes se hicieron con el dominio de los mares y que sus armas adornaron especialmente los navíos que zarparon para descubrir el Nuevo Mundo. ¿Formaba parte este viaje a las Américas de la herencia del Temple?

Es sorprendente, por otra parte, observar que los herederos «oficiales» no parecen haber transmitido por lo que a ellos respecta ritos que pudieran ser sospechosos de herejía. Una prudencia elemental quizá o una ausencia de dominio de estos ritos. Esto nos reafirma en la convicción de que los rituales seguidos por los templarios no eran comprendidos por éstos en los tiempos finales de la Orden.

Los templarios de Napoleón

El emperador, además de los lazos especiales que había podido mantener con sociedades secretas, comprendió perfectamente lo peligroso que hubiera sido no tener en cuenta el juego al que hubieran podido entregarse. Tomó la precaución de hacer instalar a su propio hermano a la cabeza de la francmasonería francesa y la mayor parte de sus generales se afiliaron a ella.[91] Pero facilitó igualmente las actuaciones de una Orden que decía ser la única heredera legítima de los templarios. Así, autorizó personalmente al pedicuro Bernard Fabré-Palaprat a que organizara una ceremonia solemne, en 1808, en la iglesia de San Pablo y San Antonio, en memoria de Jacques de Molay.

Fabré-Palaprat pretendía que su Orden era la única en poder afirmar que descendía legítimamente y en línea directa de los templarios. Se basaba en una carta de transmisión que databa de 1324. El abad Gregorio afirmaba haberla tenido en sus manos y algunos otros privilegiados la habrían visto. Habría sido obra de un tan Jean-Marie Larménius, que sucedió, en la clandestinidad, a Jacques de Molay. Desde entonces, cada uno de los Grandes Maestros que se habrían sucedido en la sombra a la cabeza de la Orden, hasta su nuevo resurgimiento en el siglo XIX, la habrían revestido con su firma. La lista llevaba nombres ilustres: Bertrand de Guesclin, Jean d'Armagnac, Robert de Lenoncourt, Henri de Montmorency, Felipe, duque de Orléans, Luis Enrique de Borbón, príncipe de Condé, Louis-Henri Timoléon de Cossé-Brissac, entre otros. Una tesis bastante sólida afirma que esta carta es una falsificación del siglo XVIII realizada por el jesuita Bonnati por encargo de Felipe de Orléans. En este caso, Fabré-Palaprat habría podido ser perfectamente sincero al creerse el depositario del Temple. Además, M. Ivan Drouet de La Thibauderie d'Erlon escribía en 1762:

> En cualquier caso, es sabido que el duque de Orléans fue elegido Gran Maestre de los templarios que se habían reunido el 11 de abril de 1705 en Versalles y que a partir de esta fecha se puede seguir la existencia de una hermandad caballeresca, muy próxima a los movimientos iniciáticos e iluministas con los cuales tuvo relaciones indudables, si bien intermitentes.[92]

Resulta en verdad difícil pronunciarse sobre esta carta cuyo carácter apócrifo no ha sido nunca claramente demostrado, así como tampoco su autenticidad.

Fabré-Palaprat, nacido el 29 de mayo de 1775 en Cordes, en el Tarn, había sido seminarista en Cahors, y posteriormente ordenado sacerdote. Pero no había tardado en colgar los hábitos para casarse y establecerse como médico en París en 1798. No parece haberse comportado como un estafador, sino, por el contrario, haber creído en su misión. Sus enemigos nunca consiguieron comprometerle. Por desgracia, esta sinceridad no bastó para probar la filiación que reivindica su Orden soberana y militar del Templo de Jerusalén, la cual sigue existiendo.

La Orden se desarrolló y se internacionalizó. Abrió logias no sólo en París, sino también en Londres, Roma, Nápoles, Hamburgo, Lisboa, etc. El almirante Sidney Smith, vencedor de Bonaparte en San Juan de Acre, que vino a instalarse en París en 1814, formó parte de ella. Se hizo incluso enterrar en el cementerio de Père-Lachaise revestido con un manto blanco con la cruz roja de la Orden.

Por más que esta filiación nos parezca sospechosa, no nos pronunciaremos al respecto. Observemos simplemente que si hubo herencia por esta vía, ésta no incluía ciertamente los secretos de la Orden, o bién éstos fueron magníficamente bien guardados y no utilizados.

Fue por propia voluntad de Jacques de Molay por lo que la Orden habría pasado así a la clandestinidad. Es también esta voluntad la que recuerda otra tradición.

Los Beaujeu y el oro del Temple

Según un documento que cabe fechar aproximadamente hacia 1745:

> Los templarios que escaparon al suplicio abandonaron sus bienes y se dispersaron, unos se refugiaron en Escocia, otros se retiraron a lugares apartados y escondidos donde llevaron una vida de ermitaños.

El mismo texto indica que Jacques de Molay, inquieto por el cariz que tomaban los acontecimientos como consecuencia de los arrestos, pensó en confiar una misión a un hombre de confianza. Algunos días antes de su suplicio, habría, pues, hecho llamar al conde François de Beaujeau y le habría pedido que se dirigiera a las tumbas de los Grandes Maestres. Allí, debajo de uno de los féretros, había un joyero de cristal de forma triangular montado en plata. El joven tenía por misión apoderarse de él y llevárselo con carácter de urgencia a Jacques de Molay, cosa que hizo. El Gran

Maestre, seguro ya de poder depositar su confianza en él, le habría iniciado en los misterios de la Orden y le habría ordenado hacer revivir ésta y continuar su labor. Asimismo le habría revelado que el joyero contenía el dedo índice de la mano derecha de... san Juan Bautista. Luego le habría entregado tres llaves y revelado que el féretro bajo el cual estaba oculto el joyero contenía una caja de plata así como los anales y los secretos codificados de la Orden, sin olvidar la corona de los reyes de Jerusalén, el candelabro de siete brazos y los cuatro evangelistas de oro que adornaban el Santo Sepulcro. Este ataúd era precisamente el del anterior Gran Maestre: Guillaume de Beaujeu.

Jacques de Molay confió también a su joven protegido que las dos columnas que adornaban el coro del Temple (he aquí que nos recuerda a Salomón) a la entrada de la tumba de los Grandes Maestres estaban huecas. Sus capiteles eran desmontables y podían así retirarse las colosales riquezas que había acumuladas en ellas. Jacques de Molay hizo jurar al conde de Beaujeu que lo recogería todo y lo conservaría para la Orden hasta el fin del mundo.

El conde se cercioró de la fidelidad de nueve caballeros que habían podido escapar a los esbirros de Felipe el Hermoso. Todos mezclaron su sangre e hicieron confesión de «propagar la Orden por todo el globo mientras se pudieran encontrar en él nueve arquitectos perfectos». Luego el conde fue a pedirle autorización al rey para retirar de la tumba de los Grandes Mestres el ataúd de su tío paterno, Guillaume de Beaujeu. Lo obtuvo y se llevó, pues, ese ataúd y su muy preciado contenido. Aprovechó la ocasión para recuperar el contenido de las columnas y sin duda lo hizo transportar todo a Chipre.

A continuación el conde de Beaujeu restableció la Orden, pero instituyó nuevos rituales utilizando el emblema del Templo de Salomón y de los «jeroglíficos que están relacionados con él».

Tras la muerte del conde de Beaujeu, la antorcha habría pasado a manos de d'Aumont, uno de los templarios que se habían refugiado en Escocia. Desde entonces, la Orden no habría dejado nunca de existir.

La ramificación escocesa

Otra tradición hace, sin embargo, de Aumont, el sucesor directo de Jacques de Molay sin pasar por el conde de Beaujeu.

D'Aumont, Maestre de Auverge, habría huido en compañía de dos comendadores y cinco caballeros disfrazados de albañiles. El grupito habría conseguido llegar a Escocia y refugiarse en una isla. Habrían contactado con el comendador George de Harris y decidido con él mantener la Orden. El día de San Juan de 1313, durante el Capítulo extraordinario, d'Aumont habría sido nombrado Gran Maestre de la Orden. El Temple, entonces, habría velado sus rituales tras los símbolos de la masonería y sus miembros se habrían hecho pasar por «masones libres» o, dicho de otro modo, por francmasones. A partir de 1361, la sede de la Orden habría sido establecida en Aberdeen, para luego expandirse de nuevo un poco por todas partes de Europa bajo el velo de la masonería.

La tesis de un origen templario de la masonería era cara al baronet escocés Andrew-Mitchell Ramsay que, en el siglo XVIII, buscaba raíces prestigiosas para la francmasonería. En aquella misma época, en el convento llamado de Clermont, se instituyeron grados de «masones-templarios». El barón de Hund, que participó en ello, parece estar en el origen de la historia del caballero de Aumont. Esta leyenda hizo fortuna, particularmente en Alemania, donde las sociedades secretas pululaban literalmente.

Provisto de una credencial firmada por Carlos Eduardo Stuart, el barón de Hund se hizo otorgar el título de Gran Maestre de los templarios, lo que no dejó de levantar algunas protestas en el mundo masónico. En cualquier caso, fue así como el barón de Hund creó la Orden de la Estricta Observancia Templaria cuyo ritual sigue utilizándose en algunas logias bajo el nombre de rito escocés rectificado. Paralelamente, bajo la influencia del lionés Jean-Baptiste Willermoz, la leyenda templaria iba a llevar a la creación de determinados «altos grados» en la masonería, tales como los Caballeros Bienhechores de la Ciudad Santa.

No entraremos en pormenores respecto a estos asuntos que animaron el mundo de las logias durante décadas. Recordemos simplemente la pretensión de la francmasonería de poseer una legitimidad templaria.

Es innegable que pudieron existir unos puntos en común, aunque sólo fuera por la propia índole de la masonería operativa, la de los gremios de obreros y de oficios. No hay que olvidar esos compañeros que pasaron a la clandestinidad después de la caída de la Orden. También ellos pudieron proporcionar a la masonería futura una parte de estas leyendas fundacionales y de esos rituales que tanto deben a la arquitectura. Pero sigamos con la pista escocesa para ver si, aparte de un deseo de los masones del siglo XVIII de atribuirse unas raíces templarias, podría esconder un fondo de verdad.

La suerte de los templarios ingleses

Inglaterra y Escocia se mostraron muy reticentes a seguir los pasos de Felipe el Hermoso. No obstante, habiendo cedido el propio papa a las presiones del rey de Francia y pedido a los príncipes cristianos que arrestaran a los templarios que se encontraban en su territorio, su posición se volvió incómoda. Había que aparentar al menos hacer algo. Se impartieron unas órdenes, pero cabe preguntarse si no iban acompañadas de la consigna secreta de no poner demasiado celo en ellas, puesto que no parece que fueran ejecutadas muy fielmente. Por más que Eduardo II fuera el yerno del rey de Francia, la lucha contra los templarios no era decididamente su guerra y no dudó en expresarlo y en ponerlo por escrito. Dirigió incluso misivas a los reyes de Portugal, de Castilla, de Aragón y de Sicilia, diciéndoles que no creía en absoluto las atrocidades de las que se acusaba a los templarios y que se trataba de «calumnias de malas gentes que están animadas no por el celo de la rectitud, sino por un espíritu de codicia y de envidia».

Cuando Eduardo, a petición del papa, se vio obligado a hacer proceder a unos arrestos, sus órdenes precisaron que los templarios debían ser bien tratados y no puestos «en una prisión dura e infame».

Efectivamente, el trato que se les dispensó no fue demasiado terrible. Así, el Maestre para Inglaterra, Guillaume de La More, detenido el 9 de enero de 1308, fue albergado en el castillo de Canterbury, donde dispuso de todo lo necesario. El 27 de mayo fue puesto en libertad y, dos meses más tarde, las rentas de seis posesiones del Temple le fueron otorgadas para su mantenimiento. Lamentablemente, las presiones prosiguieron y el rey tuvo que tomar nuevas medidas menos agradables. Le resultaba tanto más difícil negarse a ello cuanto que un poco por todas partes había templarios que se ponían a confesar y se volvía imposible negar algunas prácticas muy poco católicas de la Orden. Pero entre tanto la mayoría de los templarios ingleses habían tenido tiempo suficiente para tomar sus disposiciones y ocultarse.

Cuando, en septiembre de 1309, los inquisidores del papa llegaron a Inglaterra, se asombraron del escaso celo puesto en los arrestos y Eduardo II tuvo, entre otras cosas, que escribir a sus representantes en Irlanda y Escocia para que obedecieran a las órdenes del papado.

Por supuesto, los inquisidores quisieron hacer uso de la tortura, pero, ahora bien, para ello necesitaban del auxilio del brazo secular. Eduardo II se hizo un poco de rogar y no autorizó más que «torturas limitadas». En diciembre de 1309 tuvo que escribir de nuevo para apremiar a los arrestos que se llevaban a cabo con muy poco celo, pero, por supuesto, aparte de escribir para la galería, no hizo nada para volver las operaciones más eficaces. En marzo de 1310, y posteriormente en enero de 1311, insistió de nuevo ante sus oficiales, para que no se dijera, lamentando la libertad de que los templarios seguían disfrutando. Las vehementes protestas de los inquisidores no desembocaron más que en el arresto de nueve caballeros más. Desalentados, los inquisidores escribieron al papa para quejarse de que no se les dejaba dar tormento a los prisioneros tal como ellos esperaban y reclamaron el traslado de los templarios ingleses a las mazmorras francesas.

Eduardo II pronto tuvo que resolverse a dejar a los hombres de Iglesia actuar como se les antojase.

Inglaterra, a su vez, se convertía en un lugar de descanso arriesgado para los hermanos del Temple, pero Escocia seguía siendo un refugio posible. Allí, Eduardo II no tenía un poder absoluto y sobre todo otros motivos de preocupación. Una buena parte del país se encontraba en manos de Robert Bruce, que reclamaba la independencia para Escocia. No sólo Bruce se batía contra las tropas de Eduardo II, sino que, excomulgado, no tenía ninguna razón para obedecer a las órdenes del papa. Ahora bien, una tradición tenaz afirma que hubo templarios que ayudaron a Bruce en los combates. Se dice que fueron ellos quienes habrían hecho decantarse el resultado de la batalla en favor de los escoceses en Bannockburn en 1314, combate esencial para los futuros acontecimientos, puesto que fue decisivo para la independencia escocesa. Abandonados por el rey de Inglaterra, los templarios habrían elegido batirse en el otro bando, pero ello significa también que en 1314 estaban aún constituidos en un cuerpo perfectamente estructurado, por lo menos en territorio escocés.

Los templarios de Kilmartin

En una obra particularmente interesante,[93] Michaël Baigent y Richard Leigh han argumentado que Escocia se convirtió tal vez en un refugio para numerosos caballeros de la Orden. Recuerdan el hecho de que ninguno de los numerosos navíos del Temple fuera apresado y creen que esta flota se refugió simplemente en Escocia. No les secundamos en esta hipótesis. En efecto, la flota templaria del Mediterráneo, y sin duda una parte por lo menos de la del Atlántico, se refugió indiscutiblemente en Portugal y en España, siendo a continuación recuperada por las órdenes fundadas especialmente para acoger a los templarios. Una parte de la flota templaria pudo haber tomado tal vez otro rumbo, más fantástico, al menos si hemos de creer el testimonio del Maestre de Escocia, Walter de Clifton, y el de uno de sus compañeros, William de Middleton. Ambos hombres afirmaron que cierto número de templarios, entre los que se contaba el comendador de Ballantrodoch, habían huido «allende el mar».

Ello no impide que las naves templarias del canal de la Mancha y las que se encontraban en la desembocadura del Sena o en los puertos del Pays de Caux, o también las que tenían sus pontones, especialmente protegidos por un cinturón de encomiendas, en la costa de Calvados, se dirigieran sin duda hacia el Sur. Y luego está esa leyenda del tesoro del Temple, evacuado vía el canal de la Mancha por dieciocho navíos de la Orden.

Para Baigent y Leigh, las naves templarias habrían rodeado Irlanda para atracar en Escocia, cerca de la península de Kintyre y del Sound of Jura, en el condado de Argyll.

En esta región, en Kilmartin más concretamente, Baigent y Leigh han encontrado unas tumbas que podrían ser perfectamente las de templarios en el exilio. Sencillas, desnudas, no tienen generalmente otro signo distintivo que una espada grabada idéntica a la de los templarios de aquella época. Va-

rias tumbas parecidas han sido encontradas cerca de encomiendas templarias autentificadas. La más gran acumulación
de estas lápidas sepulcrales se encuentra en el cementerio de
Kilmartin, pero otros quince cementerios de los alrededores
también conservan algunas.

Unos templarios habrían, pues, sobrevivido allí, viviendo en comunidad y prolongando la Orden. ¿Hay que ver en
ello el origen de las reivindicaciones de la francmasonería?

De la Orden del Temple a la de Saint-André-du-Chardon

Las tradiciones templarias pudieron perpetuarse en esta
región y más concretamente en el seno de las familias que habían apoyado el ascenso de Robert Bruce y permitido la independencia de Escocia, como los Seton o los Sinclair. Estas
grandes familias proporcionaron la mayor parte de los miembros de la guardia escocesa, cuerpo de élite encargado de la
protección del rey de Francia. Ellos habrían conservado, en
la sombra, los secretos del Temple. Los vínculos entre Escocia y Francia fueron tanto más poderosos cuanto que las
relaciones con Inglaterra fueron malas, y Francia tomó partido resueltamente por la dinastía de los Estuardo. Ahora
bien, fue en el entorno de los Estuardo donde se fundó la
francmasonería especulativa en Inglaterra, particularmente
a través de la Royal Society. En 1689 podía observarse en el
entorno de los Estuardo una Orden de templarios en Escocia,
cuyo Gran Maestre era John Claverhouse, vizconde de Dun-
dee, y esta Orden se batía al servicio de los reyes escoceses.

Los Estuardo se convirtieron en reyes de Inglaterra, pero
su catolicismo no fue muy bien admitido y fueron destro-
nados. Cuando Jacobo II tuvo que exiliarse, fue acogido en
Francia por Luis XIV, que puso a su disposición el castillo
de Saint-Germain-en-Laye. Y fue justamente en esta ciudad desde donde la francmasonería escocesa se expandió en

Francia. ¿Llevaban en sus bagajes los Estuardo la palabra más o menos fiel de la orden del Temple?

Hay que señalar un detalle curioso. Tras una última tentativa por recuperar el trono, Jacobo II tuvo que huir precipitadamente con el tesoro real. Existe un misterio acerca del lugar en que abordó discretamente en las costas de Francia. Ahora bien, el misterio de este lugar es desvelado en Saint-Germain-en-Laye, pintado sobre la tumba de Jacobo II, en la iglesia, enfrente del castillo real. La reina Victoria hizo pintar, en efecto, sobre el monumento un fresco que representaba principalmente a san Jorge, pero se veía también la Aiguille Manneporte de Étretat, lugar probable del desembarco de Jacobo II. Los amantes de las aventuras de Arsène Lupin pueden estar contentos. Lo que podemos preguntarnos, junto con Maurice Leblanc, es si este lugar tuvo un papel muy especial en la Historia al hacer posibles unas relaciones discretas con el otro lado del canal de la Mancha. Asimismo podemos imaginar que tal vez fue de Étretat de donde salió el tesoro de la Orden, transportado a través de Vexin hasta la costa normanda. Pero esto sería otra historia.

En cualquier caso, Jacobo II revivificó igualmente una Orden de caballería fundada en 1593 por su antepasado: la Orden de Saint-André-du-Chardon. Los miembros de esta Orden organizaron las logias jacobinas que se fundaron y expandieron a partir de Saint-Germain-en-Laye.

Sin duda parcelas de la tradición templaria se transmitieron por esta vía, pero es difícil saber lo que quedaba en ellas del modelo original. El tiempo debía de haber alterado su sentido. Más allá incluso del problema de la masonería escocesa en tanto que depositaria de los secretos de la Orden, cabe preguntarse qué pudo ser transmitido inicialmente y qué importancia tenía. No hay que olvidar que hacia el final los templarios parecen haberse plegado a unos rituales que no comprendían, la mayor parte de ellos al menos. El conocimiento y la comprensión de estos enigmas era algo sin duda privativo de un círculo interno. Tal vez incluso este círculo se había separado de la Orden desde hacía un cierto tiempo, lo cual explicaría muchas cosas.

La pista belga

En Flandes, parece que una parte de los templarios pasó a la clandestinidad. La creación, en 1382, por el duque Aubert de Baviera, de la Orden de San Antonio de Barbefosse podría haber tenido por finalidad el preservar sus tradiciones. Curiosamente, la sede de la Orden fue establecida en un oratorio muy modesto, en Barbefosse, cerca de Mons. Se veneraba allí un pelo de la barba de san Antonio. La Orden atrajo a algunos de los más grandes nombres de su época. Parece haber transmitido unas enseñanzas esotéricas de las que los hermanos Van Eyck habrían tenido conocimiento. Sus cuadros son una prueba de ello.

No se sabe por lo general «leer» los cuadros de esta época, a pesar de que la mayoría de ellos contienen una gran enseñanza. Paul de Saint-Hilaire[94] ha sabido detectar en las obras de los hermanos Van Eyck todo un mundo de signos, de símbolos e incluso de frases enteras camufladas en los detalles de los cuadros.

En la catedral de Gante se puede admirar el políptico del cordero místico. Uno de los caballeros representados lleva el pendón de los hospitalarios de San Juan de Jerusalén, otro el de la Orden del Santo Sepulcro y un tercero blande el estandarte blanco con la cruz roja de los caballeros de San Antonio de Barbefosse. En el centro de la cruz, un escudete lleva el tau de oro que estos caballeros inscribían en el centro de sus escudos de armas para indicar su pertenencia a la Orden.

Si se observa atentamente el cuadro, se puede descubrir una multitud de inscripciones apenas visibles, textos crípticos que disimulan un enigmático mensaje. Entre otros, encontramos el término AGLA, que nos informa sobre la pertenencia de los hermanos Van Eyck a una sociedad secreta que llevaba este nombre. No puede tratarse de una mera casualidad, puesto que dicho término figura igualmente en otras obras de los hermanos Van Eyck. Es más, en el políptico la palabra AGLA incluye una particularidad muy interesante: una cruz patada está insertada en el centro entre las letras AG y LA. Es la cruz del Temple. Ahora bien, precisamente, algunos investigadores se han preguntado si esta misteriosa sociedad no habría creado un vínculo entre los templarios y los Rosacruces.

En cualquier caso, el políptico del cordero místico fue primitivamente (en 1432) guardado en una cripta en la que reposa una cabeza, considerada como la de san Juan Bautista, colocada, como el Grial, sobre una bandeja.

Cerca del oratorio de Barbefosse, en el bosque de Saint-Denis, fue encontrada una cabeza esculpida con dos rostros, uno lampiño y el otro barbudo. Estaba antaño colocada en una estela octogonal marcada en su base con una enigmática *L.* ¿Estaba ligada al culto baphomético de los templarios? De ser así, se comprendería fácilmente la elección de este oratorio como sede de la Orden de San Antonio de Barbefosse, que podría haber sido entonces uno de los eslabones de unión entre los templarios y el esoterismo del Renacimiento.

SEXTA PARTE

Enigmas del Temple sobre el terreno

Para terminar esta exploración de los misterios del Temple, nos dirigiremos a tres lugares que se han visto marcados por el sello de la Orden.

Iremos a la meseta del Larzac, donde se pueden visitar aún importantes vestigios que dan testimonio del poderío del Temple, y encontraremos allí un culto curioso por el que los templarios podrían haberse interesado de forma directa.

A continuación nos dirigiremos a Arginy, en el Ródano, donde algunos investigadores esperan descubrir un día el tesoro del Temple. Veremos que todas las pistas están lejos de haber sido exploradas a fondo en esta región.

Por último, terminaremos con Gisors, cuyo nombre está asimismo asociado al fabuloso (pero tal vez legendario) tesoro de los templarios. Allí veremos que existió una herencia del Temple y que parece que nos han dejado unos mensajes cifrados, esculpidos en la piedra por unos iniciados conocedores de esta herencia.

Tres lugares entre cientos de otros que habríamos podido elegir. Tres emplazamientos donde se siente una presencia, donde tal vez mejor que en otras partes se puede comprender lo que fue la Orden. Tres lugares donde se tiene la impresión de que podría renacer de un momento a otro con toda la riqueza de sus diferentes facetas. Tres pistas que nos inician en su conocimiento, aun cuando pueden detenerse para nosotros a la entrada del subterráneo y nos dejen en las mismas puertas de los misterios del Temple. A continuación, será cada uno quien deberá llevar a cabo su propia búsqueda.

1

Los misterios templarios del Larzac

El dominio sobre toda una región

La meseta del Larzac, situada en los confines del departamento de Aveyron y de Hérault, tiene una extensión de unos mil kilómetros cuadrados. Unos verdaderos acantilados rocosos la bordean, transformándola en isla en medio de las tierras. Una isla de suelo calcáreo donde los cultivos se practican sobre todo en pequeños llanos protegidos y en unas dolinas que permiten conservar la suficiente humedad. La aridez de la meseta haría creer en una región seca. En realidad, en el Larzac llueve con frecuencia, pero el suelo calcáreo deja filtrarse el agua sin retenerla. Pero no es que ésta se pierda, puesto que vuelve a manar copiosamente en los pequeños valles que bordean la meseta, donde los templarios supieron practicar un cultivo de cereal intensivo.

Fue en 1140 cuando los monjes comenzaron a instalarse en la región, como consecuencia de una donación del señor de Luzençon. Parece que decidieron muy pronto hacerse con toda la comarca. En efecto, aprovechándose de las dificultades financieras por las que pasaba la abadía de Saint-Guilhem-le-Désert, le compraron la iglesia de Santa Eulalia, en torno a la cual iba a desarrollarse su primera implantación importante. Siguieron otras donaciones, pero los templarios no se privaron tampoco de adquirir, de permutar e incluso de forzar un poco la mano de aquellos que se negaban a cederles sus tierras. Racionalizaron la explotación económica de la región, basando su producción en la cría de bovinos y sobre todo de ovinos y de caballos, así como en el cultivo de cereal, en especial de avena necesaria para los miles de caballos que eran expedidos a continuación en las naves del Temple con destino a Palestina. El esfuerzo de racionalización pasó también por un desplazamiento de las poblaciones que vivían en la meseta. Diseminadas al principio, fueron reagrupadas por los templarios en algunos lugares, pequeñas ciudades que fueron provistas de defensas. Así, los habitantes estaban mejor protegidos, eran menos vulnerables que cuando las familias estaban aisladas. Ello permitía igualmente un mejor reparto de las tareas. Sin embargo, podemos preguntarnos si los templarios no trataron de reagrupar a las gentes en determinados lugares con el objeto de protegerse contra las indiscreciones. Simple suposición, hemos de confesarlo.

Tras la compra de la iglesia de Santa Eulalia, fue toda la ciudad la que vino a parar a sus manos, como consecuencia de una donación de Ramón Berenguer, conde de Barcelona y príncipe de Aragón. El acta manifestaba:

> En el nombre de Dios, yo, Ramón Berenguer, tío del vizconde de Millau, conde de Barcelona y, por la gracia de Dios, príncipe de Aragón, para la remisión de mis pecados y la salvación del alma de mi padre que fuera caballero y hermano de la Santa Milicia del Templo de Salomón.
>
> Doy y concedo a Dios y a ti, hermano Elías de Montbrun, Maestre en Rouergue, la villa de Sainte-Eulalie y la comarca denominada Lazarch sita en mi condado de Millau (excepción hecha, sin embargo, de los bienes de los

diversos poseedores) y que os sea permitido conservar esta comarca a perpetuidad bajo vuestra jurisdicción y de extender vuestras posesiones por adquisición o donación u otra forma y de construir en ella castillos y plazas de armas, y que nadie tenga la audacia de turbar o molestar a los susodichos frailes o a su grey: si alguno osa contravenirlo, incurrirá en la cólera de Dios y en la mía propia...

Dado en el año de gracia de la Encarnación del Señor de 1159.

«Excepción hecha, sin embargo, de los bienes de los diversos poseedores», decía el acta. Sin duda, pero los templarios iban a hacer todo lo posible por apropiárselos. Las donaciones, a veces explícitamente solicitadas, afluyeron. Ya en 1148 Arnal du Monna había cedido sus derechos sobre la masada de Caussenuéjols, en 1150 habían recibido de Bernard Escoda el Viala du Pas-de-Jaux, que se habían apresurado en fortificar. No citaremos las múltiples posesiones que les fueron así entregadas. Digamos simplemente que no tardaron en dominar el Larzac.

Establecieron, evidentemente, sus centros más importantes en Sainte-Eulalie, pero también en La Cavalerie y La Couvertoirade, donde su primera posesión les fue ofrecida en 1181 por Ricard de Montpaon. Las tres encomiendas fueron fortificadas, lo cual no pareció agradar al conde de Toulouse, quien comprendió rápidamente que toda la región corría el peligro de caer en manos de los templarios y escapar a cualquier otro poder que no fuera el suyo. En 1249, protestó y pidió, sin éxito, que las tres fortalezas le fueran entregadas.

No por ello los templarios abandonaron su política de apropiación total. Lo que no les fue dado, lo adquirieron, forzando en ocasiones a sus antiguos propietarios, rodeados por las tierras templarias, a vender.

Un poderoso señor de los contornos, el señor de Roque-feuil, cuyo castillo se alzaba sobre la roca de Saint-Guiral, a 1.365 metros de altitud, poseedor de numerosas tierras en la región, se rebeló contra esta política de apropiación. Decidió poner solución a aquello por su cuenta. Se conserva una memoria redactada por el comendador del Temple de Sainte-Eulalie a propósito de los «actos de bandidaje y otras fechorías cometidas por el señor Arnal de Roquefeuil contra la encomienda de Sainte-Eulalie» y no son de poca monta: robos de corderos que sobrepasaban a veces las mil cabezas de ganado de una sola vez, bueyes, vacas, cerdos, caballos, robos de armas e instrumentos diversos, víveres, incendios de casas. El conflicto con la casa de los Roquefeuil llegó a un arreglo en 1258 mediante un acuerdo amigable. Pero el 13 de julio de 1277, el conflicto se reanudó y hasta se agravó, dado que el señor de Roquefeuil llegó a apoderarse de Sainte-Eulalie y sometió a pillaje la ciudad.

La política del Temple no era verdaderamente la mejor para satisfacer a todos los señores locales. Por ello estuvieron igualmente a malas con los Jourdains de Creissels, con la abadesa de Nonenques, el abad de Sylbanès, el de Saint-Guilhem, el conde de Rodez e incluso los vecinos de Millau. Estos últimos pretendían tener el derecho *ab antiquo* de llevar sus ganados a pastorear por el Larzac y a abrevar en sus charcas, de extraer pizarra, talar madera gruesa y menuda en sus bosques. Pero los templarios recordaban que, siendo propietarios exclusivos del Larzac por acta pública, ninguna servidumbre podría ser tolerada.[95]

La visita a los lugares: Sainte-Eulalie-de-Cernon

Uno de los intereses de la visita a esta región reside precisamente en la concentración de importantes vestigios templarios y en el hecho de que el Larzac no ha cambiado mucho desde aquel tiempo. Conviene comenzar paseando por Sainte-Eulalie-de-Cernon. Se desciende allí desde La Cavalerie por un agradable caminito sinuoso bordeado de inmensos y frondosos bojes. Situado más abajo de la planicie propiamente dicha, el pueblo en sí domina una pared rocosa que bordea el Cernon. La ciudad ha conservado sus murallas y numerosos vestigios. Sin embargo, el recinto, tal como puede verse en la actualidad, data de la época de los hospitalarios que sucedieron en estos parajes a los templarios. De igual modo, la iglesia debe mucho a las reparaciones de 1648, época en que, curiosamente, se invirtió su orientación al abrirse una puerta en el ábside que daba a la plaza. Anteriormente, la entrada se encontraba en la parte opuesta, es decir, dentro del mismo castillo edificado por los templarios. Aunque habiendo sufrido algunas modificaciones, este castillo ha conservado mucho de los elementos de ese período.

Entre los vestigios puramente templarios, hay que citar igualmente la Torre de Cuarenta, situada en línea con la iglesia, que servía de granero, y la Torre Muda. El resto debe mucho a los arreglos realizados por los hospitalarios en el siglo XVI.

El misterio esencial de Sainte-Eulalie-de-Cernon se encuentra, sin embargo, a algunos kilómetros, a lo largo de una pequeña carretera. Allí se alza una alquería y el lugar se llama Saint-Pierre. Justo al lado de la carretera, una capilla que se remonta a la época de los templarios. Los labradores, inconscientes, eso esperamos al menos, han hecho de ella un garaje para su tractor y sus remolques. Esta capilla merecería ser restaurada. Además, tal como está situada, alberga sin duda una entrada de subterráneo que conducía a la encomienda de Sainte-Eulalie, permitiendo una entrada (o una salida) discreta, al amparo de toda vigilancia. Tal vez un día, un Ministerio de Cultura menos poblado de ignorantes con aires de suficiencia en perpetua búsqueda de modernismo a todo trance tome la prudente medida de proteger estos lugares y de efectuar unas excavaciones que sin duda podrían aportar más datos sobre los secretos del Temple.

El Viala-du-Pas-de-Jaux y La Cavalerie

El Viala-du-Pas-de-Jaux es una hacienda templaria. Sin embargo, el imponente torreón-granero que puede admirarse aún allí no fue edificado hasta 1430.

En La Cavalerie, la iglesia restaurada en el siglo XVIII conserva en su interior algunos vestigios templarios, pero tan escasos que apenas si se notan. El castillo de los monjes soldados ha desaparecido también y las torres, las murallas, se deben sobre todo a los hospitalarios. No obstante, no es difícil imaginar la presencia de los frailes de la Orden que reinó sobre todo en el Larzac y que vamos a reencontrar en La Couvertoirade.

La Couvertoirade y el culto de las cabezas cortadas

La Couvertoirade es sin duda el emplazamiento más fascinante de la meseta calcárea del Larzac. Esta ciudad fortificada atrae en verano a oleadas de turistas y sin duda no es la mejor época para captar en el ambiente el perfume del Temple. Se entra en ella por la «puerta de río abajo», a la que se oponía una «puerta de río arriba» que ha desaparecido en la actualidad. Se pueden visitar algunas torres, recorrer el camino de ronda que domina las murallas, contemplar algunas casas, las más hermosas de las cuales se remontan al Renacimiento. Asimismo se puede ir a ver la iglesia y el castillo. El sueño medieval no está allí demasiado echado a perder.

En realidad, en la época de los templarios, la ciudad desbordaba ampliamente el actual recinto tal como lo demues-

tran las ruinas de la iglesia de San Cristóbal, situada a ochocientos metros al este del pueblo.

Los templarios habían construido primero un torreón tra-
pezoidal, asentado en una pequeña eminencia calcárea junto a la cual habían edificado su capilla particular. La iglesia
que colinda actualmente con los vestigios del castillo, data
de la época de los hospitalarios que, también allí, hicieron
importantes trabajos en el siglo XV. Una charca ocupaba una
parte del pueblo y aseguraba así una reserva de agua. Cerca
de la iglesia han sido colocados unos vaciados muy interesantes realizados a partir de tumbas descubiertas en aquellos parajes. Se trata de unas cruces discoidales que parecen
datar del siglo XIII, por tanto de la época en que los templarios ocupaban aquellos parajes. Se observan, por otra parte,
unas cruces patadas esculpidas.

Es bastante curioso encontrarlas allí, pues la patria de
elección de este tipo de piedras sepulcrales es más bien el
País Vasco. Señalemos, sin embargo, que existen también algunos muy interesantes en la parte languedociense de los Pirineos, en las Corbières y el Rosellón, más especialmente en
plena zona de influencia del catarismo. Es cierto que estas
estelas discoidales podrían tener su origen en Bulgaria y estar ligadas a las doctrinas de los bogomilos, que propagaron
precisamente las creencias que desembocaron en el catarismo. ¿Hay que vincular, pues, las cruces discoidales del
Larzac templario con esta herejía? Plantear la cuestión no
es, por desgracia, resolverla. En cualquier caso, no se trata
ciertamente de mojones como algunos han creído oportuno
afirmar.

Otro misterio es la cabeza barbuda esculpida que figura
en la iglesia. Proviene en realidad del castillo de los templarios y podría recordar perfectamente al baphomet.

Este último nos trae a la memoria otro enclave muy próximo. Está situado a unos seis kilómetros a vuelo de pájaro,
al noroeste de La Couvertoirade, justo bajo la línea de alta

tensión que pasa a quinientos metros al sur del departamento n.º 7. Se trata del «Abismo del Miedo». Hay allí un pozo vertical de treinta y siete metros de profundidad que desemboca en una escombrera muy inestable. Aquellos que la exploraron descubrieron en ella un estrecho pasillo de trazado tortuoso. Tras un recorrido extremadamente peligroso, desembocaron en una pequeña sala donde les aguardaba una sorpresa. Sobre un banco de piedra tallado por la mano del hombre, había alineados siete cráneos humanos. Difícil de imaginar que se asumieron tantos riesgos simplemente para construir una necrópolis en un lugar semejante. Es evidente que quienes organizaron esta puesta en escena sentían por este lugar un interés muy especial. ¿Hay que ver en él una especie de gruta iniciática donde se habría practicado un culto a las cabezas cortadas? ¿Hay que ver en él, una vez más, la marca de la Orden del Temple?

Esto recuerda los siete cráneos que se muestran a los turistas en Gavarnie, en los Pirineos. Cuenta una leyenda que se trata de los cráneos de unos templarios mártires (lo que no impide reemplazarlos regularmente, pues son robados con frecuencia). Cada año, en la fecha del aniversario de la abolición de la Orden, se presume que aparece una figura armada que grita tres veces:

¿Quién defenderá al Santo Temple? ¿Quién liberará el sepulcro del Señor?

Entonces las siete cabezas responden a coro tres veces:

¡Nadie, nadie, el Temple ha sido destruido!

Pero aquí, los cráneos alineados esperaban sin ninguna duda, en pleno territorio templario, a los espeleólogos valientes que intentaron la exploración. Además, algunos de los nombres de lugares próximos al abismo no dejan ninguna duda acerca de la presencia de instalaciones templarias en aquellos parajes. Estas cabezas cortadas y su culto no pueden sino reconducirnos a la búsqueda del Grial y a los rituales que estaban asociados a ésta. No hay que olvidar que en todas las primeras versiones, no era un vaso el que estaba posado sobre una bandeja y representaba el Grial, sino una cabeza cortada.

A la búsqueda de Saint-Guiral

Cuando, desde La Couvertoirade, se mira hacia el nordeste, se ve la cresta montañosa de las Cévennes, especie de frontera natural cuya línea azulada parece vedar el acceso a un reino celestial.

Fue allí donde los Roquefeuil tenían su castillo que, en realidad, debía de reducirse a una torre o poco más o menos. Fue de allí de donde descendían cuando iban a robar los rebaños de los templarios en el Larzac, de la montaña del Saint-Guiral. Un lugar sorprendente que cristalizó a través de la Historia un conjunto de creencias y de ritos que se remontan a miles de años atrás.

Adrienne Durand-Tullou ha dedicado una obra muy interesante a este pico desconocido.[96] Escribe:

Desde tiempos prehistóricos, ha ejercido una verdadera fascinación sobre los hombres afincados no sólo en los alrededores, sino hasta en las mismas orillas del Mediterráneo.

La cima del Saint-Guiral presenta algunos vestigios que atestiguan la permanencia de un culto en dicho lugar. Del propio castillo no han quedado más que algunas piedras correspondientes a la base de una torre y las ruinas de su capilla. Aparte de los vestigios de un muro bastante imponente, los restos de otras dos capillas, una pequeña construcción en ruinas al lado de un fontanar y de unos escalones tallados en la roca, se descubre en esta cima huellas que datan de la época celta o precelta. Un antiguo *oppidum* bordeado de peñas dispuestas de forma que constituyen un abrigo natural y un menhir tumbado en el suelo colindan con las ruinas de la ermita. Sin embargo, el centro de atracción de los peregrinos que emplean horas en escalar la montaña es la «tumba de san Guiral». En realidad, esta tumba está formada por un bloque de granito que tiene la forma de un arca. Parece que debe tanto al hombre como a la naturaleza, habiendo sido probablemente trabajado. Se han practicado unas entalladuras en unos enormes bloques de granito situados al lado de la «tumba». Forman unos asientos en la tradición de esos «sillones del diablo» ligados a veces a antiguos emplazamientos megalíticos.

Adrienne Durand-Tullou señala:

> Una especie de cornisa hecha en la pared, completada por un murete que forma unos peldaños de escalera que permite el acceso para alcanzar la base de la plataforma. Se puede comprobar entonces que los enormes bloques de granito puestos allí permiten el establecimiento de un sistema de defensa titánico, mediante el añadido de otros bloques cuyo desplazamiento y disposición debieron de plantear algunos problemas. Unos lienzos de muralla enormes, unos escondites practicados en las paredes se remontan a una época lejana, tal vez protohistórica.

Esto podría ser corroborado por el culto taurino que acompaña a ese santo. Para proteger a los ganados de las enfermedades, se llevaba a los bovinos ante san Guiral. Una vez subida la montaña, se les hacía dar la vuelta a la roca de la cúspide. Normalmente una de las bestias más hermosas, «a menudo una negra», «se quedaba allí». No se la volvía a ver nunca más. Que es tanto como decir que se llevaba a cabo el sacrificio del bovino, signo de un antiguo culto que se asemeja mucho a lo que se hacía en Carnac ante san Cornely.

Lugar singular al que se puede llegar por unos caminos de grandes revueltas. Se pueden localizar sin demasiado esfuerzo gracias al mapa 1/25.000 del I.G.N. n.º 2641 Este. Lo mejor, sin duda, es tomarlos viniendo por el puerto de montaña del Homme-Mort, donde se encuentra una peña con forma de cúpulas. Una toponimia muy interesante recordará, sin duda, algo a ciertos apasionados por los misterios del suelo de Francia. Aparte de este puerto del Homme-Mort, ¿no se descubre, muy cerca, un Blanquefort, e incluso, justo al lado del Saint-Guiral, el monte de las Trois-Quilles?

Antes de examinar con más detalle quién era el santo eremita cuyo nombre lleva este lugar sagrado, centremos nuestro interés por un instante en la familia que tenía su castillo sobre esta eminencia. Curiosa gente estos Roquefeuil, cuyo origen sitúan algunos en los Pirineos, en la región cátara.

El 21 de febrero de 1002 fue redactado un codicilo al testamento de Henri, vizconde de Creissel y barón de Roquefeuil. Por medio de este acta, trataba de fundar a sus expensas un hospital de pobres en el monte del Espérou. A tal fin, legaba, entre otras cosas, las rentas de un terreno llamado «de la felicidad». Ahora bien, la carta 59 del cartulario de Notre-Dame-de-Bonheur indicaba en 1145 el apelativo de *monasterium Boni-Hominis*, el monasterio de los *bonshommes* (hombres de bien). El término de *bonshommes* era también el que se daba a los perfectos cátaros en los Pirineros. ¿Pura casualidad?

Curiosa gente estos Roquefeuil y su culto a este san Guiral, que habría formado parte de su familia. ¿Existió, en realidad, este santo misterioso? Sin duda no. No se encuentra, en cualquier caso, ningún rastro de él en parte alguna. Completamente ausente del martirologio romano, está considerado por la Iglesia como no existente, lo cual por otra parte no ha impedido jamás al clero incluirlo en el culto local. Adrienne Durand-Tullou considera que el nombre de Guiral es la deformación del de Saint-Géraud-d'Aurillac, lo que explicaría que no figure en el santoral bajo el nombre de Guiral. Algunos ejemplos tomados en Corrèze y en el Cantal parecerían poder darle la razón si Guiral tuviera la misma historia que Géraud, pero su culto parece específico. Nos arriesgaremos, pues, a plantear otra hipótesis y para ello daremos una breve vuelta por la Bretaña. En Langon, en Ille-et-Vilaine, existe una capilla designada en 838 con el nombre de *Ecclesia sancti Veneris*. Se veneraba en ella a san Vénier, personaje del que difícilmente encontraríamos ningún rastro. Ahora bien, en 1839, al limpiar el enlucido que recubría la bóveda de cascarón del ábside, se descubrió debajo de aquél un fresco. En él se veía a una mujer desnuda saliendo del agua y peinándose los cabellos, acompañada de unos peces y de Eros cabalgando un delfín. Se trataba de Venus, adorada en aquel lugar en época romana y el nombre de Vénier no había hecho más que superponerse al de la diosa cuyo culto había ido desapareciendo poco a poco, con el paso de las poblaciones del paganismo al cristianismo. Dejemos allí a la diosa del amor y regresemos a Guiral. Su nombre también podría perfectamente encubrir un culto muy distinto. Supongamos que no sea también más que un señuelo, ¿no se podría ver en san Guiral a un *san g*(ui)*ral*? ¿Hipótesis audaz? ¡Sin duda!

Un cuadro representa al santo en la Iglesia de Arrigas. Dos ángeles parecen velar sobre el monje ocupado en leer un libro mientras que a sus pies un cráneo parece estar mirándole. El cráneo es un motivo representado a menudo para evocar que todo no es más que vanidad, pero acordémonos, sin embargo, de las cabezas cortadas del Abismo del Miedo. Pensemos en la asimilación del cráneo y de la copa en los viejos cultos celtas. Pensemos también que la peregrinación a Saint-Guiral era realizada un lunes de Pentecostés, día del descenso del Espíritu Santo sobre la tierra.

¿Hay que ver en esta ermita la del Grial? Una leyenda llamada de las Tres Ermitas está asociada al Saint-Guiral. Tres hermanos de la familia Roquefeuil estaban enamorados de la misma doncella. Ella decidió que debían partir para la cruzada y les dijo que se casaría a su regreso con aquél de los tres que hubiera demostrado ser el más valiente. Partieron, pero la doncella no les veía regresar ni tampoco recibía noticias suyas. Les creyó muertos a los tres y murió ella a su vez de tristeza. Los tres hermanos, de regreso de Tierra Santa, llegaron justo a tiempo para cruzarse con el cortejo fúnebre. Decidieron entonces hacerse ermitaños. Según otra versión de esta leyenda, estos tres hermanos Roquefeuil se llamaban Alban, Guiral y Sulpicio y la amada llevaba por nombre Berthe de Cantobre. Ahora bien, Cantobre (que puede traducirse por: *¡qué obra!*) está situada en una plataforma rocosa que domina a un centenar de metros de altura la confluencia de la Dourbie y del Trévezel. Un Trévezel que nos recuerda mucho al Trévizent de la búsqueda del Grial.

Prestemos un momento de atención a Sulpicio, que se supone vivió junto a Guiral. Tenía fama de ser el «Señor de las Aguas». La iglesia abacial de Nant alberga sus reliquias en su capilla de San Roque. Éstas se hallan guardadas en una arqueta muy antigua que tiene forma de arca. Todos los años se celebraba la festividad de este santo, el 17 de enero, durante una ceremonia que se desarrollaba en la «capilla de Caux».

Se vincula también a Guiral y Sulpicio con san Clair, cuya capilla domina la villa de Séte. Este santo que acabó con la cabeza cortada era particularmente querido en el seno de esta familia Sinclair, de la que hemos hablado en el capítulo precedente y que recogió sin duda una parte de la herencia escocesa del Temple.

Es cierto que todo esto puede no ser más que pura coincidencia. Además, el monte del Saint-Guiral no formaba parte de las tierras del Temple. Pero podemos preguntarnos si templarios y Roquefeuil no cazaban en las mismas tierras espirituales, lo que podría explicar la obstinación de los Roquefeuil en no permitir a los templarios que dominaran todo el Larzac. ¿Se interesaban también los señores del Saint-Guiral por el Abismo del Miedo?

Cada uno puede reflexionar sobre este punto visitando La Couvertoirade y admirando un blasón esculpido en un palacete privado de la pequeña ciudad fortificada. Aparte de estrellas de cinco puntas, vemos en él un león (que recuerda el que figuraba en las armas de los Roquefeuil) rematado por una palmera sobre la que hay posadas dos cornejas que se miran de cara (unos *gralhas,* como se dice en el Languedoc). Estas armas son las de Jean-Antoine de Grailhe. La historia tiene estas coincidencias merecedoras de una investigación en profundidad. Sería, en efecto, interesante saber si el culto de las cabezas cortadas del Abismo del Miedo tiene alguna relación con el san g(ui)ral y su cráneo, y si la familia de Gra(i)l(he) está relacionada con esta extraña aventura.

2

Arginy y el tesoro del Temple

¿Qué tesoro?

La realidad de un tesoro templario ingente está lejos de ser evidente. Además, el hecho de que en numerosos lugares los monjes soldados pudieran escapar a la suerte que Felipe el Hermoso les tenía reservada permite pensar que habría podido ser recuperado por los supervivientes de la Orden. Incluso si suponemos que de una manera u otra los altos dignatarios pudieron poner dicho tesoro a buen recaudo, nada demuestra que esté aún en el escondite que le fuera entonces destinado.

No obstante, centrémonos en la historia que comenzamos a exponer algo más atrás: la de la evacuación de las riquezas de la Orden por un miembro de la familia de Beaujeu, a petición de Jacques de Molay.

Según este relato, el conde de Beaujeu habría conseguido, así pues, convencer a Felipe el Hermoso de que le dejara recuperar el cuerpo de su tío a fin de inhumarlo en el Beaujolais, feudo de su familia. Habría aprovechado la ocasión, por orden e indicaciones del último Gran Maestre, para recuperar las riquezas del Temple y hacerlas salir de la capital. A tal fin, Guichard de Beaujeu habría reunido algunos compañeros dignos de toda confianza, los cuales habrían creado la sociedad secreta «los Perfectos Arquitectos». Convenía guardar el tesoro en lugar seguro y, a fin de poder custodiarlo, Guichard habría decidido esconderlo en sus propias tierras. ¿No era allí, por otra parte, donde había de llevar los restos de su tío? ¿No hubiera parecido cualquier otro destino sospechoso? La lógica quería, efectivamente, que Guichard llevara su precioso cargamento a las tierras de los Beaujeu en el Ródano.

Los Beaujeu en la Dama de Trébol

No se sabe con mucha exactitud cuándo se instalaron los Beaujeu en esta región montañosa del Beaujolais. El lugar había sido considerado como sagrado en tiempos antiguos y había conocido extraños cultos ligados a los megalitos. Quedan aún algunos vestigios de un cromlech en el Sudeste de Beaujeu y, un poco más al sur, unas piedras con forma de cúpulas conocidas como las Pierres-Fayettes. Dispuestas en círculo en una estribación rocosa, parecen vigilar el valle del Azergues. Sin embargo, es en otra propiedad muy próxima donde Guichard habría escondido el valioso depósito, antes que en el castillo familiar: en Arginy, en el término municipal de Charentay.

Trasformado en hacienda, el castillo de Arginy, desde entonces, no se ha conservado en buen estado. Sin embargo, quedan dos torres redondas cuya imagen se refleja en las aguas mansas y verduscas que las bordean. Conserva asimismo un torreón que ha centrado el interés de muchos buscadores de tesoros. Las ocho aberturas que hay en lo alto le han valido el nombre de Torre de las Ocho Bienaventuranzas o Torre de Alquimia. Construido en el siglo XI, el castillo fue muy remodelado en el XVI.

No se conoce muy bien el origen del topónimo «Arginy». Algunos han supuesto que se trataba de una deformación de la palabra griega *arguros*, que significa dinero. Otros han visto en él Argina, la Dama de Trébol, reina de los tesoros. Se dice asimismo que el origen del nombre se remonta a la guerra de las Galias. Un lugarteniente de César llamado Argino habría hecho construir un *castellum* en estos lugares que habrían conservado por dicha razón el recuerdo de su nombre. A continuación, un castillo habría ocupado el lugar del *castellum* y los condes de Beaujeu habrían pasado a ser sus propietarios en el siglo XIII. En 1253, Louis de Beaujeu abandonó la casa solariega para instalarse en Arginy, donde residieron igualmente sus sucesores: Guichard VI el Grande en 1295, Édouard I en 1331, Antoinette de Beaujeu en 1343.

En 1388, el castillo fue cedido a la familia de Vernet y posteriormente, en 1453, pasó a ser propiedad de Jacqueline de Châlons, perteneciente a la misma familia que el templario Jean de Châlons. En 1485, la propiedad cambia de nuevo de familia: va a parar a manos de Thomas de La Busière. En el Renacimiento, y ello no carece de interés, fue adquirida por un amigo de Jacques Coeur: Claude de Vignolles. Éste restauró el castillo, agrandó la propiedad, construyó la alquería flanqueada por una torre octogonal que fue bautizada más tarde con el nombre de La Prisión.

La familia de Rosemont adquirió a continuación este dominio en 1883. Desde entonces, numerosos personajes, diciéndose a veces comisionados por sociedades secretas, intentaron comprar el castillo de Arginy, ofreciendo generalmente sumas enormes, convencidos de que se trataba de una inversión y de que el tesoro de la Orden del Temple se encontraba con toda seguridad en ese lugar.

Los Beaujeu y el Grial

Para saber si el tesoro de la Orden tiene la menor probabilidad de encontrarse allí, es necesario primero saber quiénes fueron los miembros de esta familia de Beaujeu. Los personajes que formaron parte de ella son bastante distintos. Hubo un Guichard III que se distinguió sobre todo por una crueldad sin límites con ocasión de la cruzada contra los albigenses. Hubo un Guichard V que fue chambelán de Felipe el Hermoso. Todo ello no juega en absoluto en su favor. Pero existió también Guillaume, que sucedió a Thomas Bérault como Gran Maestre del Temple el 12 de mayo de 1273 y que murió heroicamente en Acre, durante el asedio de 1291.

Remontémonos un poco más en el tiempo e interesémonos en una extraña historia:

El hijo de Guichard II de Beaujeu resbaló y se cayó al río en el que estaba abrevando a su caballo. Se ahogó. Desesperado, su padre se puso a rezar sin cesar, jurando edificar una iglesia en el lugar del drama si su hijo le era devuelto. El milagro se produjo y el hijo de Guichard II resucitó. Beaujeau llevó a cabo lo prometido: hizo edificar la iglesia de San Nicolás de Beaujeu, que fue consagrada en 1131 por el papa Inocencio III.

Paul Leutrat[97] menciona otra leyenda contada por Pedro el Venerable, abad de Cluny:

Estando Humberto III en guerra con el conde de Forez, uno de sus compañeros de armas fue muerto. Se llamaba Geoffroi d'Oingt. Algunos días más tarde, Milon d'Anse se encontraba en el bosque de Alix y se le apareció el fantasma de Geoffroi y le dijo que su alma no estaba en paz, pues se había batido por una causa injusta y que además Humberto III no hacía decir misas por su eterno descanso. Añadió el fantasma que todo ello no le asombraba además en exceso, puesto que Humbert de Beaujeu se comportaba como un pagano anexionándose en su provecho las propiedades de la abadía de Cluny. Se comprende así perfectamente por qué fue Pedro el Venerable quien contó esta historia. El fantasma añadió que Humberto III debía dirigirse imperiosamente a Tierra Santa. Milon d'Anse se apresuró a referir toda la historia al conde de Beaujeu, pero éste hizo oídos sordos. Una mañana, sin embargo, se encontró a su vez cara a cara con el fastasma. La impresión fue desagradable y Humberto consideró más prudente obedecer. Siguió, así pues, los consejos del espectro y se dirigió a Tierra Santa. Allí se hizo templario. Pero no habían acabado sus encuentros fantásticos. Trabó conocimiento con una joven mujer llamada Assirata. En realidad, según el Zohar, esta engatusadora habita el sexto palacio del demonio. Es ella quien da origen a todos los espíritus que inducen a los hombres a caer en el error haciéndoles ver en sueños cosas engañosas.

Humberto regresó a Francia y su esposa, furiosa, descubrió que se había convertido en templario. Obtuvo del papa Eugenio III que abandonara la Orden. Muy sensible desde luego a los argumentos femeninos, Humberto obedeció y entregó el manto blanco con una cruz roja. En compensación por esta deserción, hubo de construir una iglesia en Belleville. Así se hizo. La iglesia colegial fue erigida con nueve filas de bancos. Una sirena bífida fue esculpida en la fachada orientada hacia el río Saône. ¿Estaba destinada a recordar a Assirata? En un capitel de la entrada, un león andrófago tiene entre sus fauces el cuerpo de un hombre. Fue en esta iglesia donde varios condes de Beaujeu se hicieron inhumar. Asimismo fue el lugar de otro acontecimiento legendario.

A raíz del combate en el curso del cual Geoffroi d'Oing fue muerto, Humberto y sus compañeros fueron a festejar su victoria a Meys, en el corazón de los montes del Lyonnais. Algunos afirman que este pueblo fue la cuna de la familia de Hugues de Payns. Con ocasión de esta fiesta, Milon d'Anse habría robado una copa que luego habría cedido a Humberto. Este último no quiso ya separarse de ella, al menos hasta el momento en que la iglesia colegial de Belleville estuviera construida. Entonces, arrojó la copa a las aguas del Saône y algunos murmuraron que se trataba del Grial. Hay que decir que poseía extraños poderes. Cuando se miraba la imagen de alguien reflejada en ella, el hombre aparecía desembarazado de su envoltura carnal, a menos que se tratara de un demonio.

La muerte de Humberto fue igualmente curiosa. Cuenta la leyenda que tuvo lugar precisamente en Meys, en el curso de un banquete. Aparte de su esposa, quienes estaban reunidos en torno a la mesa estaban todos ellos ya muertos. Fuera de estos personajes que había conocido en el curso de su existencia y que le esperaban al otro lado del espejo, estaba también Assirata, su hermosa seductora, que recuerda a otra vinculada también a los Beaujeu.

En efecto, en el siglo XIII, Renaud de Beaujeu escribió una novela relacionada con el ciclo de la Tabla Redonda. En ella describía cómo un caballero no lograba llevar a cabo su búsqueda más que después de haber vencido sus tentaciones carnales. *El Bello Desconocido*, héroe y título de la novela, tras haber triunfado sobre todo, especialmente sobre un hada seductora, terminaba su conquista en la Ciudad Devastada. Una sirena le besó y él supo que era en realidad Guislain, hijo de Gauvain. El Bello Desconocido, que ya no lo era, casó con la sirena: la Rubia Esmeralda. Esta novela tuvo el suficiente éxito como para inspirar a Ariosto y Tasso, que se sirvieron de ella respectivamente para describir la isla de Alcina y los jardines de Armida.

Así el círculo se cerraba relacionando a la sirena, a los Beaujeau y la búsqueda del Grial. ¿Hay que ver en estos vínculos con el mundo de los espíritus una de las razones que habrían podido empujar a hacer de los Beaujeu los depositarios del tesoro del Temple?

Resulta muy difícil decirlo. Añadamos simplemente un indicio más al informe, indicio que haría pensar que, antes incluso del arresto, los templarios se habrían asegurado el poder utilizar el castillo de Arginy. En efecto, dos caballeros del Temple detenidos en su casa de Mâcon fueron interrogados. Se les preguntó concretamente qué habían hecho en las horas precedentes al arresto. Ellos reconocieron haber pasado la víspera en el castillo de Arginy. ¿Qué hacían allí? Debían de haberse detenido para hacer noche en su encomienda de Belleville, sita a unos seis kilómetros de allí. Nada más se pudo saber sobre el motivo que les había llevado a aquel lugar.

Por otra parte, hemos visto que después de los Beaujeu y de los Vernet, Arginy pasó a manos de Jacqueline de Châlons en 1453. Podemos preguntarnos si no tenía, al velar sobre Arginy, bien un interés familiar especial, bien una misión que cumplir. En efecto, el templario Jean de Châlons que residía en la casa de Nemours, interrogado en presencia del papa, habría declarado haber visto tres carros cargados de paja abandonar la ciudad del Temple de París a la caída de la noche, la víspera del arresto. Este convoy era conducido por Gérard de Villers y Hugues de Châlons. Los carros llevarían unos cofres que se supone contenían el tesoro del Gran Visitador de Francia, Hugues de Pairaud. Esta deposición existiría en los archivos secretos del Vaticano bajo la signatura *Register Aven, n.º 48 Benedicti XII, Tomo I, folios 448-451*. Hemos de tomarnos, no obstante, este testimonio con prudencia, al no contar con otra prueba que las aseveraciones de Gérard de Sède. Pero es cierto que podría reforzar la hipótesis de un depósito en Arginy.

La búsqueda del tesoro y los fantasmas de Arginy

Debió de existir una tradición familiar a propósito de este tesoro, puesto que muy pronto algunos se pusieron a buscarlo. Así, Anne de Beaujeu hizo poner en marcha unas excavaciones. Se resignó a abandonar este proyecto en unas circunstancias dramáticas. Uno de los hombres encargados de los trabajos descubrió un subterráneo. Penetró en él y, de repente, los que se habían quedado fuera oyeron un horrible grito que les dejó helados de espanto. No se atrevieron a moverse del sitio. Un cuarto de hora más tarde, el hombre salió. Andaba mecánicamente, titubeando. Una parte de su cráneo parecía haber sido triturado y se veía desparramársele el cerebro. Llegado delante de su camaradas petrificados, levantó los brazos y se desplomó. Estaba ya frío.

Anna de Beaujeu hizo parar las excavaciones y nada más se supo al respecto. Esto nos enseña, no obstante, algo: que el secreto exacto del eventual enterramiento no había llegado hasta Anne de Beaujeu que, sin duda, habría sabido llegar más fácilmente al tesoro en caso contrario. O bien el secreto familiar había dejado de ser transmitido por la causa que sea, o bien no tenía ya razón de ser en el caso de que el tesoro hubiera sido recuperado y llevado a otra parte.

Sin duda no fue de igual opinión Pierre de Rosemont, después de convertirse en propietario del lugar. Decidió retomar las excavaciones y comenzó por buscar indicios en unos viejos manuscritos conservados en los archivos de la abadía de Pommier-en-Forez. Sus trabajos permitieron desgraciadamente comprender lo que le había sucedido al obrero de Anne de Beaujeu. Pues, en efecto, una vez que se hubieron retirado cien metros cúbicos de tierra que obstruían la entrada del subterráneo, apareció una galería que se abría verticalmente. Un obrero descendió cogido al cabo de una cuerda. En un determinado momento, sintió bajo sus pies «como un tonel» que giraba. En realidad, se trataba de una enorme muela de molino. Al lado había otra muela y el pie, atrapado entre ambas, fue triturado hasta el tobillo. El desdichado tuvo la presencia de ánimo suficiente para tirar al punto de la cuerda y sus camaradas le subieron inmediatamente, evitándose así que las muelas le atraparan por completo.

Al igual que Anne de Beaujeu, Pierre de Rosemont se dijo que era preferible detenerse allí que arriesgarse a cosas aún peores. Hizo condenar la entrada de la galería y derramar ciento cincuenta carretas de tierra en el subterráneo. Prohibió a sus hijos recordarle este asunto y añadió por todo comentario:

No tengo otra cosa que decir que el espectáculo está abajo y no arriba.

Ello no impidió a uno de sus hijos reemprender unas excavaciones en 1922. Encontró un subterráneo al pie de la Torre de las Ocho Bienaventuranzas y descubrió en él unos documentos que databan de los tiempos de la Revolución, pero nada más. Treinta años más tarde, se pusieron en práctica otros medios. Un industrial parisino llamado Champion hizo venir *in situ* a un astrólogo y alquimista de renombre, Armand Barbault, así como a un especialista en ocultismo, Jacques Breyer. Muchas otras personas, incluidos unos notables, se sumaron a ellos para tratar de penetrar en el secreto de Arginy. Su grupo desembocó en la creación de la Orden del Templo Solar.

No siguieron el camino de sus predecesores y se acordaron de las palabras de Pierre de Rosemont. No miraron abajo sino arriba y concentraron sus esfuerzos en la Torre de las Ocho Bienaventuranzas. Estaban convencidos de que el secreto de Arginy era la piedra filosofal que permite la transmutación de los metales. Para penetrar en este secreto, se entregaron a largas sesiones de espiritismo en el curso de las cuales intentaron entrar en contacto con los espíritus de los templarios. Jacques Breyer había metido una paloma dentro de una caja, se habían concentrado todos y la señal del contacto debía ser dada por el pájaro batiendo las alas una vez que el Más Allá estuviera a la escucha. Los participantes oyeron once golpes que parecían ser dados en el exterior, en lo alto de la torre. Ello había de repetirse numerosas veces, siempre entre medianoche y las dos de la mañana, y cada vez, al mismo tiempo, la noche se volvía silenciosa, los animales enmudecían. Breyer y sus amigos mantuvieron tras estos golpes varias «conversaciones» con once templarios. La transcripción de estos diálogos con el Más Allá es bastante incoherente y no se hizo ninguna revelación sobre el tesoro. He aquí un método que no era probablemente muy eficaz, pero que no entrañaba al menos la muerte de ningún obrero.

Al cansarse sin duda de estas inútiles sesiones nocturnas, Armand Barbault consideró más expeditivo pedir ayuda a un amigo suyo médium y, efectivamente, éste le indicó pronto el emplazamiento de un subterráneo. Se emprendieron de inmediato excavaciones. En ese momento, M. Champion tuvo que abandonar Arginy, reclamado por unos asuntos urgentes. Armand Barbault perdió a uno de sus parientes próximos y los obreros empezaron a abandonar la obra sin dar ninguna explicación. Todo quedó parado.

Hubo, sin embargo, otros intentos de contacto con los templarios, al tener nuestros buscadores la sensación de que no llegarían a nada mientras los manes de los hermanos del Temple no les dieran luz verde. Una noche de San Juan, organizaron «una gran conjura» en el curso de la cual Barbault entró en comunicación «con el guardián del tesoro» a través de un médium. Este último declaró:

Veo un cofre instalado sobre unos raíles. Una mano articulada y enguantada de hierro se sumerge mágicamente en el cofre y saca de él monedas de oro. Hay ahora un montón de ellas puesto sobre la mesa. La mano sigue sacando. Otras manos, con codicia, se extienden hacia el tesoro,... unas manos en forma de garras y que se vuelven de repente velludas, monstruosas, espantosas. Entonces la mano articulada recoge las monedas de oro y las devuelve al cofre. El jefe de los guardianes del tesoro es un caballero acostado en un ataúd. Habla, pero permanece rígido en su tumba. Quisiera salir. Mas para eso sería necesaria una gran ceremonia con los siete conjuros rituales.

Con esto, los investigadores no habían avanzado, a decir verdad, gran cosa... Por otra parte, el médium consideró también que los entes se burlaban de ellos y que no les revelarían jamás el emplazamiento del tesoro. Tan sólo un descendiente de los templarios digno de proseguir su misión podría llegar a saberlo un día.

Pasaremos por alto algunos episodios sin gran interés durante los cuales algunos se creyeron reencarnaciones de Grandes Maestres del Temple o imaginaron que se podía dejar «embarazada» a una muchacha en el curso de una ceremonia mágica esperando conseguir que Guillaume de Beaujeu se reencarnase en el hijo así concebido. Que no cunda el pánico: la ceremonia no tuvo nunca lugar.

Jacques Breyer pensó, sin embargo, haber penetrado en el secreto y decidió revelarlo en una obra titulada *Arcanos solares*. Escribió:

La mina con las joyas está bien guardada. Cada puerta está defendida por un dragón. Para encontrar, se requiere humildad, desinterés, pureza. He aquí tres claves infalibles cuando las entiendes bien. El F.F. (el rey) que el artista debe captar está en el aire; ¡la verdadera mina está en lo alto! ¡Pobre soplador! ¿Por qué te extravías?... Vamos... reflexiona mejor, el gran arte es luz.

Sin duda las tres claves infalibles fueron mal entendidas, pues las búsquedas no condujeron a nada, a pesar de siete años de invocaciones, conjuros y otras prácticas «espiritistas».

Del sol a los subterráneos de Arginy

Jacques Breyer, por medio de sus frases sibilinas, debía de querer indicar que el secreto del tesoro se encontraba en la Torre de las Ocho Bienaventuranzas a la altura de las ventanas, proporcionando el paso del sol por una de ellas la clave definitiva. Tal fue en parte la opinión también de Madame Jeanne de Grazia, que decía:

> De las ocho pequeñas ventanas trilobuladas de la Torre de Alquimia, sólo una de ellas está obstruida por unas piedras unidas con cemento. Habría que destaparla y observar la dirección del haz luminoso que penetra por ella el 24 de junio. El sol del solsticio debe desempeñar un papel destacado, iluminar tal vez una piedra que dará una indicación decisiva.

Sobre el terreno, Madame de Grazia dijo haber descubierto los signos clave de un escondite mayor, que figura en primer lugar en el blasón de la puerta de entrada y que conduce a la Torre de Alquimia o de las Ocho Bienaventuranzas. Entre estos signos, unos símbolos alquímicos que se encuentran igualmente en el interior del castillo. Podrían deberse al barón de Camus, «iniciado del Renacimiento», que fue inhumado con su esposa en una cripta situada a ocho o nueve metros bajo tierra.

Algunos han pensado igualmente que el misterio de Arginy estaba ligado a su emplazamiento particular que facilitaba algunos «contactos» y algunas operaciones mágicas. La propia arquitectura del castillo, y sobre todo de la Torre de las Ocho Bienaventuranzas, estaría en consonancia con el lugar y representaría una parte importante del secreto. ¿Habría sido por esta razón por lo que Guichard de Beaujeu y sus compañeros fundaron su sociedad de los «Perfectos Arquitectos»?

El lugar es, en efecto, especial: tres ríos subterráneos superpuestos pasarían bajo el castillo, haciendo del emplazamiento un nudo telúrico importante. Es cierto que, cuando el conde de Rosemont mandó realizar unas prospecciones en la sala baja del torreón, el agujero se vio inmediatamente inundado.

Otra persona que se interesó mucho por Arginy fue Gabrielle Carmi. Unos sueños ligados a varios emplazamientos importantes que habían sido ocupados por el Temple la tuvieron obsesionada durante largo tiempo, tanto más cuanto que desembocaron en un descubrimiento concreto: el de un cofrecillo de concha encontrado en un pequeño pueblo de Seine-et-Marne. Gabrielle Carmi, que cuenta toda esta historia en una obra titulada *El tiempo fuera del tiempo*, concedió una gran importancia a sus sueños. Uno de ellos la condujo a un lugar cuyo nombre no dio, pero que indiscutiblemente es Arginy. Escribió:

> Sueño de nuevo con el castillo de la torre aislada. Vuelvo a ver la torre que sitúo como formando parte de un conjunto de edificios de los que es una prolongación, pero de los que hace mucho tiempo que está separada (...). Enfrente de ella, a unos ochenta metros, he visto, en el suelo, una luz azul eléctrico inmaterial, parecida a la que vi con ocasión del descubrimiento del cofre de concha en Hermé.
>
> Esta luz formaba dos dibujos espaciados el uno del otro un metro cincuenta, cada uno de ellos representaba dos S separadas por un intervalo. A cierta profundidad por debajo, veo un cofre. Éste está colocado sobre una losa en el interior de un subterráneo que forma, en ese lugar, una estancia circular cuya entrada no veo. El cofre es de piedra. Tiene la forma de un pequeño sarcófago de alrededor de un metro de largo. Su tapa, también de piedra, es de doble vertiente.

En el interior del cofre, que está abierto, veo un libro muy grueso formado por hojas de pergamino. Éstas están unidas por dos placas, una encima y la otra debajo, atadas con una cuerdecilla de metal oscuro en forma de lazada. Las placas son también de metal oscuro. Este libro tiene el tamaño habitual de los antifonarios de música gregoriana que se ven en los fascistoles de las iglesias (...). He vuelto a ver la página que lleva los siete puntos de oro unidos por unas líneas. He visto también otras páginas de este libro, cubiertas de signos o de letras que desgraciadamente no he recordado al despertar. Tengo la certeza absoluta de que se trata de documentos de una enorme importancia, que se refieren sólo una parte de ellos a la Regla de los templarios. He tenido también la sensación de que estaba en presencia de un gran y verdadero misterio (...). Algunas enseñanzas se refieren a los secretos y técnicas concernientes al arte de la construcción. Pero no sólo a la manera de ensamblar los materiales. También las reglas que hay que seguir para determinar la orientación, la forma y las proporciones de los edificios para que éstos tengan su pleno valor iniciático están precisadas en ellas (...).

Gabrielle Carmi fue a Arginy. Allí se sintió atraída por un lugar en especial, por el emplazamiento donde habían aparecido los signos luminosos de su sueño. Volvió a sentir la presencia del cofre, bajo sus pies en un lugar donde antaño se alzara una torre. Unas excavaciones superficiales permitieron sacar a la luz cuatro escalones. No se excavó, sin embargo, más lejos y se volvió a tapar incluso el hoyo así abierto, recubriendo de nuevo los escalones de tierra. Gabrielle Carmi sintió igualmente la presencia de dos subterráneos que convergían hacia el lugar del cofre. Uno de ellos partiría de la torre aislada y el otro de un lugar más próximo al castillo.

Esto tiene el valor que tienen los sueños, por supuesto, pero los de Gabrielle Carmi son muy interesantes, toda vez que los subterráneos existen. Hemos visto que, en efecto, unas excavaciones permitieron sacar a la luz una galería al pie de la Torre de las Ocho Bienaventuranzas.

Las llaves del Paraíso

Antes de terminar con esta extraña historia, vamos a dar un paseo a vuelo de pájaro con la ayuda de los mapas. Recordemos que la toponimia encubre a menudo la clave de los lugares. Sirvámonos de los mapas del I.G.N. al 1/25.000 con las cotas 2929 Este, 3029 Oeste, 2930 Este, 3030 Oeste.

Varios son los elementos dignos de ser destacados en la toponimia de la región. En primer lugar, la frecuencia de los nombres de lugares ligados a la historia sagrada: Bethléen, Lazare, La Balthazarde, La Jacobée, La Zaqharie, Saint-Abram. Hay también un número asombroso de topónimos que se encuentran varias veces y a menudo muy próximos los unos a los otros. Así, encontramos tres veces Jérusalem, tres Saint-Julien, tres Saint-Roch, tres La Rochelle, cuatro Saint-Jean, dos Saint-Étienne, dos La Varenne, dos Saint-Paul, dos Saint-Abram, dos Saint-Pierre y un Razès correspondiente a un Razet.

Estas repeticiones, por decirlo así, no debían de facilitar en absoluto la designación de los lugares. Difícil de saber de qué Jerusalén se habla si no se proporcionan explicaciones suplementarias. Entonces, ¿qué sentido tiene haber constituido esta curiosa madeja de topónimos muy difícil de desenredar? ¿No podría servir de hilo de Ariadna para aquel capaz de llegar al final?

Conviene igualmente señalar, a cinco kilómetros al nordeste de Arginy, la existencia de un conjunto de topónimos típicamente templarios: Le Bois des Épines, La Fonderie de Saint-Jean, Saint-Jean-d'Ardières, l'Épinay.

Hay que señalar que se está muy cerca de Belleville, donde se encuentra un lugar llamado La Commanderie, próximo a Sainte-Catherine.

Si nos centramos en Arginy y en los lugares más próximos, vemos una Croix-Rouge y un lugar llamado Les Chevaliers.

Pero, sobre todo, hay que destacar, en medio de los viñedos, aproximadamente a un kilómetro y doscientos metros al oeste de la Torre de las Ocho Bienaventuranzas, una capilla consagrada a san Pedro. Forma con Arginy y un lugar llamado Le Nicolas un triángulo equilátero. ¿No fue a san Nicolás a quien fue dedicada la capilla misteriosa construida por el conde de Beaujeu tras la resurrección de su hijo?

En cualquier caso, se podría casi apostar que un subterráneo conduce a Arginy a partir de la capilla de San Pedro. Tal vez la «luz» indica su entrada dibujando en el suelo extraños reflejos después de haber pasado por el prisma de los vitrales. Una vez más, el santo de las llaves muestra sin duda la vía del Paraíso y de sus bienaventuranzas.

3

Gisors: «Et in Arcadia ego»

Un jardinero que juega al topo

En 1929 un joven de veinticinco años, Roger Lhomoy, fue contratado por el Ayuntamiento de Gisors como guía y jardinero del castillo. Tenía una idea en la cabeza. Acababa de salir del seminario donde había recibido las órdenes menores. ¿Era allí donde se le había ocurrido esta idea? ¿Había oído hablar a los curas respecto de Gisors? Sea como fuere, lo cierto es que estaba convencido de que la fortaleza de esta pequeña ciudad del Eure escondía un tesoro.

Una vez contratado como jardinero, se encontró sobre el terreno para comprobar si este sueño tenía alguna consistencia. Pero ¿dónde buscar? ¿Por dónde empezar? Pasó el tiempo sin que Lhomoy avanzara ni una pulgada. Sin embargo, al cabo de quince años, en 1944, inició unas excavaciones.

Sin autorización para ello, excavaba únicamente por la noche, utilizando un material completamente rudimentario: una pala, un pico, una perforadora, una lámpara transportable y un torno de mano. Roger Lhomoy, que había localizado un pozo situado a la izquierda de la entrada del recinto del torreón, se puso a destaparlo. Día tras día, o más bien noche

411

tras noche, excavaba. Llegó así a unos veinte metros por debajo del nivel del suelo. A punto estuvo de perder la vida en el intento, pues un desprendimiento casi le sepultó. Consiguió salir, solo y únicamente con una pierna rota.

Una vez restablecido, Lhomoy no pensó más que en proseguir sus excavaciones, pero era impensable volver a pasar por el pozo cuyas paredes se habían vuelto muy frágiles por los trabajos anteriores. Así que decidió volver a partir desde cero y excavar a una quincena de metros más lejos, siempre dentro del recinto del torreón. Hizo primero una especie de chimenea vertical de dieciséis metros de profundidad, excavó a continuación a partir de allí una galería horizontal de diez metros de largo y volvió a comenzar a perforar verticalmente unos cuatro metros.

Una noche, cuando se encontraba a veintiún metros por debajo del suelo, su perforadora topó con una superficie dura. Eso fue al menos lo que él afirmó. Dio con una piedra tallada, lisa. Despejando alrededor de ella con precaución, pronto se dio cuenta de que se trataba de un muro. Llegó a quitar algunas piedras, justo lo bastante para poder introducir la cabeza, los hombros y la lámpara del otro lado. Escuchemos su testimonio:[98]

Estoy en una capilla romana de piedra de Louvenciennes, de treinta metros de largo, nueve de ancho, y de unos cuatro metros cincuenta de alto en la clave de bóveda. Inmediatamente a mi izquierda, cerca del boquete por el que he pasado, está el altar, de piedra también, con su tabernáculo. A mi derecha, todo el resto del edificio. En los muros, a media altura, sostenidos por unos modillones de piedra, las estatuas de Cristo y de los doce apóstoles, a tamaño natural. A lo largo de las paredes, puestos en el suelo, unos sarcófagos de piedra de dos metros de largo y sesenta centímetros de ancho: hay diecinueve de ellos. Y en la nave, lo que ilumina mi luz es increíble: treinta cofres de metal precioso, alineados en columnas de diez. Y la palabra cofre resulta insuficiente: más propio sería hablar de armarios tumbados, de armarios de una medida de dos metros cincuenta de largo, por un metro ochenta de alto y un metro sesenta de ancho.

Lhomoy decidió entonces dar aviso a las autoridades. Así, una mañana de marzo de 1946, se presentó ante el pleno del Concejo municipal. Habló de sus excavaciones y de lo que había visto e invitó a los consejeros a venir a cerciorarse por sí mismos de que lo que decía era cierto. Todo el mundo se dirigió a pie hasta el torreón, pero, una vez allí, delante del pozo improvisado excavado por Lhomoy, los invitados se miraron unos a otros: ni hablar de descender a aquella verdadera trampa, pues podía producirse un desmoronamiento en cualquier momento. Aquel hombre estaba loco de remate. No obstante, la historia corrió enseguida por toda la ciudad y un hombre más valiente que los demás se dijo que había que salir de dudas. Tenía además alguna experiencia en la materia en tanto que antiguo oficial del cuerpo de ingenieros. Émile Beyne, comandante de los zapadores-bomberos de Gisors, descendió, pues, al fondo del pozo, luego avanzó hasta el final de la galería horizontal. No le quedaban más que cuatro metros que descender en vertical. Ahogándose literalmente al fondo de aquel angosto pozo, Émile Beyne renunció sin embargo a asumir más riesgos. Volvió a subir, y, aunque pudo confirmar en parte lo dicho por Lhomoy, no pudo dar testimonio de la existencia de la capilla.

Mas para la opinión pública ello bastó para dar crédito a la versión del jardinero. Lhomoy aprovechó la oportunidad para presentarse de nuevo en la alcaldía, esperando obtener ayuda para proseguir las excavaciones y despejar el acceso a la capilla. Ahora bien, no sólo tuvo la desagradable sorpresa de ver que le negaban toda ayuda, sino también de oírse decir que su hoyo sería tapado de nuevo. Ese mismo día, el

Ayuntamiento envió un equipo de prisioneros alemanes a aquellos lugares y todo fue recubierto.

Lhomoy, momentáneamente abatido, no se dio por vencido. Solicitó, y obtuvo, del Secretario de Estado del Ministerio de Cultura, una autorización para realizar excavaciones. Provisto de ésta, se dirigió de nuevo a la alcaldía. Extrañamente, recibió por toda respuesta unas líneas del teniente de alcalde de Gisors que se asemejaban mucho a una amenaza:

Le prohíbo terminantemente que prosiga con sus elucubraciones de trastornado, pudiendo considerarse muy afortunado de que no se hayan tomado otras medidas para hacerle encerrar, cosa que podría perfectamente ocurrirle en el futuro.

Que el Ayuntamiento tomara toda clase de precauciones para que unas nuevas excavaciones no pusieran en peligro el torreón y se realizaran en condiciones de máxima seguridad, hubiera sido algo absolutamente normal. En cambio, que el Ayuntamiento se opusiera terminantemente a estas excavaciones a pesar de la autorización del Ministerio no deja de ser chocante. Que, además, se llegara a amenazar a Lhomoy con hacerle encerrar, y ello de manera apenas velada, parece muy extraño.

Seis años más tarde, Lhomoy, que vivía a la sazón en Versailles, encontró dos socios para llevar a cabo sus excavaciones. Una vez más, obtuvo una autorización del Ministerio. El Ayuntamiento de Gisors no se atrevió a emplear los mismos métodos de intimidación que la primera vez. Sin embargo, puso una condición a los trabajos: el depósito de una garantía de un millón de francos más el compromiso de dejar a la ciudad las cuatro quintas partes del valor de lo que se descubriera. Desalentados, los socios abandonaron, y Lhomoy vio desaparecer su última esperanza de poder probar que había dicho la verdad.

¿El tesoro del Temple?

¿Había mentido Roger Lhomoy? Y si no, ¿qué podían contener los cofres de la misteriosa capilla subterránea?

Para Gérard de Sède, no cabe ninguna duda: se trata «del» tesoro de los templarios, el exclusivo, el verdadero, el único, el evacuado gracias al joven señor de Beaujeu, a partir de las indicaciones de Jacques de Molay. Para el autor de *Los templarios están entre nosotros*, este tesoro debía ser enviado a Inglaterra, pero por la razón que fuese había tenido que quedarse por el camino, siendo escondido en Gisors. Por mi parte, no veo nada claro qué sentido tendría que hubiera sido escondido allí, en el supuesto de que hubiera transitado por la región. No obstante, veremos que de una manera u otra el misterio de Gisors está indisociablemente ligado a los templarios.

Los templarios estaban muy presentes en la región. Cerca de Arquency, la encomienda de Bourgoult y las haciendas fortificadas de Au-thevernes y de Fours, dan prueba aún de la presencia del Temple. Una cruz patada de piedra vela igualmente la ruta que lleva de Gisors a Neaufles. Citemos asimismo la presencia de tumbas adornadas con cruces patadas en Nucourt, recordándonos un poco los cementerios templarios de Escocia.

A medio camino de Gisors, podemos citar muchas encomiendas importantes: Saint-Étienne-de-Renneville (en el término municipal de Sainte-Colombe-la-Campagne), Chanu (de la que queda una bellísima capilla que sirve por desgracia de granja), Brettemare, Bourgoult, de la que hemos hablado ya y que tiene una capilla dedicada a san Juan Bautista, el Temple-du-Bois-Hibout en Saint-Vincent-des-Bois, cerca de Vernon.

Si centramos nuestro interés en la toponimia local, podemos encontrar rastros muy precisos de la presencia del Temple. En el norte-noroeste, a sólo unos veinte kilómetros de

Gisors, se halla el llamado Le Temple, asociado a un Bois-du-Temple. Muy cerca de allí, Saint-Pierre-des-Champs y Saint-Pierre-des-Bois, Orsimont, la Tête-d'Enfer, las Maisons-Rouges, la Ferme-de-la-Croix-Blanche, la Ferme-de-Jouvence, el Parc-à-Poulain y, algunos kilómetros más lejos al nordeste, Saint-Clair.

Dirijámonos ahora un poco más al sudeste, de forma que demos un amplio rodeo a una cierta distancia de Gisors. Encontramos las Épinières, el Orval, las Terres-Rouges, el Orme y la Épinette y más al este el Bois-des-Bonshommes y las Rouges-Eaux.

Volvamos un poco más al sur: el Hêtre-de-l'Épinette, el Abîme, el Bois-Cornu, el Bois-des-Moines, el Buisson-Saint-Pierre, la Épinette, la Haute-Épine, la Mare-Rouge, otro Abîme y las Terres-Saint-Pierre nos interpelan.

Doblemos hacia el oeste para encontrarnos a menos de cinco kilómetros al norte-nordeste de Gisors. Encontramos de nuevo la Épine, la Épinette y la Croix-Blanche.

Al este de Gisors, encontraremos la Maison-Rouge, la Fosse-Salomon, el Veau-d'Or y el Trou-Saint-Patrice.

Al sudeste, están Sainte-Marguerite, la Épine, la Croix-Blanche, la Croix-Rouge y, algo más lejos, el Ormeteau, la Fontaine-Saint-Gilles, la Épinette, la Croix-Chevaliers, el canal Saint-Clair. Y más al sur, la Ronde-Épine, las Terres-Rouges, el Noyer-au-Coq, el Enfer, el Trésor, el Paradis, el Bois-de-l'Épinette, la Maladrerie, la Épine-au-Coq, el Grand-Orme, la Croix-Saint-Gilles, la Maladredie una vez más.

Al sur de Gisors: el Bois-de-l'Épine-Cagnard, la Croix-Blanche, Saint-Gervais y la Vallée-Catherine, las Terres-Rouges, Archemont, la Côte-Saint-Antoine, la Côte-Blanche y la Vallée-Dame-Noire.

Por último, al oeste y al sudeste, la Épine, la Croix-Rouge, el Mont-de-l'Aigle, la Fosse-Saint-Maurice, el Moulin-Rouge, Saint-Clair-sur-Epte, el Bois-de-Jouvence, el Bois-de-Blaise y la abadía del Trésor.

No se trata de pretender que todos estos topónimos señalen de forma infalible una presencia templaria, aun cuando ello es evidente por lugares como Le Temple. Algunos de estos términos son sin duda puramente descriptivos o simplemente carentes de relación con la Orden. Además, todos estos nombres aparecen en una superficie bastante importante, puesto que cubre cuatro mapas del I.G.N. al 1/25.000; los 2111 Este, 2112 Este, 2211 Este y 2212 Este. Se trata más bien de proporcionar a quien piense realizar su propia búsqueda en esos lugares algunos puntos de partida, algunas pistas que puedan serle de ayuda en sus investigaciones.

Sin embargo, para que los templarios hubieran albergado un depósito en el subsuelo de la fortaleza de Gisors, habría sido preciso que hubieran tenido los medios para hacerlo.

Cuando Rollon se hizo conceder la Normandía por Carlos el Simple, el Vexin fue dividido en dos partes: el Vexin francés y el Vexin normando. En ese mismo momento, Gisors se convirtió en ciudad fronteriza y lo siguió siendo durante cinco siglos, marcando, tras la conquista realizada por Guillermo el Conquistador, el límite entre las posesiones del rey de Inglaterra y las tierras de Francia. Desde entonces, el lugar se volvió estratégicamente importante y fue objeto de disputas a lo largo de los siglos. La fortaleza que se construyó, que incluía un torreón y un recinto flanqueado por doce torres, parece poco rigurosa desde un punto de vista militar. En cambio, el simbolismo no estuvo tal vez ausente de las preocupaciones de su constructor.

En 1097, fecha del comienzo de la edificación del castillo, los templarios aún no existían; no tuvieron, pues, nada que ver con ello. Por lo demás, si bien lo ocuparon, veremos que esta estancia no duró más que tres años y que sería muy asombroso que hubieran emprendido allí algunos trabajos de importancia.

Guillermo el Pelirrojo, rey de Inglaterra, había encargado a Robert de Bellême edificar la fortaleza. Éste confió su realización a un arquitecto llamado Leufroy. Este nombre vincula, por lo demás, a Gisors con otra fortaleza que tuvo el mismo arquitecto: la de Falaise. También allí se encuentra un extraño misterio sin duda relacionado con los templarios, con unos grafitos parecidos a los de la Torre del Prisionero de Gisors. Más aún: la toponimia de los alrededores de ambas ciudades incluye nombres idénticos en número apreciable, tales como Saint-Clair, las Terres-Rouges, Tilly, Villiers, Croissanville, Mesnil, Réveillon, el Ormeau, etc. Habría que recordar también la cruz de La Hoguette, cerca de Falaise, que es como el negativo de la de Gisors en la carretera de Neaufles. Habría que interesarse por la iglesia de San Gervasio y San Protasio de Falaise así como por la de Gisors o también examinar el conjunto del simbolismo alquímico de la iglesia de la Trinidad, en Falaise. Pero volvamos a la capital del Vexin, que tuvo en la historia un papel desconocido.

Así pues, Leufroy construyó la fortaleza de Gisors y creen algunos que lo hizo respetando datos astrológicos muy precisos.[99] Señalemos de paso que este arquitecto fue también el de los castillos de Bellême y de Nogent-le-Rotrou y que, en ambos casos, construyó una capilla subterránea debajo del torreón. Un indicio que podría dar alguna consistencia a las afirmaciones de Lhomoy. Añadamos que un texto antiguo calificaba al tal Leufroy de «caballero del Temple», lo que implicaría que habría entrado en la Orden al final de su vida, pero no haría de él un templario en la época de su construcción.

Es la primera vez que nos encontramos con la Orden del Temple en la historia de Gisors. La segunda es más curiosa. Se sitúa en 1099, cuando Enrique I Beauclerc, rey de Inglaterra y duque de Normandía, confió la custodia de Gisors a Thibaud Payen, en virtud de un acuerdo firmado con Luis VI el Gordo. Thibaud, conde de Gisors, fue llamado «Pagano» porque, dice una crónica, «ya grandecito, no estaba aún bautizado». Sin embargo, si estudiamos con un poco más de atención a este personaje de vida política agitada, unas veces aliado de los ingleses, otras amigo de los franceses, se le descubre un parentesco muy interesante. Era, en efecto, el hijo del conde Hugues de Chaumont y de Adélaïde de Payen, que no era otra que la hermana de Hugues de Payen, fundador de la Orden del Temple.

En 1109, sin embargo, Henry Beauclerc retiró la custodia de la ciudadela al sobrino del Gran Maestre. Ahora bien, hacerlo equivalía a violar el tratado firmado con el rey de Francia. Ello originó una guerra que duró unos años y, finalmente, el rey de Francia fue derrotado en Brenneville en 1119. El papa Calixto II hizo de mediador. Vino a Gisors e hizo firmar un tratado de paz, según el cual el heredero de Enrique Beauclerc debía prestar homenaje al rey de Francia por la Normandía, a cambio de lo cual Gisors seguía siendo villa normanda excluida del Vexin francés. Los reyes de Francia siguieron a pesar de todo mirando de reojo a Gisors con una cierta envidia. Luis VII consiguió que le fuera cedida de nuevo la fortaleza en 1144. Diez años más tarde, Enrique II Plantagenet se convirtió en rey de Inglaterra y, a su vez, se preguntó cómo recuperar Gisors que, decididamente, todo el mundo se quitaba de las manos como si se tratara de una verdadera joya. Una crónica nos revela, por otra parte, que sentía «un afecto muy especial» por esta ciudad. Enrique consiguió convencer a Luis VII de que sería bueno que unieran a sus hijos respectivos. El hijo del rey de Inglaterra, Enrique, fue pues prometido con Margarita, hija de Luis VII. Debía aportar como dote Gisors y el Vexin. Pero en ese año de 1158, Enrique tenía cinco años y Margarita no contaba más que tres. Era impensable, por tanto, la inmediata celebración del matrimonio. El arzobispo de Canterbury, el celebérrimo Tomás Becket, que había llevado las negociaciones por parte inglesa, encontró una solución para el tiempo de espera. Hospedado en el Temple de París, se había puesto de acuerdo con sus anfitriones. Los templarios se constituirían en secuestradores del castillo de Gisors hasta que se celebrara el casamiento. Así, en noviembre de 1158, los caballeros del Temple Othon de Saint-Omer, Richard de Hasting y Robert de Pirou se instalaron en el castillo. No habían, sin embargo, de permanecer en él más que tres años. En efecto, impaciente, Enrique II hizo celebrar el matrimonio mucho antes del término previsto y, a continuación, hizo que le fuera devuelta por parte de los templarios la ciudadela de Gisors. La complacencia de los monjes soldados, que respetaban así la letra pero no el espíritu de la misión que les había sido encomendada, puso furioso a Luis VII. Éste se sintió burlado y quiso hacer apresar a los templarios, pero éstos no le temían en absoluto y se fueron a Tierra Santa para continuar sirviendo a la Orden. Observemos de paso que estos tres personajes no eran unos simples caballeros más, sino tres dignatarios de la Orden. En cualquier caso, convertido de nuevo en señor de Gisors, Enrique II se puso a acabar la construcción, sin duda siguiendo los consejos de arquitectos de la Orden del Temple.

Con el paso de los siglos, los reyes de Inglaterra y de Francia no dejaron nunca de disputarse el lugar que cambió varias veces de manos.

Algunos episodios curiosos habían de marcar aún con el sello del misterio la historia de Gisors y de la Orden del Temple. Tal como recuerda Gérard de Sède, fue en Gisors donde se urdió la intriga que condujo a la caída de la Orden. En efecto, en el momento de su retractación, el templario Ponsard de Gizy declaró:

> Éstos son los traidores que han propuesto falsedad y deslealtad contra los de la religión del Temple: Guillaume Robert, monje que les sometía a tormento; Esquieu de Florian, de Béziers, prior de Montfaucon; Bernard Pelet, prior del Mas-d'Agenais y Géraud de Boysol, caballero del rey, todos ellos venidos a Gisors.

¿Simple coincidencia? Ciertamente, pues el azar parece desempeñar un papel importante en esta historia. Júzguese si no:

Bajo Felipe el Hermoso, el procurador del Temple en París se llamaba Jehan de Gisors. La cabeza de mujer descubierta en París por los inquisidores que buscaban el baphomet, cráneo que llevaba la etiqueta *caput LVIII,* fue confiada a un personaje llamado Guillaumme de Gisors. Mientras que el arresto tuvo lugar en todas partes el 13 de octubre de 1307, no fue hasta el 29 de noviembre de 1308 cuando una orden escrita de Felipe el Hermoso ordenó al baile de Gisors detener a los templarios de esa villa. ¿Por qué les había dejado en libertad hasta aquel momento? Y esto no es todo. En efecto, antes de ser conducido a París, de ser declarado relapso y quemado en la hoguera, fue en Gisors donde Jacques de Morlay fue encerrado en 1314. ¿Por qué se eligió esta fortaleza como prisión? ¿Y por qué no fue citado nunca ante la Justicia el templario Simon de Macy, guardián de Gisors, y que permaneció en el lugar? ¿Por qué Felipe el Hermoso se había reservado muy especialmente su caso? ¿Por qué le hizo trasladar a Gisors y encerrar en la torre del castillo «el sábado de Pentecostés del año de gracia de MILCCC y catorce», advirtiéndole al baile de Gisors, Guillaume Maillard, que respondería con su vida de la custodia de este prisionero, con quien nadie debía hablar?[100]

¿Qué misterio atrajo a Gisors las visitas de Enrique IV (que declaró entonces con satisfacción: «Heme aquí ahora rey de Gisors»). Luis XIII, Mazarino, Luis XIV? En cuanto al mariscal de Belle-Ile, nieto del superintendente Fouquet, no dudó en ceder al rey el lugar estratégico de Belle-Ile a cambio del condado de Gisors y, es cierto, de algunas otras fruslerías. ¿Tiene algo que ver todo este interés con el nombre de la callejuela que lleva al castillo: la callejuela del Gran Monarca? ¿Escondería la ciudadela un secreto de la realeza?

La lámpara bajo el celemín

Como consecuencia de la aparición de la obra de Gérard de Sède dedicada al misterio de Gisors y que refería el testimonio de Lhomoy, el asunto volvió a cobrar actualidad. Roger Lhomoy fue invitado a participar en un programa de televisión muy popular en la época: *Lectura para todos*. La polémica hizo entonces furor, desencadenando literalmente la ira de los medios arqueológicos que tenían a su cargo los monumentos de Gisors. El director de la circunscripción arqueológica, el director de los archivos regionales del Eure, el conservador de los monumentos históricos y determinadas personalidades de la ciudad se enzarzaron en la refriega repitiendo incansablemente el mismo mensaje: era imposible que hubiera ninguna cripta debajo del torreón.

La argumentación no estaba a la altura de las vociferaciones, no dudando algunos en afirmar que en la época no se sabía construir bóvedas bajo un terreno heterogéneo de más de dos metros de apertura. Lhomoy fue tratado de enfermo mental. No obstante, en mayo de 1962, André Malraux, ministro de Cultura a la sazón, mandó precintar el torreón de Gisors y dio órdenes para que se procediera a unas excavaciones. Oficialmente, esto no tenía nada que ver con las declaraciones de Lhomoy, pero en realidad se trataba de reabrir las galerías que él había excavado y que el Ayuntamiento había hecho rellenar. El 12 de octubre de 1962, los trabajos estaban acabados y se celebró una conferencia de prensa al pie mismo del torreón. Lhomoy fue convocado. Se le hizo bajar al fondo de su agujero destapado pero que terminaba en callejón sin salida. Lhomoy volvió a subir entre sollozos y afirmó que quedaba aún un metro y medio por excavar para encontrar la cripta. En febrero de 1964, el Ministerio decidió efectivamente excavar un poco más para comprobar lo dicho por Lhomoy. Podemos preguntarnos por qué no se hizo inmediatamente. ¿No habían tenido las primeras excavaciones como único objeto probar que no había nada que buscar? ¿Y por qué, con ocasión de esta segunda campaña, en 1964, el lugar fue declarado zona militar y estrechamente vigilado? El Ministerio admitía estar buscando un tesoro, pero declaró que las excavaciones no habían revelado nada. ¿Qué papel tenía André Malraux en esta historia?

¿Y Lhomoy había dicho la verdad? ¿Había mentido? Podemos preguntarnos si el jardinero había visto realmente la cripta. Supongamos por un instante que durante su paso por el seminario, Lhomoy hubiera tenido conocimiento de una forma u otra de la existencia de esta cripta en Gisors, pero sin conocer con mucha exactitud su emplazamiento. Ello explicaría que, tras haberse hecho contratar como jardinero, no hubiera procedido sin embargo a realizar excavaciones durante quince años. Luego, un buen día, se habría decidido a intentar el golpe y habría tratado de destapar el pozo, a sabiendas de que no era raro que unos pozos comunicaran con unos subterráneos. A raíz del desprendimiento del que saliera con una pierna rota, habría excavado entonces sus famosas galerías con objeto de ir a parar directamente al subterráneo que podía alcanzarse por el pozo. No pudiendo excavar más lejos, se habría decidido a hablar de la cripta y de la descripción de la que había tenido conocimiento, esperando despertar el interés del Ayuntamiento en sus investigaciones. Sabemos los problemas que ello le acarreó. Esta hipótesis explicaría muchas cosas sin poner, no obstante, en cuestión la existencia misma de la cripta, que es sin duda absolutamente real.

La capilla de Santa Catalina existe

Esta cripta existe, así como también es real la red de subterráneos que teje su tela en el subsuelo de Gisors. La historia local cuenta que una cierta Reina Blanca fue cercada en el castillo de Neaufles. Cuando de madrugada las tropas enemigas dieron el asalto, se llevaron la sorpresa de encontrar la plaza vacía; la Reina Blanca, saliendo de Gisors con un gran número de tropas, les cayó encima. Espantados por semejante prodigio, los enemigos se dieron a la fuga. Esto parecería atestiguar la presencia de subterráneos que unen Neaufles con Gisors. Aparte de este tipo de tradiciones difícilmente verificables, tenemos felizmente elementos más concretos que presentar. Varios tramos aún practicables han sido sacados a la luz en el propio Gisors. Todos siguen un eje norte-sur que parece probar un enlace entre el castillo y la iglesia de San Gervasio y San Protasio. En el recinto mismo de la fortaleza existe toda una red de sótanos que pueden visitarse, con una galería central, dos subterráneos perpendiculares y unas salas que servían de almacén de víveres. Otra sección se encuentra en la prolongación de la primera y puede accederse a ella desde las bodegas de algunas casas situadas en la calle de Vienne. Se dirige hacia la callejuela des Épousées, pero está obstruida por un desprendimiento. Un poco más lejos, la continuación de la galería fue descubierta en 1950 por unos terraplenadores. Se trataba de una verdadera encrucijada de subterráneos situada a seis metros de profundidad por debajo de la callejuela des Épousées, muy cerca de la portada norte de la iglesia de San Gervasio y San Protasio. Un inspector de enseñanza que visitó el lugar, Eugène Anne, los describió así:

Entre unos gruesos muros, cuya mampostería es regular y sólida, se abren, a la altura de un hombre, cuatro grandes nichos rematados por bóvedas de medio punto. Una clave de bóveda notable reúne, en lo alto del punto de confrontación, unas arcadas romanas de un acabado trabajo, de piedras perfectamente talladas y sólidamente ensambladas. El conjunto está en perfecto estado, y la piedra calcárea ha permanecido casi blanca (...): salta a la vista que este sitio no era más que un lugar de parada en medio de una vía subterránea que conducía de la fortaleza vecina hacia el emplazamiento de la Iglesia. En efecto, a la derecha del tercer nicho, se abre un negro pasillo, medio colmado de cascotes, y que, tal como demuestran investigaciones recientes, atraviesa el suelo de la Calle Mayor para desembocar en las bodegas muy antiguas de las dos casas que se alzan a este lado y que la guerra no ha destruido. Hay allí, de nuevo, unos nichos, e incluso unas columnas con capiteles esculpidos. Hacia la iglesia, el bombardeo ha destruido toda salida.

Una vez más se apresuraron a taparlo todo sin hacer la menor excavación a partir de allí.

Una vecina de Gisors, la señora Dufour, que recordaba muy bien los antiguos subterráneos hundidos a raíz de los bombardeos durante la última guerra, hablaba así en 1963:

Existía, por ejemplo, la entrada de un subterráneo en la puerta del Pont-Doré, por donde pasaba antaño el primer recinto amurallado de la villa y que salva un brazo del río Epte a algunas decenas de metros al sur de la iglesia. En 1942, una obrera de Thaon-les-Vosges llevó allí a sus compañeras para proporcionarles un refugio una noche de bombardeo. En la actualidad, esta entrada está tapada. Hay que decir también que había un subterráneo de ochenta escalones en la zapatería llamada La Botte Bleue.

Añadamos que se habrían visto unos sarcófagos de piedra en una sala subterránea sacada a la luz por un bombardeo y posteriormente vuelta a tapar.

En cuanto a la capilla subterránea que Lhomoy describió, tal vez sin haberla encontrado pero a partir de informaciones precisas que habría podido recabar al respecto, sin duda alguna existe, aunque su rastro se ha perdido por el momento. Varios documentos antiguos la describen de manera precisa. Un texto de 1370 conservado en los Archivos Nacionales y que relata la evasión de un prisionero de Gisors, nos indica:

> Rompió una madera e hizo a base de fuerza un agujero por donde pasó y rompió otra e hizo otro agujero y entró en una habitación próxima al hueco, y desde allí trepó por una pared de piedra y abrió un boquete en un techo y entró en una habitación cerca de la capilla de Santa Catalina y luego entró en dicha capilla en la que estaba el material de guerra de nuestro castillo.

En 1629, en su *Cuadro poético de la Iglesia de Gisors*, Antoine Dorival hablaba también de la capilla de Santa Catalina y describía el notable retablo que ella albergaba. Podemos no obstante preguntarnos si se trata de la misma capilla, puesto que una parece ligada al castillo y la otra a la iglesia.

En 1696, Alexandre Bourdet, un amigo de Cyrano de Bergerac, al escribir unas *Notas sobre la historia de Gisors*, proporcionó incluso un croquis en sección de la capilla de Santa Catalina. Fue acaso este documento o bien una copia de él el que habría permitido a Lhomoy hacer su propia descripción del lugar.

En 1938, el abad Vaillant, cura de Girors, escribió a un arquitecto parisino al que había confiado un paquete de archivos. En su carta, reclamaba que le fuera devuelto «un manuscrito latino fechado en el año de 1500 que habla de treinta cofres de hierro».[101]

Un hallazgo corrobora, por lo demás, estos diversos elementos. En 1898, al cambiar el pavimento de la capilla de Nuestra señora de la Asunción, en la iglesia de Gisors, se retiraron unas losas que estaban esculpidas en su cara inferior. Por desgracia, se rompieron en mil pedazos al ser sacadas. Se reconstruyó pacientemente el *puzzle* y se vio que era un retablo de altar de un metro treinta de alto por un metro ochenta de ancho. Parece que se trataba del mismo retablo mencionado por Antoine Dorival en 1629.

El conjunto de estos elementos, incluida la evasión del prisionero, permite pensar que existía antaño una capilla de Santa Catalina que formaba sin duda parte de la iglesia de Gisors y que remataba una cripta. Era en esta cripta donde debían desembocar los subterráneos que unían el castillo y la iglesia. A menos que no hubieran existido dos capillas de Santa Catalina, una de ellas debajo del torreón. El hecho es que este misterio nos lleva a examinar más atentamente los indicios que pueden encontrarse tanto en el castillo como en la iglesia.

El prisionero de Gisors

Todo visitante del castillo de Gisors se queda muy asombrado de la Torre del Prisionero. Descubre allí, en efecto, verdaderas esculturas, y no unos grafitos como es generalmente el caso, dejados allí por un detenido respecto al cual corren muchas leyendas. Se dice entre otras cosas que este caballero llamado Poulain era el amante de la Reina Blanca. De estos amores nació una hija que no sobrevivió. Sin embargo, el rey, puesto al corriente, hizo encarcelar a Poulain en esta torre del castillo. Se evadió, pero, herido, ya sólo tuvo fuerzas para ir a morir en los brazos de su amada. Ella le enterró en un subterráneo al lado de su hija.

¿Quién era esta Reina Blanca? La leyenda no lo dice, pero esta historia parece básicamente una alegoría alquímica.

Visitemos la Torre para saber más cosas. Se accede a ella subiendo varios pisos y los primeros niveles no llaman la verdad mucho la atención. Sin embargo, se distinguen algunos grafitos extrañamente semejantes a los de la torre del Coudray, en Chinon. No hay que olvidar que allí estuvo encerrado Jacques de Molay.

En cuanto a la famosa mazmorra, la luz penetra en ella con dificultad y el prisionero que grabó allí su mensaje debía trabajar según los períodos del año y las horas del día, en función del desplazamiento en la pared de un delgado rayo de luz. Y a pesar de las dificultades, el «prisionero» llegó a esculpir, con la ayuda sin duda de un clavo, verdaderos bajorrelieves. Vemos a san Jorge, que da muerte al dragón que una doncella sujeta del extremo de su traílla, así como diversas escenas religiosas, entre ellas unos episodios de la Pasión, un ahorcamiento de Judas, una resurrección de Cristo, y también escenas profanas: un torneo o un baile en el que toman parte personajes con la cabeza adornada con unos tocados de plumas, igual que unos indios. Pero leemos también un texto:

O MATER DEI MEMENTO MEI — POULAIN

o sea: *Oh Madre de Dios, acuérdate de mí – Poulain*.

Ahora bien, el prisionero nos proporciona sin duda la clave de estas escenas. Cerca de esta inscripción, esculpió a un yacente, réplica invertida del que se encuentra en la iglesia de San Gervasio y San Protasio.

¿No es allí adonde Poulain trata de conducirnos?

De San Gervasio y San Protasio a Rosslyn Chapel: cómo ver más claro

El actual edificio data de 1249, pero fue ampliamente remodelado en 1497 y sobre todo de 1515 a 1591, especialmente en todo lo que se refiere a la decoración.[102]

Por encima de la portada principal, un bajorrelieve representa la visión de Jacob dormido, viendo salir de él a los reyes de Judá. Jacob, el que luchó contra el ángel y quedó cojo a raíz de ello, el que conocía el secreto para penetrar en la ciudad subterránea de Luz. Jacob, que sabía cuán «terrible» podía ser un lugar. El Árbol de Jessé representado en el interior nos lleva al problema de su descendencia.

Al entrar en la iglesia, a la izquierda, parece como si se nos quisiera recordar al prisionero. Se descubre allí, en efecto, una curiosa escultura que representa a santa Avoye, detrás de unos barrotes. Hay que decir que las religiosas de santa Avoye, cuya Orden ha desaparecido, estaban instaladas en París en el emplazamiento del acuartelamiento del Temple.

Un poco por todas partes la decoración se presta a una interpretación alquímica, pero algunos detalles concretos deberían atraer más especialmente nuestra atención. Como esa estatua situada debajo de la tribuna de órgano. Representa a David, espada en mano, tras la victoria contra Goliat. Pero un David ya entrado en años, sosteniendo un libro. A sus pies... la cabeza cortada de su enemigo disimula también un libro cerrado. ¿No sería este libro el símbolo de la doctrina secreta del Temple que pasa por los misterios del baphomet? Sin duda, podemos convencernos de ello observando más atentamente al yacente esculpido en el muro. Antoine Dorival escribía respecto a él en el siglo XVII:

Es un horroroso esqueleto o el perfecto maestro.

Henos de repente en el seno de la filiación masónica de la tradición templaria, o más exactamente de su supervivencia escocesa. Sigamos por un instante a Gérard de Sède:

En efecto, vista desde la nave, la disposición del conjunto, que fue erigido a comienzos del siglo XVI a expensas de los gremios y cofradías, es muy singular puesto que es exactamente la de una logia masónica en el momento de la iniciación al grado de Maestre: a la derecha un pilar recto, a la izquierda otro torcido, iguales respectivamente que las dos columnas de la logia, *Jaquín* y *Boaz*, imitadas de las del Templo de Salomón: al fondo y entre ambas (o, como dicen los masones, en la cámara del medio), el espantoso esqueleto delante del cual el recipiendario es invitado a la reflexión y que simboliza el cadáver de Hiram, constructor del Templo, el albañil más completo que haya existido jamás, el perfecto maestro.

Esta interpretación es tal vez «tendenciosa», pero no carece de interés.

Al lado, el «pilar de los curtidores» nos ofrece también su mensaje. Se supone que está dedicado a san Claudio, patrón de este gremio y sin embargo no es Claudio quien figura en la inscripción, sino CLAUS, es decir, san Nicolás, patrón de los prisioneros, pero vinculado también a las minas hasta el punto de que los alemanes llamaron por él Nickel al pequeño genio de las minas. El pilar lleva una inscripción que reza: IE FUS ICI ACIS L'AN ISZ, ¿alusión a Isis?

Es en la capilla de San Clair donde se encuentra el yacente. Observemos de paso otras inscripciones ligadas a este esqueleto, especialmente ésta:

FAY MAINTENANT CE QUE VOUDRAS
AVOIR FAIT CUAND TU TE MOURRAS.

He aquí que nos recuerda la máxima cara a los iniciados del Temple de Bacbuc en la obra de Rabelais: *Fais ce que vouldras* (Haz lo que te plazca). Y no es por casualidad.

Observemos también el curioso pilar «torneado» de los Delfines. Nos recuerda otro pilar retorcido muy interesante ligado también al nombre de Saint-Clair, al menos fonéticamente. Lo encontramos en Escocia, bajo el apelativo de «pilar del Aprendiz», en la capilla de Rosslyn, edificio muy interesante desde el punto de vista simbólico.

Se cuenta que un maestro albañil no quiso terminar este pilar sin antes haber ido a Roma para observar una obra del mismo tipo y a fin de hacer como es debido un trabajo tan delicado. A su regreso, encontró sin embargo su pilar acabado. Un aprendiz lo había llevado a término y tan bien que el maestro albañil se volvió loco de celos. Dio muerte al aprendiz y fue la... cabeza de éste la que vemos esculpida encima de la puerta occidental de la capilla, mostrando una herida en la sien derecha. Enfrente de él, una... cabeza barbuda, la del maestro que le dio muerte. El tema dominante de la decoración de esta capilla es «el Hombre Verde», una... cabeza humana con unas hojas de vid saliendo de su boca o de sus orejas, cabeza cortada que asegura la fertilidad de la tierra y el crecimiento de la vegetación igual que el baphomet. No nos extenderemos más acerca de Rosslyn Chapel y remitimos, para más detalles, a la lectura de la obra de Michaël Baigent y Richard Leigh.[103] Sin embargo, esto no nos aleja casi de Gisors, puesto que Rosslyn Chapel fue edificada por una familia que hemos encontrado ya al hablar de la pista escocesa. Una familia de fieles de Robert Bruce, vinculada a la filiación del Temple, así como también al desarrollo de la masonería jacobita: los Saint-Clair o, como se les llama ahora, los Sinclair; esa familia, de la que un miembro, sir Henry Sinclair, se lanzó en 1395, un siglo antes de Colón, a la conquista de las Américas tomando la dirección de México. Nadie supo nunca si lo consiguió.

A propósito, ¿a quién está dedicada la capilla del yacente de Gisors? A san Clair, evidentemente.

No vayamos más lejos por este terreno y dejemos que cada uno descubra todas las demás maravillas que esconde la iglesia de Gisors. Antes de concluir, regresemos por unos instantes a hacer una visita a nuestro prisionero en su torre, a fin de agradecerle el habernos conducido a esta iglesia bajo la que se encuentra, sin duda, la capilla de Santa Catalina.

Un prisionero demasiado culto para no ser un iniciado

Hemos visto cerca del yacente el *Haz lo que te plaza* caro a Rabelais. Ahora bien, éste dejó a lo largo de toda su obra un mensaje oculto relacionado con una sociedad secreta de la época: el *Agla*. Fue esta organización la que hemos encontrado a propósito de los hermanos Van Eyck y de la supervivencia de la Orden del Temple en el seno de la Orden de San Antonio de Barbefosse.

El Agla se convirtió posteriormente en la Sociedad Angélica cara a Julio Verne y a otros muchos escritores y artistas.[104] Sus miembros adquirieron la costumbre de dejar en sus obras verdaderos mensajes cifrados sirviéndose de los métodos utilizados en *El sueño de Polifilo* atribuido a Francesco Colonna. Es importante saber que esta obra fue la base del simbolismo utilizado en una buena parte de los modelos arquitectónicos del Renacimiento y especialmente en el arte de los jardines. No nos podemos extender aquí más acerca del papel desempeñado por la Sociedad Angélica que hemos estudiado ampliamente en otra obra.

Limitémonos, pues, a apelar a Grasset d'Orcet, cuyos extraños artículos aparecidos en la *Revista Británica* a fines de la pasada centuria, están llenos de enseñanzas:

Recuerda éste:

> a los adeptos de una logia semejante a la Sociedad Angélica de la que formaba parte Rabelais, con la sola diferencia de que estaba compuesta de nobles, y más probablemente de caballeros y de clérigos de San Juan de Jerusalén, herederos de la Orden del Temple.

> Vincula igualmente a los templarios con los adeptos del arte gótico, arte cifrado que él prefiere ortografiar *gaul-tique*, es decir, ligado a esos goliardos que sentían por el gallo (*gault*) una especial veneración.

En *El sueño de Polifilo*, el héroe está enamorado de Polia, que personifica la sabiduría y el conocimiento, y pasa por muchas pruebas para alcanzarla. En esta obra, Grasset d'Orcet describe un pasaje según el cual el autor habría pretendido afirmar que era templario. Para él, Polia no es una mujer, sino una *poulie* (polea) y Polifilo otra. «Las dos corren parejas, y parejas, reunidas por una cadena o cuerda, forman un aparejo o un polipasto que sirve para izar los fardos a bordo de un navío, las piedras sobre un andamio, o más sencillamente el cubo de agua de un pozo», que él relaciona con Salomón.

Grasset d'Orcet explicita un poco estos términos sibilinos. Para él, el aparejo, que se compone de una pareja (una «polea fija» y una «polea loca»), fue elegido en el Renacimiento para evocar discretamente a los templarios que iban siempre emparejados en su sello. No entraremos en los detalles muy arduos de las interpretaciones de Grasset d'Orcet, pues ello nos llevaría demasiado lejos, pero retengamos que, para él, el arte cifrado por medio de *El sueño de Polifilo*, en el Renacimiento, estaba directamente ligado al mensaje de los templarios. Ahora bien, todo aquel que vaya a visitar la iglesia de San Gervasio y San Protasio de Gisors, con *El sueño de Polifilo* en mano, se llevará muchas sorpresas. Encontrará allí los mismos bucráneos, los mismos motivos decorativos, los mismos símbolos.

Sigamos un poco más a Grasset d'Orcet y que lo que podría parecer una utilización abusiva de los juegos de palabras no nos eche para atrás. Sabemos que no hace sino emplear el método caro a la Sociedad Angélica, cuyos miembros cifraban así sus escritos. Swift codificó en una sesentena de reglas este tipo de cifrado conocido igualmente con el nombre de *lengua púnica*. Grasset d'Orcet evoca a los templarios:

Adoraban al sol en ascenso (sol, ascenso), de ahí el Salomón de la antigua francmasonería, cuyo origen no es

433

bíblico, sino galés, pues era el antiguo dios Belenos o Pol, en griego Apolo, representado por un potro: ha prestado su nombre a la proa de las naves; o *poulaine* (enjaretado de proa), que los griegos modernos siguen adornando con una cabeza de *poulain* (potro). Como la raíz de su nombre quiere decir redondo, es probable que derive de él el nombre de *poulie*, de *palan*, de *pair-palan* y todo el resto de la leyenda de la polea fija unida a la polea loca.

Una vez más, los escritos de Grasset d'Orcet no son para tomárselos al pie de la letra. Sin embargo, tampoco son desdeñables. Lo que nos dice con esto es que las sociedades receptoras de la herencia de los templarios se reconocían en el Renacimiento a través de los mensajes de *El sueño de Polifilo* y que sus adeptos se reconocían con el «apelativo» de *poulain*.

Son tantos, en Gisors, los elementos tomados de la iconografía de *El sueño de Polifilo* para decorar la iglesia que no podemos dejar de sentirnos verdaderamente asombrados al recordar la inscripción dejada por el «prisionero»:

o mater dei memento mei — Poulain

Poulain, que es como decir la firma de un iniciado que nos pone, por lo demás, sobre la pista de la iglesia que, ella misma, etc. Y en la planta superior a ésta de la mazmorra del prisionero hay grabado un barco, una nave, cuya proa, la *poulaine*, está fuertemente marcada.

No faltan motivos para preguntarse si el artista de la mazmorra fue verdaderamente un prisionero o bien si se trataba de un trabajo realizado de manera deliberada a fin de dejar un mensaje. Tal vez este último sea un medio de encontrar la vía para escapar de nuestra prisión interior. En cualquier caso, las esculturas de la Torre del Prisionero en Gisors rebasan con mucho el simple testimonio de la nostalgia de un hombre como se pretende hacernos creer. Son una pista suplementaria de los vínculos secretos que unen a unas sociedades iniciáticas modernas con la Orden del Temple. Tal vez sea ése el verdadero tesoro de Gisors al que algunos investigadores, cegados por el afán de lucro, ni siquiera han prestado atención. Corresponde a cada uno hacerse su propia idea, sobre el terreno, y en la región donde se encuentran a la vez, al sur de Gisors, un lugar llamado Saint-Gervais asociado a un valle Catherine y, al norte, el Parc-à-Poulain.

¿Es Gisors uno de los eslabones de la supervivencia de la Orden, de la difusión de su mensaje? Algunos investigadores creen incluso que en este lugar se habría producido una escisión en el Temple. Desde 1188, la parte iniciática habría abandonado la Orden, lo que explicaría muchas cosas. La separación se habría producido en el campo de l'Ormeteau empedrado, muy cerca de la actual estación de Gisors. Los iniciados del Temple, ya de baja de la Orden, habrían tomado el nombre de la Orden de Sión. Pero ello sería otra historia, en la que sería muy difícil deslindar la verdad de la pura falsificación. En cualquier caso, es sin duda en Gisors donde conviene seguir la pista de los descendientes del Temple.

Notas

1. Hay que ver en esto una asimilación entre el juego de la oca y el de la rayuela, que nos conducen ambos al Paraíso o a la Jerusalén celestial (cf. Michel Lamy: *Histoire secrète du Pays Basque*, Albin Michel).

2. Cf. Esquieu: «Les templiers de Cahors». En *Bulletin de la Société littéraire, scientifique et artistique du Lot*, 1898.

3. Es probable que Hugues de Payns fuera a Palestina al mismo tiempo que Hugues de Champaña, es decir, en 1104. En efecto, la primera cruzada tuvo lugar en 1099 y, en aquella época, Hugues de Payns debía de residir aún en Champaña, puesto que se encuentra su firma en un acta del 21 de octubre de 1100.

4. Cf. Jean Michel Angerbert: *Les cités magiques* (Albin Michel).

5. Algunas de estas riquezas es muy probable que pudieran ir a parar al sur de Francia (cf. Michel Lamy: *Jules Verne, initié ou initiateur* (Payot).

6. Para más detalles, véase H. Gaubert: *Salomon le Magnifique* (Mame).

7. Pau Poësson: *Le Testament de Noé* (Robert Laffont).

8. Curioso para un ser de luz. Observemos que Salomón parece hacer una distinción entre el dios al que se dirige y el Eterno.

9. Louis Charpentier: *Les mystères de la cathédrale de Chartres* (Robert Laffont).

10. Esta escultura de Cafarnaum está reproducida en una fotografía de la p. 40 de la revista *Le monde inconnu*, número 63.

11. Cf. Alain Marcillac: *Le Baphomet, idéal templier*.

12. Cf. Michel Lamy: *Jules Verne, initié et initiateur* (Payot).

13. Robert Thomas: *Vie de saint Bernard* (OEil).

14. Marion Melville: *La vie des templiers*.

15. Daniel Réju: *La quête des templiers et l'Orient*.

16. Paul du Breuil: *La chevalerie et l'Orient*.

17. Cf. Demurger: *Vie et mort des templiers*. San Agustín también decía: «Hemos de querer la paz y no hacer la guerra más que por necesidad, pues no se busca la paz para preparar la guerra, sino que se hace la guerra para obtener la paz. Sed, pues, pacíficos, incluso durante el combate, a fin de llevar por medio de la victoria a aquellos que combatís a la felicidad de la paz».

18. Esta cruzada comenzó, de hecho, aproximadamente cincuenta años después de la muerte de san Bernardo.

19. Paul du Breuil: *La chevalerie et l'Orient*.

20. Éste es exactamente el sentido de la jihad islámica.

21. Cf. Fernand Arnaudiès: *Les templiers en Roussillon* (Bélisane, 1986).

22. Cf. Isabelle Amadeo et René Laget: *Histoire des templiers en Provence*.

23. Cf. Bruno Lafille: *Les templiers en Europe* (Famot).

24. El Krak de los Caballeros no fue construido por los templarios, pero mantuvieron sin embargo una guarnición en él.

25. Louis Charpentier: *Les mystères templiers* (Robert Laffont).

26. Jules Piquet: Les templiers: *étude de leurs opérations financières*. Tesis de Derecho publicada en la editorial Hachette en 1939.

27. Jean de la Varende: *Les gentilshommes* (Dominique Wapler editor).

28. A propósito de san Brendan, hay que señalar que san Malo, que le habría acompañado en su viaje, acabó por refugiarse en la isla de Aix, justo al sur de La Rochelle.

29. Cf. Michel Lamy: *Histoire secrète du Pays Basque* (Albin Michel).

30. Jacques de Mahieu: *Les templiers en Amérique* (Robert Laffont, 1981).

31. Muñoz Camargo: *Historiaire de Tlaxcala* (México, 1982).

32. Jeanne Franchet: «Voyage des templiers» (en la revista *Atlantis*, número 344, mayo-junio de 1986).

33. CF. Abate M. R. Mazières: *Les templiers du Bézu* (Philippe Schrauben, editor).

34. Durante su proceso, acusado en relación al problema de la exportación de dinero, Jacques Coeur trató de defenderse: «Dijo que resultaba provechoso llevar plata a Siria, pues si aquí vale seis escudos, allí vale siete (...), que demostrará que por cada marco de plata, él ha hecho retornar al reino un marco de oro».

35. Roger Facon y Jean-Marie Parent: *Gilles de Rais et Jacques Coeur, la conspiration des innocents* (Robert Laffont).

36. Las citas de los interrogatorios provienen de las traducciones realizadas por Georges Lizerand (en *Le dossier de l'affaire des templiers*, Les Belles Lettres).

37. Este Gran Maestre sería Gérard de Ridefort, que fue encarcelado por el sultán.

38. Louis Charpentier: *Les mystères templiers* (Robert Laffont).

39. Michel-Vital Le Bossé: *Sur la route des templiers en Normandie* (Editions Charles Corlet).

40. Lucien Carny: «Les sceaux de l'ordre du Temple» (en *Atlantis*, n.º 268).

41. Cf. Paul de Saint-Hilaire: *Le coq, mythes et symboles* (Les Guides du Mystère, Dédale édition, 1990) y *Les sceaux des templiers* (Pardès, 1991).

42. Cf. Renée-Paule Guillot: «Les cathares de Monségur sont-ils nés au Mont-Aimé?» (*Historia*, n.º 442, septiembre de 1983).

43. A este respecto, remitimos particularmente al lector a las obras que Jean Blum ha dedicado al catarismo.

44. Autor sobre el que aparecerá próximamente en el mercado una interesantísima biografía de Geneviève Schweyer.

45. Dom Gérard: «Qui a instruit les cathares?» (en *Atlantis*, n.º 254, 1969).

46. Luis Charbonneau-Lassay: *Le Coeur rayonnant du donjon de Chinon, atribué aux templiers* (Arché, 1975).

47. Julius Evola: *Le mystère du Graal et l'idée impériale Gibeline* (Editions traditionelles).

48. Para explicar las anomalías de los Evangelios en cuanto al personaje histórico de Jesús, remitimos al lector, por una parte, a la

obra de Henri Blanquart: *Les mystères de la nativité christique* (Le Léopard d'or) y, por otra, a la de Robert Ambelain: *Jésus ou le mortel secret des templiers* (Robert Laffont).

49. Algunos templarios se refugiaron en las «grutas de Jonás» a la caída de la Orden para escapar a la detención. Sería interesante saber si fueron ellos quienes llamaron a esas grutas así.

50. Este Baghari que es en Verdon lo que el Bugarach es en la región de Rennes-le-Château.

51. Algunos piensan que había escondido un baphomet en una de las casas que la Orden poseía cerca de Montpellier, en Mauguio, Castries, Saint-Christol o Fabrègues.

52. Cf. Alain Lameyre: *Guide la France templière* (Tchou).

53. Annette Lauras-Pourrat: *Guide de l'Auvergne mystérieuse* (Tchou).

54. Séverin Batfroi: *Histoire secrète des Alpes* (Albin Michel).

55. Jean-Gaston Bardet: *Mystique et magie*.

56. Jean-Louis Bernard: *Histoire secrète de Lyon et du Lyonnais* (Albin-Michel).

57. Cf. Paul de Saint-Hilaire: *La Flandre mystérieuse* (Rossel). Señalemos que se puede ver tambien en esta capilla una curiosa representación del Grial.

58. R. Reznikov: *Montségur secret* (Bélisane).

59. Jean Markale: *Gisors et l'énigme des templiers* (Pygmalion).

60. Henri Donteville: *Histoire et géographie mythiques de la France* (G. P. Maisonneuve et Larose).

61. Daniel Réju: *La quête des templiers et l'Orient* (Rocher).

62. Gautier Darcy, Michel Angebert: *Histoire secrète de la Bourgogne* (Albin Michel).

63. Patrick Rivière: *Sur les sentiers du Graal* (Robert Laffont).

64. Cf. Jean Richer: «Sur les formes du Gardien du seuil» (*Atlantis*, n.º 358).

65. Pierre Dumas: *Jérusalem, le Temple de Salomon, histoire et symbolisme* (Bélisane).

66. Jean Robin: *Seth, le dieu maudit* (Trédaniel).

67. Alfred Weysen: *L'Île des Veilleurs* (Arcadie).

68. Cf. Michel Lamy: *Jules Verne, initié et initiateur* (Payot).

69. Cf. la apasionante obra de Jean-Claude Frère: *L'ordre des Assassins* (Culture, Art, Loisir, 1973).

70. Cf. Jean-Claude Frère: *op. cit.*

71. Su verdadero nombre era el de *Señor de la Montaña*, pero la expresión el *Viejo de la Montaña* fue usada tan a menudo que empleamos indistintamente ambos términos.

72. Digamos de pasada que Villiers de l'Isle-Adam tenía la intención de escribir una obra sobre el Viejo de la Montaña.

73. Pierre Ponsoye: *L'Islam et le Graal* (Arché, 1976).

74. Paul du Breuil: *La chevalerie et l'Orient* (Trédaniel, 1990).

75. Cf. Michel Lamy: *Jules Verne, initié et initiateur* (Payot).

76. William Seabrook: *Aventures en Arabie*, citado por Jean-Marc Allemand: *René Guénon et les sept tours du diable* (Trédaniel, 1990).

77. Existe en Francia una montaña hueca que lleva por nombre el Pico de la Torre y que podría perfectamente considerarse dentro del mismo esquema.

78. Julius Evola: *Le mystère du Graal et l'idée impériale gibeline* (Editions traditionnelles).

79. Cf. Maurice Guinguand: *L'or des templiers* (Robert Laffont).

80. Cf. Silvia-F. Béamon: «L'énigmatique cave aux sculptures de Royston». En «Document Archéologia», n.º 2: *Les souterrains*, 1973.

81. Claude Gaignebet: *Le carnaval* (Payot).

82. Cf. Michel Lamy: *Histoire secrète du Pays Basque* (Albin Michel).

83. Augustin Berger: «Le noble jeu de l'oie» (en *Atlantis*, n.º 363, otoño de 1990).

84. Gérard de Sède: *Le mystère gothique* (Robert Laffont).

85. Michel Lamy: *op. cit.*

86. Francisque Michel: *Histoire des races maudites de la France et de l'Espagne* (Ed. Elkar).

87. «Cacou» es el término empleado para designar a los cagotes en Bretaña.

88. Las primeras logias masónicas se reunieron en alberguerías bajo la enseña de la oca y la parrilla.

89. M. Lavocat: *Procès des frères et de l'ordre du Temple* (Lafitte Reprints, 1979).

90. Michel Baigent y Richard Leigh: *Des templiers aux francmaçons, la transmission d'un mystère* (Ediciones du Rocher).

91. Él mismo había sido iniciado como masón en Nápoles durante la expedición a Egipto.

92. I. Drouet de la Thibauderie d'Erlon: *Église et évêques catholiques non romains* (Devry-Livres).

93. Baignent et Leigh: *op. cit.*

94. Paul de Saint-Hilaire: *La Flandre mystérieuse* (Rossel); *La Belgique mystérieuse* (Rossel).

95. Cf. Germain Crouzat: *Sainte-Eulalie, capitale templière du Larzac* (editado por el Centro Rural de Sainte-Eulalie). Véase también: Jacques Miguel: *Cités templières du Larzac* (Éditions du Beffroi); André Soutou: *La Couvertoirade* (Associación de los amigos de *La Couvertoirade*); Jean-Pierre Amalvy y Alain Salasc: *Guide de visite de la Couvertoirade* (Asociación de amigos de *La Couvertoirade*).

96. Adrienne Durand-Tullou: *Religion populaire en Cévennes: le culte à Saint-Guiral* (F.N.F.R. — Annales du milieu rural).

97. Paul Leutrat: *La sorcellerie lyonnaise* (Robert Laffont).

98. En *Les templiers sont parmi nous ou l'énigme de Gisors*, de Gérard de Sède.

99. G. de Sède: *op. cit.*

100. La orden se conserva en el British Museum, página M 33, Calígula D III Fo 4 (cf. G. de Sède).

101. Cf. Alain Lameyre: *La France templière* y Jean-Luc Chaumeil: *Le trésor des templiers* (Ed. Veyrier). No queremos recordar aquí otras interpretaciones muy frecuentes, como las que tienen su origen en las elucubraciones del canónigo Tonnelier en la revista *Archéologia*, que parecen tener por única finalidad afirmar que en Gisors no hay nada que ver. ¿Se trata de una iniciativa personal o de un trabajo «por encargo»? Nos guardaremos mucho de zanjar la cuestión.

102. Hay que señalar que los grabados de la Torre del Prisionero, por las vestimentas, parecen datar del siglo XVI.

103. Michael Baigent, Richard Leigh: *Des templiers aux francmaçons, la transmission du mystère* (Éditions du Rocher).

104. Cf. Michel Lamy: *Jules Verne, initié et initiateur* y E. Kretzulesco-Quaranta: *Les Jardins du songe* (Les Belles Lettres, 1976).

Bibliografía

ALART, B., *L'Ordre du Temple en Roussillon et sa suppression* (Philippe Schrauben, 1988).

ALLEMAND, JEAN-MARC, *René Guénon et les sept tours du Diable* (Trédaniel, 1990).

AMADEO, ISABELLE y LAGET, RENÉ, *Histoire des templiers en Provence* (1988).

AMBELAIN, ROBERT, *La Franc-Maçonnerie oubliée* (Robert Laffont, 1985), edición española: *El secreto masónico*, Ediciones Martínez Roca, 1987; *Jésus ou le mortel secret des templiers* (Robert Laffont, 1970), edición española: *Jesús o el secreto mortal de los templarios*, Ediciones Martínez Roca, 1987; *Les lourds secrets du Golgotha* (Robert Laffont), edición española: *Los secretos del Gólgota*, Ediciones Martínez Roca, 1987.

ANGEBERT, JEAN-MICHEL, *Le livre de la tradition* (Robert Laffont, 1972); *Les mystiques du soleil* (Robert Laffont, 1971); *Les cités magiques* (Albin-Michel, 1974).

ARES, JACQUES D', *Vézelay et saint Bernard* (Dervy-Livres, 1985).

ARNAUDIES, FERNAND, *Les templiers en Roussillon* (Bélisane, 1986).

ATIENZA, JUAN G., *La mystique solaire des templiers* (Ed. Axis Mundi, 1991).

AUBE, PIERRE, *Godefroy de Bouillon* (Fayard, 1985).

AUDINOT, DIDIER, TELL, HENRI, *Tous les trésors de France à découvrir par le chemin des écoliers* (Seghers, 1978).

AUDINOT, DIDIER, *Guide des trésors enfouis de France* (Prospections, 1986).

BAIGENT, MICHAËL, LEIGH, RICHARD, LINCOLN, HENRY, *L'énigme sacrée* (Pygmalion, 1983), edición española: *El enigma sagrado*, Ediciones Martínez Roca, 1985; *Le message* (Pygmalion, 1987), edición española: *El legado mesiánico*, Ediciones Martínez Roca, 1987.

BAIGENT, MICHAËL, LEIGH, RICHARD, *Des templiers aux franc-maçons, la transmission du mystère* (Le Rocher, 1991).

BARBET, PIERRE, *L'empire du baphomet* (novela) (J'Ai Lu).

BAYARD, JEAN-PIERRE, *La tradition cachée des cathédrales* (Dangles); *La spiritualité de la franc-maçonnerie* (Dangles).

BERIAC, FRANÇOISE, *Histoire des lépreux au Moyen Age* (Imago).

BERNARD, JEAN-LOUIS, *Histoire secrète de Lyon et du Lyonnais* (Albin-Michel, 1977).

BLANQUART, HENRI, *Les mystères de la nativité christique* (Le Léopard d'Or, 1988).

BORDONOVE, GEORGES, *Les templiers, histoire et tragédie* (Fayard, 1977); *Philippe le Bel* (Pygmalion, 1984).

BREUIL, PAUL DU, *La chevalerie et l'Orient* (Trédaniel, 1990).

BROCH, HENRI, *La mystérieuse pyramide de Falicon* (France-Empire, 1976).

CARMI, GABRIELLE, *Le temps hors du temps* (Robert Laffont, 1973).

CARRIÈRE, VICTOR, *Histoire et cartulaire des templiers de Provins* (Laffitte-Reprints, 1978).

CAYRON, GÉRAUD DE, *Guide des chercheurs de trésors* (Bothoa, 1977).

CHARBONNEAU-LASSAY, LOUIS, *Le coeur rayonnant du donjon de Chinon attribué aux templiers* (Arché, 1975).

CHARPENTIER, JOHN, *L'Ordre des templiers* (Tallandier, 1977).

CHARPENTIER, LOUIS, *Les mystères de la cathédrale de Chartres* (Robert Laffont, 1966), edición española: *El enigma de la catedral de Chartres*, Ediciones Martínez Roca, 2002; *Les mystères des templiers* (Robert Laffont, 1967), edición española: *Los misterios templarios*, Apóstrofe, 1995; *Les Jacques et le mystère de Compostelle* (Robert Laffont).

CHARROUX, ROBERT, *Trésors du monde* (Fayard, 1962).

CHAUMEIL, JEAN-LUC, *Du premier au dernier templier* (Veyrier, 1985); *Le trésor des templiers* (Veyrier, 1984).

CHEVALLIER, JEAN, GHEERBRANT, Alain, *Dictionnaire des symboles* (Seghers, 1973).

CHEVALIER, PIERRE, *Histoire de la franc-maçonnerie française* (Fayard, 1975).

CLÉMENT, CLAUDE, *Saint Bernard ou la puissance d'un grand initié* (F. Sorlot — F. Lanore, 1987).

COINCY SAINT-PALAIS, *Le Saint-Graal et le précieux sang*.

CROUZAT, GERMAIN, *Sainte-Eulalie, capitale templière du Larzac* (Foyer rural de Sainte-Eulalie, 1976).

DAILLIEZ, LAURENT, *Les templiers, ces inconnus* (Tallandier, 1972); *Les templiers en Flandre, Hainaut, Brabant, Liège et Luxembourg* (Impres Sud, 1978); *La France des templiers* (Marabout, 1974).

DANIGO J., *Églises et chapelles du Pays de Baud, Églises et chapelles du doyenné de Belz* (Cahiers de l'Univem, 1984-1985); *Églises et chapelles du doyenné de Port-Louis et de Groix* (Cahiers de l'Univem, 1984); *Églises et chapelles du pays de Vannes-Vannes ouest* (Cahiers de l'Univem, 1988-1989).

DARAUL, ARKON, *Les sociétés secrètes* (Planète, 1970).

DARCY, GAUTHIER, ANGEBERT, MICHEL, *Histoire secrète de la Bourgogne* (Albin-Michel, 1978).

DAVY, MARIE-MADELEINE, *Bernard de Clairvaux* (Éd. du Felin, 1990).

DEMURGER, ALAIN, *Vie et mort de l'ordre du Temple* (Le Seuil, 1989), edición española: *Auge y caída de los templarios*, Ediciones Martínez Roca, 1986.

DUMAS, PIERRE, *Jérusalem, le Temple de Salomon: histoire et symbolisme* (Bélisane, 1983).

DUMONTIER, MICHEL, *Sur les pas des templiers en Ile-de-France* (Copernic, 1979).

DUMONTIER, MICHEL, VILLEROUX N., BERNAGE G., BARREAU J., *Sur les pas des templiers en Bretagne, Normandie, Pays de Loire* (Copernic, 1980).

DUPUY, *La condamnation des templiers* (Impres'Sud).

DURAND-TULLOU, ADRIENNE, *Religion populaire en Cévennes: le culte à Saint-Guiral* (Annales du milieu rural, 1981).

DURBEC, *Les templiers en Provence, formation des commanderies et répartition géographique de leurs biens* (en Provence historique, enero-marzo de 1959, tomo IX, fasc. 35).

DUYDALE, SIR WILLIAM, *Le procès contre les chevaliers du Temple dans le royaume d'Angleterre* (*).

ELIADE, MIRCEA, *Initiation, rites, sociétés secrètes* (Gallimard).

EVOLA, JULIUS, *Le mystère du Graal et l'idée impériale gibeline* (Éd. Traditionnelles, 1970).

FACON, ROGER, PARENT, JEAN-MARIE, *Gilles de Rais et Jacques Coeur, la conspiration des innocents* (Robert Laffont, 1984).

FAYARD, FRANÇOIS, *Guide des trésors perdus de France* (La Table Ronde, 1978).

FEVAL, PAUL, *Tribunaux secrets* (Éd. Penaud Frères).

FINAS, MICHÈLE, *Vive dieu templier* (roman) (Magnard).

FLEG, ALAIN, LAFILLE, BRUNO, *Les templiers et leurs mystères* (Crémille, 1981).

FRÈRE, JEAN-CLAUDE, *L'ordre des assassins* (Culture — Arts — Loisirs, 1973).

GADAL, ANTONIN, *Montréalp de Sos, le château du Graal*.

GAIGNEBET, CLAUDE, *Le carnaval* (Payot, 1974), edición española: *El carnaval*, Alta Fulla, 1984.

GALTIER, GÉRARD, *Maçonnerie égyptienne, rose-croix et néo-chevalerie* (Le Rocher, 1989).

GARAY, MARTIN, *L'église Saint Merri de Paris* (A.C.L.T.).

GAUBERT, HENRI, *Salomon le magnifique* (Mame, 1966).

GAUTIER-WALTER, A., *La chevalerie et les aspects secrets de l'histoire* (La Table Ronde, 1966).

GÉLIBERT, MAUD DE, *Uduat le templier* (Éd. du Champ-de-Mars, 1972); *La commanderie templière de Campagne-sur-Aude* (Bulletin de la société d'études scientifiques de l'Aude, tomo LXXIII, 1973).

GRASSET D'ORCET, *Matériaux cryptographiques*.

GROUSSET, RENÉ, *L'épopée des croisades* (Hachette), edición española: *La epopeya de las cruzadas*, Palabra, 1996.

GUENON, RENÉ, *Études sur la franc-maçonnerie et le compagnonnage* (Éd. Traditionneles, mayo de 1983).

GUILLOTIN DE CORSON, *Les templiers et les hospitaliers de Saint-Jean-de-Jérusalem en Bretagne* (Laffitte-Reprints).

GUINGUAND, MAURICE, *Notre-Dame-de-Paris ou la magie des templiers* (Robert Laffont, 1972); *L'or des templiers* (Robert Laffont, 1973); *Sur la piste des anges non identifiés* (Albin-Michel, 1976); *Falicon, pyramide templière, ou la «ratapignata»*.

HEINRICH, G. A., *Le Parcival de Volfram von Eschenbach et la légende du Saint-Graal* (Pardès, 1990).

HORNE, ALEX, *Le Temple de Salomon dans la tradition maçonnique* (Le Rocher, 1990).

HUTIN, SERGE, *Gouvernements invisibles et sociétés secrètes* (J'Ai Lu, 1978).

HUYSMANS, JORIS KARL, *Saint-Merri* (Muizon-A l'Écart, 1981).

KIESS, GEORGES, *Les templiers en Haut-Razès* (1990); *Campagne-sur-Aude, le mémoire du fort* (1985).

KRETZULESCO-QUARANTA, EMANUELA, *Les jardins du songe* (Les Belles Letres).

LAMBERT, ÉLIE, *L'architecture des templiers* (Picard, 1978).

LAMEYRE, ALAIN, *Guide de la France templière* (Tchou, 1975).

LAMY, MICHEL, *Histoire secrète du Pays Basque* (Albin-Michel); *Jules Verne, initié et initiateur, le secret du trésor royal de Rennes-le-Château* (Payot).

LASCAUX, MICHEL, *Les templiers en Bretagne* (Ouest-France, 1979).

LAURAS-POURRAT, ANNETTE, *Guide de l'Auvergne mystérieuse* (Tchou, 1976).

LAVOCAT, M., *Procès des frères de l'ordre du Temple* (Laffitte Reprints, 1979).

LEA, HENRY-CH., *L'innocence des templiers* (*).

LE BOSSE, MICHEL-VITAL, *Sur la route des templiers en Normandie: la Bove des chevaliers* (Éd. Charles Corlet, 1986).

LECANU, ABBÉ, *Histoire de Satan* (Tiquetonne, 1990).

LECLERCQ, JEAN, *Bernard de Clairvaux* (Declée, 1989), edición española: *San Bernardo. Monje y profeta*, BAC, 1990.

LE FORESTIER, RENÉ, *La Franc-Maçonnerie templière et occultiste* (Aubier-Montaigne, 1970).

LEGMAN, G., *La culpabilité des templiers* (Artéfact).

LEISEGANG, *La Gnose* (Gallimard).

LE SCOUEZEC, GWENCHLAN, *Bretagne, terre sacrée: un ésotérisme celtique* (Albatros, 1977).

LE TALLEC, ABBÉ FRÉDÉRIC, *Locoal-Mendon, l'île du bonheur* (1971); *Église romane Notre-Dame-de-la-joie à Merlévenez* (1969).

LEUTRAT, PAUL, *La sorcellerie lyonnaise* (Robert Laffont, 1977).

LIZERAND, *Le dossier de l'affaire des templiers* (Les Belles Lettres, 1989).

LOISELEUR, JULES, *La doctrine secrète des templiers* (Tiquetonne, 1973).

MAHIEU, JACQUES DE, *Les templiers en Amérique* (Robert Laffont, 1982).

MARCILLAC, ALAIN, *Le baphomet, idéal templier (Louis Courteau, 1988).*

MARIEL, PIERRE, *Dictionnaire des sociétés secrètes en Occident (Culture — Arts — Loisirs, 1971).*

MARKALE, JEAN, *Gisors et l'énigme des templiers (Pygmalion, 1986).*

MAURIN, JACQUES, *La double mort des templiers (Robert Laffont, 1982).*

MAZIÈRES, ABBÉ M. R., *Les templiers du Bézu* (Philippe Schrauben).

MELLOR, ALEC, *Les mythes maçonniques* (Payot, 1974).

MELVILLE, MARION, *La vie des templiers* (Gallimard, 1974).

MERTON, THOMAS, *Saint Bernard de Clairvaux* (Pion, 1954).

MICHELET, JULES, Le procès des templiers (CTHS).

MICHELET, VICTOR-ÉMILE, *Le secret de la chevalerie* (Trédaniel, 1985), edición española: *El secreto de la caballería*, Obelisco, 1993.

MIQUEL, JACQUES, *Cités templières du Larzac* (Éd. du Beffroi, 1989).

MOLLAT, MICHEL, *Jacques Coeur ou l'esprit d'entreprise au XV siècle* (Aubier, 1988).

OLLIVIER, ALBERT, *Les templiers* (Le Seuil, 1958).

OURSEL, RAYMOND, *Le procès des templiers, traduit, présenté et annoté* (Denoël, 1955).

PASLEAU, PIERRE-P., *Des templiers aux franc-maçons, la filiation sprirituelle* (Trédaniel, 1988).

PERNOUD, RÉGINE, *Les templiers* (PUF, 1974).

PEYRARD, JEAN, *Histoire secrète de l'Auvergne* (Albin-Michel, 1981).

PIQUET, JULES, *Les templiers, études de leurs opérations financières* (Hachette, 1939).

PONSOYE, PIERRE, *L'Islam et le Graal: étude sur l'ésoterisme du Parzival de Volfram von Eschenbach* (Arché, 1976).

PRESSOUYRE, LÉON, *Le rêve cistercien* (Gallimard, 1990).

PUJOL, ALAIN, *Clément V, le pape maudit* (Vivisques, 1988).

REJU, DANIEL, *La quête des templiers et l'Orient* (Le Rocher, 1979); *La France secrète* (2 volúmenes, Le Rocher, 1979 y 1980); *Les lieux secrets de France* (Veyrier, 1985).

REZNIKOV, R. y N., *Les templiers* (Au Coin du Temps, 1990).

REZNIKOV, RAIMONDE, *Cathares et templiers* (Loubatières, 1991).

RIVIÈRE, PATRICK, *Sur les sentiers du Graal* (Robert Laffont, 1984); *Le Graal, histoire et symboles* (Éd. du Rocher, 1990).

ROBIN, JEAN, *Les sociétés secrètes au rendez-vous de l'apocalypse* (Trédaniel, 1985); *Seth, le dieu maudit* (Trédaniel, 1986).

SAINT-HILAIRE, PAUL DE, *La Belgique mystérieuse* (Rosel, 1973); *La Flandre mystérieuse* (Rossel, 1976); *Liège et Meuse mystérieux I* (Rossel, 1980); *Liège et Meuse mystérieux II: les templiers* (Rossel, 1982); *Bruges, cité du Graal* (Rossel, 1978); *Les sceaux templiers et leurs symboles* (Pardès, 1991).

SEDE, GÉRARD DE, *Les templiers sont parmi nous ou l'énigme de Gisors* (Jean de Bonnot, 1980); *Saint-Émilion insolite* (1989); *Le mystère gothique, des runes aux cathédrales* (Robert Laffont, 1976).

SERBANESCO, SERGE, *Histoire de l'ordre des templiers et des croisades* (Byblos, 1969).

SERVIER, JEAN, *Les forges d'Hiram* (Berg International, 1985).

SERVIN, HENRI, *L'énigme des templiers et le Saint-Suaire* (Éd. J.M. Collet, 1988).

SOUTOU, ANDRÉ, *La Couvertoirade* (Association des Amis de la Couvertoirade, 1977).

TABOUIS, G. R., *Salomon* (Payot).

TARADE, GUY, BARONI, JEAN-MARIE, *Les sites magiques de Provence* (Robert Laffont, 1990).

TATE, GEORGES, *L'Orient des croisades* (Découvertes Gallimard).

THOMAS, ROBERT, *Vie de saint Bernard* (O.R.E.I.L., 1984).

TOURNIAC, JEAN, *Principes et problèmes spirituels du rite écossais rectifié et sa chevalerie templière* (Les Éditions du Bien Public, 1991).

VISEUX, DOMINIQUE, *L'initiation chevaleresque dans la légende arthurienne* (Dervy, 1980).

LE VOILE D'ISIS, *Numéro spécial sur les templiers* (1929, facsímil en Éditions Traditionnelles).

Voragine, Santiago de la, *La leyenda dorada*, Alianza, 1997.

Weysen, Alfred, *L'Ile des veilleurs* (Arcadie, 1972); *Le temple du secret et l'apocalypse* (Robert Laffont, 1990).

Wright, Thomas, Witt, Georges, Tenent, Sir James, *Les templiers et le culte des forces génesiques* (*).

Ziegler, Gilette, *Les templiers ou la chevalerie spirituelle* (Culture—Arts—Loisirs, 1973).

Las obras señaladas con un (*) han sido agrupadas y reeditadas en el libro de Legman: *La culpabilité des templiers*.

Esta sucinta bibliografía debería ser completada principalmente con numerosos artículos de revistas. Nos limitaremos a señalar algunos números especiales entera o básicamente centrados en la Orden del Temple.

Le Charivari, n.º 19, febrero a abril de 1974: «Les Trésors templiers».

Kalki, n.º 3, primavera de 1987: «La Voie chevaleresque dans l'Occident médiéval».

Heimdal, n.º 26, verano de 1978: «Les templiers en Normandie».

Connaissance des religions, noviembre de 1988: «Templiers et chevalerie du Graal».

Archéologia, n.º 27, marzo-abril de 1969: «Les templiers».

Atlantis, n.º 268, 302 y 344 especialmente.

L'Autre monde, n.º 111.

Historia spécial, n.º 385 bis.

Trésors de l'histoire (numerosísimos artículos repartidos en los muchos números de la revista), igual que en *Le Monde inconnu*.

Otros títulos de la colección Divulgación:

Así son, así matan
Manuel Marlasca y Luis Rendueles

Mujeres de ETA
Matías Antolín

¿En qué creen los que no creen?
Umberto Eco y Carlo Maria Martini

Inteligencia aplicada
Dr. Lair Ribeiro